rowohlt repertoire
macht Bücher wieder zugänglich,
die bislang vergriffen waren.

Freuen Sie sich auf besondere Entdeckungen
und das Wiedersehen mit Lieblingsbüchern.

Alle **rowohlt repertoire** Titel finden Sie auf
www.rowohlt.de/repertoire

Rechtschreibung und Redaktionsstand dieses Buches
entsprechen einer früher lieferbaren Ausgabe.

Veröffentlicht im Rowohlt Verlag, Reinbek bei Hamburg

Umschlaggestaltung Anzinger und Rasp, München
Druck und Bindung CPI buchbücher.de, Birkach

ISBN 978-3-688-10195-5

rowohlt repertoire

Zu diesem Buch

«Mir scheint, daß wir uns auf nichts so wenig vorbereiten wie auf unser Sterben», schrieb Anne-Marie Tausch 1981 in ihrem Buch «Gespräche gegen die Angst». «Dabei ist der Tod das Sicherste, was in unserem Leben eintreten wird.»

Wie können wir lernen, angstfreier mit Sterben und Tod umzugehen? Seit ihrer Krebserkrankung setzte sich Anne-Marie Tausch gemeinsam mit ihrem Mann sehr intensiv mit der Erfahrung und der Bedeutung des Sterbens auseinander. Nach ihrem Tod hat Reinhard Tausch die Arbeit an diesem gemeinsam begonnenen Buch fortgesetzt.

Der erste Teil schildert die persönlichen Erfahrungen der Familie Tausch mit schwerer Krankheit und Sterben. Der zweite Teil berichtet von Erlebnissen, die Angehörige und medizinische Helfer bei der Begleitung Sterbender machten. Fast 200 Menschen kommen hier ausführlich zu Wort. Im dritten Teil des Buches werden die Erfahrungen von etwa 400 Menschen dokumentiert, die sich in einer geleiteten Meditation ihr eigenes Sterben vorstellten.

Die Autoren zeigen, daß wir mit einer offenen Einstellung gegenüber dem Sterben lernen können, die Begrenztheit unseres Lebens angstfrei anzunehmen.

«Sanftes Sterben» ist eine gemeinschaftliche Arbeit des Hamburger Professoren-Ehepaares. Dr. Anne-Marie Tausch starb 1983 an ihrer Krebserkrankung. Professor Dr. Reinhard Tausch arbeitet am Psychologischen Institut III der Universität Hamburg sowie in einer psychologisch-therapeutischen Praxis in Stuttgart.

Außerdem lieferbar:

Anne-Marie Tausch: «Gespräche gegen die Angst. Krankheit – ein Weg zum Leben» (rororo sachbuch 18375)

Anne-Marie und Reinhard Tausch: «Wege zu uns und anderen» (rororo sachbuch 18403)

Reinhard Tausch: «Hilfen bei Stress und Belastung. Was wir für unsere Gesundheit tun können» (rororo sachbuch 60124)

Rowohlt Verlag GmbH, Kirchenallee 19, 20099 Hamburg

Kontaktadresse nach EU-Produktsicherheitsverordnung:
produktsicherheit@rowohlt.de

Anne-Marie Tausch
Reinhard Tausch

Sanftes Sterben

Was der Tod
für das Leben
bedeutet

Rowohlt Taschenbuch Verlag

Reinhard Tausch hat den Text für die Taschenbuchausgabe vollständig überarbeitet.

8. Auflage August 2004

Veröffentlicht im Rowohlt Taschenbuch Verlag,
Reinbek bei Hamburg, März 1991

Umschlaggestaltung Werner Rebhuhn
(Gemälde «Genfersee mit Mont-Blanc und rosa Wolken»
von Ferdinand Hodler. 1918)
Satz Garamond (Linotronic 500)
Gesamtherstellung Clausen & Bosse, Leck
Printed in Germany
ISBN 3 499 18843 0

Inhalt

Krankheit und Sterben – eine Möglichkeit persönlicher Entwicklung

(Erfahrungen von Anne-Marie Tausch und ihren Angehörigen)

Erfahrungen bei der Begleitung Sterbender

Erfahrungen bei der Vorstellung des eigenen Sterbens im entspannten Zustand
(sog. Sterbemeditation)

Krankheit und Sterben – eine Möglichkeit persönlicher Entwicklung

Erfahrungen von Anne-Marie Tausch und ihren Angehörigen

Wie dieser Teil des Buches entstand

Ein halbes Jahr nach dem Tod meiner Frau Anne-Marie, im Dezember 1983, hielt ich zusammen mit meiner Tochter Daniela in Stuttgart einen Vortrag über Anne-Maries und unsere Erfahrungen mit ihrer Krankheit und ihrem Sterben. Es war ein sehr bewegender Abend. Über tausend Zuhörer waren gekommen. Obwohl mir manchmal die Tränen kamen, berichteten Daniela und ich fast zwei Stunden lang in einer Atmosphäre großer Aufmerksamkeit und Stille.

In den Tagen danach erreichten uns viele Briefe, in denen Menschen uns dafür dankten, daß wir ihnen einen so persönlichen Einblick in Anne-Maries Krankheit und Sterben gegeben hatten. Eine Frau, die zwei ihrer drei Kinder durch Krankheit verloren hatte, schrieb: «Die Tränen, die ich danach weinen konnte, haben mir wohlgetan. Mir war, als wäre eine Tür nach innen aufgegangen, die ich sonst sorgsam verschließe. In den Erfahrungen Ihrer Frau und in den Ihren habe ich viel Trost gefunden.» Eine gelähmte Frau teilte uns mit: «Ich habe neue Anstöße für meine Lebensbewältigung bekommen. Euer ehrlicher Bericht macht mir nicht nur Mut, ohne Masken zu leben, sondern auch den Mut, ohne Fassaden zu sterben. Ich bin daran, meine Wünsche ‹rund um mein Sterben› allen Traditionen zum Trotz neu zu regeln.» Und eine vierzigjährige Frau schrieb uns: «An diesem Abend hat der Bericht über den Abschied von Anne-Marie Tausch bei mir so viel ausgelöst. Durch dieses Teilhaben an ihrer Krankheit, an Euren Hoffnungen, Schwierigkeiten, durch das Erzählen der nicht immer einfachen Pflegesituation, von Euren eigenen Höhen und Tiefen, vor allem aber durch das Spüren, was das Daheimsein für Anne-Marie bedeutete. Dadurch habe ich deutlich gemerkt, daß dies meine Aufgabe beim Tod meines Vaters werden soll. Ich habe an diesem Abend so unendlich viel Mut geschöpft, soviel Kraft und Willen in mir gespürt. Ich habe aus Euren Worten aber auch klar meine eigenen Grenzen erkannt, daß ich nur so weit gehe, wie meine Kräfte und die meiner Familie reichen.»

Die vielen positiven Reaktionen der Besucher unseres Vortrags waren der Anlaß, in diesem Buch von den Erfahrungen zu berichten, die meine Lebenspartnerin Anne-Marie und wir als Familie während der letzten Jahre ihrer schweren Krankheit und ihres Sterbens machten. Ich denke, der Bericht kann aus mehreren Gründen für viele von Bedeutung sein:

- Wir waren eine Familie, die wie viele andere nie mit schwerer Krankheit und langsamem Sterben konfrontiert worden war.
- Anne-Marie teilte ihre persönlichen Erfahrungen öffentlich mit und gab so Menschen die Chance, angstfreier mit einer Krebserkrankung und mit der Wahrscheinlichkeit des Sterbens zu leben. Es war ihr wichtig, das große Schweigen um diese Vorgänge zu vermindern.
- Sie war darum bemüht, Wege zu finden, trotz fortschreitender schwerer Erkrankung seelisch heil zu bleiben und bewußt und intensiv zu leben. Ihre Botschaft war, in ihren Worten ausgedrückt: Wir brauchen nicht seelisch zu sterben, bevor der Tod eintritt.
- Sie hat Krankheit und Sterben als eine Herausforderung zur persönlichen Entwicklung angesehen. So waren ihre letzten Jahre für sie und für uns Angehörige auch eine Zeit der seelischen Entwicklung, nicht eine Zeit, die gleichsam abgebucht werden muß und nur voller Angst, Trauer und Unglück ist.
- Ihr und mir ist sehr klar geworden: Wie wir auf schwere Krankheit und Sterben reagieren, was wir dabei erleben, hängt sehr entscheidend von unseren Einstellungen, Gedanken und erworbenen Bewältigungsformen ab.

Wichtig ist es mir, zu betonen: Ich berichte nicht über ihre und unsere Erfahrungen, um meine Lebenspartnerin zu idealisieren oder eine Art Vorbild aus ihr zu machen. Auch schreibe ich dies nicht in der Erwartung, daß andere den gleichen Weg gehen sollten. Menschen sind seelisch unterschiedlich, und ihre Lebenssituation ebenfalls. Vielmehr denke ich, daß diese Erfahrungen für manche hilfreich sein können, sich *vor* einer Krankheit damit auseinanderzusetzen und dann im Falle einer schweren Erkrankung leichter einen Weg zu finden, der für sie angemessen ist, ihren Wünschen und ihrer persönlichen Entwicklung entspricht.

Anne-Maries Leben vor der Erkrankung

Anne-Marie wurde 1925 in Berlin geboren und wuchs zusammen mit einer Schwester und einem Zwillingsbruder auf. Über ihre Kindheit sagte sie: «Ich war ein sehr lebhaftes Kind, sehr übermütig, sehr ausgelassen, voller Aktivität. Ich habe oft die ganze Klasse zu Streichen angestiftet. Ich glaube, ich war ein recht anstrengendes Kind für die Lehrer. Ich war voller Aktivität und Ideen; für mich war die Schule ein Feld, mich ein Stück zu leben. Ich bin natürlich dann auch viel diszipliniert worden. Ich habe in der Schule sehr viele Rügen und Tadel ins Klassenbuch eingetragen bekommen. Auf dem Zeugnis stand häufig: Sie stört noch immer den Unterricht.»

Bei Ausbruch des Krieges war Anne-Marie vierzehn Jahre alt. Ihr Vater, ein Lehrer, wurde zur Wehrmacht eingezogen. In den folgenden Jahren erlebte sie Hunger und Angst; bei einem Fliegerangriff wurde die Wohnung der Eltern zerstört. Im vorletzten Kriegsjahr begleitete sie ihren Vater in Nachtwachen beim Sterben.

Nach Kriegsende studierte sie an einer Pädagogischen Hochschule. Sie wollte Volksschullehrerin werden. «Ich hatte die Sinnlosigkeit und Zerstörung des Krieges erfahren. Ich war hellhörig und wach geworden gegenüber Aggressionen und gegenüber Leiden anderer Menschen, nachdem ich früher ein völlig unbeschwertes Kind gewesen war. Ich hatte den Wunsch, etwas Sinnvolles zu tun, und zwar Menschen zu helfen, friedfertiger miteinander zu leben. Da ich in meinem Beruf mit Menschen zusammensein wollte und da ich gute Beziehungen zu Kindern hatte und auch erfahren hatte, daß ich Schülergruppen in der Nachbarschaft gut unterrichten konnte, wurde ich Lehrerin.»

Zwei Jahre später begann sie an der Universität Göttingen Psychologie zu studieren. Nach ihrem Diplom und einer zweijährigen Arbeit als Assistentin an einer Pädagogischen Hochschule vollendete sie eine Doktorarbeit an der Universität Göttingen. Es war eine empirische Untersuchung darüber, wie Kinder Erwachsene erleben.

Danach ging sie als freie wissenschaftliche Mitarbeiterin an das Psychologische Institut der Universität Marburg, um als Kinderpsychologin zu arbeiten. Ich war damals Assistent an diesem Institut. Wir waren uns bereits Jahre zuvor während des Studiums einige Male flüchtig begegnet. Jetzt spürten wir schnell eine starke Zuneigung und entdeckten viele Gemeinsamkeiten. Ein halbes Jahr später heirateten wir.

Wegen der drei Kinder, die wir in den folgenden sechs Jahren bekamen, nahm sie, abgesehen von einer Ausnahme, keine bezahlte Stelle an. Sie arbeitete jeweils als freie Mitarbeiterin an der Hochschule mit, an der ich tätig war.

«Mein Leben ist dadurch gekennzeichnet, daß ich arbeite mit dem Ziel, anderen zu helfen.» Durch meine Tätigkeit als Dozent für Psychologie an einer Pädagogischen Hochschule bekamen wir viel Einblick in die damals übliche Schulerziehung. Was wir dabei erfuhren, war erschreckend für uns. In mehreren umfangreichen empirischen Untersuchungen wies Anne-Marie nach, daß das Lehrerverhalten sehr autoritär war, daß Schüler durch die starke Neigung der Lehrer, zu lenken und zu dirigieren, wenig Selbstbestimmung und Selbstverantwortung entwickeln konnten. Diese Arbeiten erregten viel Aufsehen. Es wurde offenbar, daß die Schulerziehung junge Menschen wenig auf ein späteres demokratisches Zusammenleben vorbereitete. In anderen Untersuchungen zeigte sie, daß auch das soziale Klima in Kindergärten wenig förderlich für die persönliche Entwicklung war und daß Kinder auch in ihren Familien oft wenig Wärme erhielten, jedoch in starkem Ausmaß gelenkt und dirigiert wurden.

Sie bemühte sich dann, durch Untersuchungen herauszufinden und zu prüfen, wie eine gute Beziehung zwischen Erwachsenen und Kindern beschaffen ist, die das seelische Wohlergehen und die seelische Lebensfähigkeit des Kindes mehr fördert. Alle diese Untersuchungen erschienen zunächst in wissenschaftlichen Fachzeitschriften. Durch unser Buch ‹*Erziehungspsychologie*› wurde sie einer großen Anzahl von Lehrern, Erziehern und interessierten Laien bekannt (29)*.

Die folgenden Äußerungen aus einem Interview zeigen, wie sehr diese Arbeit sie erfüllte: «Ich habe mit meinem Mann zusammen viel in der Erziehung gearbeitet. Ich war immer irgendwie beseelt – nicht besessen, aber beseelt von dem Gedanken: Ja, da kannst du zeigen, was Kindern hilft oder sie angstfreier macht oder persönlich entwickelter. Ich denke, es ist das wichtigste, den anderen in seiner ganz anderen individuellen seelischen Welt zu achten, zu begleiten, zu fördern und sich selbst zu entwickeln. Die persönliche Entwicklung in der Familie und Schule sehe ich als wichtigstes Lernziel an» (28).

«Wissenschaft ist für mich mehr als Forschung und Lehre: nämlich Hilfe für die Menschen in Not.» Sehr beeinflußt wurde Anne-Marie durch den Kontakt mit dem amerikanischen Psychologen Carl Rogers, dem Begründer der klientzentrierten Psychotherapie. Seine Ideen und wissenschaftlichen Befunde halfen ihr, wesentliche Möglichkeiten des humanen Zusammenlebens von Menschen zu erkennen und zu fördern (14, 15, 17). Durch seine klientzentrierte Psychotherapie wurde sie angeregt, Kindern und Erwachsenen in Einzel- und Gruppengesprächen zu helfen, sie seelisch zu fördern, ihnen mehr Selbstbestimmung zu ermöglichen, ohne sie zu dirigieren, zu belehren oder zu bewerten. Sie untersuchte die Auswirkungen dieser Gespräche bei unterprivilegierten Kindergartenkindern, bei ängstlichen Schülern, bei alten Menschen über 65 Jahren. Sie führte Gruppengespräche mit Personen, die Schwierigkeiten miteinander hatten,

* Die in Klammern stehenden Zahlen verweisen auf das Literaturverzeichnis am Ende des Buches.

zum Beispiel Richter und inhaftierte Angeklagte sowie alte und junge Menschen.

Über diese Arbeit sagt sie in einem Interview (28): «Viele Menschen leben in einem seelischen Kerker, den sie sich selbst gebaut haben. Etwa aus Angst, abgelehnt zu werden, zwängen sie sich jahrelang in Rollen hinein, die ihnen überhaupt nicht entsprechen. Diese Menschen sind oft verzweifelt und sagen: ‹Ich weiß überhaupt nicht, wer ich bin. Bin ich der, der ich vorgebe zu sein?› Wir erleben es in Gesprächen und Gruppen, wie dann Menschen sagen, daß ihre Fassade allmählich fällt. Neulich schrieb mir ein junger Mann von 28 Jahren: ‹Ich fange an, aus meiner Erstarrung aufzutauen.› Und heute schrieb gerade eine Frau: ‹Ich spüre, wie die Eisenreifen, die um mich gelegt sind, sich allmählich weiten.› Durch meine Forschungen möchte ich wissen: Wie kann ich es einem Menschen ermöglichen, daß er sich seelisch selbst mehr helfen kann?»

Diese jahrelange wissenschaftliche und praktische Tätigkeit, Menschen durch hilfreiche Gespräche zu größerer Selbstverwirklichung und Selbstbestimmung zu verhelfen, fand ihren Niederschlag in unserem gemeinsamen Buch ‹*Gesprächspsychotherapie*› (30). Mit ihren Untersuchungen habilitierte sie sich an der Universität Hamburg, war dann Privat-Dozentin und wurde später zur Honorar-Professorin ernannt.

Sie bemühte sich intensiv, ihre Befunde und ihr Wissen Menschen direkt zugänglich zu machen. So führte sie gemeinsam mit mir in den Jahren 1976 bis 1980 im Südwest-Fernsehen 14 Gruppengespräche mit insgesamt über 130 Personen. Durch diese Sendungen erlebten Millionen Zuschauer, wie sich Mitglieder einer Gruppe einander öffnen, sich näherkommen, sich ehrlich mit sich selbst auseinandersetzen und sich ändern. Viele Menschen wurden dadurch angeregt, mehr auf ihre seelische Entwicklung bedacht zu sein.

Daneben war sie immer wieder auch Lernende, als Teilnehmerin in Gruppen am Center von Carl Rogers, auf Seminaren und Workshops und durch Kontakte mit Wissenschaftlern vor allem in den USA.

«Es geht mir darum, Menschen mit meinem Wissen und meinen Erfahrungen zu bereichern.» Im Frühjahr 1978, im Alter von 54 Jahren, begann sie, unterstützt von der Deutschen Forschungsgemeinschaft, zu untersuchen, wie hilfreich es für Krebskranke, ihre Angehörigen und für medizinische Helfer ist, wenn sie an einer psychologischen Gesprächsgruppe teilnehmen.

In einem Interview spricht sie über den Anlaß zu dieser Untersuchung: «In einer unserer Fernseh-Gesprächsgruppen war eine Krebspatientin. Sie hat viel mit uns gesprochen, das war ein Jahr vor ihrem Tod. Sie empfand die Gespräche wie eine ‹seelische Aufrüstung›. Und dann kamen eben Anrufe und Anfragen von Krebspatienten zur Teilnahme an Gruppengesprächen. Ich dachte, da stehe ich jetzt mit leeren Händen da. Aber ich sah es als eine Aufforderung für mich an. Ich suchte mir Mitarbeiter und Studenten und reichte einen Forschungsplan ein, den ich auch genehmigt bekam.»

Dann schildert sie die darauf folgenden Ereignisse: «Gerade als wir mit der ersten Gruppe begannen, ging ich zu einer Routineuntersuchung, eigentlich ganz gesund. Da stellte der Arzt bei mir die Diagnose Krebs. Unterstützt durch die Mitarbeiter konnte ich die Forschungsuntersuchung weiter begleiten. Es zeigte sich, daß sich die Menschen in den Gesprächsgruppen wie befreit fühlten. Sie haben gesagt: daß sie über ihre Angst sprechen konnten, das hat ihnen die Angst genommen» (27).

In den folgenden zwei Jahren schrieb sie das Buch ‹*Gespräche gegen die Angst*›. Ihre wissenschaftlichen Untersuchungen waren dabei nur der Ausgangspunkt. «In diesem Buch empfinde ich mich nicht als Autor, sondern als Medium. Menschen erzählen mir ihre bedeutsamen persönlichen Erfahrungen, ihren Umgang mit der Krankheit oder ihren seelischen Schwierigkeiten. Ich denke, daß das, was Menschen sehr persönlich erfahren, auch für andere Menschen wichtig sein kann. Meine Erkenntnis ist, daß das Persönlichste von Menschen das Allgemeinste ist, wo sich andere wiederfinden können ... Ich habe dieses Buch wirklich erst schreiben können, nachdem ich die Krankheit und die Auseinandersetzung mit der Krankheit von der Innenseite her erlebt habe, als Betroffene und nicht von außen als Beobachter. Es heißt ja auch, die Betroffenen sind Experten... Das Buch war in erster Linie eine ganz tiefe Beschäftigung auch mit mir und eine Auseinandersetzung mit den bei der Krankheit aufkommenden Fragen» (27, 28).

Umgang mit der Krebserkrankung nach der Diagnose

Bei einer Routine-Vorsorgeuntersuchung wurde bei Anne-Marie 1978, im Alter von 54 Jahren, ein kleiner Knoten in der linken Brust festgestellt. Eine erste Operation ergab, daß es ein Krebsknoten war. «Ich bekam die Diagnose durch eine Assistenzärztin im Krankenhaus mitgeteilt, die das eigentlich in sehr wenig liebevoller Weise machte. Gott sei Dank hatte ich meine Tochter Angelika bei mir. Und als die Ärztin raus war und die Krankenschwester, da sind wir uns erst einmal weinend in die Arme gesunken. Das war eigentlich so, daß ich meine Tochter sehr trösten mußte. Ich konnte es in vollem Umfang noch gar nicht so begreifen» (25).

Da sie gerade einen Fernsehtermin mit einer Gesprächsgruppe hatte, ließ sie die Operation erst eine Woche später durchführen. Damals machte mir dies Sorge – heute sehe ich es als richtig an. So hatte sie vor der Operation ein gutes Erlebnis und war seelisch gestärkt, mit Leben erfüllt.

Da der Krebs schon weit gestreut hatte, wurden die linke Brust und 17 erkrankte Lymphknoten im umliegenden Bereich entfernt. – Wie Anne-Marie mit der beginnenden Erkrankung umging, hat sie eingehend in ihrem Buch ‹*Gespräche gegen die Angst*› beschrieben.

«Ich verschweige meine Erkrankung nicht, ich spreche in der Familie, zu anderen Menschen und in der Öffentlichkeit über sie. Das ist hilfreicher für mich, als sie zu verbergen.» Anne-Marie traf die Krebserkrankung völlig überraschend. So war es für sie zunächst sehr schwierig zu akzeptieren, daß sie krank war und

sich operieren lassen mußte, zumal sie vorher keinerlei körperliche Beschwerden gehabt hatte. Es war ein sehr bedeutsamer, tiefer seelischer Eingriff in ihr Leben.

Wenige Tage nach der Operation schrieb sie einen Rundbrief an die Teilnehmer der Gesprächsgruppe und an ihre Freunde:

«Vor genau einer Woche bin ich operiert worden; es ist mir die linke Brust abgenommen worden, und viele Lymphknoten sind entfernt worden. Der Befund drei Tage später besagte, alle Gewebsproben sind krebsartig. Und das bedeutet, daß die Gefahr besteht, daß doch die Krebszellen gestreut haben können. Damit hatte ich nicht gerechnet, und es hat mich sehr deprimiert. Irgendwie dachte ich, ich wäre mit der Operation über den Berg.

Es ist mir dann klargeworden, daß ich mich damit auseinandersetzen muß, daß ich mit dieser Krankheit leben muß, gefaßt sein muß, sie wiederzubekommen.

Heute, drei Tage später, sehe ich noch einen Weg vor mir. Es gibt eine Therapie, die etwa zwölf Monate dauert, die mit Hilfe von Tabletten und Infusionen die möglicherweise gestreuten Krebszellen abtöten kann.

Ich hoffe, daß ich in zwei bis drei Tagen hier aus dem Krankenhaus entlassen werde und mit dieser neuen Therapie nächste Woche beginnen kann.

Sie wird mich sicherlich für ein Jahr körperlich etwas reduzieren. Ich muß auch für die Infusion stationär ins Krankenhaus gehen. Aber alle Informationen, die wir eingeholt haben, sprechen für diese Methode, und so will ich mich auch dieser medizinischen ‹Pferdekur› stellen. Ich denke, daß ich seelisch so stabil bin, daß ich diese medikamentöse Einwirkung gut verkrafte.

Ich bin ganz sicher, wenn ich erst einmal diese Krankenhausatmosphäre verlassen habe, daß ich mich ganz schnell wieder erhole und mir auch meine Arbeitsfähigkeit, die ja ein wesentlicher Teil meiner Person ist, wenigstens zeitweise erhalten werde.

Viel zu dieser Hoffnung haben beigetragen die vielen Grüße, anteilnehmenden Worte, liebevollen Gedanken, die ich von so vielen Seiten bekommen habe. Sie summierten sich in mir zu einer inneren Kraft, die mir Zuversicht gibt, das nächste Jahr bei guter seelischer und hinreichender körperlicher Gesundheit zu verbringen.

Wenn Ihr jetzt in mein Krankenzimmer hineinschauen könntet, Ihr würdet kaum glauben, daß ich krank bin. Ich fühl mich auch gar nicht krank. Und das ist schließlich die Hauptsache, um bald wieder gesund zu werden.»

Auch für uns – die Kinder Cornelia, Angelika, Daniela und für mich – kam ihre Erkrankung völlig überraschend. Daniela: «Für mich war es damals unfaßbar, daß das Leben meiner Mutter so bedroht sein sollte. Und ich konnte mir nicht vorstellen, daß sie sterben sollte oder daß der Tod so nahe dastand.» Cornelia: «Als es dann herauskam, daß es Krebs war und er schon recht verbreitet war, das war besonders für meinen Vater sehr schwer. Wir haben zusammen geweint und sind uns noch näher gekommen. Ich hatte Angst, daß er sich dann auch noch tötet, weil er soviel verloren hat. Ich hatte solche Angst, beide Eltern zu verlieren. Wir haben dann auch darüber gesprochen, und er hat gesagt, daß er es nicht tun würde, und das war mir sehr wichtig.»

Reinhard: «Eigentlich war Anne-Marie diejenige von uns beiden, die körperlich viel leistungsfähiger war. Ich hatte immer gedacht, daß mich viel eher eine lebensbedrohende Krankheit treffen würde als sie. Insofern kam das alles völlig überraschend. Es hat mich zunächst sehr traurig gemacht und niedergedrückt» (25).

In den Tagen und Wochen nach der Diagnose und Operation halfen Anne-Marie Gespräche mit uns und mit Freunden sehr, dieses einschneidende Ereignis mit seinen noch unklaren Folgen anzunehmen: «Ich habe es manchmal bei mir erlebt, daß ich geneigt bin, wenn es mir nicht sehr gutgeht, mich zurückzuziehen. Aber daß meine Familienangehörigen oder Freunde immer gesagt haben: Komm, sprich, was ist es, das dich bedrückt? Es ist nicht so belastend, wenn du uns das sagst, als wenn du dich zurückziehst. Sonst ist eine Mauer zwischen uns, die ist belastender» (26). Daniela: «Es war mir wichtig, daß sie ihre Traurigkeit und ihre Ängste zuließ, sie nicht ignorierte, sondern darüber sprach und sich klären konnte und wieder freier in ihrem Bewußtsein wurde.»

Dies beschreibt auch Anne-Marie in einem Interview: «Für mich waren bei der Krankheit sehr wichtig Menschen in unserem Freundeskreis und in Gruppen, die mir zuhören, die mir helfen, mich mit mir auseinanderzusetzen. Es ist sehr hilfreich, jemanden zu haben, mit dem ich sprechen kann, damit ich mich mit meiner Angst und meinen Sorgen und meinem Kummer auseinandersetzen kann. Ich habe ja auch viele Gespräche mit Krebspatienten geführt, und sie haben gesagt: Daß ich mir meine Ängste und meinen Kummer mal von der Seele reden kann, das hat mich befreit. Also, was hilft, ist Selbstauseinandersetzung und auch das Zulassen von Angst. Ich denke, das schönste für den Erkrankten ist, wenn er gehört wird in dem, was er fühlt. Wenn ihm die Möglichkeit gegeben wird, das auch auszusprechen, ohne abgewürgt zu werden, ohne beschwichtigt zu werden» (26, 28).

Was Anne-Marie wohl am meisten beeinträchtigte, war die Ungewißheit, wie die Krebserkrankung weiter verläuft: «Da kommt irgend etwas auf mich zu, wo ich zur Passivität verurteilt sein werde, wo ich in meiner Aktivität stark eingeschränkt bin, wo ich nur noch Patient bin.» Es war uns weitgehend unklar, wie eine Krebserkrankung verläuft, wie ein ungünstiges Ende aussieht. Würde sie in zwei Monaten sterben? In einem halben Jahr oder in zwei Jahren? Wir hatten lediglich einige Informationen von anderen Krebspatienten. Sie hatten uns auch von sehr unangenehmen Erfahrungen erzählt, etwa von Chemotherapie und Bestrahlungen, durch die sie in ihrer Lebensqualität sehr eingeschränkt worden waren und die doch die Krankheit nicht aufhielten. So lebten wir in großer Ungewißheit, und das belastete uns. Reinhard: «Was mich sehr viel geplagt hat, war: Wie können wir vermeiden, daß sie eine medizinische Therapie unternimmt, die vielleicht ihr Leben etwas verlängert, die aber ihre Lebensqualität sehr einschränkt?» (25)

«Ich wurde durch meine Krankheit damit konfrontiert, mich mit meinem Sterben auseinanderzusetzen.» Keiner konnte uns klare Auskunft über die Heilungsaussichten geben. So konfrontierte sich Anne-Marie gleich nach der Operation auch mit der Möglichkeit, bald sterben zu müssen. In Selbstgesprächen, Gesprächen mit anderen und durch Bücher zu diesem Thema setzte sie sich intensiv mit ihrem möglichen Tod auseinander. Diese Auseinandersetzung begleitete sie während ihrer ganzen Krankheit. In manchen Zeiten fühlte sie sich dem Tod, in anderen wiederum dem Leben näher.

Besonders wichtig war es für sie, daß auch wir, ihre Familie, uns mit ihrem möglichen Tod auseinandersetzten und uns innerlich darauf vorbereiteten, sie gehen zu lassen. Zu Beginn ihrer Erkrankung fiel es uns schwer, ihr mögliches Sterben anzunehmen. Dadurch fühlte sie sich sehr belastet. In einem Interview sagte sie: «Was mich bei meiner Operation und nachher eigentlich so erschreckt hat, ist, daß meine Angehörigen sehr geklammert haben. Wir haben uns vorher gar nicht mit dem Sterben auseinandergesetzt. Wir sind wirklich eine sehr offene Familie, wo alle Probleme auf den Tisch kommen. Wir haben aber überhaupt nie über die Möglichkeit gesprochen, daß einer von uns mal sterben wird, wie das dann so für den anderen ist. Wir haben uns eigentlich auf einen so wichtigen Vorgang in unserem Leben gar nicht miteinander vorbereitet. Wir haben jetzt seit der Operation sehr daran gearbeitet. Für mich ist es natürlich die Konfrontation mit meiner Endlichkeit. Und ich habe das Gefühl, daß also mindestens mein Mann und meine jüngste Tochter das wirklich schaffen, mich gehen zu lassen, während meine zwei anderen Kinder daran noch zu arbeiten haben. Und ich kann das akzeptieren, daß das noch schwer für sie ist. Es wäre für mich ja auch schwer, sie herzugeben, sie loszulassen» (25, 27).

Durch die Auseinandersetzung mit dem Sterben wurden Anne-Marie auch ganz konkrete Wünsche hinsichtlich ihres Todes deutlich. Auf eine Frage der Interviewerin sagte sie: «Ich würde mir wünschen – und das wissen meine Angehörigen auch –, daß nicht eine Todesanzeige mit schwarzem Rand verschickt wird, sondern vielleicht ein farbiges Papier, helles Gelb, oder auch ein Bild von mir dabei. Mein Wunsch ist es auch, daß meine Angehörigen nicht in Trauerkleidung zur Beerdigung gehen und danach. Sondern ich möchte ihnen eigentlich vermitteln: Laßt mich los, es geht mir gut. Begleitet mich, aber begleitet mich nicht zu sehr mit traurigen Gedanken, sondern auch mehr mit einem Gefühl – ja vielleicht ist es übertrieben, wenn ich das sage, und es schockiert vielleicht manche: aber so ein Stückchen auch der Freude. Der Freude, daß ich vielleicht dort bin oder dort hinkomme, wo es ja nicht schlechter ist. Also ich habe so für mich die Vorstellung, daß es vielleicht in manchem sogar leichter wird, da, wohin ich komme, wenn ich gestorben bin. Daß da viel Licht ist, daß da Leichtigkeit ist. Und wenn wir das etwas mehr in unser Bewußtsein hineinbekommen, dann können wir ja im Grunde den Sterbenden fröhlich auf seine Reise begleiten, so wie wir auch einen anderen Menschen zu seiner fernen Reise mit guten Gedanken und Wünschen abfahren lassen und begleiten» (27).

Bei der Auseinandersetzung mit ihrem Tod war für sie auch ein Seminar in den USA sehr hilfreich (20). In einer geleiteten Sterbemeditation stellten sich die Teilnehmer im entspannten Zustand das eigene Sterben und ihren Tod vor. Über ihre Erfahrungen bei dieser Meditation schrieb sie: «Wir erhielten die Instruktion, uns zu entspannen und uns dann vorzustellen, wie es für uns und unsere Angehörigen wäre, wenn wir tot seien. Ich fühlte mich gut, nicht traurig, ich war eher so ganz leicht, nicht mehr ganz da. Ich sah nur ein helles Licht. Es war eigentlich kein Licht mehr, ein Lichterort, ein breites, warmes Lichtfeld. Ich war nicht mehr mit meinem Körper da. Ich konnte nur noch fühlen. Ich fühlte mich eher durchsichtig, ohne feste Abgrenzung nach außen, nur einfach fühlend da, eher schwebend, einfach seiend, ohne Verbindung dorthin, von wo ich kam. Ich spürte auch keine traurigen Gedanken meiner Angehörigen, die sie mir nachschickten. Ich war wohl mit ihrer Erlaubnis gegangen, sie hatten mich freigegeben. Ich fühlte mich ganz frei, frei von der Wirklichkeit, von der ich herkam. Ich war einfach da, körper- und formlos da in einer anderen Wirklichkeit, in der ich intensiv fühlte und die ich als Licht, Helligkeit, Schwerelosigkeit und Leichtigkeit sehr verdichtet erlebte.»

So erfuhr sie in dieser meditativen Übung, daß sie sich vor dem Tod nicht fürchtete. Auch später hatte sie keine Angst vor dem Sterben, sondern eher vor den damit verbundenen körperlichen Schmerzen. Einmal sagte sie in einem Interview, sie wäre sogar etwas neugierig auf den Übergang in eine andere Wirklichkeit.

«Die Auseinandersetzung mit dem Sterben führt mich hin zum Leben.» Diese Auseinandersetzung war für Anne-Marie und für uns sehr hilfreich. Wichtig war, daß Anne-Marie gleich nach der Operation damit begann. Sie war durch diese Klärung freier für das Leben und mußte nicht unnötig Kraft darauf verwenden, die Angst vor dem Sterben zu unterdrücken.

So gewann sie viel für ein intensives Leben in den viereinhalb Jahren, die ihr noch nach der Diagnose blieben. «Ich denke, daß dieses Sichauseinandersetzen mit einem Teil unseres Lebens, der so sicher wie kein anderer kommt und für den wir oft so unvorbereitet sind, uns nicht vom Leben wegführt, sondern eher sogar hinführt. Also, mir ist das so gegangen: Ich bin sehr offen für dieses Leben geworden, dankbar und sehr, sehr bewußt» (25). – «Ich habe bei mir selber die Erfahrung gemacht, nachdem ich so durch diese Angst und diese Schmerzen gegangen bin, daß sich eigentlich eine ungeheure Lebensfreude und Lebensenergie in mir freigesetzt hat» (26). – «Ich denke, daß die Auseinandersetzung mit dem Sterben, mit unserer Endlichkeit uns möglicherweise überhaupt erst wach macht für dieses Leben, um es wirklich rund und voll zu leben» (27).

So wurde sie allmählich offen für beide Seiten: Sie sah die Möglichkeit des Sterbens und sah zugleich optimistisch ihrem weiteren Leben entgegen. Sie lernte, die Krankheit anzunehmen und sich mit ihr wieder dem Leben zuzuwenden.

«Ich kann sehr viel für meine seelische und körperliche Gesundheit tun.» Anne-Marie bemühte sich sehr bewußt darum, seelisch und körperlich gesund zu leben, die ihr noch zugänglichen Möglichkeiten voll auszuschöpfen: «Ich habe sofort danach angefangen und erkannt, ich muß seelisch etwas für mich tun. Es

war mir klar: der Spielraum der Einwirkung, den ich habe, ist der seelische. Und wenn ich mich seelisch gleichsam gut ernähre, dann fühle ich mich auch vom Körperlichen her wohler. Und ich habe dann angefangen mit Entspannungsübungen, Hatha-Yoga und Meditation» (25). – «Wichtig war, daß ich vor der Krankheit an Gesprächsgruppen teilgenommen und gelernt hatte, mich offen mit mir auseinanderzusetzen» (28). Bereits sechs Wochen nach der Brustamputation machte sie wieder ihr Jogging. Wir stellten in der Familie unsere Ernährung allmählich um: keinen Industriezucker, kein weißes Mehl, kaum Fleisch, viel Vitamine, Obstsäfte und Gemüse.

Anne-Marie wollte nicht ein Leben als Patientin führen, das heißt passiv auf die medizinischen Behandlungen warten und überwiegend damit beschäftigt sein. Sie ließ sich schon sieben Tage nach der Operation aus dem Krankenhaus entlassen. Heute verstehe ich, daß sie sich gegen die Krankenhausatmosphäre wehrte, gegen das «Behandeltwerden», das viele Patienten daran hindert, aktiv für sich zu sorgen. Sie wollte seelisch so viel wie möglich für sich sorgen und ihre Zeit nicht in so hohem Maße medizinischen Methoden opfern, deren Wirkungen ihr eher fragwürdig erschienen. Auch in den folgenden Jahren, bei der Bestrahlung und der Chemotherapie, ließ sie sich, wenn irgend möglich, ambulant behandeln, blieb höchstens ein bis zwei Tage im Krankenhaus, obwohl die Autofahrten zur Klinik sie auch belasteten.

Sehr wichtig für ihr Wohlbefinden war ihre Geborgenheit in der Familie. Hier fand sie auch die notwendige Unterstützung in ihrem Bemühen, für sich zu sorgen. Ihre Tochter Daniela: «Ich weiß, ich kann ihr nicht ihre Krankheit abnehmen, ich kann sie nicht gesund machen. Aber ich kann ihr helfen, mit der Krankheit umzugehen, für sich zu sorgen oder ihr dabei helfen, zum Beispiel zur Krankengymnastik zu gehen, so die ersten Schritte zu machen. Für mich kam damals auch eine Wende in der Beziehung. Früher war *ich* es immer, die hilflos war, weil ich eben lange krank war; und jetzt war ich diejenige, die Hilfe geben konnte. Von daher ist seit dieser Krankheit auch so eine Wechselbeziehung eingetreten zwischen uns, also ein Wechsel zwischen

Mutter und Kind: Mal bin ich die Mutter und sie das Kind oder umgekehrt. Eigentlich sind wir ja eher so wie zwei Freunde geworden» (25).

Von großer Bedeutung war für Anne-Marie, daß sie ihre Arbeit fortsetzte. Sie fuhr weiterhin zu Vorträgen, sogar zu Fortbildungskursen in die USA. Vor allem arbeitete sie schon bald nach der Operation an ihrem Buch ‹*Gespräche gegen die Angst*›. Auch beschäftigte sie sich zunehmend mit indischer und chinesischer Philosophie und schrieb Gedichte für ihre Kinder, über einen möglichen Tod und über ihre Gefühle.

Sie suchte sich jeden Tag lebenswert und reich zu gestalten. Sie machte viele Spaziergänge, ruhte sich zwischen der Arbeit aus. Besonders wichtig war, daß sie nicht gegen die Erkrankung und gegen ihr Schicksal ankämpfte, sondern lernte, die Erkrankung anzunehmen und mit ihr zu leben.

Die Zeit schwerer körperlicher Beeinträchtigung – und Möglichkeiten, seelisch heil zu bleiben

Zweieinhalb Jahre nach der Operation begann sich Anne-Maries gesundheitlicher Zustand langsam zu verschlechtern. Wie äußerten sich die zunehmenden körperlichen Beeinträchtigungen?

- Eine fortschreitende Muskelentzündung führte zu Juckreiz und Hautrötungen, auch im Gesicht, beeinträchtigte ihre Bewegungsfähigkeit und gab ihr ein Gefühl körperlicher Schwere.
- Ihre Augenerkrankung – die Netzhaut wurde teilweise nicht hinreichend durchblutet – verschlimmerte sich. Schließlich konnte sie nur noch mit Hilfe eines Fernseh-Lesegerätes lesen.
- 1981 traten weitere Krebs-Metastasen am Schlüsselbein auf, die sie nach einiger Zeit operieren ließ.
- Im November 1982 – neun Monate vor ihrem Tod – wurden haselnußgroße Krebsknoten in der Halsregion entdeckt, und feine Metastasen schienen sich im Brustraum zu entwickeln. Entgegen ihrer ursprünglichen Abwehr ließ sie Bestrahlungen

vornehmen, da sonst die Gefahr bestand, daß die Durchblutung des Gehirns und damit ihr Bewußtsein beeinträchtigt würde.

o Auf Grund dieser Bestrahlungen gingen die Krebsknoten zurück. Doch im Winter 1982 erlitt sie eine schwere Virusinfektion in einem Rückenmarksegment – eine Gürtelrose –, die vermutlich mit der Schwächung des Immunsystems durch die Bestrahlung zusammenhing. Sie hatte sehr starke Schmerzen und war zwei Monate lang bettlägerig. Die Ärzte nahmen an, die Schmerzen würden von Tumoren im Rückenmark verursacht, die auf dem Röntgenbild schwach zu erkennen waren. Dies führte bei den Ärzten und uns zu der falschen Annahme, sie würde binnen kurzem sterben. Sie erholte sich jedoch wieder und leitete im März 1983 sogar ein sechstägiges Seminar in der Schweiz.

Bei einer Untersuchung, kurze Zeit nach dieser Reise, wurde Wasser in der Lunge festgestellt. Da ihre Atmung hierdurch sehr erschwert wurde, mußten in den vier Monaten bis zu ihrem Tod über zwanzig Punktionen durchgeführt werden, da sich die Lunge immer wieder mit Wasser füllte. Drei Wochen lang hatte sie einen Lungenkatheter, der die Flüssigkeit fortlaufend absaugte. Während dieser letzten vier Monate lag sie überwiegend im Krankenhaus; sie ließ sich jedoch so oft wie möglich zumindest für einige Tage oder über die Wochenenden nach Hause entlassen, um nicht zu sehr in der Klinikatmosphäre zu leben.

Da ihre Blutwerte und ihr allgemeiner körperlicher Zustand relativ gut waren, gab sie dem Drängen des Arztes nach und unterzog sich einer starken Chemotherapie. An den Tagen, an denen sie die Medikamente nahm, litt sie unter Schmerzen, Übelkeit und Müdigkeit. Sie verlor die meisten Haare. Trotz dieser belastenden Umstände begann sie, in der Klinik gemeinsam mit Helga Mueller, einer Mitarbeiterin von der Universität, an einem Buch über die Sterbemeditation zu arbeiten, und fuhr gemeinsam mit mir zu einem zweitägigen Seminar in die Schweiz.

Wenn ich heute auf diese Zeit der intensiven medizinischen Therapie zurückblicke, muß ich Anne-Marie in ihrer großen Zurückhaltung gegenüber den Behandlungen recht geben. Viele dieser Prozeduren haben damals ihre Lebensqualität erheblich beeinträchtigt.

«Ich kann auch bei fortschreitender schwerer Erkrankung und wahrscheinlichem Sterben mein Leben noch lebenswert gestalten.» Anne-Marie bemühte sich intensiv darum, «seelisch heil zu bleiben», wie sie es nannte, obwohl ihr Körper sich dem Sterben zuneigte. Ihr tägliches Ziel war es, «nicht zu sterben, wenn man noch lebt, sondern zu leben, während man stirbt».

Sie verhielt sich nicht passiv, richtete nicht alle Hoffnungen und Energien auf die medizinische Behandlung, sondern übernahm die Verantwortung für ihr seelisches Wohlbefinden und tat viel für sich. Sie lebte diese Jahre der Krankheit seelisch sehr intensiv. So gesehen war die Krankheit in vielem für sie eine Bereicherung: «Ja, es ist ein Geschenk. Und wenn ich gefragt würde: Willst du dieses Leben noch einmal wieder leben?, würde ich mich für dieses Leben entscheiden, auch mit der schweren Krankheit» (25).

Im folgenden möchte ich schildern, was sie in den letzten Jahren bereicherte und was es für sie bedeutete, «seelisch heil zu bleiben».

Das nicht mehr Mögliche loslassen. Anne-Marie lernte, alles das loszulassen, was ihr durch die Krankheit zunehmend verwehrt wurde, zum Beispiel intensiv zu arbeiten, anderen zu helfen, sportlich aktiv zu sein, einen gesunden Körper zu haben. Es fiel ihr schwer, auf alle diese ihr so wichtigen Dinge zu verzichten. «Also, ich war ja wissenschaftlich tätig, ich hatte drei Kinder, ich hatte eigentlich immer einen Zettel, wo draufstand, was zu machen ist. Und ich freute mich dann, wenn ich Dinge durchstreichen konnte. Heute ist das nicht mehr so. Das war auch schwer für mich, weil ich daraus – so glaube ich – viel Bestätigung für meine Person gezogen habe. Und das hat ja nun keine Gültigkeit mehr für mich» (28).

Auf Grund ihrer Krankheit war sie nun mehr und mehr auf die Hilfe anderer angewiesen: «Was sehr schwer für mich war, ist meine Hilflosigkeit; ich muß immer bitten, bitten. Ich bin eigentlich mein Leben lang ein Mensch gewesen, der anderen geholfen hat. Jetzt bin ich plötzlich in die Situation gekommen, Hilfe zu erbitten. Das ist fast bitter gewesen für mich. Bis ich mir klargemacht habe: Anne-Marie, du hast es doch so schön gefunden, anderen zu helfen. Jetzt gib doch anderen mal die Möglichkeit, dir zu helfen. Und so allmählich kann ich es annehmen und lerne es. Und bekomme dann auch soviel Liebe herüber von anderen. Und die sagen mir, wie schön es ist, daß ich ihnen die Gelegenheit gebe. Ich weiß es ja eigentlich auch. Bloß wäre ich gerne der andere, der hilft. Und manchmal denke ich: Na ja, vielleicht bin ich jetzt noch ein Stückchen dazu da, anderen Gelegenheit dazu zu geben» (26, 28).

In einem Interview äußerte sie sich ein Jahr vor ihrem Tod noch einmal darüber, wie sehr sie sich bemühte, die äußeren Aktivitäten loszulassen: «Ich bin eigentlich ein Mensch gewesen, der viele Außenaktivitäten gemacht hat, sich sehr für andere Menschen eingesetzt hat. Und das hat mir eigentlich ein gutes Gefühl von mir selber gegeben. Und ich mußte dann erst damit klarkommen, daß das ja nicht mehr so sein kann in dem Umfang. Und wo bleibe ich dann mit meinem Gefühl der Nützlichkeit? Das war so der Hader der letzten Monate oder Jahre. Und ich habe mir an meinem Schreibtisch wochenlang einen Zettel gemacht, da stand drauf: ‹Jeder weiß, wie nützlich es ist, nützlich zu sein. Kaum einer weiß, wie nützlich es ist, nicht nützlich zu sein.› Das konnte ich nicht akzeptieren für mich. Und das war die Lernaufgabe. Und ich habe eigentlich erst jetzt erkannt und vielleicht auch akzeptieren gelernt, daß es in meinem Leben nicht mehr soviel darauf ankommt, etwas zu machen, sondern zu sein – zu sein mit meiner ganzen Person, in dem gegenwärtigen Moment präsent und anwesend zu sein und in dieses Sein mein inneres Wesen hineinzugeben. Und ich bin mir dann auch selber nahe, und ich spüre, daß ich mich auch mit mir selbst wohl fühle und nicht mehr so dieses Außenlob der Bestätigung brauche, nützlich für andere zu sein. Ich denke, vielleicht bin ich dadurch nützlich, daß ich anderen die Gelegenheit gebe, mir zu helfen, denn ich bin ja in vielen Situationen, durch die Augen und auch durch die Muskelentzündung, sehr auf Hilfe angewiesen. Und das war kürzlich bei dem Seminar in der Schweiz meine tiefste Erfahrung dort für mich, daß Menschen auf mich zugekommen sind, weil ich es nicht mehr in dem Maße kann. Und es war auch eine sehr beglückende Erfahrung für diese Menschen. Vielleicht besteht mein Dasein oder Sein darin, den andern die Möglichkeit zu geben, ihrerseits jetzt auf mich zuzugehen und sich in ihrer Aktivität zu verwirklichen. Das ist schwer. Es ist noch immer mit großer Traurigkeit für mich angereichert – aber ich bekomme auch sehr viel» (25).

«Ich sehe, wie viele Schönheiten die Natur einem schenken kann, oder was wir selber in uns haben.» In dieser Zeit erschloß sich Anne-Marie intensiv ihren allmählich kleiner werdenden Umkreis. Auf kurzen Spaziergängen und Fahrradtouren entdeckte sie bewußt die Schönheiten in ihrem nahen Umfeld. «Ich habe das selber bei mir erfahren, daß man plötzlich die kleinen Schönheiten des Lebens wiederentdeckt, die einfach überall sind. Ein bißchen ist es mir auch so passiert, daß ich wie so ein Zeitraffer oder mit so einer Autobahnwahrnehmung durchs Leben gegangen bin: nur das Ziel erreichen. Dann war wieder das nächste Ziel. Ich habe nicht rechts und links geguckt. Und jetzt geht es mir so, daß ich sehe, wie viele Schönheiten etwa auch die Natur einem schenken kann oder was wir selber in uns haben. Wir brauchen nicht diese großen Reisen zu machen, sondern da ist eine ganze Menge an positiven und kreativen Möglichkeiten in uns» (26). Ihre Tochter Cornelia: «Einmal sagte sie zu mir: ‹Wie ist es schön, die Blätter jetzt zu sehen, die Blätter sind jetzt anders. Wenn man langsam geht, kann man mehr erleben.›»

So reagierte sie auf jede neue körperliche Einschränkung damit, daß sie sich irgend etwas erschloß, was seelisch eine Erweiterung für sie war. Wenn sie viel liegen mußte, dann führte sie viele Telefongespräche, mit Freunden oder Menschen, die ihre psychotherapeutische Hilfe brauchten. Oder sie ließ sich vorlesen. Sie arbeitete viel mit Tonkassetten, die sie besprach, verschickte und besprochen wieder zurückerhielt.

Statt Tennis oder Waldlauf machte sie jetzt Atemtherapie, Hatha-Yoga und Feldenkrais-Körperübungen. Dies brachte ihr zugleich innere Ruhe und eine Erweiterung des Bewußtseins. Auch Meditation half ihr, intensiver und bewußter zu leben.

Für ihre Fähigkeit, die ihr noch verbleibenden Möglichkeiten auszuschöpfen, möchte ich zwei Beispiele geben: Vier Monate vor ihrem Tod fuhr sie zu einem sechstägigen Seminar in die Schweiz. Cornelia: «Nachdem sie fast zwei Monate wegen der Gürtelrose fest im Bett gelegen hatte, dachten wir eigentlich alle, daß sie nicht mitkommen würde. Aber sie hat es doch noch geschafft. Wir haben alles geplant, wie es mit dem Transport geht. Sie wurde mit einem Rollstuhl in das Flugzeug gebracht und nachher rausgetragen. Während des Seminars lag sie in einem Liegestuhl, unter hundertzwanzig Menschen. Sie scheute sich nicht, als Kranker unter den Menschen zu sein.» – Ich selbst hatte zunächst Bedenken, als sie mit mir über ihren Entschluß sprach, in die Schweiz zu fahren. Wird sie es schaffen? Was werden die Teilnehmer dazu sagen? Das Ungewöhnliche war, daß es für die meisten eine positive Erfahrung war, ihr mit ihrer Krankheit zu begegnen. Für Anne-Marie selbst waren diese Tage mit den hundertzwanzig Menschen ein Höhepunkt. Sie sagte etwa eine Woche vor ihrem Tod: «Ich wünschte, ich wäre gleich nach dem Seminar gestorben.»

Sieben Wochen vor ihrem Tod ließ sie sich für eine Woche aus dem Krankenhaus beurlauben. Sie war sehr geschwächt. Wir fuhren nach Basel zu einem seit längerem festgelegten Termin und verbrachten dort mit hundertsechzig medizinischen Helfern einen Tag, um über unsere Erfahrungen und Einstellungen im Zusammenhang mit Krankheit und Sterben zu sprechen und mit ihnen eine Sterbemeditation durchzuführen. Aus den vielen Briefen, die wir nachher bekamen, wissen wir, daß Anne-Marie trotz oder wahrscheinlich wegen ihrer schweren Erkrankung für die Teilnehmer sehr hilfreich war.

«Ich bin fähig geworden, liebevoll mit meinem Körper umzugehen und für ihn zu sorgen.» Zuerst fiel es Anne-Marie schwer, die körperlichen Beeinträchtigungen anzunehmen. «Ich mußte mich mit meinem reduzierten Körperbild auseinandersetzen. Das ist es auch, was für alte Menschen ansteht. Man hat da ein Gebrechen und da Schmerzen. Man muß ein Stück die äußere Schönheit loslassen oder die vollständige Gesundheit. Es ist ein Prozeß des Loslassens» (27). – «Ich hab mich – wie so viele an-

andere Patienten – abgelehnt. Ich kam zuerst überhaupt nicht klar mit meinem Körper, der mir nicht voll zur Verfügung stand. Ich hatte ihn eigentlich mein Leben lang – er funktionierte, er war da. Er bekam mal eine Überholung mit Urlaub, ich konnte immer über ihn verfügen. Ich konnte immer mit ihm rechnen» (28).

Allmählich lernte sie, in eine gute Beziehung zu ihrem beeinträchtigten Körper zu kommen. «Ich muß viel für meinen Körper sorgen, ich muß ihn eincremen und was weiß ich alles, Dinge, die mir sehr fremd waren, die ich erst lernen mußte. Oder ausruhen und hören: Was braucht er jetzt? Ich spüre aber, dadurch bin ich überhaupt in einer Beziehung zu ihm. Früher war das so eine Kumpelei, jetzt ist es so, er ist mein Freund. Und das ist eine ganz kostbare Erfahrung für mich. Und sie hat mich, glaube ich, auch dazu gebracht, den Anspruch loszulassen, wieder ganz gesund zu werden» (25).

Diese annehmende Beziehung zu ihrem Körper erleichterte es ihr auch, für ihn zu sorgen. «Ich habe eigentlich immer für andere gesorgt – und das fand ich schön. Und das gibt auch jedem irgendwie ein tolles Gefühl. Und dann bin ich so auf mich zurückgeworfen worden. Gestern abend sagte ich zu meinem Mann: ‹Es ist mir so schwergefallen, für *mich* zu sorgen.› Aber die Krankheit erfordert das. Ich habe mich erst sehr dagegen gewehrt. Aber gestern abend stieg vor mir auf: Ach, du tust das eigentlich jetzt genauso gerne für dich wie für jemand anderen. Und ich will damit ausdrücken, daß für mich der Wert meiner Person dadurch auch so stark herauskommt.» Dadurch, daß sie sich als kranken und beeinträchtigten Menschen annehmen konnte, wurde sie fähig, sich um ihren Körper angemessen zu kümmern.

Neben Hatha-Yoga-Übungen waren Entspannungs- und Vorstellungsübungen für sie körperlich und seelisch sehr hilfreich. «Ich habe für mich das Gefühl, ich bin dadurch der Krankheit nicht so ausgeliefert. Ich kann aktiv etwas für den Körper tun, Selbstheilungskräfte mobilisieren. Und während ich hier liege, habe ich deutlich das Gefühl, ganz tief entspannt zu sein. Ich werde ganz warm. Die Vorstellungen im entspannten Zustand sind auch eine angstfreie Auseinandersetzung mit der Krankheit. So habe ich wirklich keine Angst, mir meine Krebszellen im Körper vorzustellen und in der Vorstellung zu sehen, wie mein Abwehrsystem in Form der Blutkörperchen gegen die Krankheit arbeitet und sie zu vermindern sucht. Seelisch ist es für mich auch sehr bedeutsam, diese entspannte Vorstellungsübung zu machen, weil ich mich einfach mit mir selber gut fühle. Ich stelle mir dabei auch glückliche, gesunde Situation in meinem Leben vor, wo ich mich seelisch sehr wohl fühle. Ich mache es jeden Tag, so daß in mir das Bild entsteht, daß ich mich mit mir trotz der Krankheit seelisch und körperlich wohl fühle» (25).

Die Entspannungsübungen halfen ihr auch, die Schmerzen anzunehmen – und nicht gegen sie anzukämpfen. «Also ich bin wirklich kein Held im Ertragen von Schmerzen, wirklich überhaupt nicht. Wenn ich Schmerzen habe, dann bin ich kreuzunglücklich und gebe dem auch nach und laß das zu.»

So fühlte sie sich ihrem Körper näher, aber gleichzeitig auch ein Stück unabhängiger von ihm. Sieben Wochen vor ihrem Tod sagt sie in einem Interview: «Trotz der Befunde: Der Geist oder die Seele sind wach. Und das möchte ich mir eigentlich auch erhalten. Es ist beides da: einerseits die ganz enge Beziehung zum Körper und das Gefühl, von ihm abhängig zu sein, andererseits auch wieder ein Stück das Gefühl der Unabhängigkeit: Du kannst im Seelisch-Geistigen noch voll leben, auch wenn du einen sehr stark reduzierten Körper hast» (28).

«Meine Erfahrung in meiner Krankheit ist es, daß die Tür zum wirklichen Leben nicht nach außen aufgeht, sondern nach innen.» Durch die zunehmenden Einschränkungen in den äußeren Aktivitäten wandte sich Anne-Marie immer mehr ihrem inneren, seelischen Bereich zu: «Das, was uns irgendwo das Leben bereichernd und wertvoll machen kann, haben wir in uns. Das brauchen wir nicht von außen an uns heranzuführen. Eigentlich sind es meist die Dinge von außen, die uns eher ablenken von uns selbst, von der Begegnung mit uns. Ich merke in dieser Krankheit so stark die Begegnung mit mir selbst» (28). So kam sie zunehmend mehr mit dem Reichtum in sich selbst in Berührung.

In ihren Unterlagen fand ich folgende Notiz: «Sich selbst entdecken: sich selbst als Partner haben, in sich einen Ort des Zutrauens entdecken und spüren, daß sich der Zugang zum eigenen Inneren öffnet, zur inneren Karriere.» In einem Fernsehinterview drückte sie diese Erfahrung so aus: «Ich bin ja auch recht abgeschnitten von Informationen dadurch, daß ich nur schwer lesen kann. Und dadurch, daß ich nicht mehr so beweglich bin, bin ich sehr ans Haus gebunden. Aber ich spüre, daß ich eigentlich sehr viel in mir habe und daß ich mir da so einen inneren Raum in mir erschließen kann. Ich habe eben gemerkt, die Tür geht nicht nach außen auf, wie ich es jahrelang gedacht habe, sie geht nach innen auf. Ich spüre, ich habe diesen Lebensimpuls in mir. Und das gibt mir so ein Zutrauen zu diesem neuen Leben. Aber das ist ein Prozeß. Oft rutsche ich noch in dieses alte Leben hinein, in das Leben der Aktivitäten und Außenaktivität. Aber dann komme ich an die Grenze meiner körperlichen Leistungsfähigkeit, muß mich dann zurücknehmen und erkenne: Das ist es nicht mehr» (25).

Auch wir Angehörigen haben uns mehr Ruhe gegönnt und sind in der Begegnung mit Anne-Marie, mit ihrem Sterben, mehr uns selbst begegnet. Ihre Tochter Cornelia: «Ich habe für mich dadurch auch wieder mehr Ruhe gelernt. Ich habe jetzt selber ein Bedürfnis nach mehr Ruhe, und nicht diese Hektik von einer Sache in die andere, so daß ich mich also dadurch auch geändert habe. Es hat mich auch nachdenken lassen, was so mein Sinn im Leben ist.» – Ihre Tochter Daniela: «Ich habe mich häufig zu ihr ins Bett gelegt. Wir haben nebeneinander gelegen, manchmal Musik gehört und hinausgeguckt. Es war so eine ganz tiefe Art des Zusammenseins. In ihrer Gegenwart wurde ich ganz ruhig und konnte einfach nur sein, ihre Hand halten.»

«Den anderen durch das eigene Sein seelisch bereichern und beschenken.» Begegnungen und Gespräche mit anderen Menschen waren für Anne-Marie bis in die letzten Wochen hinein sehr wichtige Erfahrungen, aus denen sie immer wieder Kraft schöpfte. Sie bekam Liebe und Unterstützung von sehr vielen Menschen außerhalb der Familie.

Viele empfanden die Begegnung und die Gespräche mit Anne-Marie als sehr bereichernd – trotz oder gerade wegen ihrer Wandlung durch die Krankheit. Dazu hat sich Anne-Marie im Schweizer Rundfunk geäußert: «Unabhängig vom Alter können wir mit unseren gefühlsmäßigen Erfahrungen eigentlich immer noch ein wertvoller Partner sein, auch als kranker oder alter Mensch dem gesunden jungen Menschen. Wir werden zwar in unserem Körper reduziert. Aber die seelische Funktionsfähigkeit, das Mitfühlen, das Anteilnehmen braucht nicht reduziert zu sein. Hier können wir im Gegenteil noch wachsen. Also dieser Gefühlsreichtum, den jemand hat und den er weitergeben kann, der ist unabhängig vom Alter. Das kann im ganz hohen Alter sein, das kann selbst auch auf dem Sterbebett sein. Durch das eigene Sein, durch die eigene Entwicklung können wir den anderen seelisch bereichern und beschenken» (27).

«Ich lebe jetzt von Augenblick zu Augenblick.» Die Auseinandersetzung mit dem Sterben half Anne-Marie, zeitloser, weniger verplant zu leben: «Das Merkwürdige ist auch: seit ich spüre, daß da eine Endlichkeit meines Lebens ist, daß ich dadurch eigentlich jetzt unendlich Zeit habe. Ich lebe zeitloser. Ich habe so mehr das Gefühl, das Leben fließen zu spüren. Und ja – wohin es geht, ich weiß es auch nicht. Und das finde ich sogar schön... Also, ich habe auch ein bißchen so gelebt: wenn... dann... Ich habe so viele Menschen gesprochen, die sagten: ‹Wenn die Kinder erst groß sind, dann...› Oder: ‹Wenn ich mein Examen habe, dann...› Aber wer weiß denn, ob das dann ist? Ich habe Menschen getroffen mit der Diagnose einer schweren Krankheit, die sagten: ‹Ich habe ja noch gar nicht gelebt.› Und das finde ich so wichtig: Jetzt, hier, auch wenn wir miteinander jetzt sprechen, das ist doch eine wichtige Lebensminute für uns. Ich will nicht sagen, daß ich jede Minute wirklich gegenwärtig leben kann. Aber ich sehe Dinge dankbarer, bewußter und intensiver... Ich habe die Erfahrung gemacht: Sorg dich nicht um die nächste Zukunft. Deine nächste Zukunft ist der nächste Augenblick. Und so lebe ich jetzt von Augenblick zu Augenblick. Ich möchte so gern den Menschen vermitteln, daß sie nicht warten,

bis eine Krise auf sie zukommt, sondern daß sie leben, den jetzigen Moment, den heutigen Tag» (28).

Auch wir Angehörigen lernten, uns mehr der Gegenwart zuzuwenden. Daniela: «Die Gegenwart zu leben, da steckt soviel Kraft drin, so daß ich die Schwierigkeiten des Heute bewältigen kann. Ich lerne, ein Kind des Augenblicks zu sein. Auch als ich wußte, sie wird die nächste Woche sterben, da war das für mich so: Jetzt habe ich sie noch, und jetzt möchte ich sie jeden Moment ganz intensiv erleben. Ich konnte dann in die Gegenwart eintauchen und die Zukunft vergessen.»

Mir ging es ähnlich: Wenn ich mir vorstellte, wie sich Anne-Maries Krankheit verschlechtern könnte, wenn ich daran dachte, daß sie sterben würde, dann empfand ich immer wieder starke Traurigkeit und Schmerzen, fühlte mich hilflos und ausgeliefert. Aber immer wenn ich im Moment lebte, wenn ich mir nachts vergegenwärtigte, sie liegt neben mir, sie lebt, fühlte ich mich besser. In der Gegenwart kann ich etwas tun. Ich habe das aktive Tun, wie anstrengend es auch immer war, als befriedigender empfunden als alles Grübeln über das, was sein wird. Wenn ich wirklich im Moment war: Der Moment war immer zu ertragen, auch in ihren letzten Stunden und Minuten.

«Wenn ich mich dem Fluß des Geschehens anvertrauen kann, dann brauche ich vor nichts mehr Angst zu haben.» Anne-Marie hatte zwar gleich nach der Krebsdiagnose begonnen, sich mit ihrer Erkrankung und dem möglichen Tod zu konfrontieren. Aber die neu auftretenden Krankheitssymptome und plötzlichen Verschlechterungen erforderten es immer wieder erneut, sich mit den zunehmenden Beeinträchtigungen auseinanderzusetzen. Dies fiel ihr nicht leicht: «Jede Krankheitsattacke ist eine solche Herausforderung. Dann versuche ich, seelisch wieder Boden unter die Füße zu bekommen. Und dann kommt wieder etwas Neues dazu, was mich kräftemäßig umwirft. Also, da bin ich noch lange nicht soweit, daß ich das alles so in größter, tiefster Gelassenheit ertragen kann. Ich habe immer noch nicht genug Geduld mit mir. Dieses wirklich einsichtsvolle Umgehen mit mir, dieses nachsichtige, also da bin ich noch weit entfernt.

Wer mich von früher kennt, der findet es phantastisch, wie geduldig und gelassen ich bin; aber ich begegne mir ja selber und weiß, wie es wirklich um mich steht» (28).

Bei diesen seelischen Schwierigkeiten waren für sie Gespräche mit anderen hilfreich, durch die sie mehr Klarheit über ihre Gefühle bekam. In einem Interview sieben Wochen vor ihrem Tod sagte sie: «Als ich zwei Monate zu Hause fast immer nur im Bett lag – meine Familie hat sich immer bemüht, daß einer im Haus war –, konnte ich das nicht mehr aushalten und fing an zu weinen und sagte: ‹Ich bin doch nicht mehr zumutbar für euch.› Da sagte Reinhard zu mir: ‹Ich glaube, du bist nicht mehr zumutbar für dich selber.› Das war der Punkt: Ich konnte *mich* nicht mehr ertragen. Es stimmte, das traf genau den Nagel auf den Kopf. Es hat mir sehr geholfen, diese ehrliche Aussage, also dieses Zurückgeworfensein auf mich» (28).

Die Auseinandersetzung mit dem Sterben beschäftigte sie mit dem Wechsel von körperlicher Verbesserung und Verschlechterung immer wieder. Auf die Frage der Interviewerin, ob sie die Angst vor dem Tod bewältigt habe, sagte sie: «Das ist ja der Lebensprozeß. Ich bin jetzt durch ganz große Tiefen gegangen. Und ich kann auch nicht sagen, ob die nächste Situation, in der ich denke, daß ich sterben muß, daß ich sie wieder so erleben werde, ob ich die letzten Phasen auch wirklich angstfrei erlebe. Ich kann nur sagen, für mich war es jetzt in dieser tiefen, schwierigen Situation ein Stück Realität, das Sterben. Und ich hatte das Gefühl, schon etwas von dieser Wirklichkeit weggerückt zu sein. Aber es ist nicht so, daß man das in der Tasche hat, ablegen kann und sagen kann, darauf kann ich zurückgreifen. Keineswegs. Es ist nicht so etwas, was wir abhaken können, sondern es kommt immer wieder eine Erschütterung, es kommen immer wieder Zweifel und ganz tiefe Trauer. Aber dann spüre ich doch, wenn ich dann da wieder durch bin, daß ich einfach das Leben anders sehe. Ich bin ja auch noch sehr schwer krank, und bis ich wieder eine Lebenskraft gespürt habe, das hat lange gebraucht. Und jetzt habe ich eine Lebensbejahung, vielleicht so intensiv und bewußt, wie ich sie noch nie gehabt habe. Nicht, daß ich jetzt am Leben klammere. Aber ich habe diese tiefe Dankbarkeit für dieses Stück Lebenszeit, das ich jetzt erlebe, vielleicht auch noch erleben werde.»

Auf die Frage, ob sie der Gedanke an das Sterben beunruhige, sagte sie ein Jahr vor ihrem Tod: «Ach, er macht mich schon traurig. Neulich saßen Reinhard und ich zusammen, und wir hatten so das Gefühl, wir haben noch Pläne für zwanzig Jahre: Was wir noch schreiben wollen und angehen wollen. Das ist die eine Seite. Und die andere: Als es mir im letzten Sommer sehr schlecht ging – ich mußte viel absagen, Vorträge und Seminare, überwiegend liegen, und ich mußte noch mal eine Operation machen und eine neue Therapie –, da habe ich so gedacht: Du mußt das Leben loslassen. Und ich habe eigentlich gespürt: Ich bin auch dafür bereit» (25).

Im Verlauf dieser Auseinandersetzung entwickelte sie auch genaue Vorstellungen über ihr Sterben: «Ich möchte eigentlich sehr bewußt sterben. Ich bin bereit dazu, und ich habe so das Vertrauen in mir, daß wenn ich mich bei den Schmerzen tief entspanne, daß ich sie vielleicht dann nicht so stark empfinde. Ich würde mir wünschen, ich könnte bei ganz klarem Bewußtsein in dem Augenblick meines Todes sein. Und ich weiß auch, daß ich im Augenblick meines Sterbens allein sein möchte, nicht mehr abgelenkt durch andere, sondern wirklich in dem Augenblick des Geschehens zentriert» (25, 27).

Zu diesem Wunsch kam sie durch die Sterbemeditation: «Als ich neulich mit Studenten eine Sterbemeditation machte, da habe ich die Erfahrung gemacht: Du möchtest alleine sein im Augenblick deines Sterbens. Ich möchte nicht mehr durch irgend etwas abgelenkt werden. Ich habe lange gebraucht, bis ich das Reinhard gesagt habe, weil ich dachte, das verletzt ihn vielleicht. Und dann sagte er: ‹Ach weißt du, das kann ich gut verstehen. Ich glaube, es ginge mir genauso.› Und da dachte ich, wie wichtig es ist, daß wir miteinander reden. Jetzt weiß ich auch, was er sich wünscht» (27, 28).

«Ich habe ein wachsendes Vertrauen und lasse das Geschehen auf mich zukommen.» Mit dem vermehrten Bemühen, die fortschreitenden körperlichen Beeinträchtigungen und auch ihr

wahrscheinliches Sterben anzunehmen, fühlte sich Anne-Marie entspannter und in einem größeren Geschehen aufgehoben. Auf die Frage einer Interviewerin, welche Ziele und Wünsche an das Leben sie noch habe, antwortete sie sieben Wochen vor ihrem Tod:

«Es ist mir in den letzten Monaten so klar geworden, daß die wirklichen Entscheidungen nicht in meiner Hand sind. Ich habe einen gewissen Spielraum, und den kann ich ausnutzen. Ich kann mit mir gesundmachende Erfahrungen machen oder ich kann mich noch zusätzlich krank machen durch Ängste. Also, ich habe diesen Spielraum, *wie* ich etwas erlebe. Aber was mit mir geschieht, das habe ich nicht in der Hand.»

Interviewerin: «Wer hat das denn in der Hand?»

Anne-Marie: «Ja, ich denke, irgend etwas Höheres, das über uns Menschen hinausgeht. Die einen nennen es Gott, die anderen nennen es Universum, wen auch immer man sich darunter vorstellen mag, so: Dein Wille geschehe. – Also manchmal ist es sehr schwer, aber es ist doch meine Erfahrung: Wenn ich annehme, was ist, das ist mir eine ungeheure Hilfe. Und wenn ich mich immer mehr diesem Fluß des Geschehens anvertrauen kann und denke: Du brauchst das Ruder nicht in der Hand zu halten, wenn du dich dem Strom anvertraust. Das ist noch schwer, da möchte ich noch viel stärker hinkommen. Denn dann brauche ich überhaupt vor nichts mehr Angst zu haben und nichts zu befürchten. Dann werde ich auch die Kraft bekommen, die ich brauche, um irgend etwas Neues durchzustehen. Aber das ist erst so ansatzweise in mir da, dieses Gefühl: Vertrau dich an. Deine Pläne, die sind vielleicht gar nicht immer diejenigen, die sich erfüllen werden, vielleicht sind es nicht einmal die richtigen für mich. Das hilft mir eben auch, keine Wünsche zu haben. Natürlich möchte ich meine Bücher noch fertigschreiben, das wäre toll. Aber ich bin damit nicht mehr so verhaftet. Ich erwarte es nicht. Ich lasse es auf mich zukommen» (28).

Wünsche und Erwartungen loszulassen und dennoch intensiv zu leben und sogar wissenschaftlich zu arbeiten – das war charakteristisch für ihre letzten Lebensmonate. Auf die Frage, ob sie auf kein Ziel mehr hinlebe, sagte sie in dem gleichen Interview: «Ja, das stimmt. Nachdem ich jetzt nach diesen schweren Krankheitsmonaten spürte, ich komme wieder zurück, da habe ich plötzlich solch eine Leere gespürt. Und dabei dachte ich: Es müßten mir doch jetzt die größten Erkenntnisse kommen. Und genau das trat nicht ein. Bis ich verstand, daß das die Leere ist, die man sich manchmal in der Meditation wünscht. Wo man nicht mehr besetzt ist von Gedanken. Ich war nicht mehr verhaftet mit irgendwelchen Wünschen, Bedürfnissen, Plänen, Programmen. Ich war einfach nur da. Und wenn mich manchmal meine Kinder fragten: ‹Woran denkst du?› Dann sagte ich: ‹An nichts.› – Ich glaube, daß diese Leere eine ganz tiefe Erfahrung für mich war und daß ich daraus auch gelernt habe, eben nichts mehr zu erwarten, sondern abzuwarten. Natürlich nehme ich schon mal Vorträge an. Irgendwo greift das Leben nach mir. Aber ich mache es immer vorbehaltlich und sage: Vorausgesetzt, daß ich es gesundheitlich kann. Oder jetzt mit dem Buch über das Sterben, so dieses Gefühl: Geh mal einige Schritte. Es werden sich dann vielleicht Menschen finden, die es dann fertig machen. Auch bei dem anderen Buch über Partnerschaft, das ich schreiben möchte, da liest mir Daniela die Textstellen vor, wir besprechen das miteinander. Als ich so schwer krank war und ich wußte, daß ich es nicht mehr schaffe, da habe ich zu ihr gesagt: ‹Nicht, daß du denkst, du mußt es fertig schreiben. Ich möchte nichts über meinen Tod hinaus irgendwie bestimmen.› Und da hat sie so reizend gesagt: ‹Vielleicht ist das mein letztes Geschenk an dich, wenn ich es fertig schreibe.› Also dieses Gefühl: Ja, das ist ein Geschenk, wenn ich es fertig schreiben darf. Aber ich erwarte es nicht. Ich lasse es auf mich zukommen. So liebe ich es, Dinge auf mich zukommen zu lassen» (28).

«Ich kann mir vorstellen, daß ich in irgendwelche Existenzebenen eintauche, die vielleicht sogar schöner sind als das Leben hier.» Das Loslassen und die intensive Auseinandersetzung mit dem Tod ermöglichten es Anne-Marie, keine Angst vor dem Geschehen nach dem Tod zu haben. Ein Jahr vor ihrem Ende sagte sie in einem Interview: «Ja, ich kann mir sehr gut vorstellen, daß

meine Energie und meine Seele – wie und in welcher Form auch immer – in irgendeiner anderen Ebene weiter existieren werden. In tiefer Versenkung und Sammlung, in der Meditation und Entspannung habe ich einige übersinnliche, bewußtseinserweiternde Erfahrungen gemacht. Ich habe mich dabei sehr wohl gefühlt und sie völlig angstfrei erlebt, sie haben mich überhaupt nicht beunruhigt. Ich habe sie als Geschenk empfunden. Da sind auch so Bilder in mir hochgekommen – das gibt mir einen sehr vorsichtigen Hinweis: Wenn ich einmal sterben werde, daß ich vielleicht weiterleben werde, in welcher Existenzform auch immer. Ein Stückchen habe ich dieses Gefühl: Na ja, du weißt, wo es langgeht. Das ist eigentlich etwas sehr Spannendes und sehr Aufregendes. Ich habe mich dabei sehr leicht gefühlt und ohne die Bürde irgendeiner Verantwortung. So kann ich mir vorstellen, daß ich in irgendwelche Existenzebenen eintauche, die vielleicht sogar schöner sind als das Leben hier» (25).

In den letzten Lebensmonaten sah sie den Tod zunehmend mehr als Erlösung von schweren körperlichen Beeinträchtigungen und Schmerzen an. In ihrem Schreibtisch lag ein Blatt, auf das sie folgende Sätze von Sokrates geschrieben hatte: «Niemand weiß, ob der Tod für den Menschen nicht das größte aller Güter ist. Man fürchtet ihn aber, als ob man gewiß wüßte, daß er das größte aller Übel sei.»

Was gab uns Angehörigen Kraft und half uns? Was war für uns beeinträchtigend?

o Vor allem die Art, wie Anne-Marie mit ihrer Krankheit und ihrem Sterben umging, war sehr hilfreich für uns. Dadurch, daß sie alle wesentlichen Gefühle zuließ und äußerte, wurden wir zu Teilnehmern ihres Erlebens, auch ihrer Schwierigkeiten. Und durch dieses Teilen entstand viel Nähe zwischen uns. Es war auch sehr erleichternd für uns, daß sie ihre Krankheit und ihr Sterben annehmen, ihr Leben ohne Bitterkeit oder Verzweiflung loslassen konnte.

o Ihre Selbstklärung und ihr Sorgen für sich selbst ermöglichten es ihr, uns gegenüber freier und entspannter zu sein. «Ich denke, je mehr ich mir selber begegne und da Klarheit bekomme, desto eher kann ich auch wieder auf den anderen in ganz anderer Weise zugehen» (28).

o Die Liebe und Fürsorge, die wir ihr freiwillig und frei von Erwartungen gaben, hat auch uns selbst bereichert. In dieser Zeit ist mir die Bedeutung des Bibelwortes «Geben ist seliger denn Nehmen» sehr bewußt geworden. Daniela: «Ich habe es gemerkt: Wenn ich sie mit Liebe gepflegt habe, dann bin ich auch mit der Liebe in mir in Berührung gekommen. Das hat mich häufig so aufgetankt.»

o Wir lernten es, sie loszulassen. Das war zuerst sehr schwer. Geholfen hat uns dabei die lange Zeit vom Beginn ihrer Erkrankung bis zum Tod. Wir konnten uns in diesen viereinhalb Jahren allmählich mit dem Gedanken vertraut machen, ohne sie zu leben. Daniela: «Ich weiß, daß es für sie sehr bedeutsam ist, gehen zu dürfen, und ich möchte ihr das eigentlich auch soweit wie möglich geben. Denn ich denke, das ist das einzige Geschenk, das ich ihr machen kann im Tod: sie wirklich gehen zu lassen. Und was ich dafür tun kann, ist, daß ich ihr das Gefühl auch gebe und auch für mich das Gefühl habe: Ich kann auch alleine leben. Also, ich weiß, daß mein Weg leichter und sicherlich schöner ist, wenn sie da ist. Aber ich weiß auch, daß ich meinen Weg gehe auch ohne sie. Wir haben eigentlich sehr viel Gemeinsames, aber ich kann sie trotzdem gehen lassen, vielleicht in diesem Gefühl: Wir haben die Zeit genutzt» (25).

Auch das Miterleben ihrer Schmerzen half uns, sie gehen zu lassen. Daniela: «Die Schmerzen haben es mir erleichtert, sie loszulassen; erleichtert hat es mir meinen Wunsch, daß sie von diesen Schmerzen befreit wird.»

o Wir empfanden es als sehr erleichternd, daß die meisten Ärzte und Schwestern ihre und unsere Art zu leben nicht abwerteten, sondern weitgehend akzeptierten. Wenn sie im Krankenhaus war, besuchte ich sie häufig abends zwischen 19 und 23 Uhr. Ich empfand es als sehr wohltuend, daß die Schwestern mir erlaubten, zu dieser Tageszeit bei ihr zu sein.

o Vor allem Daniela und Cornelia empfanden Gespräche mit Freunden als hilfreich. Daniela: «Es tat mir gut, mit anderen darüber zu sprechen. Dort konnte ich auch mein Bedürfnis zeigen, verwöhnt und umsorgt zu werden. Die eine Freundin hat dann etwas Schönes gekocht, war da, und es war toll, soviel Zuwendung zu bekommen – und auch, daß ich über meine Zweifel und widersprüchlichen Gefühle reden konnte. Daß ich loswerden konnte, daß ich manchmal Angst hatte, mit meiner Kraft nicht mehr zu reichen. Nach solchen Gesprächen fühlte ich mich gleich wieder kraftvoller.»

○ Mir fiel es oft schwer, damit einverstanden zu sein, daß Anne-Marie intensiv arbeitete, Vorträge annahm und sich dadurch körperlich belastete. Aber etwa zwei Jahre vor ihrem Tod, seit dem Beginn der schweren Beeinträchtigungen, konnte ich mich von diesen Befürchtungen mehr frei machen. Wenn ihr Leben wirklich zu Ende geht, dachte ich, und wenn sie sich engagieren möchte und auch seelisch dafür viel zurückbekommt, dann ist es unsinnig, daß ich meine Ängste um eine Verminderung ihrer Heilungschancen in den Vordergrund stelle. Wenn sie sich nicht so engagiert, lebt sie vielleicht länger. Aber so lebt sie intensiver, in der Art, die sie möchte.

○ Deutlich beeinträchtigt fühlten Anne-Marie und ich uns über lange Zeit durch widersprüchliche, zum Teil gegensätzliche Behandlungsvorschläge und Informationen einiger Ärzte. Nun sind uns widersprüchliche Auffassungen aus der Wissenschaft zwar geläufig. Aber sehr erschwerend war doch, daß manche Ärzte ihre Methoden recht dogmatisch vertraten und nicht bereit oder fähig waren, sich mit anderen ärztlichen Auffassungen überhaupt zu befassen und sie zum Wohl des Patienten gegeneinander abzuwägen. Dagegen fanden wir es erleichternd, wenn Ärzte uns ihre Unsicherheit mitteilten.

○ Da wir selbst den Ärzten gegenüber offen waren und sie um völlige Offenheit baten, hätte ich mir gewünscht, daß sie uns noch ehrlicher informiert hätten, vor allem über die teilweise geringe Wahrscheinlichkeit der Besserung bei bestimmten Behandlungen und über die mit ihnen verbundenen Beeinträchtigungen.

○ Belastet haben uns Menschen, die uns mit Heilungsversprechungen helfen wollten: Du mußt nur dagegen ankämpfen, du mußt siegen wollen, dann wirst du die Krankheit überwinden.

Wenn du nur willst, dann wirst du gesund werden. Sie priesen die verschiedensten Möglichkeiten als Heilung auch bei fortgeschrittenem Krebs an: absonderliche psychotherapeutische Methoden, Wohnungswechsel zur Vermeidung von Erdstrahlen, Atemtherapie oder bestimmte Medikamente. Gewiß, bei allen äußerte sich darin die Fürsorge für Anne-Marie. Aber sie bedachten nicht, daß diese Heilungsversprechungen nicht überprüft waren, und machten sich keine Gedanken darüber, wie wir, vor allem Anne-Marie, ihre Ratschläge aufnehmen würden. Ich denke, daß bei einigen die eigene Angst vor Erkrankung und Sterben dahinterstand.

«In den schweren Stunden, die Sie jetzt durchleben, sind unsere Gedanken bei Ihnen.» Briefe von Freunden, aber auch von Menschen, die wir nicht kannten, gaben uns immer wieder Kraft und das Gefühl, nicht allein, sondern mit anderen verbunden zu sein. Ich bewundere den Reichtum der Gedanken und Gefühle dieser Menschen. Vielleicht fühlen sich einige Leser durch diese Briefe ermutigt, in ähnlichen Situationen ihre Gefühle und Gedanken ebenfalls anderen offen mitzuteilen.

Johanna, die in der Küche eines Betriebes arbeitet, schrieb uns etwa zwei Monate vor Anne-Maries Tod: «Liebe Anne-Marie, ich wünsche Dir viel Kraft. Ich bin traurig, wenn Du gehst. Ich bin glücklich, daß ich Dich kenne. Ich weiß, Dein Bild liegt in mir. Es gibt mir Kraft und Mut, mit meiner eigenen Krankheit zu leben, und läßt eine Kerze in mir brennen.»

Eine Frau, die Anne-Marie durch ihr Buch kannte, schrieb ihr in den letzten Wochen: «Täglich denke ich an Sie. Ich erbitte für Sie Kraft, Hoffnung, Vertrauen und Glauben und viele Freuden für den äußeren und inneren Menschen. Ich wünsche auch, daß Sie sensible, verständnisvolle Pflegekräfte um sich haben, die Ihnen an schweren Tagen die hilfreiche Hand reichen und das für Sie tun, was Sie gern selbst täten.»

Der amerikanische Psychologe Carl Rogers schrieb uns: «Reinhard, ich war so froh, durch Deinen Brief Nachricht zu bekommen. Es beeindruckt mich sehr und gibt mir Mut, zu wissen, wie ruhig Ihr dem möglichen Tod von Anne-Marie entgegenseht. Ich habe Deine Aussage so gern gehört, daß da keine verzweifelten Gesichter um sie herum waren. Es muß eine große Hilfe für Anne-Marie sein, zu wissen, daß sie gehen kann, wenn sie bereit ist, zu gehen. Glaube mir, ich fühle mich sehr nahe bei Dir, während Ihr beide diese ungewissen Tage durchmacht.»

Der Arzt Hans-Jürgen, der mit Anne-Marie früher Gruppen für Krebskranke geleitet hatte, schrieb mir: «Meine Gedanken sind oft bei Anne-Marie, Dir und Euren Kindern. Ich hoffe sehr, daß Anne-Marie nicht allzu stark von körperlichen Schmerzen gequält wird. Eure Fürsorge und Liebe kann vielleicht auch diese Schmerzen lindern helfen. Ich habe erlebt, wie nah Du Anne-Marie auf ihrem Wege begleitest, und ich weiß auch, daß Du ihren Wunsch, losgelassen zu werden, erfüllen wirst. Nur – da Du sie liebst – wird gleichzeitig der Wunsch da sein, doch noch eine Spanne des Lebensweges mit ihr gemeinsam zu gehen. Ich kann mir vorstellen, daß Dich manche Zweifel befallen, ob die von Dir mitgetragene Entscheidung, auf manche Arten der medizinischen Behandlung zu verzichten, richtig ist... Ich glaube, es bleibt eine Sehnsucht in uns, den Menschen, den wir lieben, nicht zu verlieren, auch wenn wir sehen können, daß es so sein wird. Jedenfalls habe ich das bei mir erlebt, als meine Mutter starb... Ich habe bei mir Trauer und Zuversicht erlebt, als ich Euch kürzlich besuchte. Aber die Trauer war nicht erdrückend, weil die Zuversicht und Fröhlichkeit, die Ihr ausstrahltet, etwas Beglückendes ist. Und daß ich Euch so erlebt habe, dafür möchte ich Euch danken.»

Und an Anne-Marie schrieb er einige Tage später: «Ihr habt soviel Liebe zueinander ausgestrahlt, und ich wünsche Dir von Herzen, daß Du die Dir zugemessene Zeit ohne quälende körperliche Schmerzen leben kannst, zusammen mit Reinhard und Deinen Kindern. Sie begleiten Dich und geben Dir einen Teil Deiner Kraft, die dann wieder von Dir ausgeht. So ist es eigentlich ein gegenseitiges Nehmen und Geben. Wenn irgendwelche Fragen, zum Beispiel in bezug auf die Schmerzen, auftreten, so ruft mich bitte an. Darum möchte ich auch besonders Reinhard bitten.»

Drei Wochen vor Anne-Maries Tod schrieb mir Reinhold, ein

Mitglied früherer Gruppen: «Heute erfuhr ich von Marlies, daß Anne-Maries Zeit sehr begrenzt ist. Das hat mir einen Stich ins Herz gegeben, und ich habe ihn als sehr schmerzhaft empfunden. Wie mag es da Euch erst gehen?... Du und Anne-Marie, Ihr werdet jeden Tag wahrscheinlich beides erleben: Glück über den Tag, über jede Erfahrung und die Gemeinsamkeit sowie Trauer über Gedanken an Zukünftiges, über Dein späteres Alleinsein und Anne-Maries Trauer darüber, Dich allein zu lassen. Eure Freude und Eure Trauer gehen ineinander über. Lieber Reinhard, zum Schluß möchte ich Dir einfach schreiben, daß ich Dich trösten möchte, was nicht heißt, Dir Trauer, Angst und Tränen zu nehmen, sondern bei Dir zu sein. Und so gehen meine Gedanken und Gefühle ganz stark zu Dir und zu Anne-Marie. Ich grüße Euch beide und umarme Euch in herzlicher Verbundenheit.»

Einige Tage vor ihrem Tod erhielt Anne-Marie einen Brief von einem vierundzwanzigjährigen ehemaligen Gruppenmitglied, der sie tief berührte. Rosenblätter waren auf ein Blatt geklebt, und darunter schrieb er in Druckschrift: «Liebe Anne-Marie. Ich hoffe, Deine Augen sind noch so gut, daß Du das Bild sehen kannst. Es tut mir so leid, daß Du vielleicht bald sterben wirst. Ich wollte Dir vorher noch auf Wiedersehen sagen – und daß ich Dich sehr mag. Ich wollte Dir noch etwas schenken, mitgeben. Ein Stück meiner Liebe zu Dir. Ich hab Dich sehr gern. Ich weiß nicht, was ich sagen soll. Vielleicht kann Dir die Rose etwas sagen. Dein Freund Wolfgang. Reinhard, Dir wünsche ich Kraft und einen Freund.»

«Wenn ich gehen muß, möchte ich gehen dürfen» – Zeit des Sterbens

Die letzten zwölf Tage verbrachte Anne-Marie zu Hause. Sie war sehr geschwächt von der Chemotherapie und von den rasch zunehmenden körperlichen Beeinträchtigungen. Es war jetzt in beiden Lungen Wasser und zum Teil auch im Herzbeutel. So fiel ihr das Atmen schwer und verursachte Schmerzen. Die Halsregion war sehr geschwollen, sie hatte Eßbeschwerden, Schmerzen in der Speiseröhre und in den Knochen, besonders in der Wirbelsäule.

Wie waren diese letzten Tage? Wie fühlte sie sich, was erlebte sie? Welche Einstellung hatte sie zu dem Geschehen?

Wir können dies recht gut aus einem Bericht erschließen, den sie ein halbes Jahr vorher, nach ihren scheinbar letzten Tagen diktierte. Damals hatten die Ärzte und wir gedacht, sie würde binnen kurzer Zeit sterben.

«Heute ist der 12. Februar 1983. Ich liege im Bett. Meine Schmerzen sind deutlich geringer geworden, obgleich ich noch nicht ohne Schmerzmittel auskomme. Mein Bett steht mitten in meinem Arbeitszimmer. Es ist ein Bett, das wir uns von der Gemeindeschwester geliehen haben. Ich liege den Tag über hier und bin dankbar, daß ich in meinem Zimmer liegen kann, das mir mit vielen Posters, Blumen, Kerzen und indirekten Lichtquellen Behaglichkeit und Wohnlichkeit vermittelt.

Wie fing alles an? Zwei Tage vor Weihnachten erfuhr ich von meinem Bestrahlungsarzt, daß bei einer speziellen Röntgenaufnahme der Knochen sich mehrere Metastasierungen ergeben hatten, also Krebszellen in den Knochen, besonders im Rückenmark.

Es war ein schweres Weihnachten, aber doch ein sehr schönes und menschlich sehr nahes Weihnachten. Reinhard, ich und die Kinder, wir wußten, vielleicht war es unser letztes gemeinsames Weihnachten. Ich sagte mir: Was hat sich schließlich durch die Nachricht über den Krebs in den Knochen verändert? Du hast nicht mehr Schmerzen, du fühlst dich nicht schlechter als vorher, nur seelisch belasteter; also lebe die Zeit. Wir haben noch sehr schöne kleine Spaziergänge gemacht. Wir waren auch fröhlich miteinander. Erzählten viel von früher und spielten sogar einige Kartenrunden, wie wir es manchmal im Urlaub zusammen machten, und ich spürte, daß mich das von meinen belastenden Gedanken wenigstens zeitweise wegführte.

Am Vorabend des Silvestertages verstärkten sich plötzlich die Schmerzen neben meiner Bestrahlungsstelle an der Brust und im Rücken sehr. Ich legte mich ins Bett und konnte mich vor

Schmerzen kaum rühren. Die Schmerzen kamen stoßartig, etwa alle fünf Sekunden. Unser Hausarzt kam. Er hörte von den Metastasen im Rückenmark, und wir alle glaubten, daß nun bald der Augenblick des Sterbens gekommen sei. Der Hausarzt sagte, er könne mir versprechen, mir die Schmerzen beim Sterben zu nehmen. Wir alle hatten das Gefühl, es geht dem Ende zu. Ich verglich diese Schmerzen mit Wehen und sagte spaßeshalber, das sind meine Todeswehen. Aber Daniela sagte: ‹Nein, wenn du in ein neues Leben eintrittst, sind es ja eigentlich Geburtswehen.›

Jetzt, wo ich so total hilflos war, entdeckte ich plötzlich: Es ist ganz leicht, um Hilfe zu bitten. Und das war eine sehr schöne Erfahrung für mich. Meine Kinder und Reinhard machten es mir sehr leicht, Hilfe von ihnen anzunehmen, denn ich sah nicht in verzweifelte und traurige Gesichter, sondern wir hatten in Gesprächen Abschied voneinander genommen. Ich wußte, wenn ich gehen muß, darf ich gehen. Ich war fast nie alleine. Immer saß jemand am Bett, streichelte mich, gab mir zu trinken oder gab mir eine Spritze, wenn die Schmerzen nicht auszuhalten waren.

Am 2. Januar hatte unsere jüngste Tochter, Daniela, ihren zweiundzwanzigsten Geburtstag. Ich war noch in dem Stadium der schlimmen Schmerzen; aber wir – drei Kinder, Reinhard und Cornelias Mann – hatten beschlossen, alle zusammen im Schlafzimmer auf den Betten zu liegen, beieinander zu sein, uns zu spüren. Es war ein sehr besonderer Abend. Ich spürte, jeder hatte akzeptiert, daß ich sterben würde, und jeder wollte mich begleiten. Bei mir sein, um mich sein, dabeisein.

Ich wurde in so liebevoller, behutsamer Weise betreut – etwa von Daniela, die mich wusch und meine durch die Bestrahlung verbrannte Haut mit Öl und Salbe behandelte. Ich habe ihre Geduld und ihre große Liebe und ihre Zartheit bewundert, die sie mir entgegenbrachte, während sie mich versorgte.

Ich hatte eine Sprechanlage zwischen meinem Bett und dem Zimmer in der Wohnung, in dem sich jemand aufhielt und jederzeit durch mich gerufen werden konnte. Das war eine große Beruhigung für mich. Ich konnte allein sein, aber ich konnte auch jemanden um Hilfe bitten, wenn ich sie brauchte. Die Nächte verbrachte ich in meinem Bett im Schlafzimmer unmittelbar neben Reinhard, weil ich wußte, daß ich ihm nur meine Hand hinzustrecken brauchte und daß er dann wach war, mit mir sprach, mich streichelte. Ich erinnerte mich – eines Nachts muß ich sehr gestöhnt haben – da hat er sich in mein Bett neben mich gelegt, und ich spürte, daß seine Körpernähe mir Ruhe und Beruhigung gab.

Meine älteste Tochter, Cornelia, hatte den Wunsch geäußert, daß ich ihr doch noch etwas auf eine Kassette sprechen möchte, so daß, wenn sie sehr traurig wäre, wenn ich gestorben bin, sie diese Kassette hören könnte. Zwei Tage vergingen, und dann sprach ich unmittelbar nach einer Spritze, die mir die Schmerzen nahm, den drei Kindern und Reinhard jedem etwas auf Tonkassetten. Mich erleichterte es sehr, daß jedes Kind eine Kassette von mir hatte, meine Stimme noch ganz persönlich hören konnte. Cornelia hatte gesagt, sie wollte ihrem Kind später die Kassette vorspielen, damit es meine Stimme hören und kennenlernen konnte. Für sie war es sehr schmerzlich, daß ich ihr Kind, das im Mai geboren werden sollte, nicht mehr sehen würde. Und so legte sie sich oft in mein Bett neben mich, und wir hatten dieses wachsende Kind zwischen uns, und ich sprach einige Worte zu ihm.

Inzwischen hatten sich der Bestrahlungsarzt der Klinik und der Internist telefonisch hier gemeldet und ihre Hilfe hinsichtlich weiterer Bestrahlung und des Beginns einer Chemotherapie angeboten. Wir haben gemeinsam alle lange zusammen überlegt und uns dann doch entschlossen, nichts mehr machen zu lassen. Ich fühlte mich für eine ambulante Behandlung in der Klinik viel zu elend. Ich genoß zu sehr die Nähe meiner Familie, die mir Kraft gab. Ich spürte: Was ich brauchte, war seelische Kraft. Ich hatte nicht mehr sehr viel Vertrauen, daß Bestrahlung oder Chemotherapie wirklich effektiv helfen könnten. Und ich wollte kein Hinausschieben des Sterbens. Wir hatten alle das Gefühl, daß der Krebs sich sehr rasch weiter ausbreitete und ich vielleicht nur noch wenige Tage oder Wochen zu leben hatte. Und diese Zeit wollten wir wirklich alle miteinander leben, ganz intensiv.

Oft saßen wir schweigend zusammen in meinem Zimmer und hörten bei Kerzenschein Meditationsmusik, die es mir sehr erleichterte, loszulassen, Abschied zu nehmen von einem Leben, das ich als sehr erfüllt und bereichernd erlebt hatte und das ich gerne weitergelebt hätte.

Inzwischen hatte sich die Nachricht von meinem schlechten Zustand verbreitet, und es kamen viele Telefonanrufe, Blumen und Anfragen nach Besuchen.

Es war überhaupt wundersam. Gerade dieses Weihnachten hatten mich sehr viele Briefe von Menschen erreicht, die mich im Fernsehen oder in Interviews oder durch mein Buch kennengelernt hatten. Menschen sandten Blumen, Schallplatten, oder ein mir unbekanntes Ehepaar hatte Weihnachtsplätzchen gebacken mit Honig und dunklem Mehl. Ahnten diese Menschen, daß ich dieses Weihnachten mich zu schwach gefühlt hatte, um selber zu backen? Die große Anteilnahme von Menschen, die ich nicht kannte, die nur mich kannten, hat mich immer wieder seelisch unterstützt und mir Kraft gegeben und Mut gemacht. Die sich inzwischen ansammelnde Post, die ich nicht mehr beantworten zu können glaubte, belastete mich allerdings. Ich hatte bis dahin die vielen Briefe während der letzten Jahre immer persönlich mit einem Dank und Gruß beantwortet.

So war diese Zeit keine dunkle Zeit. Es war soviel Liebe um mich, ich sah auch in keine verzweifelten Gesichter.

Nach einer Woche sehr großer Schmerzen trat das Wunder ein, mit dem niemand von uns gerechnet hatte: Die Schmerzen wurden weniger, ich brauchte weniger Betäubungsmittel. Ich war so verwirrt, so hin- und hergezerrt, daß ich mich nicht darüber freuen konnte, dies nicht als Geschenk nehmen konnte. Ich empfand mich als undankbar. Aber wir alle hatten einander so sehr losgelassen, Abschied genommen, das Schwere akzeptiert, mein Sterben, daß wir uns überhaupt nicht mehr zurechtfanden mit einer spontanen Besserung. Wir wagten auch nicht, an die Besserung wirklich zu glauben, und dachten eher, es wäre so ein vorübergehender Stillstand, eine Ruhepause, ein Einhalten für den nächsten Schub von Schmerzen und Schwäche. Aber die Besserung hielt an. Wir konnten hoffen und taten es dennoch nicht. Viele Fragen waren es, die mich bedrängten: Wohin geht mein Weg? Warum dieser Aufschub? Wie stark wird die Besserung sein, wie lange? Ich sprach mit Reinhard darüber und fragte ihn, wie es ihm ginge. Er hatte ähnliche Empfindungen, fühlte sich auch hin- und hergezerrt. Aber im Gespräch kamen wir überein, diese Fragen nicht zu stellen, sondern nur den jetzigen Augenblick zu leben, den heutigen Tag. Und das taten wir.

Erst allmählich konnte ich diese Besserung wirklich annehmen und umsetzen und besann mich auf meine Möglichkeiten, vielleicht wieder gehen zu können. Ich war nun entschlossen, meine Möglichkeiten wahrzunehmen, und machte die ersten Schritte durch die Wohnung. Es hat mich fast überwältigt, daß ich noch einmal in unser Wohnzimmer kommen konnte. Ich hatte schon Abschied genommen von unserem Lebensraum, unserer Wohnung. Und nun auf einmal konnte ich durch diese Wohnung wieder vorsichtig und schleppend gehen. Ich übe jeden Tag laufen, kann mich auch schon wieder alleine waschen.

Eine Erklärung meiner schweren Krankheit und der sehr starken Schmerzen ist wahrscheinlich, daß sie nicht von den Metastasen im Rückenmark kamen, sondern daß es sich um eine Gürtelrose handelte, die ja auch sehr schmerzhaft ist und von der Krebspatienten leichter betroffen werden.

Ich bin heute wieder zum erstenmal draußen gewesen. Ich habe ein paar Schritte vor die Tür die Straße entlang gemacht, habe die frische Luft unmittelbar eingeatmet und mich der Welt wieder angeschlossen. Jetzt eher schon mit einem leichten Gefühl der Dankbarkeit, der Rückkehr. Ich hatte damals während meiner starken Schmerzen zu Daniela noch gesagt, ich sei jetzt noch fähiger für ein Leben, weil ich noch mehr gelernt hätte, den jetzigen Augenblick, das Hier und Heute, den Tag zu leben. Und wir hatten trotz der ganz schweren, bedrohlichen Zeit soviel Schönes und Reiches durch die menschliche Nähe und Dichte. Es war ein Ganzfüreinanderdasein, ja auch durch die Endgültigkeit, die wir ja in dieser Situation sahen.

Ich weiß noch nicht, wohin mein Weg geht. Ich habe noch Schmerzen, aber weniger Schmerzen. Vielleicht werde ich noch einmal ganz auf die Füße kommen. Ich bin jetzt bereit, anzunehmen, was kommt, und dies als Geschenk anzunehmen. Zur

Welt zurückzukehren, zu diesem Leben. Was auch immer es mir bringen wird, wieviel Zeit mir gegeben wird.» –

«Dankbar bin ich für die tiefe Erfahrung, die ich während meiner scheinbaren Sterbezeit machen durfte: Sie enthält noch so viele kostbare Lebensminuten. Und das, was ich mir immer gewünscht habe, habe ich erfahren dürfen: Ich darf gehen, wenn ich gehen muß. Ich habe dann noch die Erfahrung für mich gemacht, daß ich keine Angst hatte zu sterben. Sondern ich spürte wirklich die Bereitschaft, es klingt vielleicht merkwürdig, es war so ein Gefühl für mich, auch das der Neugierde: Was kommt jetzt auf dich zu?» (28)

In den folgenden Tagen und Wochen ließen die Schmerzen weiter nach. Anne-Marie erholte sich etwas und fuhr dann zu dem einwöchigen Seminar in die Schweiz. Nach der Rückkehr wurde bei ihr Wasser in der Lunge festgestellt. Sie ging ins Krankenhaus und unterzog sich auf dringendes Anraten des Arztes einer Chemotherapie. Im Laufe der Wochen wurde sie zwanzigmal an der Lunge punktiert, um das Wasser herauszuziehen.

Sooft sie konnte, ließ sie sich aus dem Krankenhaus entlassen. Wir fuhren noch zu einem Seminar mit 160 medizinischen Helfern nach Basel; Anne-Marie sprach über den Umgang mit schwerer Krankheit und führte eine Sterbemeditation durch.

Dennoch: Ihr körperlicher Zustand war trotz der immer wieder spürbaren kleinen Besserungen insgesamt sehr geschwächt.

Nachdem Anne-Marie für einige Tage aus dem Krankenhaus beurlaubt worden war, teilte mir der Krankenhausarzt in einem Telefongespräch mit, daß eine weitere medizinische Therapie kaum Aussicht auf Erfolg habe. Dies war zwölf Tage vor ihrem Tod. Wir sagten es ihr nicht sofort. Anne-Maries Kräfte ließen immer mehr nach, sie hatte große Atemschwierigkeiten, da beide Lungen Wasser hatten. Als sie uns fragte: «Warum soll ich noch wieder in die Klinik, was wollen die noch mit mir machen? Ich habe Angst, dann geht diese Therapie weiter, mit Punktieren und Chemotherapie», da sprachen wir über die Mitteilung des Arztes. Sie nahm es völlig an.

Wie hat sie sich umstellen können von der Hoffnung, noch einige Zeit zu leben, auf die Gewißheit, daß sie in den nächsten Tagen sterben würde? Denn sie hatte trotz allem bis dahin noch Hoffnung gehabt, angeregt durch die Haltung der Ärzte ihr gegenüber: «Vielleicht erlebe ich den Herbst noch.» Und acht Tage vor ihrem Tod sagte sie zu mir: «Als ich heute morgen aufwachte, fühlte ich mich völlig gesund und überlegte, was ich tun wollte. Und erst dann wurde ich meiner Situation gewahr – daß ich einen sterbenskranken Körper habe.»

Den Wandel ihrer Einstellung beschreibt Cornelia: «Sie war, als sie im Krankenhaus lag, immer noch voller Hoffnung – also nicht, daß es so sein muß, aber daß es so sein könnte, vielleicht noch eine Reise oder die Geburt meines Kindes zu erleben. Sie hat sich dann innerhalb weniger Stunden total umgestellt, ihre ganze Lebensperspektive. Man kann sich kaum vorstellen, wie schnell sie das gemacht hat. Am Tag nachdem sie die Nachricht erfahren hatte, daß sie nicht therapiefähig sei, kam ich zu ihr. Ich kam ins Zimmer, und die Stimmung war anders. Sie hatte sich irgendwie auch mehr entspannt und losgelassen. Ich habe es gemerkt, ohne daß wir überhaupt darüber gesprochen haben. Es war einfach so, daß sie es angenommen hatte. Ich denke, sie war auch sehr froh, daß sie keine Therapie mehr vor sich hatte.»

So wußte sie zehn Tage vor ihrem Tod endgültig, daß sie bald sterben würde. – Sie bat mich, den Krankenhausarzt anzurufen und ihn zu fragen, ob sie ihre letzten Tage zu Hause verbringen könnte oder besser in die Klinik gehen sollte, welche zusätzlichen Erleichterungen sie in der Klinik hätte. Die Ärzte sagten mir, sie könnten sie in einem pränarkotischen Zustand halten, sie wäre dabei ansprechbar, würde aber keine Schmerzen spüren und keine Erstickungsanfälle. Dies sei allerdings auch zu Hause möglich. Nachdem wir mit Anne-Marie darüber gesprochen hatten, wendeten wir uns an den Hausarzt. Sie entschied sich dafür, wenn es irgendwie möglich wäre, zu Hause zu sterben. In diesem und weiteren Gesprächen antwortete sie auf Danielas Frage, ob sie Angst vor dem Sterben habe: «Nein, ich will es ja. Aber ich habe Angst, daß es so lange dauert, und ich habe Angst vor großen Schmerzen.» Wir sagten ihr, daß wir bei ihr sein und zusammen mit dem Hausarzt unser möglichstes tun würden.

In meinen Aufzeichnungen von diesem Tag habe ich einen Zettel mit folgender Äußerung von ihr gefunden: «Ich lebe von Stunde zu Stunde und von Tag zu Tag. Und hoffe, daß ich nicht zu große Schmerzen habe und mich entspannen kann und daß ich die Kraft zum Sterben habe.»

Erlebnisse und Erfahrungen in den letzten Tagen

Anne-Marie hatte keine Angst vor dem Sterben und dem Tod. Aber sie hatte Angst vor dem Ersticken. Ich versprach ihr, daß wir ihr hinreichend Schmerzmittel geben würden. Das beruhigte sie.

Tagsüber lag sie in einem Bett in ihrem Arbeitszimmer, nachts im Schlafzimmer. Wir haben in diesen letzten zehn Tagen noch viel zusammen erlebt.

Trotz ihrer körperlichen Einschränkung und ihres starken Schlafbedürfnisses – eine Wirkung der Schmerzmittel – waren diese Tage seelisch sehr erfüllt. Wenn Anne-Marie wach war, war sie sehr bewußt und gegenwärtig. Am Abend ihres drittletzten Tages sagte sie zu Daniela und später zu mir: «Weißt du, es war doch ein schöner Tag gewesen. Wir haben Gespräche gehabt, die wir sonst nicht geführt hätten.» Zwischen den Gesprächen schlief sie oder sah vom Bett aus in die warmen Sommertage hinaus. Der Hund, den wir adoptiert hatten, war oft in ihrem Zimmer und an ihrem Bett.

Häufig war Cornelia mit ihrem vier Wochen alten Baby bei ihr. Es lag dann neben Anne-Marie im Krankenbett, und oft schliefen beide zusammen. Cornelia saß daneben. Das bedeutete Anne-Marie viel: «Ich habe heute mit Lasse zusammen geschlafen. Er ist in vielem so ähnlich wie ich: Ich habe genausowenig Haare wie er, ich kann kaum irgend etwas bewegen, jede Bewegung ist mühevoll, er ist so hilflos wie ich und auf die Fürsorge von Menschen angewiesen.»

So wichtig ihr früher der Kontakt zu anderen Menschen gewesen war, so gern sie Telefongespräche geführt und Besuch bekommen hatte – drei Wochen vor ihrem Tod änderte sich dies. Sie sagte: «Ich brauche alle meine Kraft, um den Tag durchzustehen.» So zentrierte sie sich auf sich selbst und auf uns, ihre nächsten Angehörigen.

In der letzten Zeit vermied sie es mitunter, schwierige gefühlsmäßige Dinge anzusprechen, etwa wenn sie merkte, daß sie dabei weinen müßte. Sie spürte dann, daß ihr Atem knapp wurde, und hatte Angst vor einem Erstickungsanfall. So hielten wir uns in diesen letzten Tagen mit unseren Tränen ihr gegenüber zurück, um sie dadurch nicht anzustrengen und zu belasten. Manchmal sagte sie mir auch: «Lies mir etwas vor, das mich etwas ablenkt.» Dieser Wunsch, abgelenkt zu werden, stand in erstaunlichem Gegensatz zu ihrer früheren Art zu leben, brachte ihr aber sicherlich in dieser Situation Erleichterung. Cornelia: «Häufig war es in den letzten drei Wochen so gewesen, daß sie nicht reden wollte, sondern daß es ihr eine Beruhigung war, wenn einer von uns bei ihr am Bett saß. Dann wurde sie sofort um vieles ruhiger. Ich habe mich oft zu ihr gesetzt und ihre Hand gehalten, und das hat häufig schon gereicht.»

Es war erstaunlich, wie Anne-Marie immer mehr Dinge loslassen konnte. Jeden Tag war es etwas Neues. Das Essen fiel ihr schwerer, das Schlafen, das Aufrichten im Bett. Schließlich, anderthalb Tage vor ihrem Tod, konnte sie nicht mehr von ihrem Bett im Arbeitszimmer zum Schlafzimmer gehen. Sie konnte diese zunehmende Schwäche ohne Bitterkeit und ohne Klagen annehmen. Anne-Maries Haltung des Loslassens zeigte sich auch darin, daß sie keinem irgendeine Auflage für sein Leben machte. Sie sagte: «Das könnte ich nicht, über meinen Tod hinaus etwas bestimmen.»

Bei allem, was sie tat oder sagte, war sie sehr bewußt. Am vorletzten Tag vor ihrem Tod hat sie noch genau ihre Medikamente registriert: «Das sind doch nicht alle Pillen. Hier fehlen doch noch die blaue und die gelbe.» Sie nahm auch noch Anteil an meinen Aufgaben und Arbeiten. Einmal sagte sie: «Du mußt doch noch diesen Brief abschicken.» Als ich zugab, das vergessen zu haben, sagte sie humorvoll zu mir: «Ich weiß besser Bescheid um dich als du.» Das war am vorletzten Tag ihres Lebens.

In den letzten Tagen dachte sie intensiv über ihr Leben nach. Am vorletzten Tag sagte sie zu mir: «Also, ich möchte wieder so leben, wie ich gelebt habe. Auch die Krankheit nehme ich an. Was ich ändern würde: Ich möchte mir etwas mehr Zeit für mich selbst nehmen.»

Auch unbeschwerte Momente, Humor und Lachen oder Kartenspiel gab es in diesen letzten Tagen. Anne-Maries Phantasien waren fast immer positiv. Daniela: «Am vorletzten Tag bekam sie schmerzstillende Spritzen. Und wenn sie dann phantasierte, gingen ihre Hände ein bißchen in der Luft und auf der Decke hin und her, und sie sagte: ‹Jetzt muß ich die und die Karte haben.› Und dann wurde sie sich dieser Phantasien bewußt und sagte: ‹Ach, ich spinn ja schon wieder.› Manchmal habe ich dann so mitgeredet. Wir haben dann wirklich darüber gelacht. Ich stieg mit ein, und wir lachten sehr herzlich. Sie sagte: ‹Du kannst ruhig darüber lachen.› Einmal phantasierte sie und sagte: ‹Schwester, bitte ein Schwarzbrot mit Wurst.› Wir sind nun eigentlich Vegetarier und essen fast nie Fleisch. Da haben wir ihr gesagt, jetzt kommen deine wirklichen Wünsche heraus, das, was du immer verdrängt hast. Und dann haben wir sehr herzlich gelacht.»

In dem ganzen Jahr vor Anne-Maries Tod spürte ich Liebe und Verbundenheit so intensiv wie selten in unserer Ehe. Vor allem aber in den letzten acht Tagen hatte ich das Gefühl, ihr sehr nahe zu sein, sie eng zu begleiten. Geprägt war dieses Gefühl von dem Bewußtsein, daß unser gemeinsames Leben bald beendet sein würde, von meinen vielen positiven Gefühlen für sie von meinem Bemühen, ihr das seelische und körperliche Leben so weit wie möglich zu erleichtern. Dieses Sorgen für sie, vor allem die körperlich-medizinische Betreuung, brachte mich manchmal an die Grenzen meiner seelischen und auch körperlichen Belastbarkeit. Andererseits spürte ich, daß mir diese sorgende Aktivität zugleich Kraft gab. Wenn ich in einer Klinik passiv hätte zusehen müssen, ohne mich aktiv um sie kümmern zu können, dann hätte ich es – äußerlich gesehen – leichter gehabt. Aber zu

Hause konnte ich meine Gefühle von Liebe, Sorge und Schmerz, die ich für sie empfand, auf vielfältige Weise in Arbeit für sie, in körperlichem Kontakt mit ihr oder in Worten ausdrücken.

Ich hatte in diesen letzten acht Tagen des öfteren Angst, daß meine seelischen und körperlichen Kräfte nicht reichen würden. Und ich habe erfahren: Wenn ich in der Gegenwart lebte, hatte ich immer die Kraft, die ich in der jeweiligen Situation brauchte.

Sehr viel Sorgen habe ich mir gemacht, ob ich als medizinischer Laie bei ihrer körperlichen Betreuung alles richtig mache und ob ich mein Versprechen einlösen könnte, daß sie nicht bei Bewußtsein ersticken würde. Ich hätte mir gewünscht, ich wäre hierin gelassener gewesen, hätte mich nicht innerlich gehetzt und unruhig gemacht, sondern mehr in dem Bewußtsein gehandelt, daß ich alles mir Mögliche tue.

Ein in der modernen Schmerztherapie fachkundiger Arzt hätte uns sehr helfen können, z. B. durch die Verordnung regelmäßiger flüssiger Morphingaben.

Sehr hilfreich für uns war, daß Anne-Marie uns auch jetzt noch ermutigte, für uns selbst zu sorgen. Wenn sie schlief, dann spielten Daniela und ich im Garten mit dem Ball, oder wir ruhten uns in der Sonne aus und lasen. Oder ich machte einen kurzen Lauf. Beeindruckt hat mich auch, daß Angelika und Daniela noch am vorletzten Abend seit langer Zeit wieder einmal ins Kino gingen. Wir wußten allerdings nicht, daß Anne-Maries Ende so dicht bevorstand. Beide waren die Tage zuvor eng mit Anne-Marie zusammengewesen. So sorgten sie für sich selbst und gingen ihrem Bedürfnis nach etwas Abwechslung nach. Daniela: «Ich denke, das half uns auch, sie loszulassen, da wir auch noch unser Leben lebten. Trotz des Sterbens von Anne-Marie war in mir ein ganz starker Wunsch, zu leben. Vielleicht für sie mitleben zu wollen. Es war so das Gefühl: Ich hab Anteil an deinem Sterben und ich lasse dich sterben, aber ich sterbe nicht mit.»

Anne-Marie hatte keine Angstvorstellungen oder Angstphantasien. Daniela: «Sie hat die letzten Tage manchmal das Gefühl gehabt, daß hinter ihrem Bett eine Lichtquelle ist. Sie sagte auch schon manchmal: ‹Lösch doch das Licht hinter mir aus.› Und am vorletzten Tag sagte sie: ‹Ich sehe ein helles Licht vor mir. Es ist so, als ob eine Lampe hinter mir ist, die den Raum vor mir ausleuchtet.› – ‹Ich weiß, daß ich ganz in das Licht eintauchen werde, wenn ich sterbe.›»

An diesem Tag führten Anne-Marie und ich kurze, sehr intensive Gespräche. Einge ihrer Worte schrieb ich mir auf, um sie in Erinnerung zu behalten: «Der Tod schafft solche Nähe wie nie zuvor zwischen uns. Es stimmt nicht, daß er Menschen trennt.» – «Ich habe keine Angst vor dem Sterben. Ich weiß nur nicht, ob ich genug Kraft habe, die Schmerzen zu ertragen.» – Am letzten Abend fragte sie mich: «Haben wir uns alles gesagt?» Mich erstaunte diese Frage. Ich sagte ihr, daß wir ja immer offen miteinander gesprochen hätten. Sie nickte: «Ja, das, was wir uns zu sagen haben, haben wir uns eigentlich immer gesagt.» Wir fühlten beide: Es muß zwischen uns in diesem Moment nichts mehr geklärt werden. Aber die Frage ging mir sehr nahe, und es fiel mir auch schwer, zu sprechen. Ich hielt ihre Hand und sagte ihr, daß ich sie immer sehr geliebt habe und liebe und daß ich ihr sehr dankbar für ihre Liebe sei. Sie schaute mich an und sagte: «Ich werde immer bei dir sein. Ich erwarte dich.»

Die letzten Stunden

Nach diesem Gespräch – es war in der letzten Nacht – bat sie mich um eine Morphiumspritze, wegen ihrer Atembeschwerden.

Am nächsten Morgen kam der Hausarzt und sagte uns, daß sie innerhalb der nächsten 24 Stunden sterben würde. Sie hatte ihn noch am Vortag darum gebeten, nichts zu tun, was ihren Tod kurzfristig hinausschieben würde. Auch hatte sie für den Fall einer Einlieferung in die Klinik seit längerem eine Patientenverfügung geschrieben, in der sie bat, keine künstliche Lebensverlängerung bei ihr vorzunehmen.

Auf Grund der Schmerzmittel, die notwendig waren, um sie zu entspannen und nicht ersticken zu lassen, war sie ab morgens ohne Bewußtsein. Die Stunden bis zu ihrem Tod am Abend waren dennoch die intensivsten, die ich bei ihr oder mit ihr erlebt habe, in dem Bewußtsein, sie in wenigen Stunden körperlich zu verlieren. Aber es war auch schmerzvoll für mich, ihr mühsames Ringen um Atem zu hören. Ich quälte mich mit der Frage, ob sie nicht doch im Unterbewußtsein etwas davon merken würde.

Immer war mindestens einer von uns bei ihr im Zimmer, lag oder saß neben ihr und hielt ihre Hand oder streichelte sie. So hatte sie in diesen letzten zehn Stunden fast immer Körperkontakt mit einem von uns.

Ihre Augen waren meist offen, aber sie sah uns nicht mehr. Ihre Hände und ihr Gesicht waren die ganze Zeit völlig entspannt, zeigten keine Verkrampfung. Einige Tage zuvor hatte sie gesagt, daß sie gern – auch wenn sie bewußtlos sein würde – Meditationsmusik hören möchte. So wurden wir alle von dieser sanften Musik begleitet. Daniela: «Von morgens an sprach Reinhard häufig mit ihr. Sprach ihr Unbewußtes an, daß ihre Seele den Körper verlasse und zu Gott gehe. Reinhard sagte: ‹Fühl dich frei, deinen Körper zu verlassen. Entspann deinen Körper. Deine Seele verläßt deinen Körper.›»

Gegen 19 Uhr wurde dann ihr Atem langsamer und leiser, und die Augen wurden unruhiger. Angelika, Daniela und ich berührten sie ständig während ihrer letzten fünfzehn Minuten. Viel Schmerz und Traurigkeit kamen bei uns auf. Andererseits hatten wir alle ihr während des Tages gewünscht, daß der Tod und damit das Ende ihrer Schmerzen bald eintreten möge.

Als sie nicht mehr atmete, waren wir alle drei relativ ruhig. Wir weinten, streichelten und küßten sie und schlossen ihre Augen. Ihr Gesicht war entspannt. Angelika benachrichtigte dann einige nahe Verwandte. – Daniela und ich zogen ihr eine schöne Bluse, Rock und Strümpfe an. Ich hätte früher nie gedacht, daß ich dazu fähig wäre; aber ich tat es gern, ich empfand es als gut, so für sie zu sorgen. Daniela sagte später, daß Anne-Marie in den letzten Tagen und Stunden immer mehr wie ein Baby geworden wäre: immer annehmender, hilfesuchender, aber auch immer mehr in sich zentriert. «Ich hatte ein so intensives Gefühl der Nähe wie bei einer Geburt.»

Als wir sie angezogen hatten, räumte Daniela das Zimmer auf, stellte einige Blumen und Kerzen ans Bett, und wir setzten uns zu ihr. Wir sprachen miteinander, weinten, faßten uns und Anne-Marie an. Wir hatten ein Gefühl der Ruhe und Erleichterung darüber, daß sie den Übergang geschafft hatte, daß wir ihr dabei hatten helfen können in einer Weise, wie sie und wir es uns gewünscht hatten. Was ich so lange befürchtet hatte, war nun eingetreten. Ich war dankbar, daß die drei Kinder und ich sie hatten begleiten können und daß sie ohne Kampf und Schmerzen gestorben war – zwar nicht mit vollem Bewußtsein, wie sie es sich gewünscht hatte, aber doch trotz der Atembeschwerden sanft und friedlich.

Das Zusammensein war ein Ausklingen unserer Erfahrungen und ein Abschiednehmen von ihrem Körper. Wir waren alle vier – Cornelia, die sich tagsüber um ihr Baby gekümmert hatte, war inzwischen zu uns gekommen – immer wieder erstaunt, daß sich Anne-Maries Brust nicht mehr durch die Atmung bewegte. Es war so, als ob wir uns unterhielten und sie – wie so oft – auf einer Liege lag und für kurze Zeit schlief. Wir sprachen leise miteinander, so als ob wir sie nicht aufwecken wollten. Ihr Gesicht bekam einen schönen Ausdruck, sehr friedlich, und eine Stunde nach ihrem Tod war deutlich ein Lächeln auf ihrem Gesicht zu sehen. Das war um so merkwürdiger, als wir sie in den letzten acht Wochen eher elend gesehen hatten. Dieses so unwahrscheinlich friedliche Bild erleichterte uns das Abschiednehmen und begleitet uns auch heute noch in der Erinnerung. Daniela: «Sie sah so friedlich aus. Da waren keine Schmerzen mehr, keine Anstrengung weiterzuleben und keine Anstrengung zu sterben, sondern einfach Frieden.»

Als um 23 Uhr ihr Körper abgeholt wurde, quälte mich plötzlich die Frage, ob sie wirklich tot war. Konnte es nicht ein Scheintod sein? Ich sprach mit Daniela und Angelika darüber. Auch sie hatten sich diese Frage gestellt, obwohl der Arzt zwei Stunden zuvor ihren Tod bestätigt hatte. Heute bedaure ich es, daß ich nicht deutlicher meinen Wunsch geäußert habe, ihren Körper noch einige Stunden länger bei uns zu behalten.

Die Zeit nach Anne-Maries Tod

Die Tage danach

In den Tagen nach ihrem Tod waren wir weniger traurig als vorher. Wir fühlten uns jetzt auch entlastet: Anne-Marie war ihren Weg ohne bewußtes Ersticken und ohne große Schmerzen zu Ende gegangen, und wir hatten viele ihrer Wünsche berücksichtigen können, hatten ihr – in den uns möglichen Grenzen – geholfen. Wir fühlten uns ihr sehr nahe.

Die Todesanzeige machten wir so, wie Anne-Marie es sich gewünscht hatte: freundliches gelbes Papier, kein Trauerrand, ein Foto von ihr, ein Dank an die Menschen, die ihr geholfen hatten, und ein Gedicht von Kahlil Gibran über die Schönheit des Todes.

Mir wurde in diesen Tagen sehr bewußt, daß ich dies alles nicht geschafft hätte ohne die vielen Menschen, die mir beigestanden haben: die Ärzte und Schwestern, die mich berieten, die Freunde und auch Unbekannte, deren Hilfsangebote wir gar nicht alle in Anspruch nehmen konnten, vor allem aber auch Daniela, Angelika und Cornelia. Ich habe erfahren, was es bedeutet, in einer so schwierigen Zeit in einer hilfreichen Familie zu leben. Viel seelische Unterstützung bekam ich auch von Mitarbeitern, Kollegen und Studenten, die akzeptierten, daß ich des öfteren mit meinen Gedanken nur teilweise bei ihnen war.

Es schmerzt mich noch heute sehr, wenn ich daran denke, daß Anne-Marie, die so gern und aktiv lebte, nicht länger hat leben können. Meine Trauer darüber, daß ich nicht mehr mit ihr zusammen sein kann, tritt demgegenüber zurück. Ich bin sehr dankbar, daß wir 29 Jahre zusammenleben und uns in vielen Bereichen gemeinsam verwirklichen konnten.

Als sehr erleichternd empfand ich es, mit anderen über mich und meine Gefühle und Erfahrungen zu sprechen. Ich merkte dann, wie sich meine Traurigkeit und mein Schmerz lösten und ich mehr inneren Frieden fand. Durch die Gespräche spürte ich wieder stärker die Botschaft ihres Lebens. Und so erlebe ich es auch heute, knapp zwei Jahre nach ihrem Tod.

Daniela half es, nicht gegen ihre Traurigkeit anzukämpfen, sondern sie zuzulassen. In ihr Tagebuch schrieb sie: «Immer wieder spüre ich, wie ich Mami vermisse. Auch wenn ich ihr in der letzten Zeit viel gegeben habe, habe ich doch auch viele liebevolle Zeichen von ihr bekommen. Allein das Gefühl, hilfreich zu sein, gebraucht und geliebt zu werden. Aber ich bin mir selbst in meiner Traurigkeit sehr nahe. Heute morgen habe ich richtig laut weinen können. Ich vermisse ihr Lachen, ihre Wärme, ihre Umarmungen. Und am gleichen Abend: Ich fühle mich wieder wohler. Tief in mir ist Freude, Freude, daß ich alleine aus der Traurigkeit aufgetaucht bin, indem ich sie einfach zugelassen habe und mir sehr nahe war. Da steckt sehr viel Wandlung drin.»

Beerdigung

Wenn wir in der Einsamkeit, in der Natur gelebt hätten oder in einem früheren Jahrhundert, dann hätten wir Anne-Maries Körper im Garten oder in der Nähe unseres Hauses begraben. So aber waren wir mit Friedhofs- und Ortsverwaltungen und einem Beerdigungsinstitut konfrontiert. Mir wurde schmerzlich bewußt, daß ich kaum etwas unmittelbar selber tun konnte, sondern es in die Hände anderer, mir unbekannter Menschen geben mußte.

Wie schon bei der Anzeige, so folgten wir auch bei der Beerdigung mehr unseren Vorstellungen und Wünschen als Konventionen und Traditionen. Auf dem Friedhof waren nur Menschen dabei, die Anne-Marie sehr nahe gewesen waren. In der kleinen Friedhofskapelle stand der einfache, helle Sarg. Wir setzten uns, insgesamt elf Personen, im Kreis um ihn herum. Der Pfarrer, ein ehemaliger Student von mir, saß unter uns. Jeder sagte, was ihm Anne-Marie in seinem Leben bedeutet hatte. Zwischendurch spielten wir die Meditationsmusik, die sie so geliebt hatte. Nach diesem Sprechen empfand ich keine Trauer mehr. Ich spürte Anne-Marie in mir.

Ich hatte es nach vielen Mühen erreichen können, daß wir den Sarg selber zum Grab tragen durften. Es gab keine Ansprachen, keine offiziellen Rituale. Darüber war ich sehr erleichtert. Zum Schluß umarmten wir uns am Grab, sprachen noch einige Worte miteinander und gingen dann nach Hause. Cornelia sagte einen Tag später: «So ist ihre Beerdigung doch eine richtige Begegnung gewesen.» Ich habe dabei erfahren, daß persönliches Sprechen und Tun für mich sehr hilfreich ist. Aber ich ahne, daß dies für manche Menschen in dieser Situation nicht möglich ist, daß für sie Rituale und Förmlichkeiten eher eine Hilfe sind, mit dem Tod und mit ihrer Traurigkeit umzugehen.

Meditationsabend

Vierzehn Tage später fand ein meditativer Abend zum Gedenken an Anne-Marie statt. Wir hatten etwa fünfzig Menschen eingeladen. Entscheidend für uns war, daß sie Anne-Marie sehr nahegestanden hatten. Manche kamen von weit her angereist.

Wir hatten den Raum mit Blumen, Kerzen und Fotos von Anne-Marie geschmückt. Wir saßen auf Stühlen oder auf dem Boden. Cornelia, Daniela und ich sprachen darüber, was Anne-Marie uns bedeutet hatte. Ich sagte, daß ich mit Anne-Marie 29 Jahre lang gemeinsam gelebt hatte, jeder einen eigenen Weg gehend, aber immer eng nebeneinander, in ständigem Kontakt, uns Raum gebend für unsere Schritte, ohne uns aneinanderzuklammern oder uns gegenseitig einzuengen. Mein Empfinden für sie war in erster Linie von großer Achtung und Sympathie für ihr Wesen, für ihre Einzigartigkeit geprägt gewesen.

Dann erzählten andere, was ihnen Anne-Marie bedeutet hatte oder welche Erlebnisse mit ihr ihnen besonders wichtig waren. Einige sprachen nicht, weil es ihnen zu schwer fiel oder ungewohnt für sie war.

Mir tat es gut, daß sehr verschiedene Menschen ihre Erfahrungen mit Anne-Marie und ihre Gefühle mitteilten. Einige empfanden große Trauer; sie konnten Anne-Marie noch nicht loslassen und hatten das Gefühl, sie sei zu früh gestorben. Andere äußerten ein Gefühl der Dankbarkeit darüber, daß sie nicht mehr länger hatte leiden müssen. Manche erinnerten sich an Begebenheiten, die viele Jahre zurücklagen; andere erzählten, daß Anne-Marie ihnen noch vor kurzem geholfen hatte.

Zwischen den Äußerungen der einzelnen Teilnehmer spielten wir Meditationsmusik und Videoaufnahmen von Interviews mit Anne-Marie. Nach etwa zweieinhalb Stunden mußten viele gehen.

Wir blieben noch weiter in einer kleinen Gruppe zusammen. Manche sagten mir später, sie hätten die ganze Nacht so miteinander verbringen können.

Dieser Abend hat mir die Bedeutung von Anne-Maries Leben, die Botschaft ihres Lebens noch einmal sehr deutlich gemacht. Besonders nachdem ich in den Wochen zuvor so intensiv damit beschäftigt gewesen war, ihr bei ihrer Krankheit und bei ihrem Sterben zu helfen, wurde mir jetzt auch wieder die Zeit stärker bewußt, in der sie gesund, aktiv und voller Lebensfreude gewesen war. Die letzten Monate der Krankheit und des Sterbens verloren ihr Übergewicht. Ich spürte, in wie vielen Menschen Anne-Marie Spuren hinterlassen hat und weiterlebt.

Ich denke, daß dieser Meditationsabend in vielen der Anwesenden Frieden, viel Liebe und viele positive Gefühle geweckt hat. Eine Teilnehmerin schrieb uns einige Tage später: «Als sich der Kreis bei der Meditation auflöste, stieg so eine Gewißheit in mir auf – jeder von uns nimmt Anne-Marie mit nach Hause. Denn das war für mich das größte Wunder dieses Abends: Jeder der Anwesenden hatte eine ganz eigene, sehr persönliche Beziehung zu Anne-Marie. Ich denke an mich, daß ich eine Freundschaft mit Anne-Marie hatte, daß sie mich liebte und ich sie liebe, daß ich mich auf sie verlassen kann, daß sie mir ‹sicher› ist. Den anderen Anwesenden am Freitag schien es ähnlich ergangen zu sein. Ich habe sie also wirklich mit nach Hause genommen, und irgendwie ist sie da, und das ist schön. Irgendwie habe ich durch Anne-Marie gespürt, was es bedeutet, zu lieben, zur Liebe fähig zu sein; sie mußte keine Distanz einlegen. Sie fühlte sich nicht bedroht durch Nähe, sie war einfach offen. Ich möchte Euch danken, daß ich den Abend miterleben durfte.»

Erfahrungen in den Monaten danach

Ich möchte einiges von meinen Gefühlen und Gedanken wiedergeben, die mich in dieser Zeit bewegen.

Ich habe sehr positive, befriedigende Erfahrungen und Gefühle mit allem, was mich an Anne-Marie erinnert. So fühle ich mich wohl in dem Haus, in dem wir so lange zusammen gelebt haben, in ihrem Zimmer. Ich suche gern Plätze auf, die in meinen Erinnerungen mit ihr verbunden sind. Ich fühle mich ihr dann nahe, und es tut mir gut, sie zu spüren, auch wenn es manchmal schmerzvoll und traurig ist. Auch durch die große Nähe während ihrer Krankheit und ihres Sterbens fühle ich mich mit ihr sehr verbunden.

In Gesprächen mit anderen Menschen erinnere ich mich gern an gemeinsame Erlebnisse mit ihr. Manchmal habe ich den Eindruck, daß einige es vermeiden, mit mir darüber zu sprechen, vielleicht weil sie fürchten, mich damit traurig zu machen.

Ich denke gern an die Jahre unserer gemeinsamen Arbeit. Wenn ich in Unterrichtsveranstaltungen oder auf Vorträgen Videoaufzeichnungen von psychotherapeutischen Gruppengesprächen zeige, auf denen sie auch zu sehen ist, so freue ich mich, sie dort so lebendig zu erleben.

Sehr tröstlich finde ich die Vorstellung: Was würde Anne-Marie mir wünschen? Welche Gefühle würde sie gut für mich finden? Es wäre bestimmt nicht in ihrem Sinne, daß ich ihretwegen traurig wäre, ein niedergedrücktes Leben führen würde; im Gegenteil. Oder ich stelle mir vor: Welche Gefühle hätte ich mir bei Anne-Marie gewünscht, wenn ich zuerst gestorben wäre? Diese Vorstellungen helfen mir.

Ich bin sehr dankbar dafür, daß wir einander fast neunundzwanzig Jahre lang begleiten konnten. Ich bin dankbar, daß ich nicht versucht habe, sie zu besitzen, ihr in traditioneller Weise ein Ehemann zu sein, sondern ein Begleiter und Gefährte. Ich bin froh und dankbar, daß ich ihr die Eigenständigkeit habe lassen können, ihren Weg zu gehen. Ich bin dafür dankbar, daß wir jeder verantwortungsvoll für uns sorgten und daß wir in unseren Handlungen einfühlsam aufeinander Rücksicht nahmen.

Traurige und schmerzvolle Gefühle habe ich meist, wenn ich mir die letzten Wochen von Anne-Marie vorstelle, wenn ich mich an die medizinischen Prozeduren erinnere, an die Krankenhausbehandlung. Nicht deswegen, weil diese Prozeduren nicht den erhofften Erfolg gebracht haben, sondern weil sie die seelische Lebensqualität von Anne-Marie und unser Zusammensein deutlich beeinträchtigten. Als ich vor kurzem in einer psychiatrischen Klinik einen Vortrag hielt und mich danach in einem Zimmer auf einem Krankenbett ausruhte, da wurden bei mir alle diese Vorstellungen sofort wieder geweckt.

Wenn es mir einmal gesundheitlich weniger gutgeht oder ich sehr überlastet bin oder wenn ich Unverständnis von Menschen spüre, dann fühle ich mich bei der Erinnerung an Anne-Marie eher traurig und voller seelischer Schmerzen. Auch wenn ich in den Wochen nach ihrem Tod die Wohnung verließ, um für einige Tage wegzufahren, hatte ich ein Gefühl, als ob ich Anne-Marie zu Hause zurücklassen würde. Jedoch ist mir im Hintergrund bewußt, daß mein eigener ungünstiger Zustand mich mehr das Schmerzhafte sehen läßt und daß mit der Änderung meines Zustandes sich auch meine schmerzhaften Gefühle um Anne-Marie ändern.

Den größten Schmerz empfinde ich, wenn ich ihr Grab besuche und sich mir der Gedanke aufdrängt, daß sie dort «ruht», wie es oft heißt. Aber wenn ich mir bewußt mache, daß sie dort nicht ruht, sondern wahrscheinlich in einer anderen Wirklichkeit ist und auch in mir selbst, dann ändern sich sogleich meine Gefühle. Vielleicht macht mir die Grabstätte auch das Von-ihr-getrennt-Sein sehr bewußt. Wenn ich meine Gefühle nicht so sehr an Äußeres hänge, sondern ihren Geist spüre und lebe, dann fühle ich mich besser. Ich kann es jetzt auch besser verstehen, warum sich Anne-Marie eine Beerdigung an einem anonymen Ort gewünscht hat. An der Grabstelle steht deshalb kein Stein mit ihrem Namen.

Es ist für mich erstaunlich, wie schnell meine Gefühle wechseln. Auf Schmerzen und Traurigkeit folgen bald wieder gute Erinnerungen und positive Gefühle. Welche Gefühle ich habe, das hängt wesentlich mit mir zusammen – woran ich denke und was ich mir vorstelle. Denke ich an die Schmerzen und Beeinträchtigungen ihrer Krankheit, besonders an die, die durch den Verzicht auf einige medizinische Prozeduren vermeidbar gewesen wären, dann fühle ich mich sehr traurig. Denke ich an unser Zusammenleben, dann fühle ich mich gut.

Die Jahre der Begleitung bei ihrer Krankheit und ihrem Sterben haben mich nicht nur ihr noch näher gebracht, sondern sie halfen mir auch, seelisch zu wachsen, mich zu entwickeln. Ich bin ihr sehr dankbar, daß sie mir diese Erfahrungen durch ihre Einstellungen und ihre persönliche Entwicklung ermöglicht hat.

Ich denke, daß ich angemessen für mich sorge. Ich spreche über meine Erfahrungen, die Kinder sprechen mich an. Mir ist sehr deutlich geworden, wie wichtig Gespräche, ferner auch engagierte Arbeit oder Hingabe an Ziele für Menschen sind, die nach langer Zeit des Zusammenlebens einen Angehörigen durch den Tod verlieren.

Wenn es möglich ist, laufe ich vor dem Mittagessen zwanzig Minuten lang, am Wochenende spiele ich Tennis, jeden Morgen mache ich etwa eine Viertelstunde Hatha-Yoga-Übungen. Es hat sich sehr viel berufliche Arbeit angesammelt, auch Dinge, die ich in den letzten Jahren aufgeschoben habe. Die Arbeit an diesem Buch hat mich in den zwei Jahren seit Anne-Maries Tod, neben den Aufgaben in der Universität, voll beansprucht. So bin ich engagiert in vielfältigen sinnvollen Aktivitäten. Manchmal wünschte ich, ich hätte etwas mehr Zeit für mich selbst. Ich habe das Gefühl, daß ich heute sinnvoller arbeite, mehr auf das Wesentliche zentriert. Auf der anderen Seite scheint es mir manchmal, als ob ich langsamer arbeite und mehr Zeit für meine Gefühle und Erinnerungen brauche.

Die Arbeit an diesem Buch und die intensive Auseinandersetzung mit Sterben und Tod haben in mir eine Einstellung gefördert, die es mir möglich machte, den Tod einer meiner Töchter, Angelika, ein Jahr nach dem Abschied von Anne-Marie, anzunehmen.

Ich denke, daß ich heute das Geschehen in mir und um mich herum oft mit mehr Gelassenheit sehe; ich frage mich öfter, welche Bedeutung ein Ereignis in etlichen Jahren für mich und andere haben wird. Unwesentliches wird mir noch deutlicher bewußt als früher, und ich vermag es noch weniger, dafür meine Zeit einzusetzen.

Wenn ich über das Zusammenleben mit Anne-Marie nachdenke, dann bemerke ich häufig, daß ich irgend etwas suche, etwas klären möchte. Ich glaube, ich suche die Bedeutung oder den Sinn zu verstehen, den dieses Zusammenleben für sie und für mich hatte und hat. Das Vergangene und die Gegenwart, in der ich stehe, werden mir damit bewußter. Zugleich ist es eine Auseinandersetzung mit meinem eigenen Leben. Was war es? Was ist es? Welche Botschaft hatte Anne-Maries Leben für mich? Welche Botschaft könnte in meinem Leben liegen? Was kann ich aus diesen Erfahrungen lernen?

Ich denke, daß ich auch zu lernen suche, alle Erfahrungen mit Anne-Marie, vor allem aber ihre Krankheit und ihr Weggehen, wirklich für mich anzunehmen. Mit meiner Einsicht und mit einem Teil meiner Gefühle war ich dazu während ihrer Krankheit und ihres Sterbens fähig. Ich konnte sie auch loslassen. Aber ich hatte nicht gedacht, daß trotzdem noch soviel Schmerz in mir sein würde – und das, obwohl Anne-Marie es mir sehr erleichtert hat. Ich spüre keinen Haß, keine Wut auf die Krankheit, mache niemandem Vorwürfe. Aber manche meiner Gefühle zeigen mir, daß ich noch nicht in ganz tiefer Weise annehmen kann, daß sie körperlich nicht mehr hier bei mir ist.

Wenn ich unsere Partnerschaft überblicke, so denke ich, es war wichtig, daß jeder von uns eigenständig war, notfalls auch für sich hätte leben können und daß jeder dem anderen auch diese Eigenständigkeit ließ. Wir haben sehr viel zusammen gemacht, in der Arbeit, in der Freizeit und im Urlaub, nicht aus dem Gefühl heraus, dazu verpflichtet zu sein, sondern weil wir die gleichen Werte und Interessen hatten und Ähnliches dachten. Wenn wir nicht übereinstimmten, konnten wir schnell Kompromisse schließen, besonders wenn wir spürten, daß dem anderen etwas wichtig war.

Ich stimme mit Anne-Maries Auffassung in den letzten Wochen überein, daß wir uns selbst hätten mehr Zeit gönnen sollen.

Ich wünschte, wir hätten einige Jahre früher zu den Möglichkeiten von Hatha-Yoga, Meditation und Entspannung gefunden.

Es fällt mir schwer, meine gefühlsmäßigen Haltungen in der Partnerschaft mit Anne-Marie zu benennen. Das Wort Liebe suche ich zu vermeiden – zu oft bedeutet es: Besitzergreifen, und zu wenig wird darunter verantwortliches, förderliches Sorgen für den anderen verstanden. Vor etlichen Jahren, wohl noch vor Anne-Maries Erkrankung, sahen wir beide im Fernsehen den Film ‹*Die Auswanderer*› mit Liv Ullmann. Ein Paar – Kristina und Oskar – verläßt im vorigen Jahrhundert seine schwedische Heimat und siedelt sich unter schwierigen Bedingungen in Nordamerika an. Dieser Film beeindruckte uns sehr. Ich erinnere mich noch, daß Anne-Marie im Gespräch nach dem Film sagte: «Dieser Mann – das hättest auch du sein können.» Ich habe damals leider nicht nachgefragt, was sie damit meinte. Vor einem halben Jahr las ich Liv Ullmanns Buch ‹*Wandlungen*›. Hier fand ich die Worte, die meine Beziehung zu Anne-Marie beschreiben. Liv Ullmann fragt: «Was ist Liebe? Ist das, was ich fühle, Liebe?» Sie kommt zu der Antwort, daß es die Zärtlichkeit zwischen zwei Menschen ist, die zueinander gefunden haben, in einem einfachen Glück. Und sie schreibt weiter: «Ich erinnere mich an Kristina und Oskar in dem Film ‹*Die Auswanderer*›. Sie sprachen nie von ihren Gefühlen. Ich glaube auch nicht, daß sie viel darüber nachdachten. Als Kristina aber Tausende von Kilometern fern der Heimat im Sterben liegt, setzt Oskar sich auf den Rand ihres Bettes, hält ihre Hand und sagt ganz leise und aus tiefer Gewißheit: ‹Du und ich sind die besten Freunde.› Zutreffender kann man es nicht sagen.»

Danielas Erfahrungen

«Es sind jetzt beinahe zwei Jahre vergangen, seit Anne-Marie gestorben ist. Einerseits erscheint mir diese Zeit viel länger – das Leben ohne sie ist für mich schon so selbstverständlich geworden –, andererseits sind die Erinnerungen an die Zeit ihrer schweren Krankheit sehr intensiv. Wenn ich mich jetzt daran erinnere, verspüre ich viel Nähe zu ihr, die mich traurig macht.

Meine Erinnerungen an sie, an unsere Beziehung, sind vor allem die an ihre letzten zwei, drei Jahre. Die Krankheit hat uns sehr nahe zusammengebracht – und sie hat mich zu der Kraft, dem Sorgen und vor allem der Liebe in mir geführt. Ich glaube, ich habe manchmal sehr tief die Möglichkeit der bedingungslosen und achtungsvollen Liebe für sie, für mich und für andere gespürt. Es war eine Zeit der intensiven Begegnung, aber sie war auch erfüllt mit viel Traurigkeit. Manchmal fühlte ich mich zu erschöpft. Dann gingen meine Gedanken in die Zukunft: Wie lange noch? Wie lange kann ich noch so intensiv für sie sorgen?

Als sehr aufreibend habe ich auch den Wechsel zwischen der Hoffnung, es könnte noch besser werden, und dem Loslassen empfunden, dem Gedanken, daß eine Besserung nicht mehr möglich sei, dem Wunsch: Hoffentlich wird sie bald sterben. Bei diesem Gedanken hatte ich auch Schuldgefühle: Wie kann ich mir wünschen, daß sie stirbt? Liebe ich sie denn nicht?

Ich denke, der Wunsch kam einerseits aus meiner Erschöpfung und andererseits aus dem Miterleben ihres Leidens, wenn sie sich quälte und Schmerzen hatte. Ich bin dankbar dafür, daß ich bei den medizinischen Behandlungen dabeisein, ihr im Schmerz nahe sein und sie begleiten konnte. Und ich bin auch dafür dankbar, daß ich damals viel Zeit hatte für ihre Pflege, zum gemeinsamen Sein – daß ich mein eigenes Leben zurückstellen konnte.

Ich bin auch sehr dankbar, ihre Tochter gewesen zu sein – immer noch zu sein. Ich fühle mich auch heute noch begleitet von ihr. Oft spüre ich ihr Wesen in mir, ihr Lachen, ihre Blicke, ihre Art, auf Menschen zuzugehen. Mir geht es so wie Reinhard: Ich rede gern über die gemeinsame Zeit mit ihr und spüre dann wieder ihre Botschaft in mir und anderen, als ob sie mit dabei wäre.

Was für Gefühle hatte ich in den ersten Monaten nach ihrem Tod? Zunächst ging es mir gut. Das Organisieren der Beerdigung war noch ein Sorgen für sie. Aber danach fühlte ich mich eine Zeitlang sehr erschöpft, leer und einsam. Damals hat es mir sehr geholfen, Tagebuch zu schreiben, da ich mich eher zurückzog und das Gefühl hatte, die Bedeutsamkeit dieser letzten zwei Jahre gar nicht in Worte fassen und anderen mitteilen zu können.

Einen Monat nach ihrem Tod schrieb ich: ‹Immer wieder kommen Momente, in denen ich spüre, wie sehr ich Anne-Marie vermisse. Vor allem ihre Zuwendung. Auch wenn ich in der letzten Zeit viel gegeben habe, habe ich doch immer wieder liebevolle Zeichen bekommen. Allein das Gefühl, hilfreich zu sein, gebraucht und geliebt zu werden. Ich vermisse, daß sie mir sagt, wie lieb sie mich hat.›

Wichtig war es auch für mich, mir mehr Zeit für mich zu nehmen, mich auf mich selbst zu besinnen. Langsam spürte ich dann aber auch wieder den Wunsch, hinauszugehen, Kontakt zu haben – und auch wieder Freude zu empfinden und zu lachen. Zwei Monate nach Anne-Maries Tod schrieb ich: ‹Heute geht es mir gut. Ich spüre wieder Freude, Zufriedenheit in mir aufsteigen. Momente, wo ich mich wohl fühle, auch unter anderen. Gestern habe ich wieder spontan und leicht gelacht. Mir ist wieder deutlich geworden, wie wichtig und heilsam es ist, die Traurigkeit bedingungslos als einen Teil von mir anzunehmen. Auch dann liebevoll mit mir umzugehen.›

Heute, zwei Jahre nach Anne-Maries Tod, fühle ich mich sehr wohl und durch die Erfahrung gereift. Vor einem halben Jahr habe ich meine Diplomprüfung in Psychologie hinter mich gebracht und spüre sehr viel freigewordene Kraft in mir.

Ich fühle mich gesund und lebendig. Ich wohne jetzt seit zwei Jahren mit Reinhard zusammen. Damals war es für mich – und ich glaube, auch für Reinhard – sehr heilsam, zu ihm zu ziehen. Jetzt spüre ich wieder die Kraft und auch Lust, allein zu leben, genieße aber auch das Zusammensein mit Reinhard: den Austausch, die gemeinsamen Aktivitäten und auch die vertraute Umgebung.

Im nächsten Monat werde ich für sechs Wochen nach London zu einem Praktikum in der Sterbe-Klinik St. Christopher fahren. Ich spüre, daß die Auseinandersetzung mit dem Sterben mich immer wieder auf das Wesentliche führt und mir einen tieferen Kontakt zu mir selbst und zu anderen ermöglicht.

Ich kann gut ohne Anne-Marie leben – auch wenn es Momente

gibt, in denen ich ihre liebevolle Zuwendung sehr vermisse, ihr Lachen, unser gemeinsames Schweigen, ihr Wesen; und ich vermisse es, ‹Tochter› zu sein. Aber es ist dann keine Traurigkeit, aus der ich fliehen muß, sondern in der ich mich ihr und mir sehr nahe fühle. Ich lerne, diese Sehnsucht nach Geborgenheit zuzulassen und anzunehmen.

Ich weiß nicht, wohin mein Leben mich führt, aber ich spüre sehr viel Lebenskraft und Lebensfreude in mir und Dankbarkeit für die gemeinsame Lebenszeit.»

Erfahrungen bei der Begleitung Sterbender

Wie dieser Teil des Buches entstand

Ein halbes Jahr nach dem Tod meiner Lebenspartnerin Anne-Marie kamen vier Psychologie-Studentinnen zu mir und fragen mich, ob sie eine Diplomarbeit über Sterben und Tod durchführen könnten. Ihr Leben war durch den Tod von Angehörigen oder von Patienten bei ihrer früheren Arbeit im Krankenhaus beeinflußt worden.

Nach einem Vortrag in Stuttgart, bei dem ich vor vielen Menschen über Anne-Maries und unsere Erfahrungen mit Krankheit und Sterben gesprochen hatte, berichteten einige Zuhörer, daß sie das Sterben und den Tod ihrer Angehörigen ähnlich erlebt hatten wie wir. Manche hatten aber auch ganz andere, ja gegensätzliche Erfahrungen gemacht. So beschlossen Michaela Berndt-Jeschke, Angelika Rau, Regina Skibowski, Wendula Walther und ich, zu untersuchen: Welche Erfahrungen machten Menschen bei der Begleitung Sterbender? Und welche Bedeutung hatten diese Erfahrungen für ihr Leben gehabt (2, 12, 21, 33)?

Wir baten fast zweihundert Angehörige und medizinische Helfer um ausführliche schriftliche oder mündliche Auskunft. 94 Personen im Alter von 17 bis 69 Jahren berichteten uns über den Tod eines Angehörigen, der wenige Wochen bis zweieinhalb Jahre zurücklag. Ferner teilten uns 83 medizinische Helfer im Alter von 18 bis 34 Jahren ihre Erfahrungen mit; 72 Prozent von ihnen waren Krankenschwestern und Pfleger, 13 Prozent Ärzte und 15 Prozent Medizinstudenten.

Meist haben uns Menschen geantwortet, die sehr offen waren und bereit, sich mit sich selbst auseinanderzusetzen. Zwei Drittel der Antwortenden waren Frauen. Es war nicht unser Ziel, eine repräsentative Untersuchung darüber durchzuführen, wie Angehörige und Helfer allgemein das Sterben und den Tod anderer erleben. Vielmehr wollten wir ermitteln: Was wurde von den Begleitenden und von den Sterbenden als besonders hilfreich und was als beeinträchtigend erlebt?

Von diesen Erfahrungen möchte ich hier berichten. Vielleicht helfen sie Ihnen, Wege für sich zu finden, die für *Sie* geeignet sind und die *Sie* als befriedigend erleben. Sie können sich mit den Erlebnissen auseinandersetzen und sich fragen: Wie kann *ich* meinen Angehörigen oder Patienten als Begleiter beim Sterben behilflich sein? Und: Wie kann ich es mir und ihnen erleichtern, wenn *ich* einmal sterbe? So können wir uns mehr auf dieses so bedeutsame Ereignis vorbereiten.

Den förderlichen Erfahrungen habe ich mehr Raum gegeben als den beeinträchtigenden. Mein Gedanke dabei war, daß viele von uns wenig Kenntnisse und kaum Vorbilder haben, die uns helfen, angemessen mit Sterbenden umzugehen. So können wir von den Erfahrungen dieser Menschen lernen.

Vielleicht mögen Sie manchmal beim Lesen dieser hilfreichen, «positiven» Erlebnisse denken: «Schade, daß ich selbst damals als Begleiter nicht auch so gehandelt habe.» Ich möchte nicht, daß Sie ein schlechtes Gewissen oder Schuldgefühle bekommen. Beides ist eher hinderlich als förderlich. Vielleicht können Sie das Leben als einen Prozeß des Reifens und Lernens sehen. Dann sind die Fehler in unserem Verhalten, deren wir uns bewußt werden, eine Herausforderung, mehr zu lernen und uns mehr zu entwickeln.

«Ich habe während dieser Zeit alle Gefühle mit einer unglaublichen Intensität erlebt.» Es gibt kaum ein Ereignis im Leben, bei dem wir so vielfältig intensive Gefühle erleben wie bei der Begleitung von Sterbenden. «Mit dem Sterben meiner Mutter», erinnert sich die sechsunddreißigjährige Heidrun, «waren bei mir sehr unterschiedliche Gefühle verbunden, abhängig von ihrem Zustand. Ich empfand Hoffnung, wenn sie etwas optimistischer war. Und es war Verzweiflung, wenn ich merkte, daß es ihr immer schlechter ging. Und Wut, als ich merkte, daß ihr Arzt ihr nicht mehr beistand. Und schließlich Erleichterung, als ich merkte, daß es nicht mehr allzulange dauern könnte.»

Auch der Sterbende hat intensive Gefühle. Sein Leben geht zu Ende, mit allem, was für ihn bedeutsam war. Er empfindet häufig körperliche Schmerzen, hat Angst vor der Verschlechterung und oft auch Angst, dieses Leben loslassen zu müssen.

Aber auch seine Bereitschaft zu gehen kann uns, die Zurückbleibenden, tief berühren. Wir hatten jahre- oder jahrzehntelang eine enge Beziehung zu dem sterbenden Menschen. Sie ändert sich nun. Der andere wird nicht mehr weiter mit uns leben. Sein Sterben bedeutet tiefe Trauer, Schmerz und Loslassen. Zugleich fühlen wir uns ihm sehr nahe. Manche empfinden auch Schuldgefühle, etwa weil sie mit dem anderen nicht intensiv genug gelebt oder ihm Kummer und Schmerzen zugefügt haben.

Die körperliche Hinfälligkeit des Sterbenden läßt uns mitleiden; wir spüren einen Teil seiner Schmerzen und Gefühle mit. Helga, 43, deren Eltern innerhalb eines Jahres beide an Krebs starben: «Ich habe so viele Gefühle durchlebt: Wut über die Qual meiner Eltern, Hoffnung auf Heilung oder eine schnelle Erlösung. Und Liebe und Mitleid. Und dann Verzweiflung und Trauer, nicht helfen zu können. Hinzu kam Hilflosigkeit. Außerdem fühlte ich Ohnmacht vor diesem grausamen Schicksal. Und gleichzeitig Liebe und Fürsorge für meine so hilflosen Eltern.»

«Ohnmacht und Verzweiflung, Liebe und Hoffnung – alles wechselte dauernd», so schreibt die fünfundvierzigjährige Barbara über ihre Gefühle bei der Begleitung ihres sterbenskranken Partners. «Ich habe alle Gefühle mit einer unglaublichen Intensität erlebt, so als ob meine Seele wund und bloß läge. Ich habe während dieser Woche die Welt anders gesehen. Es war eine Art Herausgenommensein aus den sonstigen Dimensionen meines Lebens.»

Auch medizinische Helfer erleben vielfältige Gefühle, wenn auch meist nicht so intensiv wie die engsten Angehörigen. Ein junger Arzt: «Ich empfinde es als sehr schlimm, wenn Patienten so dahinsiechen. Es geht mir sehr nahe. Ich spüre dann meine Hilflosigkeit. Ich kann nichts mehr machen, jegliche Medizin versagt. Manchmal, wenn ein Patient alt ist und sich im Sterben so sehr quält, dann kann ich seinen Tod akzeptieren.»

Hinzu kommen bei manchen Angehörigen und Helfern Ängste vor dem eigenen Tod. «Bei dem Sterben meines Bruders kamen mir häufig Gedanken voller Furcht: Wird es dir auch bald so gehen? Der eigene Tod rückte mir sehr nahe, und damit die Angst.»

Und dennoch: So schwer, traurig und auch belastend die Gefühle waren, so berichteten Angehörige und Helfer auch, daß die Begleitung eines Sterbenden sie bereichert und zu ihrer persönlichen Entwicklung beigetragen habe: «Während der zwei Jahre der Krankheit und des Sterbens meines Mannes haben wir intensiver zusammengelebt als Jahrzehnte zuvor. Das gemeinsame Erleben dieser Krankheit und des Sterbens hat uns als Menschen in der Familie nähergebracht. Endlich wurden einmal Gefühle gezeigt.» – «Für mich ist diese Zeit des Sterbens meiner Mutter unbeschreiblich lehrreich gewesen. Ich war dankbar für ihre Nähe und für die Möglichkeit, über Vergangenes mit ihr sprechen zu können und mich mit ihr auszusöhnen. Obwohl es nur ein halbes Jahr war, war die Zeit so intensiv, daß ich manchmal den Eindruck habe, in den sechs Monaten geschah mehr als in den letzten sechs Jahren.» Oft spüren wir die Bedeutung dieser Erfahrungen allerdings erst nach dem Tod des Angehörigen.

Was kann uns in dieser so schwierigen und oft auch belastenden Zeit helfen? Wie können wir von anderen Menschen Hilfe erhalten? Wie können wir uns selbst helfen? Und wie können wir hilfreicher für den Sterbenden werden?

Diese Fragen bewegen mich sehr. Denn aus den Erfahrungsberichten dieser Menschen, aus meinen eigenen Erfahrungen mit dem Sterben von Anne-Marie, aber auch mit dem kürzlichen Tod meiner Tochter Angelika ist mir eines sehr deutlich geworden: *Wie* wir eine schwere Krankheit und das Sterben erleben, *welche* Gefühle wir dabei haben, das hängt entscheidend von unserer Einstellung zum Leben und zum Sterben ab. Gewiß gibt es günstige oder ungünstige äußere Umstände. Aber *wie* wir diesen Umständen begegnen, das ist abhängig von un-

seren Einstellungen und von unserer inneren Kraft. Daraus ergibt sich die Frage:
Wie können wir zu einer akzeptierenden und damit auch hilfreicheren Einstellung gegenüber Schwerkranken und Sterbenden gelangen?

Ich denke, daß die folgenden Erfahrungen dabei helfen können.

Hilfreiche, erleichternde Erfahrungen

Angehörige und Helfer setzen sich mit Sterben und Tod auseinander und lernen, sie anzunehmen

«Ich habe viel über das Sterben nachgedacht und gesprochen. Die Gedanken daran erschrecken mich nicht mehr so.» Angehörige und Helfer erlebten es als sehr hilfreich, wenn sie die Augen vor der Wahrscheinlichkeit des baldigen Sterbens nicht verschlossen, sondern offen für das wahrscheinliche Ende waren und sich damit auseinandersetzten. Durch diese Einstellung konnten sie die Krankheit und das Sterben des Angehörigen eher annehmen.

Was ist dieses Sich-Auseinandersetzen mit Sterben und Tod?

Wir lassen die belastenden Gedanken und Gefühle, die durch das Sterben des Angehörigen in uns geweckt werden, unserem Bewußtsein zu; wir öffnen uns ihnen. Wir versuchen nicht, unsere Angst und unsere Trauer beiseite zu schieben, sondern konfrontieren uns damit, daß der Angehörige wahrscheinlich sterben wird.

Bei der gedanklichen Beschäftigung mit diesen Gefühlen und Vorstellungen tauchen in uns Fragen auf, zum Beispiel: Was bedeutet es für mich, wenn dieser Mensch stirbt? Was habe ich an ihm? Was verliere ich mit ihm? Welche Bedeutung hatte er in meinem Leben? Worüber bin ich so verzweifelt? Wir stellen uns vor, was sein wird, wenn er stirbt und wenn er nicht mehr mit uns lebt.

Wir denken dabei auch über uns nach: War es mir nicht klar, daß mein Leben und das Leben meiner Angehörigen endlich ist?

Hilft es mir, wenn ich vor meiner Angst davonlaufe und das Sterben nicht wahrhaben will? Was hilft es meinem sterbenden Angehörigen, wenn ich verzweifelt bin?

Meist kommt es auch zu einer Auseinandersetzung mit dem eigenen Tod und den damit verbundenen Gefühlen. Der fünfundzwanzigjährige Medizinstudent Jens: «Ja, ich habe mich auseinandergesetzt. Für mich war damit vor allem die Frage nach dem eigenen Sterben verbunden. Wie wird es wohl sein? Wann? Wie? Ob es ‹danach› noch etwas gibt? Gefühle der Unsicherheit, Angst und Unwissenheit.»

Für viele ist diese Auseinandersetzung mit Sterben und Tod ein langer Weg, mit anfänglich ungünstigen Gefühlen. «Bei meiner Auseinandersetzung damit waren die unterschiedlichsten Gefühle vorhanden», sagt ein Arzt, «Angst, Beklemmung, Hilflosigkeit, Mitleid und Ratlosigkeit. Aber auch Gefühle von Nähe und Stärke habe ich erlebt.»

Durch dieses Beschäftigen mit den belastenden Vorstellungen und Gefühlen werden wir schrittweise mit dem Sterben vertrauter. Wir empfinden weniger Furcht und beginnen allmählich, das Sterben in positiverer Bedeutung zu sehen und es mehr anzunehmen. Eine Frau: «Ich fand es gut, diesen schwierigen Fragen nicht ausgewichen zu sein. So hatte ich Erfahrungen und Antworten auf diese Fragen. Ich hatte die Angst vor Sterben und Tod ein Stück hinter mich gebracht.»

Diese Auseinandersetzung mit dem Sterben und die Änderung unserer Einstellungen vollziehen sich bei vielen über Monate und Jahre hinweg, in Situationen, in denen wir allein sind, oder auch in Gesprächen mit anderen.

Der Anlaß zu einer solchen Auseinandersetzung war bei den meisten der Tod eines Angehörigen gewesen. «Seit der Krankheit und dem Tod meines Sohnes habe ich mich sehr viel mit Sterben und Tod auseinandergesetzt», sagt die sechsundfünfzigjährige Marianne. «Dies ist etwas ganz anderes, als es in meiner Arbeit als Ärtzin geschah.» Als weiteren Anlaß nannten viele die Diagnose einer lebensbedrohenden Krankheit. «Vor sechs Jahren habe ich eine Krebsoperation gehabt», berichtet eine neunundvierzigjährige Frau. «Und seit dieser Zeit bin ich in einem

Gesprächskreis für Krebspatienten, und dabei habe ich viel über das Sterben nachgedacht und gesprochen. Diese Gedanken erschrecken mich nicht mehr. Ich lebe mit ihnen besser als zu der Zeit, wo ich noch nicht mit meinem möglichen Tod konfrontiert war.»

Medizinische Helfer wurden meist durch die Erfahrungen in ihrem Beruf dazu gezwungen, sich mit den Gefühlen und Gedanken auseinanderzusetzen, die sie bei der Begleitung Sterbender haben. Aber auch bei ihnen vollzieht sich diese Auseinandersetzung in einer längeren persönlichen Entwicklung. Am Anfang stehen häufig Angst und Hilflosigkeit. Ein Krankenhaus-Seelsorger beschreibt seine Entwicklung so: «Meine mehrjährige Tätigkeit brachte mich immer wieder mit Tod und Sterben in Beziehung. Ich wurde immer wieder gezwungen, mich intensiv mit dieser Realität auseinanderzusetzen. Im Laufe der Jahre machte ich alle Gefühlswandlungen durch zwischen Ablehnung, Angst, Unsicherheit und Zuversicht aus dem Glauben.» – «Während meiner Ausbildung habe ich mich mit dem Tod beschäftigt», sagt eine Krankenschwester. «Somit war das Thema bearbeitet – so meinte ich damals jedenfalls. Als ich dann das erste Mal mit dem Tod eines Patienten konfrontiert wurde, merkte ich, daß ich nichts bearbeitet, sondern eher verdrängt hatte. Ich war voller Angst. Durch viele Gespräche und Bücher bin ich im Laufe der Zeit ruhiger geworden. Jetzt ruft der Tod keine Angst mehr bei mir hervor.»

Je früher Menschen anfangen, sich mit dem Tod auseinanderzusetzen, um so besser sind sie meist vorbereitet, wenn ein Angehöriger oder Freund stirbt. Die fünfundvierzigjährige Gerda berichtet: «Als ich mit der Krankheit meiner Freundin konfrontiert wurde, hatte ich Grund unter den Füßen und konnte ihr Sterben annehmen. Denn in den vergangenen zehn Jahren, seit dem Tod meines Säuglings, hatten meine Freundin und ich, unsere Ehemänner und eine kleine Gruppe von Freunden uns intensiv mit der Frage des Sterbens auseinandergesetzt, sehr viel gelesen und darüber gesprochen.»

«Ich habe viel über das Sterben gesprochen und auch darüber gelesen.» Gespräche mit Freunden, Bekannten, mit Betroffenen oder mit einer Gruppe wurden von vielen Befragten als sehr förderlich erlebt. Die dreiundzwanzigjährige Studentin Nina: «Ich habe versucht, mir darüber klarzuwerden, was Tod für mich bedeutet. Dabei habe ich Angst, manchmal Panik und starke Traurigkeit empfunden, etwas sehr Wertvolles zu verlieren. Das Sprechen über diese Gedanken hat mir aber sehr geholfen, das Sterben als zum Leben gehörend anzunehmen.» Ein Handwerkermeister: «Durch viele Gespräche mit meinem Großvater, der ein gläubiger Mensch war und ohne Furcht über Sterben und Tod sprechen konnte, habe ich gelernt, mich damit auseinanderzusetzen.»

Diese Erfahrungen stehen in Übereinstimmung mit Untersuchungsergebnissen (15, 30): Das Aussprechen angsterregender Gedanken und Vorstellungen gegenüber einem einfühlsamen, angstfreien Gesprächspartner führt zur Verminderung der Ängste und zu größerer Bereitschaft, sich diesen Vorstellungen zuzuwenden. Denken Menschen jedoch überwiegend allein darüber nach, so kann dies eher zu einem grüblerischen Kreisdenken führen und zu einer Verstärkung der Angst. So ist es wichtig, unsere Gefühle wie Angst und Traurigkeit anderen mitzuteilen und darüber zu sprechen, damit sie sich vermindern. –

Der religiöse Glaube, daß es ein Leben nach dem Tod gibt, erleichterte es manchen, sich dem Sterben und dem Tod zuzuwenden. «Für mich ist es einfacher, darüber zu sprechen, da ich glaube, daß es nach dem Tod irgendwie weitergeht, als wenn ich denke, daß es dann total vorbei ist. Ich weiß noch – als ich gläubig war und meine Großmutter starb, da konnte ich darüber sprechen, konnte sie aufrichtig darauf ansprechen, ob sie sich auf den Himmel freut.»

Auch Bücher – besonders von Menschen, die dem Tod nahestanden –, Vorträge und Fernsehsendungen, etwa über Hospize für Sterbende, erlebten viele als förderliche Anregung, mehr über das Sterben nachzudenken und mit anderen darüber zu sprechen. –

Einige berichteten von positiven Erfahrungen in ihrer frühen

Kindheit, die ihnen die Auseinandersetzung erleichterten. Eine Frau verlor ihre Ängste in frühen Jahren durch das Vorbild ihrer Eltern: «Durch den Kontakt mit alten Menschen, die im Pflegeheim meiner Eltern lebten, wurden mein Bruder und ich schon recht früh mit Dahinsiechen, Sterben und Tod konfrontiert. Wir wurden nie weggeschickt, ja manchmal holten uns unsere Eltern sogar an das Bett desjenigen, damit er nicht so alleine war. Allerdings hatten wir manchmal richtige Angst danach, aber wir konnten immer mit den Eltern darüber reden. Und irgendwann war Sterben nicht mehr das, wovor ich mich zu ängstigen brauchte. Vorbilder waren meine Eltern und ältere Menschen im Heim.»

«Wir können dich gehen lassen.» In unserer Untersuchung ergab sich: Menschen, die sich schon vorher mit der Endlichkeit des Lebens auseinandergesetzt hatten, konnten das Sterben ihrer Angehörigen eher akzeptieren. *Was bedeutet es, das Sterben des Angehörigen anzunehmen?*

Es ist eine langsame Annährung an die Realität, eine Einsicht in die Tatsache, daß das Leben einmal endet. Trotz enger gefühlsmäßiger Bindungen an den Angehörigen und trotz der eigenen Trauer lernen es Menschen, das Sterben als eine Gegebenheit anzunehmen. Sie werden bereit, den anderen loszulassen, gehen zu lassen. Sie sind fähig zur Trennung; sie willigen – wenn auch schweren Herzens und gezwungen durch die Notwendigkeit – in das Geschehen ein. Sie hadern nicht mit dem Schicksal.

Diese Menschen sind weiterhin mit großer Einfühlung um den Angehörigen bemüht und begleiten ihn bei dem, was unabänderlich geschieht. Eine Krankenschwester berichtet von einer Frau, deren Mann im Krankenhaus im Sterben lag: «Sie war sehr offen, sie setzte sich sehr direkt mit dem Problem der Krankheit und des Sterbens ihres Mannes auseinander. Sie konnte auch von ihren Ängsten und Schwierigkeiten reden. Sie war irgendwie sehr stark. Und ihm gegenüber ganz liebevoll. Sie sagte, sie habe auch mit ihrem Mann häufig über das Sterben gesprochen.»

Menschen, die den Tod des anderen annehmen, empfinden zwar eine tiefe Traurigkeit darüber, daß sie den anderen verlieren; aber gleichzeitig können sie ihn auch freigeben. Sie klammern sich nicht an ihn. Drücken sie beides dem Sterbenden gegenüber aus, so fühlt er sich meist nicht von der Traurigkeit belastet, da er die Einwilligung des anderen spürt. Ein Krankenpfleger berichtet: «Die Angehörigen sprachen zu der Sterbenden: ‹Wenn es jetzt für dich an der Zeit ist zu sterben, so sind wir sehr traurig. Du wirst uns sehr fehlen. Aber wir können dich gehen lassen. Wir können weiterleben.› Ich denke, daß dies für die sterbende Frau sehr erleichternd war und daß sie die Gewißheit hatte, gehen zu dürfen.»

«Das Sterben meines Mannes konnte ich akzeptieren, weil es die Erlösung von vielen Schmerzen war.» Angehörigen fiel das Annehmen leichter, wenn der Tod für den Sterbenden die Beendigung, die Erlösung von Siechtum, geistig-seelischem Verfall und starken Schmerzen ohne Aussicht auf Besserung war. Eine Frau schreibt, wie sie sich zuerst gegen den Tod des Vaters wehrte, wie aber der Verfall seines Körpers sie schließlich dazu brachte, das Sterben anzunehmen: «Wir hatten vom Arzt mitgeteilt bekommen, daß mein Vater noch etwa ein Jahr zu leben hat. Zuerst wollte ich es nicht wahrhaben. Doch dann erlebte ich immer mehr, wie sein Körper verfiel, und dann begann ich es langsam zu akzeptieren.»

Auch für die Studentin Nina ist die Erlösung von Schmerzen wichtig beim allmählichen Annehmen des Sterbens ihrer Großmutter: «Ich konnte das Sterben meiner Oma zuerst nicht richtig annehmen. Ich habe immer noch auf Besserung gehofft und sie nicht loslassen können. Ich bin drei Monate lang jeden Tag bei ihr gewesen, ich wollte sie nicht alleine lassen. Auf der anderen Seite war ich erleichtert, daß sie keine Schmerzen mehr haben würde; ich habe ihr dann den Zustand von Ruhe und Schmerzlosigkeit gewünscht.»

Die Länge der Krankheit und das Ausmaß der Schmerzen beeinflussen unsere Bereitschaft, das Sterben anzunehmen. Wir haben mehr Zeit, uns mit dem Gedanken an das Sterben vertraut zu machen und Abschied voneinander zu nehmen. So ergab unsere Untersuchung: Menschen, deren sterbender Angehöriger länger als drei Monate krank war, konnten den Tod eher annehmen, als wenn er plötzlich und unerwartet eintrat. Die Zeit und das ständige Miterleben der schweren Erkrankung und der Hilflosigkeit zwingen gleichsam dazu, mehr in das Sterben einzuwilligen und es dem Sterbenden sogar zu wünschen.

Dieser verständliche Wunsch ruft jedoch bei manchen Schuldgefühle hervor. Die achtzehnjährige Kirsten über den Tod ihres an Leukämie erkrankten Bruders: «Ich erinnere mich, daß ich gegen Ende seines Lebens oft heimlich wünschte, abends im Bett, daß er sterben würde. Ich fühlte mich aber schrecklich schuldig deswegen.» Der Wunsch, der Angehörige möge weiterleben, kommt in Konflikt mit dem Wunsch, daß er von seinen Qualen und Schmerzen erlöst werde.

Schwere Schmerzen der Sterbenden erleichtern auch den beruflichen Helfern das Annehmen des Todes. Eine technische Assistentin, die im Institut für Strahlentherapie arbeitet: «Seit Beginn meiner Berufstätigkeit habe ich viel mit Krebskranken zu tun. Vielen geht es sehr schlecht, und es ist absehbar, daß sie bald sterben. Sie leiden sehr viel und haben viele Schmerzen auszustehen. So sehe ich ihren Tod meist als eine Erlösung von ihrer Qual.»

Wenn der schwer erkrankte Angehörige ein hohes Alter erreicht hatte, konnten sich die von uns befragten Personen mit seinem Sterben eher abfinden. Mit hohem Alter sind oft körperlicher Verfall und Schmerzen verbunden. Erleichternd war, daß der Sterbende ein langes Leben gehabt hatte. Eine Schwesternschülerin: «Vor meiner Ausbildung hatte ich vier Monate im Altenpflegeheim gearbeitet. Während ich dort war, starben mehrere Personen. Aber ich habe den Tod meist als Erlösung für die alten Menschen empfunden.»

Auch in Fällen, in denen der Sterbende noch jung war, aber durch die Krankheit zeitlebens sehr behindert gewesen wäre, konnten Angehörige eher ja zum Tod sagen. Eine Mutter: «In den letzten Wochen am Kranken- und Sterbebett, da habe ich gedacht: Du mußt ja so schwer leiden. Ein Leben nur im Bett, das wünsche ich nicht für dich. Dann ist Sterben besser.»

«Ich konnte und kann das Sterben meines ersten Kindes und meines Mannes trotz des großen Schmerzes akzeptieren, in dem festen Glauben, daß unser Leben und Sterben in Gottes Hand liegt», sagt die Ärztin Marianne. *Der religiöse Glaube* erleichtert es ihr und anderen, den Tod anzunehmen. Eine Frau: «Durch meine starke Liebe zu Gott und der Schöpfung habe ich nie Angst vor dem Tod gehabt, auch nicht, als vor einigen Jahren meine Freundin starb.» Eine Schwesternschülerin: «Mein Glaube an Gott gibt mir Halt im Leben, zu dem auch der Tod gehört. Ich kann aber nur mit dem Tod fertig werden, weil ich davon überzeugt bin, daß das Leben mit dem Tod nicht zu Ende ist, sondern irgendwie weitergeht. So kann ich sagen, daß ich keine Angst vor dem Tod habe.»

Die Hoffnung oder Überzeugung, daß Menschen nach ihrem Tod in einen anderen, sehr friedlichen Bewußtseinszustand eintreten, war hilfreich, das Sterben des Angehörigen oder Patienten anzunehmen. «Für mich ist der Tod nichts Negatives. Er ist der Übergang in eine andere, geistige Welt, in unsere eigentliche Existenz als Geisteswesen», sagt eine Krankenschwester. «Das Sterben ist der Weg dahin. Er ist gewiß nicht leicht, aber er ist einer von den vielen Wegen, die wir im Laufe unseres Lebens gehen müssen. Wenn ich einen Sterbenden begleite, erfüllt es mich mit großer Ehrfurcht, einen solchen Weg mitgehen zu dürfen bis dorthin, wo ich dann stehenbleiben und loslassen muß.»

Sehr hilfreich war es für Angehörige und Helfer, wenn der Sterbende selbst seine Krankheit und sein Sterben annehmen konnte. «Als ich mit ansehen mußte, wie mein Vater körperlich und geistig immer mehr abbaute», sagt ein Arbeiter, 39, «und er selbst äußerte, daß er nicht mehr so weiterleben wolle, kam ich zur Ansicht, daß sein Tod eine Erlösung für ihn wäre.»

In unserer Untersuchung ergab sich ein deutlicher Zusammenhang zwischen dem Akzeptieren des Sterbens durch den Angehörigen und dem Annehmen des Todes durch den Sterbenden selbst. Diese Haltung des Sterbenden ist im folgenden Abschnitt dargestellt.

Der Sterbende setzt sich mit seinem Lebensende auseinander und lernt, es anzunehmen

«Wenn du über den Tod nachdenkst, beginnst du auch, den Tod zu akzeptieren.» Jeder zweite Angehörige und Helfer erlebte es, daß der Sterbende, den er betreute, sich mit seinem Tod auseinandersetzen und ihn annehmen konnte. Für den Sterbenden, aber auch für den begleitenden Angehörigen, bedeutete das eine große Erleichterung.

Durch die Berichte stellten wir fest: Die Auseinandersetzung erleichterte es dem Schwerkranken, seinen Tod anzunehmen und sein Leben loszulassen. Danach war er innerlich gelöster. Bei manchen war diese Auseinandersetzung zunächst sehr schmerzhaft. Der an Krebs erkrankte zweiundzwanzigjährige Michael sagt einige Wochen vor seinem Tod in einem vom Kanadischen Fernsehen aufgezeichneten Gespräch mit seinem Arzt: «Als ich zum erstenmal hörte, daß ich bald sterben müßte, war das wie ein Trauma. Ich war so niedergeschmettert von so vielen Gefühlen und Gedanken, daß ich nicht mehr mitbekam, was wirklich vorging. Ich hatte immer noch die Hoffnung, am Leben bleiben zu können, so daß ich mehr über das Leben als über das Sterben nachdachte. Aber nach einiger Zeit konnte ich an meinen Tod denken, ohne Angst zu bekommen. Wenn du über den Tod nachdenkst, beginnst du auch, den Tod zu akzeptieren. Für mich ist das ein Höhepunkt meines Lebens» (4).

Eine Mutter schreibt, wie schmerzhaft das Annehmen für ihren an Krebs erkrankten Sohn Armin war und wie ihn quälende Fragen nach dem Warum beschäftigten: «Oft fragte er mich: ‹Womit habe ich das verdient? Wo ist der Richter, der mich dazu verurteilt hat? Ich habe solche Angst, wenn ich an später denke.› Es ging ihm dann eine Zeitlang besser. Als er dann wieder in die Klinik mußte und dort die Diagnose erfuhr, weinten wir, und er sagte, daß er gewußt hätte, daß er für die schönen Stunden seines Lebens bezahlen müsse. Er habe jetzt keine Angst mehr vor dem Sterben, denn ein Leben nur mit Schmerzen und Liegen, das wolle er nicht.» Wie weitgehend er schließlich sein Sterben angenommen hat, geht aus folgenden Äußerungen hervor: «Er sagte mir, was er seiner Freundin alles von seinen Sachen geben wolle. Oder ob er ein Testament machen müsse? Ich versprach ihm, alles so zu tun, und habe es auch getan. Einmal sagte er, daß er sich wünschte, daß seine Freundin einen guten Mann bekäme, sie hätte es verdient.»

Bei anderen vollzieht sich die Auseinandersetzung mit dem Sterben weniger schmerzhaft, vielleicht mehr mit sich allein. «Mein Bruder hat sich oft mit dem Sterben auseinandergesetzt», schreibt ein Vierzigjähriger. «Dabei habe ich nie gehört: Warum trifft es gerade mich? Wie lange bleibt mir noch zum Leben? Er hat immer versucht, sich in den größeren Zusammenhang des Werdens und Vergehens einzureihen. Das Bewußtsein vom Staubkörnchen im großen Weltall, das der Mensch ist, half ihm sehr dabei.»

Dieses Auseinandersetzen des Schwerkranken mit dem Tod beeindruckte Angehörige und Helfer sehr. Eine Frau über ihre Schwiegermutter: «Der Prozeß ihrer Krankheit bis zum Tod dauerte zwei Jahre. Für mich war es oft nicht faßbar, daß ein Mensch sich so bewußt mit seinem Sterben auseinandersetzte.» Eine Krankenschwester: «Bei einigen Patienten wurde die geistige Auseinandersetzung mit Sterben und Tod so wichtig, daß darüber ihr körperlicher Zustand geradezu nebensächlich wurde.»

Was hilft Sterbenden, sich mit dem Ende ihres Lebens auseinanderzusetzen und den Tod anzunehmen?

Vielen half es, auf ein erfülltes und intensiv erfahrenes Leben zurückzuschauen. Gerda über ihre verstorbene Freundin: «Das Leben meiner Freundin scheint sehr erfüllt gewesen zu sein. Sie erfüllte sich viele ihrer persönlichen Wünsche, andererseits kümmerte sie sich um Menschen, die nur schwer im Leben zurechtkamen.» – «Mein Schwiegervater war bereit zu sterben und haderte kaum mit seinem Schicksal. Er hat mehrfach gesagt: ‹Ich habe gelebt, meine Aufgabe ist erfüllt.›» – «Meine Mutter sagte einmal: ‹Ich weiß, daß ich sehr, sehr krank bin. Aber ich bin davon überzeugt, daß ich richtig gelebt habe – auch wenn mein Leben sehr mühsam war –, daß es eigentlich ein erfülltes Leben war.›»

Die Krankenschwester Monika faßt ihre Erfahrungen zusammen: «Wenn ich mir die vielen Menschen, die ich im Krankenhaus sterben sah, anschaue, fällt mir auf, wie unterschiedlich sie gestorben sind. Ich habe feststellen können, daß die, bei denen es aussah, als ob sie ein sehr erfülltes Leben hatten, dann, wenn es soweit war, wesentlich bereiter waren zu sterben, als solche, wo man entweder das nicht fassen konnte, wie sie vorher gelebt hatten, oder die im Leben um irgend etwas betrogen zu sein schienen, wo viel unerledigt war.»

Bei manchen kam die Erfahrung hinzu, daß ihr Leben allmählich mühsamer wurde und die Schmerzen zunahmen. Eine Krankenschwester über ihre Erfahrungen auf der Pflegestation: «Viele alte Menschen ersehnen den Tod, weil ihr Leben aus körperlichen Gründen keine große Qualität mehr besitzt. Außerdem sagen sie, sie hätten ihr Leben gelebt und wären froh, jetzt einschlafen zu dürfen und dann Ruhe vor den Schmerzen – und oft auch vor der Einsamkeit – zu haben. Ich empfinde es so, daß Menschen, die ihr Leben, wie es war, akzeptieren können und zufrieden sind, leichter sterben.» Die innere Zufriedenheit mit dem eigenen Leben ermöglicht ihnen ein friedliches Sterben.

Auf dem Weg, das eigene Sterben anzunehmen, war es sehr hilfreich, wenn der Sterbende sich von Angehörigen oder einem Helfer verstanden fühlte und ihnen vertrauen konnte. Eine Krankenschwester: «Er hatte sehr gegen das Sterben gekämpft. Ich glaube, daß es ihm geholfen hat, daß ich *alle* Gefühle ertragen konnte, Kampf, Verzweiflung, Angst, Wünsche, noch leben zu wollen, und so weiter. Ich hatte den Eindruck, daß wir wirklich in engem Kontakt waren. An seinem Ende konnte er trotz seiner schweren Verwirrtheit noch klar sagen: ‹Danke, daß Sie so waren, wie Sie waren.» Sie war in der Lage, die verschiedenartigen häufig wechselnden Gefühle des Schwerkranken zu hören und anzunehmen, ohne sich selbst dabei zu verlieren und in Schwierigkeiten zu kommen und ohne die Gefühle des Sterbenden durch Worte beiseite zu schieben.

Die philosophische Weltanschauung, die religiöse Überzeugung sowie Gebete und Gespräche darüber waren für viele eine große Hilfs- und Kraftquelle. Eine Frau: «Er hat sich mit sich allein und dann im Gespräch mit Gott mit seinem Leben und Sterben auseinandergesetzt. Sein Glaube an Gott und daß er ihn liebt, hat es ihm erleichtert.» Der tumorkranke zweiundzwanzigjährige Michael sagt: «Wir alle wissen, daß wir irgendwann sterben müssen, nur nicht wann und wie. Ich messe dem Zeitpunkt keine Bedeutung mehr bei. Welches ist das richtige Alter zum Sterben? Jedes Alter ist richtig, wenn Gott es will. Und ich sage Gott, weil ich kein anderes Wort weiß, um diese unbekannte Größe zu beschreiben. Alle Religionen kreisen um denselben Gedanken, nämlich, daß ein überirdisches Wesen uns geschaffen hat, uns und die Erde und das Universum» (4).

«Meine sterbende Mutter war so gelöst, ja manchmal fast glücklich. Das hat mir sehr viel Ruhe gegeben.» Durch das Annehmen des Todes fühlt sich der Sterbende fähiger, seine restliche Lebenszeit befriedigender mit sich und seinen Angehörigen zu verbringen. Gerda beschreibt, wie ihre Freundin ihre tödliche Krankheit annehmen kann und dadurch offen für das gegenwärtig Mögliche und für ein befriedigendes Zusammensein wird: «Im ersten Jahr war sie noch voller Hoffnung gewesen, daß der Krebs früh genug erkannt worden wäre. Als dann die Metastasen auftraten, akzeptierte sie die neue Situation. Sie lebte nach den Eingriffen nach Möglichkeit ihr normales Leben weiter. Sie war nie verkrampft oder verzweifelt, sondern recht realistisch. Natürlich kannte sie auch Stunden der Verzweiflung und Tiefe, mehr aber wegen der körperlichen Schmerzen als wegen der nur noch kurz bemessenen Lebensspanne. Sie trauerte dem Unmöglichen nicht nach, schaute auf das noch Mögliche. Mir scheint, sie hat sehr früh losgelassen und einfach von Augenblick zu Augenblick gelebt, irgendwie ohne Wünsche, einfach so, dankbar für alle Liebe und die Zuwendung ihres großen Freundeskreises.»

Auch medizinische Helfer empfanden den Umgang befriedigender und waren offener im Gespräch, wenn der Sterbende sein Ende annehmen konnte.

Warum war es sonst noch wichtig für die Begleiter, daß Sterbende ihren Tod annehmen konnten?

Angehörige faßten dadurch eher Mut, sich selbst mit dem Sterben auseinanderzusetzen und angstfreier zu werden. Eine Frau: «Meine Mutter war bereit zu sterben, sie wußte von ihrem Ende. Das hatte zur Folge, daß meine Angst vor dem Tod mit der Zeit geringer wurde; und später blieb sie weg. Für mich ist diese Zeit unbeschreiblich lehrreich gewesen. Sie war so gelöst, so gefaßt, ja manchmal fast glücklich. Das hat mir sehr viel Ruhe gegeben. *Sie* war es eigentlich, die uns tröstete. Aber als sie kurz vor ihrem Tod noch ins Krankenhaus kam und ich sie wieder nach Hause holen wollte, hatte sie auch das losgelassen. Sie wollte nur noch ihre Ruhe haben. Sie sagte: ‹Laß man, eigentlich ist es so ganz gut!› Es war dann kein Thema mehr.» – Eine Krankenschwester: «Für die Eltern war es sehr schwer, nun noch ihr letztes Kind verlieren zu müssen. Es dauerte lange, bevor sie sich der Lage wirklich bewußt werden konnten. Aber dann half ihnen dabei die Haltung des neunjährigen Jungen, seine Gelassenheit.»

Angehörige können den Tod eher akzeptieren, wenn der Sterbende ihn annehmen kann. «Meine Tante hatte Krebs. Sie hat es klar gewußt und gesagt: ‹Ich will nicht mehr länger leben.› Sie wich dem Gedanken nicht aus. Und sie hatte den Mut, das auszusprechen und auszuhalten. Und dann habe ich das auch verstanden. Seitdem ist der Tod nichts mehr, wovor ich Angst habe, sondern irgendwie verstehe ich Leben dadurch anders.» Ein Zivildienstleistender im Krankenhaus: «Meine Gefühle hängen stark davon ab, welche Gefühle der Sterbende hat. Wie faßt er seinen Tod auf? Wenn ein Mensch zufrieden auf sein Leben zurückblickt, schon sehr lange krank ist, sein Sterben annehmen kann und fast herbeisehnt, dann habe ich auch ein erleichterndes, fast frohes Gefühl.»

Vor allem ist das Zusammensein mit dem Sterbenden weit weniger belastend, weniger schmerzvoll, ja oft eine bereichernde Erfahrung. Der Sterbende ist ein besserer Partner, er verzehrt sich nicht in Abwehr und Kampf. Er ist ausgeglichener und freier, auch für offene Gespräche mit Angehörigen. Ein Mann, 34: «Von Anfang an bestand eine große Offenheit meiner

Schwiegermutter gegenüber der Krankheit und dem wahrscheinlichen Verlauf. Sie sprach oft von ihrem eigenen Tod. Dabei war sie gelöst, liebevoll, und sie konnte das gut annehmen. Der Gedanke ans Sterben verlor dadurch seine bedrohlichen Gefühle. Sterben als Teil des Lebens zu sehen, half uns, ganz natürlich darüber sprechen zu können.»

In Gesprächen überblicken viele Sterbende noch einmal ihr Leben. Sie haben das Bedürfnis, Mißverständnisse und Beziehungen zu klären. Dabei kommt es zu Nähe und intensivem Austausch. Eine neunundvierzigjährige Frau: «Meine Mutter wußte, daß sie sterbenskrank war. Sie akzeptierte ihr Sterben voll und ganz. Sie übergab ihr Leben Gott, so möchte ich es nennen. In diesen letzten Monaten sprachen wir ihr ganzes Leben mit allen fröhlichen und traurigen Ereignissen durch. Wir sagten uns unsere Liebe. Frühere Mißverständnisse wurden geklärt. Es blieb eigentlich nichts offen. Sie war ganz bereit zum Abschied.» Des öfteren hatte ich den Eindruck, daß es in diesen nahen Gesprächen die Sterbenden waren, die ihre Angehörigen in dieser schweren Zeit begleiteten und trösteten.

Abschließend möchte ich die Erfahrung von Hedwig wiedergeben. Sie zeigt, wie bereichernd der Umgang mit einem Sterbenden sein kann, der seinen Tod annimmt: «Ich habe meinen siebenundneunzigjährigen Vater das letzte Vierteljahr gepflegt, war Tag und Nacht bei ihm, abwechselnd mit einer Freundin. Mein Vater hat mir gezeigt, wie zufrieden man sterben kann, wenn man nicht mehr leben möchte. Er hatte das Gefühl, alle Altersgenossen sind tot. Er hat sein Leben erfüllt. Und das hat auch *mich* sehr zufrieden gemacht. Er war mit seinem Tod einverstanden. Ich habe in der letzten Stunde seine Hand gehalten und gesehen, wie es zu Ende ging, wie der letzte Atemzug kam. Ganz friedlich.»

Mit dem Sterbenden sprechen

«Wir konnten gut über die Krankheit und sein irgendwann stattfindendes Sterben sprechen.» Wir fragten Angehörige und Helfer, ob sie mit dem Betroffenen über die Schwere der Krankheit und die Wahrscheinlichkeit des Sterbens hatten reden können. 20 Prozent der Befragten war dies möglich gewesen.

«Ja, wir konnten gut über die Krankheit und sein irgendwann stattfindendes Sterben sprechen», sagt die sechsundvierzigjährige Heidi. «Wenn wir lange ruhig beisammensaßen, kam ein starkes Gefühl von Nähe auf, und wir hielten uns die Hand. Oft begann Vater dann vom Tod zu sprechen, und es war für mich sehr schön, daran teilzuhaben. Ich habe diese Gespräche als sehr friedlich in Erinnerung. Es hat mich nie erschreckt.» Die Ordens- und Stationsschwester Maria schreibt: «Nachdem die Patientin informiert war, kamen sehr ehrliche Gespräche zustande. Je offener unser Gespräch auf beiden Seiten war, desto befreiender war es für sie. Als sie am letzten Tag kaum mehr etwas sagen konnte, hatte ich das Gefühl, daß sie sich freute, wenn ich bei ihr verweilte. Ich spürte ihre Dankbarkeit. Es war für mich sehr bereichernd, daß sie mit mir so offen gesprochen hat. Sie hat mir ihr ganzes Vertrauen geschenkt. Ich kann mich nicht erinnern, was mich da irgendwie belastet hätte.»

Was erleichtert das Miteinander-Sprechen? Wenn der Sterbende die Kraft und den Mut hatte, offen über sein nahes Ende zu reden, wenn er solche Gespräche wünschte oder gar von sich aus begann, dann empfanden die Angehörigen dies als große Hilfe, die oft auftretende anfängliche Beklemmung und Angst vor einem Gespräch über das Sterben zu lösen. «Meine Freundin machte es uns allen leicht», sagt Gerda. «Wir konnten jederzeit offen über das Wachstum des Krebses und das absehbare Sterben mit ihr sprechen.» Bei den medizinischen Helfern, die mit dem Patienten über seine Krankheit und dessen möglichen Tod sprachen – dies war bei jedem zweiten Helfer der Fall –, ging die Initiative zum Gespräch fast immer vom *Sterbenden* aus.

Beeindruckt hat mich, daß auch Kinder und Jugendliche solche Gespräche suchten. Die Krankenschwester Elisabeth begleitete ein an Leukämie erkranktes neunjähriges Kind: «Der Junge sprach von sich aus sehr viel darüber, was nach dem Tod passiert. Er fragte, ob Jesus ihn zu sich nimmt, wann seine Eltern nachkommen. Ich habe gesprochen und gebetet mit ihm, weil ich merkte, daß der Glaube ihn stark machte. Ich bewunderte seinen Mut und seine Kraft; er war uns allen an innerer Kraft überlegen. Von seiner Festigkeit im Glauben konnte ich viel lernen.»

Eine Krankenschwester über einen Fünfzehnjährigen: «Einmal stand er am Fenster und guckte runter auf den Sportplatz, wo Jungen Fußball spielten. Er sagte: ‹Du glaubst doch wohl selbst nicht, daß ich das noch mal machen kann.› Er konfrontierte uns alle, das Personal und seine Eltern, direkt mit seiner Situation. Man konnte ihm nichts vormachen, er wußte genau Bescheid. Er hat gefragt, wo er hinkommt, wenn er tot ist, was mit seiner Leiche passiert und so. So hart das war, so erleichternd fand ich es auch; es gab nichts zu verbergen, jeder wußte, woran er war. Vor seinem Tod wurde der Junge bei einer kritischen Lage auf die Intensivstation gebracht. Er war sehr wütend darüber. Ich habe dann bestimmt drei Stunden mit ihm geredet. Ich war hinterher sehr bewegt und dachte: Das kann doch nicht wahr sein – noch so jung, und er versucht, uns allen zu erklären, daß er jetzt irgendwann sterben würde und daß er sich fast darauf freue und daß wir ihm nichts vorzumachen bräuchten und lieber ehrlich sein sollten.»

So hatten Sterbende manchmal mehr Kraft und weniger Angst, über ihr Schicksal zu sprechen, als die Zurückbleibenden. Dies wurde als sehr hilfreich empfunden. Ein Mann: «Nachdem meine Mutter immer häufiger und selbstverständlicher von ihrem Tod redete, habe ich die verkehrten Beschwichtigungsversuche sehr schnell abgelegt.»

Mir ist deutlich geworden: Wenn wir selbst sterben werden, so können wir viel für unsere Angehörigen tun, indem wir auf unser Sterben vorbereitet sind und daraus die Kraft nehmen, von uns aus darüber zu sprechen.

Es ist wichtig, Gespräche nicht zu erzwingen oder den Sterbenden dazu zu drängen, sondern mit Vertrauen und geduldiger einfühlsamer Bereitschaft den für den Sterbenden richtigen Zeitpunkt abzuwarten. Eine Frau: «Wir konnten nicht sofort darüber sprechen. Das geschah erst, als mein Vater nach der Krankheit und dem Tod im letzten Monat vor seinem Sterben fragte. Das Reden darüber war dann sehr erleichternd für mich.»

Eine Arbeiterin erzählt von ihrem neunzehnjährigen Sohn Armin: «Er machte zuerst öfters Bemerkungen, aus denen hervorging, daß er wußte, daß er nicht mehr lange zu leben hat. Danach hörte ich einmal, wie er mit Gleichaltrigen über Krebs sprach und fragte: ‹Würdet ihr es zugeben, wenn ihr Krebs hättet?› Als er drei Monate vor seinem Tod Weihnachten zu Hause war, sprach er mich und seine Oma an, daß er wisse, daß er bald sterben müsse. Von da ab haben wir offen über das Sterben gesprochen.»

Zur Behutsamkeit und Einfühlung derartiger Gespräche ist mir folgender Gedanke gekommen: Teilnehmer an der Sterbemeditation haben mir gesagt, sie hätten es als unangenehm empfunden, daß ihnen – gemäß dem Text zur Meditation – «vom Arzt ihre tödliche Krankheit mitgeteilt» wurde. Sie empfanden dies fast als Verurteilung. Es wäre ihnen lieber gewesen, wenn sie das bevorstehende Ende ihres Lebens selbst gespürt oder sich mit Hilfe selbstbeschaffter Informationen damit vertraut gemacht hätten.

So wird ein einfühlsamer Arzt seinen Patienten ein Gespräch über das Sterben nicht aufdrängen, sondern ihn eher davon in Kenntnis setzen, daß er als Arzt kaum noch wirksame Möglichkeiten medizinischer Therapie und Heilung sieht und daß er zu Gesprächen darüber bereit ist. Dabei nimmt er auch darauf Rücksicht, daß dem Patienten ja noch häufig etliche Wochen und Monate verbleiben, die für ihn wirklich noch «leben» bedeuten können. Manchen Sterbenden scheint so das Annehmen leichter zu fallen, wenn sie selbst zur Einsicht kommen, daß ihr Leben bald beendet sein wird, als wenn es ihnen von einem anderen, besonders von einem wenig einfühlsamen Arzt, eröffnet wird.

Was war für Begleitende sonst noch erleichternd? Was befähigte sie überhaupt, diese Gespräche zu führen?

Hatten Sich Angehörige oder Helfer vorher intensiv mit der eigenen Sterblichkeit und dem Sterben des Kranken auseinandergesetzt und konnten sie es weitgehend annehmen, dann waren sie nach den Ergebnissen unserer Befragung sehr häufig fähig, mit dem Sterbenden darüber zu sprechen. Ihre Ängste und ihr Gefühl der Hilflosigkeit gegenüber dem Tod waren dann geringer, und sie empfanden die Gespräche nicht als belastend oder als bedrohlich.

Anderen half beim Sprechen besonders ihr Mut zur Ehrlichkeit und die Einsicht, wie hilfreich diese für den Sterbenden ist. Gerd, dessen Mutter von den Ärzten nicht über ihre Krebserkrankung aufgeklärt war, sagt: «Ich habe meiner Mutter, als sie aus dem Krankenhaus kam, gesagt, wie es um sie steht. Es wäre furchtbar gewesen, wenn sie mir später gesagt hätte: ‹Warum hast du mir das nicht gesagt? Ich hätte dann noch fünf bis sechs Monate gehabt, die ich ganz anders gelebt hätte.› Und diese Zeit hätte ich ihr nicht wiedergeben können. Ich konnte sie auch nicht anlügen. Das wäre das Ende einer vernünftigen und ehrlichen Beziehung gewesen.»

Gespräche mit anderen Angehörigen können dem Begleiter helfen, feinfühliger für die Empfindungen und Gedanken des Sterbenden zu werden. Eine Frau: «Mein Vater wollte sein baldiges Ende nicht wahrhaben. Behutsam versuchte ich, Vater seinen Zustand klarzumachen. Paul, mein Partner, hat mich stark unterstützt. Wir haben immer wieder gemeinsam besprochen, wie ich am besten vorgehen könnte. Diese Gespräche halfen mir immer wieder, den so schwierigen, behutsamen Weg zwischen rücksichtsloser Offenheit und feigem Ausweichen vor dem Thema zu finden.»

«So schwer das Reden anfänglich war, so fand ich es doch für uns sehr erleichternd.» Welche Auswirkungen hatte dieses Miteinander-Reden auf Angehörige und Schwerkranke? Die Befragten empfanden es fast immer als hilfreich und erleichternd. Sie konnten offen sein, die Wahrheit sagen, brauchten nicht zu lügen,

kamen dem Sterbenden sehr nahe und fühlten sich entspannter. Allerdings fanden viele die Gespräche besonders am Anfang auch schmerzvoll.

Diese schmerzliche und zugleich erleichternde und aussöhnende Erfahrung machte eine Frau im Gespräch mit ihrem schwerkranken Vater drei Tage vor seinem Freitod: «Er sagte, daß er so nicht weiterleben könne, daß das für ihn nicht zumutbar sei. Zuerst hat mich das unheimlich erschreckt. Ich habe gemerkt, ich wollte das nicht hören, und habe zu ihm gesagt: ‹Du wirst dich doch nicht kleinkriegen lassen› usw. Alles lauter dumme Sprüche. Als dann der erste Schock vorbei war, haben wir beide geweint. Es entstand dann eine ganz offene und ehrliche Atmosphäre. Mir wurde irgendwie klar: Es war wirklich unzumutbar, und ich hätte es auch nicht ausgehalten. Irgendwie muß ich es wohl so auch akzeptiert haben, und er hat sein Ende auch gewollt. Wir haben uns in den Arm genommen und uns gegenseitig alles verziehen, denn ich hatte zeitweise als Kind ein sehr gespanntes Verhältnis zu meinem Vater. Eigentlich ist das auch ein Abschied gewesen, auch wenn es mir in diesem Moment nicht bewußt war.»

Durch die Gespräche entsteht große Nähe, inniges Verbundensein und seelische Bereicherung. Eine junge Frau berichtet über den Tod ihres Mannes: «Wir konnten über die Wahrscheinlichkeit des Sterbens sprechen. Wir waren fähig, die schlimme Krankheit und die Folgen anzunehmen. Das gab uns eine wunderschöne gegenseitige Nähe und noch mehr seelische Vertrautheit. Wir mußten kein Versteckspiel spielen, wir konnten offen miteinander sein, wir brauchten uns nichts vorzumachen.»

Durch einfühlsame und ehrliche Gespräche wird es dem Sterbenden und dem Angehörigen möglich, Ängste und Spannungen zu vermindern und sich auf das Bevorstehende einzustellen. Aus der Gesprächspsychotherapie wissen wir, wie günstig das Sprechen über belastende Erfahrungen ist (15, 17, 30). Der vierunddreißigjährige Bernd: «Von Anfang an hatten wir eine große Offenheit über die Krankheit, über den wahrscheinlichen Verlauf und ein bewußtes Abschiednehmen. Die Gedanken an das Sterben verloren dabei ihre bedrohlichen Gefühle. Wir konnten

Sterben als einen Teil des Lebens sehen. Und das verhalf uns wiederum, ganz natürlich darüber zu sprechen. Es war eine so gute Erfahrung, sich hierbei tatsächlich sehr nahe zu sein.»

In den Gesprächen kann der Schwerkranke auch wichtige Informationen erhalten. Eine Krankenschwester: «Für den Sterbenden sind bestimmte Fragen sehr wichtig, zum Beispiel: ‹Wie ist das eigentlich ganz zum Schluß, kurz vor dem Tod?› Ich berichte ihnen dann von bisherigen Erfahrungen der Sterbenden. Das Reden darüber mindert deutlich ihre Ängste.»

Durch das Sprechen können Begleiter und Sterbende besser miteinander umgehen. Sie wissen, was in dem anderen vorgeht, können sich darauf einstellen und entsprechend handeln. Sie kommen sich nahe, vermindern Ängste, lernen durch die Erfahrungen anderer und werden innerlich bereichert. Das Sterben wird bewußter, die gemeinsame Zeit als wertvoller empfunden. Sie bietet auch die Chance zu seelischer Entwicklung. Diese vielfältigen günstigen Auswirkungen lassen eine Frau zu dem Schluß kommen: «Was ich als wichtigste Erfahrung gemacht habe: Man sollte sprechen. Das läßt sich nicht nachholen.»

«Ich würde mich zukünftig bemühen, mehr mit dem Kranken und Sterbenden über seine und meine Gefühle zu sprechen.» – «Gibt es etwas, was Sie heute anders machen würden?» Diese Frage von uns bejahten zwei Drittel der Begleiter. Die Hälfte von ihnen sagte, daß sie mit dem Sterbenden mehr über die Krankheit und den wahrscheinlichen Tod sprechen würden. «Ich würde gerne mit dem Sterbenden darüber sprechen», sagt die dreiundzwanzigjährige Nina, «ob er Angst hat und was Sterben für ihn bedeutet, um ihm noch näher zu sein und ihn auch seelisch nicht allein zu lassen. Unehrlichkeit ist für alle Betroffenen recht unerträglich.» – «Wir hätten früher über das Sterben reden sollen, als er noch nicht so schwerkrank war. Wir hätten auch früher über das Begräbnis reden sollen.» Eine Frau, 48, deren sterbende Mutter darüber enttäuscht war, daß ihre Kinder nicht offen zu ihr gewesen waren: «Das würde ich nicht mehr machen, meine Mutter so anlügen, daß sie wieder gesund wird. Das ist meine schlimmste Erfahrung.»

Viele sahen die Notwendigkeit einer vertrauensvollen Beziehung, um über das Sterben sprechen zu können. So wollen sie sich für die Entwicklung einer förderlichen Beziehung mehr Zeit nehmen und offener sein für Zeichen oder Möglichkeiten. Eine Krankenschwester: «Ich möchte mehr auf den Sterbenden eingehen, mehr Zeit haben, sehen, ruhig zuhören können, mitfühlen. Ich möchte mich selbst klarer sehen in der Beziehung. Ich möchte offener sein für uns beide.»

Eine Stationsschwester beschäftigt die Frage, wie weit sie in Gesprächen mit Patienten gehen kann: «Ich stelle mir jetzt öfter die Frage, ob es besser ist, den Patienten auf die Probleme von Sterben und Tod anzusprechen. Oder ob es besser ist zu warten, ob ein Wunsch von dem Patienten kommt, daß er darüber sprechen möchte. Ich möchte ihm heute etwas freier gegenübertreten können, ihn auch fragen können, was ihn beschäftigt, was er denkt und was er fühlt. Damit könnte ich ihm auch besser helfen.» Eine Medizinstudentin und frühere Krankenschwester hat für sich folgende Antwort gefunden: «Ich bin heute ganz offen gegenüber Sterbenden und beantworte ihre Fragen. Ich sage nur das, was sie wissen möchten, aber das ganz offen.» Und sie fügt hinzu: «Ich würde mich heute über eine Weigerung des Arztes hinwegsetzen und meinen Gefühlen nachgeben.»

Eine Frau berichtet, daß sie kürzlich bei ihrer zweiundachtzigjährigen Schwiegermutter mehr auf die leisen Klopfzeichen hören und sie auch ansprechen konnte: «Ich hab mich da neulich am Schopf gepackt, als meine Schwiegermutter sagte: ‹Ich habe da so viele schwarze Kleider hängen. Ich hab mir schon vorgestellt, ich zieh die alle zu meiner Beerdigung an.› Und ich dachte, jetzt müßte ich mal mit ihr darüber reden. Und als sie dann sagte: ‹Ihr sollt nicht traurig sein, das geht ja nun alles mal zu Ende, und dann kommt ihr ja alle noch mal schön zusammen und denkt an mich›, da wußte ich zuerst nicht, wie das von ihr gemeint war. Ich wollte schon weggehen, aber ich bin noch mal zurückgegangen und habe sie gefragt, wie sie sich das so denkt, wie sie das möchte. Sie hat mir dann einiges erzählt. Sie hat auch gesagt, jetzt könnte es mal zu Ende sein, warum muß ich mich so quälen. Und sie hat auch gesagt, entweder werde ich jetzt sterben oder ich will noch leben können, aber nicht so was Halbes, so vegetieren.» So gelang es ihr durch ihre Wachsamkeit gegenüber den Zeichen der Sterbenden, mit ihr ins Gespräch zu kommen.

Einige äußerten, daß sie bei einer künftigen Sterbebegleitung mehr über ihre eigenen Gefühle mit anderen sprechen und Angehörige mehr an der Begleitung teilhaben lassen würden. Eine Frau, 54: «Ich würde mich heute mehr selbst überwinden und mit anderen Menschen über meine innere Last reden. Denn mich hat meine eigene Sprachlosigkeit sehr belastet. Und wenn man mit seiner Verzweiflung und seinen Zweifeln an sich selbst allein ist, findet man keine Lösung und Hilfe.» Heidi, 46, die ihren Vater beim Sterben begleitete: «Ich würde heute versuchen, meine Kinder und meinen Mann mehr an dem Tod meines Vaters teilhaben zu lassen. Ich habe alle meine Gefühle und Empfindungen sehr für mich behalten. Heute glaube ich, es wäre richtig, diese Empfindungen, die auch schön waren, mit anderen zu teilen.» Margot, die ihre Freundin beim Sterben begleitete, sagt: «Ich würde heute auch mit ihrer vierjährigen Tochter reden. Ich würde versuchen, das Kind in das Sterben einzubeziehen – seine Ängste zu hören, aber auch zu erleben, wie es natürlicherweise gleich darauf wieder Freude empfinden kann.»

Bettina möchte auch mit dem Sterbenden offener über ihre eigenen Gefühle sprechen: «Joachim gegenüber ließ ich mir niemals Angst oder Traurigkeit anmerken. Ich würde jetzt versuchen, dem Sterbenden meine eigenen Gefühle mitzuteilen. Vielleicht könnten wir so ein Stück des letzten Weges mehr Hand in Hand gehen.»

Durch die Begleitung eines Sterbenden erkannten viele, daß sie sich bisher zu wenig mit dem Sterben auseinandergesetzt hatten, um angstfrei darüber sprechen zu können. Sie wollten sich mehr vorbereiten, etwa in Seminaren, Gesprächen und durch Bücher. Dieses Auseinandersetzen mit sich selbst hielten sie für angemessener als das Erlernen von Wissen, Regeln oder Gesprächstechniken. So lernen Menschen aus ihren Erfahrungen bei der Begleitung Sterbender. Sie lernen für ihr eigenes Leben, für die Begleitung anderer Sterbender – und für ihr späteres eigenes Sterben. Ich möchte diesen Abschnitt schließen mit den Erfahrungen einer Klinikseelsorgerin, die häufig Menschen in einem Altersheim beim Sterben begleitet: «Wenn ich dann am Bett von einem Sterbenden sitze, dann suche ich mich in seinen Zustand einzufühlen. Was würde ich fühlen, wenn ich in seiner Lage wäre? Und dann haben wir eigentlich eine Gemeinsamkeit des Erlebens. Einiges von dem spreche ich ganz behutsam an. Ich merke dann, ob mein Partner darüber sprechen will oder nicht. Eigentlich ist das ganz einfach.» Ich denke, «einfach» ist es dann, wenn wir uns intensiv mit Sterben und Tod auseinandergesetzt haben, wenn wir keine Ängste davor haben, wenn wir einfühlsam und offen sind.

«Ich kann liebevoll bei dem anderen sein, auch ohne zu sprechen.» 15 Prozent der Befragten erlebten ein Zusammensein mit dem Schwerkranken oder Sterbenden als hilfreich und befriedigend, ohne daß sie über Krankheit und Sterben sprachen. Es war hier eine Offenheit ohne Gespräche, ein gemeinsames Schweigen mit einem tiefen Einverständnis zwischen ihnen. Es erscheint mir wichtig, daß also nicht immer mit dem Todkranken über das Sterben gesprochen werden muß. Diese Offenheit ohne Gespräche ist sicher besser als zwanghafte Gespräche oder Gespräche ohne Einfühlung in die Erlebniswelt des Kranken oder Gespräche mit einem taktlosen, zudringlichen oder unter Zeitdruck stehenden Begleiter.

Wie sieht diese Offenheit ohne Gespräche aus? Der Medizinstudent Jens berichtet über die Begleitung einer Siebzigjährigen: «Wir redeten niemals über das Sterben an sich. Die Patientin wußte aber, daß sie sterben würde. Zwischen ihr und mir herrschte eine Art stilles Einvernehmen über die Situation.» Die Krankenschwester Bärbel über eine sechzigjährige Sterbende: «Die Frau wußte, was sie hatte, und wußte auch, daß es bald zu Ende sein würde. Sie hat darüber nicht viel gesprochen. Die Situation war klar, es war für uns beide keine Trauer da. Es war ein ganz natürliches Miteinander. Es war keine Verdrängung. Wir konnten offen sein.» Hierbei akzeptieren Sterbende und Begleiter den Tod. Sie wissen darum. Es gibt keine Beschönigung, keine Beschwichtigung. Es ist ein stilles wortloses Einverstandensein, ein ehrliches Miteinander ohne Fassade und Verdrängung. Vielleicht ist dies am ehesten möglich bei Menschen, die sich auch ohne Gespräche mit dem Tod auseinandergesetzt und in ihn eingewilligt haben.

So nehmen Helfer und Sterbende den bevorstehenden Tod an. Er ist eine Tatsache. Der Angehörige und der Kranke akzeptieren sich auch gegenseitig in ihrer Art, nicht darüber zu sprechen. Beide sprechen gleichsam «innerlich jeder mit sich selbst». Dieses annehmende Wissen um den Tod drückt sich auch in ihren Handlungen und in ihrer Beziehung aus. «Nein, wir haben nicht über sein Sterben gesprochen», sagt die Lehrschwester Rita, 50. «Mein Vater war aber bereit zu sterben und haderte kaum mit seinem Schicksal. Er hat mehrfach gesagt: ‹Ich habe gelebt.› Aber er selbst war nicht bereit, über das Sterben zu sprechen. Ich sehe nicht ein, warum ich das hätte tun sollen. Ich liebte ihn zu sehr. Er wußte, daß ich ihn nicht verlassen würde, und fürchtete sich nicht. Auch die Ärzte sprachen mit ihm nie offen. Vielleicht spürten sie dieselbe Hemmung wie ich – daß er nicht bereit war zu hören, was er schon lange begriffen hatte. Ich bin froh, daß wir alle soviel Feinfühligkeit hatten, dies zu spüren.»

Einige Angehörige und Helfer redeten mit dem Sterbenden indirekt über den Tod. Die Studentin Nina sprach mit ihrer blinden Großmutter über deren innere Bilder: «Über diese Bilder, wie zum Beispiel ‹Ich sehe einen langen Laufsteg, auf dem ich ins Nichts gehe›, haben wir dann gesprochen.» Eine Frau über den Tod ihrer Mutter: «Ganz offene Gespräche über das Sterben fanden nicht statt. Es gab aber versteckte Fragen, zum Beispiel das Wiedersehen mit den Lieben nach dem Tod. Ich wartete auf solche Fragen, und wir sprachen dann eingehend darüber.»

Der Krankenschwester Ilse fiel es leichter, ihre Einfühlung in Handlungen statt in Gesprächen auszudrücken: «Am Anfang meiner Tätigkeit hatte ich nicht den Mut, über das Sterben zu reden. Ich konnte mich nur im Bereich der körperlichen Pflege ausdrücken. So bin ich, sooft ich Zeit hatte, ins Zimmer zu den Patienten gegangen, habe sie erfrischt und ihnen zu trinken gegeben. Und was sehr wichtig war und was ich auch heute immer mache: daß ich mich ans Bett setze, die Hand halte und sie streichle.»

Ich möchte dieses Kapital mit der Erfahrung einer Frau schließen: «Ich sehe es eigentlich gar nicht als das größte Problem an, es jemandem zu sagen und mit ihm zu sprechen. Viel wichtiger scheint mir, daß man anwesend ist und daß man liebevoll anwesend ist. Ich muß es dem anderen ja nicht entgegenschreien, was mit ihm los ist. Wichtig ist, daß ich bereit und offen bin und durch meine Anwesenheit tröste. Ich kann bei dem anderen sein, für ihn dasein, auch ohne zu sprechen.»

Für den Sterbenden einfühlsam sorgen

«Hilfreich habe ich mich gefühlt, wenn ich etwas tun konnte.» Etwa die Hälfte der Angehörigen hatte erfahren, daß sie hilfreich für den Sterbenden waren. Diese Erfahrung, oft noch verstärkt durch Äußerungen des Schwerkranken, die ihnen zeigten, wie wichtig ihre Hilfe für ihn war, empfanden die Begleiter als ermutigend und förderlich. Dies erhöhte ihre Bereitschaft und Kraft, auf den Sterbenden einzugehen.

Durch aktive Tätigkeit für das Wohlbefinden des Sterbenden, durch Pflege, Handreichungen, Erfüllung von Wünschen und Zuwendung verschafften sie ihm seelisch und körperlich große Erleichterung. Nina, 23, über die Erfahrung, ihrer sterbenden Großmutter helfen zu können: «Hilfreich habe ich mich gefühlt, wenn ich im Krankenhaus etwas für sie tun konnte, nicht untätig bleiben mußte, sondern zum Beispiel Essen gab, sie gewaschen habe, ihre Hand hielt, und vieles mehr.» – «Ich denke, daß ich meinem Vater eine Hilfe war», sagt eine Frau, «indem ich für ihn alles Nötige mit den Ärzten arrangierte, so daß er nicht mehr ins Krankenhaus mußte. Ich pflegte ihn und hatte dabei keine Hemmungen. Geholfen hat mir dabei die Erfahrung des Sterbens meiner Schwiegermutter. Dort habe ich erkannt, daß man vieles tun kann, wenn man klar ist. So wollte ich meinem Vater alles geben, was irgend möglich war, wollte ihn begleiten. Ich wollte nicht einfach nur Zuschauer sein, denn ich hatte erfahren, daß dies noch schmerzlicher war.»

Eine vierundzwanzigjährige Frau beschreibt, wie hilfreich es für den sterbenden Vater und für sie selbst war, für ihn sorgen zu können: «Als ich wußte, daß mein Vater sehr krank war, spürte ich sehr viel Trauer in mir. Die Zeit, als mein Vater im Spital war, machte mir stark zu schaffen. Ich spürte sehr viel Liebe in mir für ihn. Einfacher wurde es für mich in der Zeit, wo ich immer um ihn herum sein konnte, zu Hause, und zu seiner Erleichterung beitragen konnte. Ich half meinem Vater sterben, ich redete mit ihm darüber und erleichterte es ihm. Ich glaube, mir hat sehr geholfen, daß ich etwas für ihn tun konnte! Es war eine große Erleichterung, daß er bei uns war und nicht im Spital! Und wenn ich zurückdenke, kommen mir auch sehr schöne Erinnerungen, wo wir lachten, es lustig hatten, denn mit meinem Vater zusammen war es auch oft sehr entspannt und humorvoll.»

Ob Ärzte und Schwestern in Krankenhäusern wissen, wie sehr sie die seelische Situation vieler Angehöriger erleichtern könnten, wenn sie ihnen Möglichkeiten gäben, aktiv für den Kranken und Sterbenden zu sorgen?

Wünsche zu erfüllen und Freude zu bereiten wurde von den Befragten häufig als wesentliche Hilfe, die sie leisten konnten, genannt. «Während der Krankheit meiner Mutter habe ich sie oft zu mir nach Hause geholt. Und ich habe das Gefühl gehabt, ich habe ihr damit eine große Freude gemacht.» Eine Frau, deren Vater im Pflegeheim starb: «Besonders schön war es, wenn ich ihm durch irgend etwas eine Freude machen konnte, zum Beispiel durch einen überraschenden Besuch.» – «Mein Ziel war, auf seine Wünsche einzugehen, zum Beispiel ihm seine Lieblingsspeise bereiten, ihn ablenken, etwas vorlesen oder ihm seine Hilflosigkeit zu erleichtern, etwa, wenn er nicht mehr rechtzeitig zur Toilette kam.» Eine Frau, 39, erfüllte ihrem Mann noch einen wichtigen Wunsch: «Sein innigster Wunsch war es, nochmals nach Hause zu kommen. Mit viel Kraft und Mühe konnte ich ihm diesen Wunsch erfüllen.»

Wenn der Schwerkranke bis zum Tod zu Hause gepflegt wurde, dann war das einerseits bei längerer Dauer für die Angehörigen belastend. Auf der anderen Seite hatten sie jedoch das befriedigende Gefühl, aktiv für ihn gesorgt zu haben. Christa erinnert sich an die Betreuung ihrer zweiundachtzigjährigen Schwiegermutter: «Gewiß, es ist eine ganz große Belastung auf die Dauer. Immer mehr baute sie Stückchen um Stückchen ab. Aber ich merkte, wie dankbar sie ist, wenn man da ist und stützt und hilft. Aber ich möchte ihr nicht meinen Willen aufzwingen. Das finde ich so schrecklich, wenn man alten Leuten sagt: ‹So wird das gemacht.› Es ist nicht einfach, aber notwendig, daß man sich immer wieder in den anderen hineinversetzt, daß man spürt, was *er* will.»

Dies ist eine entscheidende Einstellung. Wodurch werden die vielen Tätigkeiten der begleitenden Angehörigen und Helfer so bedeutsam für beide? *Im wesentlichen dadurch, daß sie mit Liebe und Zuwendung geschehen.* Der Schwerkranke fühlt und empfängt dann diese Liebe, aber auch der gebende Angehörige spürt sie in sich. Und ferner: Der Helfer spürt durch seine Einfühlung in die Erlebniswelt des Kranken – auch anhand der Gespräche –, wodurch er den seelischen und körperlichen Zustand des anderen erleichtern und verbessern kann. So sind die Haltungen des Begleiters im Patienten zentriert, und sie sind deshalb angemessen und unterstützend für den Patienten.

Durch eine derartige Betreuung kamen Angehörige auch in eine intensive fürsorgliche Beziehung zu dem Schwerkranken. Eine Bibliothekarin erlebte es, wie sich die Beziehung zu ihrer sterbenden Mutter veränderte: «Es war so ein umgekehrtes Verhältnis: als ob ich nun die Mutter wäre und sie das Kind. Sie konnte das gut annehmen.» So werden Eltern, die ihre Kinder über Jahre umsorgt und großgezogen haben, jetzt selbst die Hilflosen, die Betreuung von ihren Kindern brauchen.

«Die Krankenschwester und Helfer waren Tag und Nacht für mich da, sie sorgten sich wirklich um mich.» Ein großer Teil der körperlichen, medizinischen und seelischen Betreuung von Sterbenden liegt in Krankenhäusern in den Händen von «fremden»

Menschen, überwiegend Krankenschwestern. Sie sind oft die bedeutsamste Bezugsperson für den Schwerkranken. Ihre einfühlsame pflegende Tätigkeit ist sehr wichtig für sein körperliches und seelisches Wohlbefinden. Es ist entscheidend, *wie* sie diese Tätigkeit ausüben: daß hinter den vielen einzelnen Aktivitäten liebevolles Sorgen und nicht routinemäßiges Ableisten eines Berufes steht.

Über diese Vielzahl liebevoller Aktivitäten äußerten sich unsere Gesprächspartner weniger eingehend. Deshalb möchte ich diese Tätigkeiten und ihre Auswirkung auf den Schwerkranken durch den Ausschnitt eines Films des Kanadischen Fernsehens über eine Hospiz-Abteilung im Allgemeinen Krankenhaus in Montreal darstellen (4). Hier wird das Zusammenwirken eines Teams von Helfern mit ihren sorgenden, einfühlsamen Handlungen deutlich. Der Moderator des Films sagt zu Beginn:

«Die Patienten, von denen in diesem Film die Rede ist, leiden alle an einer unheilbaren Krankheit. Sie sind auf einer Sonderstation untergebracht, wo man versucht, ihnen möglichst viele Wünsche und Bedürfnisse zu erfüllen, sie nicht nur körperlich, sondern auch seelisch zu versorgen und ihnen geistlichen Beistand zu geben. Deswegen gibt es hier nicht nur Ärzte und Schwestern, sondern auch eine Musiktherapeutin, Geistliche, Physiotherapeuten, Sozialarbeiter und auch freiwillige Helfer. Die Ärzte sind sich einig darüber, daß es nicht das Ziel der Behandlung sein könne, das Leben des Patienten unter allen Umständen zu verlängern, sondern die letzten Tage des Lebens so sinnvoll und lohnend wie möglich zu gestalten. Auch die physiotherapeutische Behandlung zielt nicht darauf ab, die Krankheit zu heilen, sondern ihre unangenehmen und schmerzhaften Begleitumstände zu beseitigen. Gleichzeitig macht es die Patienten froh, wenn sie ihre nachlassenden Kräfte optimal nutzen können. Die meisten Patienten auf der Station werden mit Medikamenten behandelt, die ihnen die Schmerzen nehmen, ohne daß ihr Bewußtsein getrübt oder gemindert wird.

Jeder Einfall, der das Dasein der Patienten angenehmer macht, wird auf der Station dankbar aufgegriffen. Eine normale Luftmatratze zum Beispiel kann eine Menge dazu beitragen, daß sich auch nach längerem Liegen die Haut des Patienten nicht entzündet. Eine der vielen eigenen Erfindungen der Station sind auch Sessel auf Rollen, in denen der Patient auf komfortable Art und Weise fortbewegt werden kann. Von den freiwilligen Helfern sagt man im Krankenhaus, daß sie besonders geduldig mit den Patienten umgehen. Sie wissen, daß sie ihnen in vielen Fällen die Familie ersetzen müssen, besonders an Feiertagen und Geburtstagen.

Das Sterben wird vor den Mitpatienten nicht verborgen gehalten. Die Aufrichtigkeit, mit der den Kranken der Tod vor Augen geführt wird, läßt sie weniger Furcht vor ihm haben. Sie wissen auch, daß sie nicht allein sterben werden.»

Eine schwerkranke Patientin, die in dieser Abteilung lebt, berichtet dem Fernsehteam: «Es war eine ganz neue Erfahrung, mit Leuten zusammenzusein, die Tag und Nacht für mich da waren, die sich wirklich darum sorgten, wie es mir geht. Anfangs hatte ich nämlich richtige Angst, auf die Station zu gehen, weil ich dachte, daß ich dort gleich sterben müßte.

Ich finde einfach keine Worte, um die Ärzte und Schwestern auf der Station zu beschreiben. Sie sind eben immer da, wenn du dich schlecht fühlst, sie sind auch in dem Augenblick da, wenn du meinst, sie gar nicht nötig zu haben. Sie setzen sich einfach an dein Bett und fragen dich, ob sie sich eine Weile mit dir unterhalten dürfen – im Gegensatz zur konventionellen Betreuung, die nicht mehr tut als die Medizin zu verabreichen, die im Augenblick gerade notwendig ist.

Ich bin nun längst nicht mehr so ängstlich wie vorher, weil ich weiß, alle stehen wirklich hinter mir. Und ich weiß auch: Wenn ich eines Tages nicht mehr weiter kann, dann wird die Station wiederum für mich dasein, denn ich habe keine Familie. Ich weiß, wenn die Zeit für mich gekommen ist, gibt es dort einen Platz, zu dem ich hingehen kann. Natürlich hoffe ich, daß es noch lange dauern wird. Aber dann möchte ich dort sein, nur dort.»

Diese Äußerungen beschreiben die sozialen, seelischen und medizinischen Aktivitäten von Helfern, die zur Geborgenheit, zum Wohlgefühl des Sterbenden führen und seine Lebensqualität erhöhen. Nur wenige Sterbende in deutschen Krankenhäusern haben diese hilfreichen Bedingungen. Wäre es nicht ein Ausdruck wirklicher Menschlichkeit, wenn Sterbende die Gewißheit haben könnten, in dieser Form ihre letzten Wochen und Tage erleben zu können?

Nach diesem Erfahrungsbericht aus einem Montrealer Krankenhaus möchte ich noch einen Eindruck wiedergeben, den ich aus den Erfahrungen der von uns befragten Menschen gewonnen habe. Manche Helfer bemühten sich sehr, ungünstige Auswirkungen in ihrer Krankenhausabteilung zu mindern. Einige Krankenschwestern sagten, daß sie bemüht waren, darauf einzuwirken, so wenig schmerzhafte medizinische Maßnahmen wie möglich am Patienten durchzuführen, um seine Leiden nicht zu vergrößern. Sie setzten sich für den Patienten bei den Ärzten ein, waren ihnen gegenüber gleichsam Anwälte der seelischen und menschlichen Belange der Kranken. Sie setzten sich dafür ein, daß ein Schwerkranker oder Sterbender für einige Tage nach Hause entlassen werden konnte, daß er Medikamente gegen Atemnot oder Erstickungsanfälle erhielt oder weniger Medikamente, die sein Bewußtsein trübten. Einige konnten erreichen, daß der Schwerkranke ein Einzelzimmer erhielt oder ein Zimmer mit einem schönen Ausblick oder daß starre Besuchszeitregelungen aufgelockert wurden, so daß die Angehörigen öfter bei dem Sterbenden sein konnten. Andere versuchten, die *Patienten* entscheiden zu lassen, in welchem Ausmaß sie etwa Schmerzmittel bekommen wollten.

«In den Momenten, wo ich meine Oma spüren konnte und sie mich, empfand ich mich als hilfreich.» Vor allem gab die seelische Nähe zum Sterbenden Angehörigen das Gefühl, hilfreich zu sein. Nina: «Hilfreich war, einfach dazusitzen, ihre Hand zu spüren, sie zu halten und darüber Kontakt aufzunehmen.» – «Hilfreich war während der ganzen Zeit, daß ich fast immer da war. Ich saß bei meinem Mann, hielt seine Hand, machte Stirn und Hände feucht und redete leise mit ihm, so daß er nie das Gefühl hatte, allein zu sein.» Eine Frau: «Ich habe versucht, mich so oft wie möglich in der Nähe meines Vaters aufzuhalten.

Er kam mir so alleine, klein und hilflos vor. Durch meine Anwesenheit wollte ich ihm mitteilen, daß ihm jemand zur Seite steht. Meine Hilfe bestand im Da-Sein.»

Es ist sehr wichtig, sich einem Sterbenden intensiv zuzuwenden, ihn zu hören und Zeit für ihn zu haben. Wie oft dieses Bedürfnis nach menschlicher Nähe einfach ignoriert wird, erfuhr eine Schwesternschülerin: «Mit achtzehn Jahren habe ich einen Krebskranken gepflegt. Ich war praktisch die einzige auf der ganzen Station, die sich gern mit dem Patienten befaßt hat. Ich saß gern an seinem Bett, auch als er praktisch nichts mehr sprechen konnte, weil ich spürte, daß er Angst vor dem Alleinsein hatte – sonst klingelte er alle zehn Minuten – und daß er sich gerne jemand anvertraute, und wenn es nur eine Achtzehnjährige war. Wenn ich von meinen freien Tagen zurückkam, war der Patient manchmal richtig aggressiv, auch mir gegenüber. Und wenn ich es dann schaffte, daß ein Lächeln über sein Gesicht huschte, er sich entspannte und meine Hand, die er manchmal ängstlich umklammert hielt, losließ, machte mich das glücklich.»

Die Notwendigkeit, für den Schwerkranken dazusein und ihm seelischen Beistand zu geben, beschreibt auch eine fünfzigjährige Frau: «Ich verrichtete fast alle Haushaltsarbeiten neben dem Bett meines Schwiegervaters, um ihn einfach meine Nähe spüren zu lassen und mit ihm plaudern zu können.» – «Ich habe meiner Mutter beim Transport ins Krankenhaus viel von ihrer Angst um die Schmerzen nehmen können, einfach nur, indem ich da war.»

Ebenso wichtig wie die seelische Nähe ist der Körperkontakt. Nina berichtet von ihren fast täglichen Besuchen im Krankenhaus: «In den Momenten, wo ich meine Oma spüren konnte und sie mich, empfand ich mich als hilfreich. Wenn zum Beispiel ihre Hand auf meine Hand durch leichten Druck reagierte oder wenn ich ihr übers Gesicht streichelte und ihre Gesichtszüge entspannter wurden. Rückblickend glaube ich, daß ich ihr hauptsächlich durch meine Liebe helfen konnte.» Diese körperliche Nähe verbindet Menschen in einer Weise, die oft kaum in Worten auszudrücken ist. Eine Frau: «Immer dann erlebte ich mich als hilfreich, wenn ich fast nur zuhörte und sehr wenig sprach. Meinen Vater zu halten, zu streicheln – dies vermittelte mir ein Gefühl von inniger Nähe und sagte mehr als Worte.»

Bei dieser intensiven seelischen und körperlichen Nähe spüren Begleiter und Sterbende eine tiefe Liebe und gegenseitiges Vertrauen. Die fünfzigjährige Margot erzählt von der Sterbezeit ihrer Freundin: «Ich spürte eine zärtliche Liebe für sie, je deutlicher ich sah, daß sie sterben würde. Ich begriff, wie kostbar diese Augenblicke waren. Zwischen uns war ein warmer Fluß des Verstehens. In dieser Atmosphäre entstand ein tiefes Verstehen, meist nur mit wenigen Worten, ein Spüren des Wesens des anderen und ein tiefes Annehmen.»

Tiefe, bedingungslose Zuwendung erleichtert es dem Angehörigen, den Sterbenden auch durch Phasen der Krankheit zu begleiten, die ihn sonst erschrecken würden. Maren, 26, die ihren Onkel zu Hause pflegte: «Wir gingen ganz liebevoll mit ihm um. Wenn er wirre Sachen geredet hat, dann sagten wir nicht: ‹Ach, red doch nicht so 'n Quatsch›, sondern wir gingen darauf ein, wir nahmen ihn ernst.» Die sechzigjährige Krankenschwester Martina: «Viele Angehörige werden hilflos, wenn der Kranke ‹wirres Zeug› zu reden anfängt. Die meisten geben sogar aus diesem Grund die häusliche Pflege auf. Es ist etwas ganz Wichtiges, daß ich – wenn der Kranke phantasiert und scheinbar nicht mehr ansprechbar ist – ihn trotzdem noch durch seine Phantasien begleite, verstehen, erreichen und damit auch beruhigen kann.»

«Ich habe erkannt, daß man vieles tun kann, wenn man klar ist.»
Woher bekamen Angehörige und Helfer die Kraft für diesen einfühlsamen, sorgenden Umgang mit Schwerkranken und Sterbenden? Wie konnten sie diese personzentrierte oder patientenzentrierte Haltung über Wochen und Monate leben? Aus der Erfahrung der Befragten geht hervor, daß sie um so hilfreicher sein konnten, je klarer und freier sie selbst waren – das heißt, wenn sie Krankheit und Tod ohne Angst annehmen konnten, wenn sie somit frei in ihren Energien und Gedanken waren und offen für die Beziehung zum Sterbenden. Die fünfzigjährige

Krankenschwester Rita: «Vielleicht gab mir die Tatsache Stärke, daß ich vor dem Tod und dem Sterben keine Angst habe und mich darum niemals gestreßt fühlte.»

Begleiter erhalten Hilfe

Woher bekamen Angehörige während dieser gefühlsmäßig so schwierigen Zeit der Begleitung ihre Kraft? Was gab ihnen Stärke? Was empfanden sie als wohltuend? Was half ihnen? Wie konnten sie für sich selbst so sorgen, daß sie den Sterbenden ein guter Begleiter waren?

Hilfreiche Mitmenschen waren die Hauptquelle der seelischen und damit auch oft der körperlichen Kraft. Sie waren die förderlichste Umweltbedingung für den Begleiter.

Ehe ich darauf ausführlich eingehe, möchte ich kurz auf Kraftquellen eingehen, die die Begleiter in sich selbst fanden und die sehr wichtig waren.

Viele erlebten die ständige Auseinandersetzung mit ihren Gefühlen, die während der Begleitung des Sterbenden auftraten, als Möglichkeit, seelischen Halt zu finden und zu wahren. Durch diese Auseinandersetzung wurde es ihnen möglich, Widerstände aufzugeben und das Geschehen anzunehmen. Sie waren nicht durch Ängste und Vermeidung blockiert. So spürten sie oft bisher ungeahnte Kräfte in sich. Bettina: «Ich fühlte mich niemals hilflos und schwach. Es war, als wüchsen mir die Kräfte, je schwerer die Pflege wurde.»

Manche fanden in Büchern, die sie während der langen Stunden der Wache beim Kranken lasen, Trost und Unterstützung – etwa in denen von Elisabeth Kübler-Ross (7, 8) oder von Anne-Marie (23). Sie gaben ihnen das Gefühl, verstanden zu werden und nicht allein zu sein.

Andere schrieben Tagebuch: «Ich konnte das, was mich belastete und beschäftigte, auf dem Papier loswerden, und wurde dadurch freier.»

Vielen gab ihr religiöser Glaube Kraft und Halt. Eine neunundzwanzigjährige Frau, deren zehnjährige Tochter starb: «Mir gab der Glaube eine besondere Stärke, weil er mir half, keine Angst vor dem Sterben zu haben.» In ihrem Glauben fanden viele die Gewißheit, daß mit diesem Leben auf der Erde nicht alles vorbei sei und daß der Verstorbene in eine andere Wirklichkeit eintrete. Margot, 50: «Meine Freundin und ich hatten die Überzeugung, daß es ein Leben nach dem Tod gibt. Was wir Tod und Sterben nennen, ist von höherer Warte aus gesehen eine Geburt in eine neue Dimension. Der Tod ist eigentlich eine Befreiung von der Materie.»

Diese inneren Hilfsquellen des Begleiters sind sehr wichtig. Sie reichen jedoch meist nicht aus. Der Begleiter benötigt auch Anteilnahme und Unterstützung von seinen Mitmenschen. 75 Prozent der Befragten gaben an, daß die Beziehungen zu anderen Menschen während der Zeit der Begleitung für sie deutlich hilfreich waren. Sie empfingen von diesen Menschen Verständnis, Wärme und Zuneigung sowie die benötigte praktische Unterstützung.

Unterstützung durch die Familie, Verwandte und Freunde

«In solchen Momenten gibt es keine bessere Hilfe, als sich gegenseitig nahe zu sein.» Zuneigung, seelisch-körperliche Nähe und Verbundenheit mit anderen, die Erfahrung, daß Angehörige und Freunde ähnliche Empfindungen hatten, daß sie gefühlsmäßig mit ihnen im Einklang waren, das gab ihnen Bestätigung und Kraft. «Meine Mutter, mein Bruder, ganz stark auch meine Kinder, wir haben alle zusammen gefühlt, was wir hatten und was uns durch den Tod meines Mannes genommen wird. Das hat uns stark verbunden und half mir sehr in diesen Monaten. Daß wir gemeinsam geweint und gelitten haben, das war für mich erleichternd. Als wohltuend habe ich es empfunden, sich gegenseitig in den Arm zu nehmen, viel Nähe zu spüren.» Wichtig für den Begleiter ist auch die gefühlsmäßige Übereinstimmung mit seinem Partner. Margot: «Große Unterstützung habe ich von meinem Mann bekommen. Er hatte viel Verständnis für meine

Trauer, ich durfte mich gehenlassen. Ich fühlte mich nicht alleingelassen, sondern aufgehoben.» Eine junge Frau: «Die lieben mitfühlenden Briefe von meinem entfernt wohnenden Freund haben mir sehr geholfen. Ich habe sie immer wieder gelesen, wenn ich mich schwach und alleine fühlte.»

Vor allem in besonders belastenden Situationen wurde die Nähe zu anderen als große Unterstützung empfunden: «Wenn ich im Krankenhaus neben dem Bett der Mutter stand und sie schon weit weg war, fühlte ich mich besonders elend. Wir, die Geschwister und der Vater, haben uns dann draußen auf dem Flur, vor dem Krankenhaus oder zu Hause in den Arm genommen und zusammen geweint. Ich glaube, in solchen Momenten gibt es keine bessere Hilfe, als sich gegenseitig nahe zu sein.» Elisabeth, 29: «Wenn wir verunsichert waren und müde von der Pflege, dann haben unsere Verwandten und Freunde uns sehr gestärkt. Das hat mir gutgetan, es gab mir Kraft. Wir haben sehr viel Wärme und Zuneigung erfahren.»

Das Geben und Empfangen von seelischer Unterstützung und die Gemeinsamkeit des gefühlsmäßigen Erlebens fördern die gegenseitige Nähe in einem oft nicht gekannten Ausmaß: «Die Trauer und die Liebe für den Vater verbanden uns; wir haben uns in dieser Zeit viel gegenseitig gestützt.» – «Meine beste Freundin stand mir immer zur Seite», sagte Bettina. «Wir haben lange Gespräche geführt. Ich hatte eigentlich jede Unterstützung, die ich brauchte.» Bei einigen wuchs die Familie auch wieder näher zusammen. «In dieser Zeit habe ich wieder die familiäre Geborgenheit gespürt. Es war eine Nähe, die ich jetzt als angenehm empfand.»

Einige, die keine Freunde oder Angehörigen hatten oder die dort, wo der Sterbende lag, allein und fremd waren, erhielten seelische Unterstützung in Selbsthilfegruppen.

«Ich habe gerne darüber geredet, denn es half mir, es besser zu verarbeiten», sagt eine siebenundzwanzigjährige Lehrerin. «In den offenen Gesprächen empfand ich die Wärme, Anteilnahme und Unterstützung als wohltuend.» So wie sie berichten viele, wie hilfreich es für sie war, daß sie über ihre belastenden Erfah-

rungen mit Familienangehörigen oder Freunden sprechen konnten. Obwohl ich als Gesprächspsychotherapeut weiß und in vielen Untersuchungen geprüft habe, wie hilfreich Gespräche sein können, hat es mich doch beeindruckt, von diesen Erfahrungen zu hören. Sie zeigen, daß sich Menschen ohne berufliche Vorbildung einfühlsam, behutsam und verständnisvoll begegnen und dadurch die Belastungen eines anderen erheblich vermindern können. Derartige Gespräche scheinen mir die beste Möglichkeit zu sein, einander in großen seelischen Schwierigkeiten entscheidend zu helfen. Eine einunddreißigjährige Frau: «Gut war, daß ich mit meinem Partner über meinen Vater reden konnte, meine Träume, meine Wunschphantasien, ihn wiederzutreffen. Für mich war es sehr wichtig, daß ich alles ausleben konnte und meine Trauer nicht vor ihm verstecken mußte.»

Für manche Begleiter war es wichtig, mit dem Partner oder mit Freunden auch über schwierige medizinische Entscheidungen oder über die Art der Pflege zu sprechen: «Mein Mann und ich haben unsere Wünsche und die Wünsche und Bedürfnisse der sterbenden Mutter in vielen Einzelheiten sehr klar durchgesprochen. Und ich war immer erfreut, daß wir da gleichliegen. Uns waren dieselben Punkte wichtig und dieselben Dinge unwichtig.» Für die sechzigjährige Hilde war es wichtig, darin verstanden zu werden, daß sie ein baldiges Ende ihres Partners wünschte: «Ich war jedem dankbar, der mich verstehen konnte, daß der Tod für meinen Lebensgefährten nur eine Erlösung der Schmerzen und Qualen sein konnte.»

Auch medizinische Helfer, die für Sterbende sorgten, erlebten es als große Erleichterung und Unterstützung, wenn sie mit Kollegen auf der Station darüber sprechen konnten. Ein Pfleger: «Wir konnten uns untereinander aussprechen, das war ganz entscheidend. Wir waren ein gutes Team. Dort konnte ich mich auch gehenlassen, wenn ich über meine Gefühle und die belastenden Situationen mit der Patientin sprach, ich konnte weinen. Ich fand viel Unterstützung.» Diese hilfreichen Gespräche waren möglich, wenn die Helfer in einer guten Beziehung zueinander standen und wenn sich eine Gemeinsamkeit des Fühlens entwickelt hatte. Eine Krankenschwester: «Die Zusammenarbeit im Team war sehr gut. Die Patientin war uns durch den langen Kontakt sehr ans Herz gewachsen, und ihr Geschick machte uns alle betroffen. Wir konnten es letztlich nur gemeinsam tragen. Alle haben wir sie mit viel Liebe und Verständnis und auch besonderem Einfühlungsvermögen gepflegt.» So fühlten sich Helfer nicht allein, konnten ihre Gefühle äußern und klären.

Allerdings war dies nach den Ergebnissen unserer Befragung meist nur unter den Krankenschwestern und teilweise unter den Pflegern der Fall, während sich die Ärzte davon oft ausschlossen.

Ich möchte allerdings auch erwähnen, daß einige wenige Befragte angaben, nicht gern über ihre Belastungen bei der Begleitung Sterbender zu reden. Sie empfanden es als ein «Sprechenmüssen»; sie wollten lieber schweigen. Es mag sein, daß es für sie zu ungewohnt und zu schwer war, sich mit ihren Gefühlen und Ängsten anderen mitzuteilen. Oder sie erlebten ihre Gesprächspartner als zuwenig einfühlsam. Manche befürchteten auch, daß das Sprechen über die belastende Situation ihre Schwierigkeiten noch vergrößern würde. Es war für sie eine angenehme Erfahrung, wenn sie in ihrer schwierigen Lage verstanden wurden, ohne reden zu müssen. Eine Krankenschwester: «Als wohltuend habe ich es empfunden, wenn man mich in Ruhe gelassen hat, mir aber gleichzeitig Zuneigung zeigte.»

«Sie halfen da, wo wir gerade Hilfe benötigten: bei der Pflege, Essen kochen, einkaufen, unser Kind hüten. Auch nachts übernahmen meine Schwester und ihr Freund Stunden der Wache beim Vater, damit wir zum Schlafen kamen», sagt eine Frau. Seelische Nähe beschränkte sich nicht nur auf Berührungen oder einfühlsames Sprechen, sondern äußerte sich auch in tätiger Hilfe. Die Begleiter eines Sterbenden waren oft sehr belastet, sei es durch die häusliche Pflege oder durch oft tägliche Krankenhausbesuche. Das Wissen, daß andere für sie da waren, die sie bei der Pflege oder bei der Versorgung ihrer Familie zu Hause entlasteten, war sehr hilfreich. Sie fühlten sich entspannter, hatten

mehr Zeit und Kraft für ihre kranken Angehörigen. «Eine Freundin half jeden Tag im Haushalt mit und hat für meine Familie gekocht, damit ich ins Krankenhaus konnte.» – «Ich habe von allen Seietn so viel Hilfe und Unterstützung bekommen, daß ich nicht sagen könnte, was es noch mehr hätte sein können. Meine Freundinnen kamen auch zu meiner Mutter, damit ich selbst zu wichtigen Erledigungen weg konnte. Gutgetan hat mir ihre Hilfe bei der häuslichen Versorgung, zum Beispiel das gekochte Essen, das sie mir brachten.» Ein Mann, 36: «Sie halfen uns wirklich auf der ganz praktischen Ebene. Die Schwester meiner Frau und ihr Freund lebten in der letzten Woche bei uns. So konnten wir uns die recht aufwendige Pflege meines Schwiegervaters teilen und uns in den Nächten ablösen.»

Für die Begleiter war es sehr beruhigend, wenn sie den Kranken oder ihre eigene Familie während ihrer Abwesenheit gut versorgt wußten. Erna über die Freundin ihres neunzehnjährigen krebskranken Sohnes: «Neben ihrer Arbeit kannte sie nur noch das Krankenzimmer. Sie fuhr ihn im Rollstuhl durch die Stadt. Die letzten acht Tage saßen wir viel zusammen am Sterbebett von Armin. Sie hat ihm und mir sehr geholfen. Ich habe ihr viel zu verdanken.»

Dieses Wissen, daß der Sterbende liebevoll umsorgt wurde, war auch wichtig für Angehörige und Freunde, die ihn nur teilweise begleiten konnten.

Krankenschwestern und Pfleger erhielten von ihren Stationskolleginnen und -kollegen praktische Hilfe. «Wenn das Sterben ernst genommen wird, wird meist für die Sterbebegleitung eine Kraft freigestellt. Das sehen alle als eine ‹richtige› Möglichkeit an. Wichtig ist auch, Hilfe und vor allem Hinweise von den anderen zu bekommen, so Hinweise auf die Pflege oder die Bedeutung von Körperstörungen. Das ist keine Zeitfrage, sondern eine Frage guter Beziehungen. Denn sonst hat man oft das Gefühl, einem anderen etwas zu sagen, was er nicht wissen will, und ihn zu bevormunden.» So ist eine gute zwischenmenschliche Beziehung eine Voraussetzung für viele gegenseitige praktische Hilfen: «Unsere Zusammenarbeit auf der Station war sehr gut. Wir kennen uns im Team alle. Diejenigen, die die Schwerstkranken versorgen, bekommen viel Zeit durch die anderen. Ich konnte so auf die Wünsche der Patientin in den letzten Tagen viel eingehen, mich oft um sie kümmern, da ich bei allen Mitarbeitern und Ärzten große Unterstützung und viel Verständnis fand. Andere übernahmen dann meine eigentliche Arbeit für mich.»

Einige Begleiter erwähnten auch die hilfreiche Unterstützung im Beruf. Mitmenschen entlasteten sie, schufen für sie besondere Arbeitsregelungen, verstanden sie und nahmen sie in ihren Schmerzen und ihrer Trauer an. «Mein Chef und einige Kollegen haben sofort einen Teil meiner Aufgaben übernommen», sagt eine Frau. «Da alle meinen Mann mochten, waren sie sehr betroffen und halfen mir.» Diese Hilfe konnten sie meist jedoch nur erfahren, wenn sie über ihre Sorgen und Belastungen sprachen und andere Anteil nehmen ließen. Einige berichteten auch von verständnisvollen Gesprächen am Arbeitsplatz, in denen sie Wärme und Anteilnahme spürten. Eine Frau: «Meine Kolleginnen hatten großes Verständnis. Sie hörten mir zu, wenn ich über meine Schwierigkeiten reden wollte, und sprachen mir Mut zu.» Echte Anteilnahme und echtes Mitgefühl wurden als sehr wohltuend empfunden. Eine dreißigjährige Industrienäherin: «Wohltuend war für mich, daß alle meinen Schmerz und meine Trauer einfach akzeptiert haben. Ich brauchte mich nicht zu schämen, Gefühle zu zeigen.» Andere fanden es tröstend, daß sie in der Klinik Menschen trafen, die in der gleichen Situation wie sie waren und ähnliche Gefühle erlebten, über die sie sich mit ihnen austauschen konnten.

So gaben Familienmitglieder, Verwandte und Freunde viel Hilfe und Unterstützung. Das bereicherte ihr Leben. Sie erhielten Einblick in die Begleitung eines Sterbenden und waren so darauf vorbereitet, wenn diese Aufgabe auf sie selbst zukam. «Meine beste Freundin sagte, wie gut ihr die gemeinsame Zeit getan hat», schreibt Bettina, «denn kurz nach Joachims Tod konnte sie ohne Angst an das Sterbebett ihres Vaters gehen.»

Hilfe durch förderliche Beziehungen zu medizinischen Helfern

«Den Krankenschwestern und Pflegern verdanke ich, daß ich diese letzten Wochen durchhalten konnte.» Sie behandelten meinen sterbenden Mann liebevoll und mit Achtung. Und auch um mich sorgten die Schwestern sich. Ich konnte sie jederzeit anrufen. Sogar die Nachtschwester hat mit mir am Telefon voll Mitgefühl gesprochen, obwohl sie bestimmt viel zu tun hatte. Wenn ich länger in der Klinik war, brachten sie mir etwas zu essen.»

Mindestens jeder zweite stirbt im Krankenhaus. Er ist dann oft über einen längeren Zeitraum weitgehend auf die Ärzte und das Pflegepersonal angewiesen. Deshalb sind für ihn und seine Angehörigen die Erfahrungen mit medizinischen Helfern äußerst wichtig. Allerdings berichteten nur 27 Prozent der Befragten von positiven Erfahrungen mit Krankenschwestern und Pflegern und nur 16 Prozent von positiven Erfahrungen mit Ärzten. In der Realität werden also die Bedürfnisse des sterbenden Patienten und seiner Angehörigen oft nicht erfüllt.

Wesentlich aber ist, daß solche günstigen Bedingungen möglich sind. Eine Frau: «Die Helfer und Ärzte waren großartig. Meine Mutter hatte volles Vertrauen, fühlte sich verstanden und bestmöglich versorgt. Und ich bekam alle Hilfe.»

Was war es im einzelnen, was als so hilfreich empfunden wurde?

Die Beziehungen zu den medizinischen Helfern wurden vor allem dann als sehr positiv erlebt, wenn die Angehörigen menschliche Wärme und Anteilnahme bei ihnen spürten, wenn sie sich verstanden und geachtet fühlten. Bernd, 34, dessen Schwiegermutter die letzten Wochen ihres Lebens im Krankenhaus verbrachte: «Diese fürsorgliche, echt menschliche Haltung von Ärzten und Schwestern und ihr großes Entgegenkommen waren für uns sehr wichtig.» Eine Frau, deren Mann im Krankenhaus starb: «Im Verlauf der Krankheitswochen ergab sich zu den Pflegern und vor allem zu den Nachtschwestern in vielen Gesprächen ein sehr enges und gutes Verhältnis. Sie nahmen viel persönlichen Anteil am Sterben meines Mannes.»

Für Erna, die Mutter des krebskranken Armin, war es eine positive Erfahrung, daß der Hausarzt ihr seine eigenen Gefühle offen mitteilte: «Unser Hausarzt kam jeden Tag, als Armin zu Hause war. Er sagte mir, daß er sich selbst so hilflos fühle, wenn er junge Menschen sterben sieht. Da erst habe ich begriffen, daß Ärzte auch nur Menschen sind und sich mit vielem schwertun. Das tat mir gut.» Öffnet sich der Helfer gegenüber seinem Patienten über seine eigenen Empfindungen, auch seine Schwäche, so entsteht eine förderliche Gemeinsamkeit des Fühlens.

Einfühlsame Aufrichtigkeit von Ärzten und Schwestern wurde von den Angehörigen als sehr hilfreich empfunden. Sie schätzten es, wenn sie möglichst bald und umfassend über den Krankheitszustand des Angehörigen informiert wurden und nicht über Schwere und Umfang der Krankheit im unklaren gelassen wurden. Diese *behutsame Ehrlichkeit* scheint wesentlich dazu beizutragen, daß die Angehörigen die Beziehung zu Ärzten positiv erleben. Eine Frau erfuhr dies sogar auf der Intensivstation, auf der ihre Mutter später starb: «Es herrschte ein gutes Klima auf der Intensivstation: kein Lügen, sondern behutsame Ehrlichkeit. Das offene Gespräch mit dem Arzt am ersten Tag war für mich sehr hilfreich.» Bettina: «Der Professor in der Klinik hat sehr behutsam, ehrlich und in Ruhe mit mir gesprochen. Er hatte viel Menschenkenntnis.»

Manche Ärzte und Helfer schickten bei bestimmten therapeutischen Maßnahmen die Angehörigen nicht einfach hinaus, sondern boten ihnen an, dabeizusein, wenn sie das wünschten, und erklärten ihnen den Vorgang und Sinn des Eingriffs. Angehörige empfanden es als positiv, daß sie einbezogen wurden und durch ihr Dabeisein den Kranken begleiten und ihm helfen konnten: «Wir durften auch am Bett bleiben, wenn etwas an meiner Mutter gemacht wurde, nachdem sich die Ärzte vergewissert hatten, daß wir nicht umkippten und nicht störten.» Ich denke, daß Angehörige die Achtung des Helfers ihnen gegenüber spüren, die er in einem solchen Verhalten zum Ausdruck bringt – daß er sie einer Erklärung für wert hält und ihre Gegenwart nicht als lästig und erschwerend ansieht, sondern eher als Hilfe.

«Sehr hilfreich war, daß sie auf meine Wünsche und Bedürfnisse eingingen.» Einfühlung und Fürsorglichkeit der medizinischen Helfer fanden ihren Ausdruck auch in vielfältigen praktischen Hilfen.

Viele Angehörige empfanden es als sehr erleichternd und beruhigend, daß sie den Schwerkranken zu jeder Zeit besuchen durften. Ihr Kommen wurde nicht nur «geduldet», sondern war selbstverständlich oder sogar erwünscht! «Sehr gut war, daß wir Angehörigen zu jeder Zeit Besuchsrecht hatten. Ich konnte auch abends um 22 Uhr noch kommen und schon früh morgens wieder, also jederzeit, wann ich wollte.»

Einige erfuhren die Fürsorge der Helfer dadurch, daß der Sterbende ein Einzelzimmer bekam und sie als Angehörige in der Klinik übernachten konnten. Erna: «Wir bekamen ein Zimmer, wo eigentlich zwei Patienten liegen. Dieses Zimmer wurde dringend gebraucht, aber wir durften allein drinbleiben. Eine Woche saßen wir dort am Sterbebett, weil er den Transport nach Hause nicht überlebt hätte. Die Schwestern verhielten sich sehr fürsorglich. Sie ließen mich in Ruhe, fragten uns gelegentlich, ob sie etwas tun könnten, und gaben mir die ganze Zeit über zu essen und zu trinken.» Und sie fährt fort: «Die Schwestern boten der Freundin meines Sohnes an, jedes Wochenende bei einer anderen Schwester zu übernachten, weil sie doch immer so weit fahren mußte.» Durch diese Art der Zuwendung hatten die Angehörigen mehr Zeit für die Sterbenden und empfanden die Situation als weniger belastend.

Aber auch die medizinischen Helfer erlebten es als hilfreich, wenn der Kranke im Einzelzimmer lag. Es fiel ihnen dann leichter, individuell auf ihn einzugehen. Eine Schwester konnte so besser auf die religiösen Bedürfnisse einer Sterbenden eingehen: «Es war eine große Erleichterung, daß die Patientin alleine lag. Ich weiß nicht, ob sie und ich so freimütig und offen über Gott und mit Gott vor anderen gesprochen hätten.» Ein Pfleger fühlte sich ungehemmter im Umgang mit schwerkranken Patienten: «Die äußere Bedingung, daß ich durch das Einzelzimmer allein mit ihr sein konnte, war sehr hilfreich. So brauchte ich mir keine Gedanken zu machen, was andere über mich denken.» Dadurch, daß die Helfer mit den Sterbenden allein waren, fühlten sie sich freier in der liebevollen Betreuung.

Ebenso ist es für Helfer erleichternd, wenn der Sterbende auch in den äußeren Bedingungen als Mensch geachtet wird. «Die äußeren Bedingungen waren gut. Die Patientin lag allein. Das Zimmer hatte einen herrlichen Ausblick in den Park.» – «Ich fand es gut, daß der Patient in seinem Zimmer sterben konnte und nicht ins Badezimmer abgeschoben wurde.»

Als wohltuend empfanden Angehörige es auch, wenn Ärzte sich ihre Wünsche hinsichtlich der medizinischen Behandlung anhörten und nach Möglichkeit berücksichtigten. «Hilfreich war für mich, daß mir der Arzt auf der Intensivstation versprach, den Tod meiner Großmutter nicht künstlich durch Apparate um einige Stunden hinauszuschieben.» Angehörige empfanden es als Zeichen liebevoller Betreuung, wenn Ärzte therapeutische Maßnahmen unterließen, die den Patienten nur Qualen und vielleicht eine geringfügige Lebensverlängerung eingebracht hätten. Eine Krankenschwester: «Ich fand es sehr erleichternd, daß nur die pflegerischen Maßnahmen geschahen und nicht noch Versuche aus medizinischer Hilflosigkeit, die den Patienten nur quälen.»

Bei der Hauspflege war es eine wesentliche Unterstützung, wenn die Hausärzte wirklich zur Verfügung standen, häufig kamen, sich die Zeit nahmen, auf die Sorgen und Bedürfnisse des Kranken sowie seiner Angehörigen einzugehen, und wenn sie bereitwillig für angemessene und ausreichende Schmerzmittel sorgten. Paul über den Arzt seines Schwiegervaters: «Am erfreulichsten war für mich der Hausarzt, der uns die letzte Zeit begleitet hat. Er war sehr klar, hat den Verstorbenen respektiert und uns viel Vertrauen entgegengebracht. Zum Beispiel ließ er uns immer ein oder zwei Ampullen Morphium auf Vorrat da – meine Frau ist Krankenschwester. Er hat auch menschlich ohne viel Worte Anteil genommen und uns sehr gestützt.» Ein Lehrer: «Meine Mutter hatte ein gutes Verhältnis zu unserem Hausarzt. Ich glaube, daß bereits das Gespräch mit diesem Mann für sie eine Erleichterung war. Sie hatte großes Vertrauen zu diesem Arzt.»

«Daß meine Mutter nicht nur gut, sondern lieb versorgt wurde, war ein schönes Gefühl.» Die Erfahrung, daß die Helfer mit dem Sterbenden liebevoll umgingen und daß der Sterbende sich in ihrer Gegenwart wohl fühlte, war für begleitende Angehörige eine große Erleichterung. «Die Schwestern haben sich alle so liebevoll um meine Mutter gekümmert. Das war ganz toll – als wenn sie sie besonders gern hätten. Wir hatten das Gefühl, sie war dort sehr gut aufgehoben. Ich war beglückt, wie teilnahmsvoll sie waren.»

Gerade für einen schwerkranken Menschen in einer ihm fremden Krankenhausumgebung ist Menschlichkeit, das heißt Wärme und Anteilnahme der Betreuer sowie die Erfahrung, daß sie sich Zeit für ihn nehmen, existentiell wichtig. Die Ärztin Marianne hat dies auf der Intensivstation in der Sterbezeit ihres Mannes erlebt: «Das menschliche Klima war phantastisch. Die Patienten wurden mit ihren Ängsten nicht alleingelassen. Selbst wenn sie nicht bei Bewußtsein waren, wurden sie mit Achtung behandelt und sehr sorgfältig gepflegt.» Die Krankenschwester Babette berichtet von der liebevollen Betreuung einer Patientin: «Die gesamte Station hat sich ihrer Schüchternheit und Scheu angepaßt, war sehr behutsam und fein im Umgang mit ihr und ihrer Art, Gutes nicht erbitten zu wollen. So wurde es ihr meist ungefragt gern gegeben.»

Dieses Umsorgtsein erstreckt sich auch auf medizinische Maßnahmen. Eine Frau, 66: «Vater wußte vom Arzt, daß er in den entscheidenden Minuten starke Schmerzmittel bekommen würde. Und so war es dann auch.»

Der Sterbende gibt dem Begleiter Kraft und bereichert ihn

Etwa die Hälfte der Angehörigen und Helfer sagte, daß das Zusammensein mit dem Sterbenden für sie eine sehr wertvolle Erfahrung gewesen sei. Sterbende können ihren Begleitern oft etwas geben, das für diese sehr wichtig war. Sie fühlten sich bereichert und beschenkt vom Sterbenden; dieses Gefühl war um so stärker, je mehr sie das Sterben annehmen konnten und sich nicht hilflos fühlten. – Was war es, was ihnen Kraft gab und was sie als Geschenk empfanden?

«Stärke gaben mir seine Gesten, Blicke und seine Worte, daß er sich durch mich gestützt fühlte.» In der Begegnung mit dem Sterbenden erfuhren Angehörige und Helfer ihre Wichtigkeit für einen anderen Menschen in Not. Sie hatten das positive Gefühl, für die Wünsche und das Wohlergehen des Sterbenden bedeutsam zu sein.

«Während meines Dienstes hatte ich das Gefühl, ihm behilflich und für ihn wichtig sein zu können», schreibt die Krankenschwester Ilse. «Es war wichtig, daß ich ihn mit meiner Art, mit meinen Äußerungen begleiten konnte, für mich und für ihn.» Die Krankenschwester Babette: «Stärke gegeben hat mir, daß ich bei ihr sein konnte.» Eine Frau, die ihre Mutter zu Hause pflegte: «Das Versprechen, das ich ihr in gesunden Tagen gegeben hatte, daß ich sie nicht alleine ließe und daß sie zu Hause sterben könne, das gab mir Kraft.»

So gewinnen Menschen während der Begleitung des Sterbenden innere Stärke. Sie sind gern für ihn tätig. Es ist offensichtlich, wie wichtig die Einstellungen der Angehörigen und Helfer zu Sterben und Tod sind. Denn andere empfinden die Begegnung mit dem Sterbenden als belastend und versuchen, den Kontakt zu vermeiden.

Das Gefühl, dem Sterbenden zu helfen, wurde gefördert, wenn dieser auch mitteilen konnte, was die Bemühungen des Angehörigen oder Helfers ihm bedeuteten. «Am hilfreichsten waren ihre Zuneigung, ihr Vertrauen, ihre Freude, daß ich da war.» – «Kraft gab mir immer wieder das tiefe Vertrauen meiner Mutter in mich.» Die Anerkennung des Sterbenden für seinen Begleiter fördert wiederum dessen Bereitschaft, sich ihm einfühlsam und hilfreich zuzuwenden.

«Wir waren uns so nahe wie nie zuvor», sagt der dreiundzwanzigjährige Günther: «Ich bin froh, daß ich die letzte Zeit soviel mit meinem Vater zusammen war. Ich empfand das eigentlich als

die schönste Zeit überhaupt, die ich mit Vater hatte. Vorher war er so ein gestreßter Manager und hatte nie Zeit.»

Zwischen dem Sterbenden und dem Begleiter bildet sich eine enge, liebevolle Beziehung. Beide erhalten und geben Liebe und Zuwendung. Sie nehmen sich Zeit füreinander. Gefördert wird dies durch das Bewußtsein, daß die Zeit dieser Begegnung durch das absehbare Ende begrenzt ist. Außerdem ist der Sterbende jetzt sehr auf zwischenmenschliche Beziehungen zentriert. Durch das Annehmen seines Todes entfallen bei ihm viele Belastungen und Probleme des Alltags, die früher im Vordergrund standen.

«Die letzten Monate und Wochen, die Zeit seines Sterbens, waren die schwerste, aber auch unsere schönste gemeinsame Zeit, weil wir beide die Schwingungen des Gebens und Nehmens unserer Liebe zum erstenmal fühlten», sagt Bettina. «Ja, ich fühlte mich von Joachim geliebt, und das erfüllte mich und meine Tage. In den dreiunddreißig Jahren unserer Ehe waren wir leichtsinnig, zu selbstverständlich miteinander umgegangen. Wir waren aus gegenseitiger Unfähigkeit, uns Liebe bewußt zu schenken, schon in Sprachlosigkeit hineingewachsen. Zuvor war ich oft und lange unglücklich, weil ich nicht wußte, ob er mich wirklich liebt. Ich habe diese Zeit der Krankheit auf großen Strecken als unsere gesunde Zeit des Zusammenlebens empfunden, sehr bewußt und dankbar dem Tag, der Stunde gegenüber. Trauer habe ich während der zwei Jahre, in denen ich um Joachims Sterben wußte, in verschiedenen Formen durchlebt. Aber niemals mit Wut, nur kurz mit Verzweiflung. Oft mit Hoffnung und ganz stark mit Liebe gefüllt. Während unserer langen Ehe hat Joachim mir niemals soviel Liebe, ja, sogar Glücklichsein in Worten gesagt und vermittelt wie in den Wochen seiner Bettlägerigkeit in unserem Wohnzimmer. Er konnte zum erstenmal sagen, wie sehr er mich liebt, wie hübsch er mich findet. Nie zuvor habe ich unsere Liebe so gespürt.»

Margot, die ihre sterbende vierzigjährige Freundin begleitete, schreibt über ihre gemeinsame Nähe: «Ihr langsames Sterben band mich überraschend eng an sie. Obwohl ich weit fahren mußte und auch Familie habe, war es mir wichtig, sie jede Woche zu besuchen. Ich machte ihr damit eine Freude; aber mir ermöglichten diese Besuche die Nähe zu ihrem Tod und Sterben, und das war für mich Liebe. Ich spürte eine Intensität von Leben, die ich sonst in Beziehungen kaum mehr empfinde. Die Stunden unserer Zweisamkeit waren erfüllt von einem Aufeinanderbezogensein.»

Eine nahe Beziehung kann auch zwischen medizinischen Helfern und Patienten entstehen. Eine Schwester: «Ich habe diese Frau sehr gern gehabt. Sie war unheimlich lieb. Bei ihrer Betreuung habe ich rein gefühlsmäßig gehandelt. Und das hat mir geholfen. Die Patientin hat mich hierin auch immer wieder bestärkt.» Der Zivildienstleistende Jochen spürt bei der Begleitung eines sterbenden Mannes hinter der Fassade den inneren Menschen. Er fühlt sich ihm dadurch sehr nahe, obwohl er ihn sonst eher abgelehnt hätte: «Von seiner Art her, Gefühlen gegenüber hilflos zu sein, war er mir insgesamt sympathisch. Vielleicht, weil es etwas Typisches für Männer ist. Außerdem war es für mich wichtig, festzustellen, daß mir jemand sympathisch sein konnte, den ich früher nur als ‹Kapitalisten› beschimpft hätte.» Die Krankenschwester Bärbel über ihre Beziehung zu einem krebskranken Siebzehnjährigen: «Wir waren in unseren vielen und langen Gesprächen so offen miteinander wie Geschwister. Ich konnte ihn als Person sehen. Belastet haben mich nur Situationen, wo ich ihn als etwas ‹Krankes› gesehen habe.»

«Es ging etwas von ihr aus, was mich beglückte, bis zu Tränen ergriff und eine Sehnsucht in mir weckte – das bleiben unvergeßliche Erfahrungen.» Mitzuerleben, wie der Sterbende mit sich und anderen im Angesicht des Todes umging, war für manche so beeindruckend, daß es sie veränderte. «Er war so ruhig und ohne Angst, und dadurch konnte ich die eigene Angst vermindern.»

Manche Sterbenden waren durch ihre Bereitschaft zu gehen seelisch freier, sahen andere Werte und Bedeutungen als früher und hatten viele Verhaftungen losgelassen. Die Begegnung mit einem derart seelisch gereiften Menschen ließ die Begleiter spüren, daß es Wesentlicheres gibt als die Bewältigung von Alltagsproblemen.

Viele beeindruckte besonders, wenn der Sterbende seiner Krankheit mit seelischer Stärke, Gelassenheit, innerer Ruhe und Geduld begegnete. Ilse, Krankenschwester: «Mir ist so stark in Erinnerung geblieben, daß diese Patientin sich so geduldig und ganz bewußt damit abfinden konnte, daß das Leben nun zu Ende geht. Es hat mir sehr viel Kraft gegeben für meine Arbeit. Jede körperliche Bewegung bereitete ihr ja Schmerzen. Durch die Geduld, mit der sie alles ertrug, hat es die Patientin uns sehr erleichtert. Ihre ruhige, selbstverständliche Art, mit ihrem Leiden umzugehen, und ihr Lebenswille gaben mir Stärke.» Die Krankenschwester Elisabeth über einen jungen Patienten: «Ich bewunderte seine Gelassenheit, mit der er dem Tod entgegensah. Obwohl ich traurig war, ihn zu verlieren, hat mir diese Gelassenheit sehr geholfen.»

Bewegt hat auch viele Begleiter die Fähigkeit der Kranken, sich an Kleinigkeiten zu freuen. Bärbel schreibt über den siebzehnjährigen Patienten: «Wenn der Sterbende inneres Glück empfand und äußerte, dann war dies zugleich beglückend für seine Angehörigen und auch für uns: Eine liebe, vertraute Stimme, ein Streicheln, alles das machte ihn sehr glücklich. Er freute sich an einer Blume, die man ihm beschrieb oder an der man ihn riechen ließ. Er dachte oft an schöne Dinge.» Eine Schwester: «Sie war so dankbar, in den blauen Himmel zu gukken, war dankbar für einen schönen Blumenstrauß, für eine lustige Geschichte oder für ein neues Nachthemd.» So können Begleiter von Sterbenden lernen, die Schönheit im Einfachen und in der Natur zu entdecken. «Sie genoß diese Freuden ganz intensiv», schreibt die Krankenschwester Anke. «Es strahlte auf mich zurück. Ich konnte durch ihre liebe Art frei werden und mich ‹normal› benehmen. Zuerst fühlte ich manchmal einen Kloß in der Kehle, später trat ein anderes Gefühl ein: Liebe, Verstehen, Freundschaft.»

Die Dankbarkeit vieler Kranker hinterließ in den Begleitern Spuren. «Mein Vater hat seinen Tod akzeptiert, wie er im Leben alles akzeptierte. Er hat es uns noch leicht gemacht. Er hat vor seinem Tod mit Dankbarkeit alles entgegengenommen, hat sich gefreut, uns zu sehen.» – «Sie war sehr dankbar für die kleinsten

Handreichungen, die allerdings auch wichtig für sie waren, weil sie blind war. Ich war oft beschämt über soviel Dankbarkeit und Vertrauen.»

Die Krankenschwester Marlen gewann Kraft aus der Unbefangenheit und dem Mut eines sechzehnjährigen Patienten: «Er war für mich eine Persönlichkeit. So zum Beispiel fragte er den diensthabenden Arzt beim Blutabnehmen: ‹He, kannst du das überhaupt?› Für mich gehört unheimlich viel Mut dazu. Und dann sagte er auch: ‹*Hier* wird reingestochen oder sonst gar nicht.› Und die haben das dann gemacht. Ich fand das toll, viel besser als die Erwachsenen, die solche Fragen aus Angst gar nicht stellen. Er war sehr selbstbewußt und hat dadurch vieles besser hingekriegt.»

Die seelische Stärke des Kranken hilft dem Begleiter auch während des Abschieds. Die Krankenschwester Margrit: «Ich habe den Jungen und seine Eltern bewundert, wie gefaßt und mutig sie die Situation bewältigten. Als er starb, hatte ich das Gefühl, daß für die Eltern diese innere Stärke nicht verlorenging. Diese Haltung hat mir selber viel Kraft gegeben.»

So lernen Begleiter durch das Teilhaben am Leben des Sterbenden viel für sich selbst. Wichtige Bereiche in ihnen werden angeregt, können sich mehr entwickeln. Die Krankenschwester Babette: «Menschen am Ende ihres Lebens lösen mit ihrem Sterben Achtung in mir aus. Ich habe das Bedürfnis, ja zu sagen zu diesem so ungeheuer intensiven Erleben des Sterbens und ehrlich, echt und voll dazusein. Ich fühle mich stark, weil intensives Leben dabei geschieht und nur das Echte spürbar ist.»

Durch die Art, wie der Sterbende mit sich und seinem Tod umgeht, wird der Begleiter reifer und freier von Verhaftungen an Kleinigkeiten. Er sieht andere Werte, kann seelisch wachsen. So wird die Erfahrung der fünfundzwanzigjährigen Bärbel verstehbar: «Sehr hilfreich war für mich, daß ich bei seinem Sterben dabeisein konnte.»

Belastungen und Überforderungen

«Es war oft zu schwer für mich.» Viele Angehörige und auch Helfer fühlten sich bei der Begleitung der Sterbenden sehr beeinträchtigt, ja überfordert. Sie erlebten Bedrückung, Niedergeschlagenheit, Trauer, Schmerz. Sie hatten das Gefühl, allein gelassen, kraft- und hilflos zu sein.

Manche hatten diese Empfindungen nur zeitweise und selten. Bei vielen unserer Gesprächspartner aber standen diese ungünstigen Gefühle häufig im Vordergrund. Es scheint, als ob sie die Begleitung wie eine Wegstrecke durch einen angsterregenden dunklen Tunnel erlebten.

Was war für sie belastend? Was erschwerte ihnen die Begleitung so sehr? Welche Vorgänge *in* ihnen und welche äußeren Bedingungen wirkten sich beeinträchtigend aus?

In den folgenden Abschnitten möchte ich auf diese Belastungen eingehen. Viele von uns werden sich mit ihren eigenen Erfahrungen bei der Begleitung Sterbender in den folgenden Berichten wiederfinden. Dennoch habe ich ihnen weniger Raum gegeben als den förderlichen, hilfreichen Erfahrungen. Damit möchte ich nicht die bestehende Realität mit ihren ungünstigen Situationen leugnen oder herunterspielen. Aber ich denke, daß wir aus den positiven Erfahrungen anderer mehr lernen können, Sterbende besser zu begleiten.

Sterben und Tod abwehren

Begleiter, die sich nicht mit dem Sterben auseinandersetzen und es nicht annehmen konnten, fühlten sich meist stark belastet. Es hat mich sehr beeindruckt, wie ungünstig diese Auswirkungen sind. Ein Mensch, der versucht, das Sterben zu ignorieren, scheint gleichsam gegen den Strom zu schwimmen. Er will etwas nicht wahrhaben, was unumgänglich um ihn herum geschieht und auch mit ihm geschehen wird. Dieses Ausweichen scheint eine Person innerlich zu blockieren und viele Kräfte zu verzehren. Es fördert Spannung und Streß. Aber nicht nur das: Auch die Handlungen dieser Menschen sind als Folge davon eher unangemessen und von Mühsal begleitet, sei es beim Gespräch mit dem Sterbenden oder bei seiner Betreuung.

«Ich hatte die Gedanken an den Tod völlig weggeschoben – schon die Vorstellung erzeugte Ängste in mir.» Jeder zweite unserer Befragten gab an, daß er sich weder vor der schweren Erkrankung des Angehörigen noch während dessen Sterbezeit mit Sterben und Tod auseinandergesetzt hatte. Ein Mann: «Ich hab mich wenig damit auseinandergesetzt. Es war für mich immer unheimlich weit weg. Es sollte für mich am Ende einer Zeit stehen, die ich erst einmal durchleben wollte.» Eine Schwesternschülerin: «Richtig auseinandergesetzt hatte ich mich mit Tod und Sterben noch nie. Ich glaube, kein junger Mensch denkt bewußt darüber nach, falls ihn nicht die Umstände direkt dazu zwingen.»

Aber auch ältere Menschen hatten nicht den Gedanken zugelassen, daß ihr enger Angehöriger sterben könnte. Ein Rentner, 72: «Ich habe nie geglaubt, daß meine Frau einmal sterben würde. Sie war ja immer gesund, niemals krank gewesen.» Eine Frau, 44: «Obwohl meine Mutter viele Jahre lang schwer herzkrank gewesen war, hatte ich nie daran gedacht, daß sie eines Tages sterben könnte.»

Viele, die schon einmal mit dem Tod von anderen konfrontiert worden waren, hatten ihn eher mit der Haltung: «Mir kann das nicht passieren» ertragen und waren schnell wieder in die Sicherheit ihres Alltags zurückgekehrt. Der dreißigjährige Werner: «Der Unfalltod eines Klassenkameraden hatte mich sehr schokkiert. Aber dann war ich schnell wieder von meiner ‹Unsterblichkeit› überzeugt. Ich bin ein sehr vorsichtiger Mensch und glaubte, daß ich mich und meine Umgebung in der Kontrolle habe, so daß dieser Tod für mich eine Art ‹Betriebsunfall› war, vor dem ich mich nur richtig in acht nehmen mußte.» So wie für Werner war auch für andere der Tod im nächsten Umkreis kein Anlaß, sich mit dem Sterben auseinanderzusetzen. Ein Student, 24: «Mein Leben geschah bis dahin in einer ‹sterbensfreien Zone›. Um mich herum starben zwar die Verwandten und Freunde anderer, aber ich habe den Tod nicht an mich herankommen lassen. Ich hatte mich mit dem Tod nur theoretisch auseinandergesetzt, das heißt, ihn eigentlich ausgeklammert.»

Eine fünfundzwanzigjährige Frau stellt fest, daß ihre Auseinandersetzung mit dem Sterben nicht intensiv genug gewesen war: «Vor einiger Zeit ist eine Freundin durch einen Verkehrsunfall gestorben. Ich bin dann mit meinen Gedanken, daß Sterben eben zum Leben gehört, ganz gut zurechtgekommen. Als jetzt aber meine Mutter im Sterben lag, bin ich zum Ergebnis gekommen, daß ich mich mit dem Sterben und Tod eigentlich nur oberflächlich auseinandergesetzt hatte, es zu einfach hingenommen hatte.»

Wie kommt es, daß sich viele von uns so wenig mit Sterben und Tod beschäftigen – mit einem Ereignis, das mit Sicherheit auf jeden zukommt? Warum setzen wir uns nicht frühzeitiger mit dem Tod auseinander?

Ein wichtiger Grund ist, daß viele Angst und Trauer empfinden, wenn sie den Gedanken an die Endlichkeit des Lebens, vor allem an das eigene Sterben, zulassen. Um diese Gefühle zu vermeiden, weichen sie solchen Gedanken aus, versuchen, den Tod aus ihrem Leben auszuklammern. Eine Studentin: «Nein, ich habe mich bisher nicht mit dem Tod, dem eigenen Sterben und dem eines Angehörigen beschäftigt. Ich hatte die Gedanken daran völlig weggeschoben. Allein die Vorstellung, eine liebende Person verlieren zu können, erzeugte Ängste in mir. So war der Tod für mich nicht existent.» Die Folge davon ist häufig eine Zunahme der Angst und eine noch stärkere Vermeidung dieser Themen.

Der Gedanke an den eigenen Tod ängstigt viele. Ein junger Mann: «An meinen Tod denke ich nur wenig. Es macht mir angst, daß ich dann mein Leben noch nicht ausgekostet haben könnte. Denn ich lebe so gern.» – «Diese Gewißheit, daß man nicht ewig lebt, macht mir viel Angst. Und ich will eigentlich nicht darüber nachdenken. Da ist ein Nebel davor. Ich lebe eigentlich so, als ob ich ewig leben würde.»

Aber auch der Gedanke an den Tod eines nahestehenden Menschen ist für viele unerträglich. Eine Erzieherin: «Ich habe mir früher manchmal vorgestellt, was mit mir passieren würde, wenn einer meiner nächsten Angehörigen, zum Beispiel meine Mutter, sterben würde. Ich bekam starke Angstgefühle und spürte schon bei dem *Gedanken* eine absolute Hilflosigkeit. Manchmal habe ich gedacht, daß ich mich sofort umbringen würde, wenn meine Mutter sterben sollte. Ich konnte mir einfach nicht vorstellen, in so einem Schmerz weiterzuleben.»

So wehren Menschen fortwährend das ab, was ihnen schrecklich und beängstigend erscheint. Doch besteht die Angst in ihnen weiter. Die ständige Abwehr belastet sie, und sie sind seelisch nicht frei. Eine junge Frau: «Ich habe eine ganz starke innere Abwehr dagegen, an Sterben und Tod zu denken. Ich denke immer: Mensch, das betrifft dich überhaupt nicht, das ist noch nicht bei dir dran. Das Sterben ist so ein ganz starkes Schreckgespenst für mich. Allein die Vorstellung macht mich schon traurig.»

Auch medizinische Helfer, die sich mit ihrer Angst vor dem Sterben nicht auseinandersetzen, sind belastet; sie begleitet sie täglich und schränkt sie ein. Eine Krankenschwester: «Ich habe die ersten zwei Jahre sehr viel Angst davor gehabt, plötzlich mit einem Toten im Krankenzimmer konfrontiert zu werden. Wenn ich wußte, daß ein Mensch auf der Station gestorben war, habe ich mich verdrückt, wenn es nur ging. Ich habe Angst und Panik vor diesem Thema gehabt.» Eine Ärztin: «Seit sechs Jahren arbeite ich im Krankenhaus und werde mit Tod und Sterben konfrontiert. Am Anfang hatte ich sehr große Ängste, irgendwann einem toten Menschen gegenüberzustehen, ihn berühren zu müssen. Als dann der Augenblick gekommen war, war ich wie gelähmt. Es war mir unheimlich. Im Laufe der Jahre entwickelte ich dann ein bestimmtes Verhalten. Ich versuche immer, eine bestimmte Distanz zum Sterbenden einzuhalten. Auch konnte ich meine Angst vor dem eigenen Tod bis jetzt noch nicht gut verpacken.»

So leben viele mit der Angst vor dem Tod und scheuen sich, sich mit ihren Ängsten und Gedanken auseinanderzusetzen. Sie scheinen nicht zu wissen oder nicht darauf zu vertrauen, daß ein offenes Auseinandersetzen etwa mit hilfreichen Freunden oder Angehörigen zur Verminderung der Ängste führt. Diese Gespräche mit anderen unterscheiden sich deutlich vom Nachdenken mit sich allein, bei dem wir leicht ins Grübeln kommen und uns in unseren Ängsten verlieren. «Dadurch, daß ich mit Freunden über meine Ängste sprechen konnte, ist der Tod greifbarer, bewältigbarer geworden. Meine Angst legte sich allmählich.»

«Der Tod wurde tabuisiert, und wir sprachen zu Hause nicht darüber.» Ein weiterer Grund, warum Menschen Furcht vor der Auseinandersetzung mit dem Sterben haben, liegt darin, daß sie bislang keine Erfahrung mit dem Tod anderer hatten oder daß sie in ihrer Familie nie offen darüber redeten: «Es war in unserer Familie kein Thema, über das man spricht; es betraf uns nicht. Wir sprachen nicht darüber, es wurde so vom Tisch gefegt.» Auch wenn ein Angehöriger gestorben war, wurde häufig nicht darüber gesprochen.

Frühe belastende Kindheitserfahrungen blieben vielen jahrzehntelang in ungünstiger Erinnerung. Sie erfuhren dabei den Tod als etwas Unheimliches, über das die Erwachsenen wenig oder gar nicht sprachen. «Als in meiner Kindheit meine Schwester starb», sagt ein Mann, «konnte ich den Tod nicht begreifen. Ich bekam da eine unheimliche Angst und fühlte mich sehr einsam, weil mein Vater – wenn ich ihn fragte – kühl und sehr verstandesmäßig darauf reagierte.» Ein Medizinstudent: «Todesfälle in der Familie hatte es zwar bei uns gegeben, meine Großeltern und mein Vater. Ein Sprechen über unsere Gefühle dabei gab es nicht. Ich erinnere Gefühle von Unheil, von etwas, was ich nicht verstand. Und Traurigkeit besonders darüber, daß meine Mutter so hilflos und zerstört schien.» So vermißten manche in ihrer Kindheit Menschen, die bereit waren, mit ihnen über das Geschehene zu reden und ihnen bei der Auseinandersetzung zu helfen.

Thomas, 22, machte als Zwölfjähriger folgende Erfahrung: «Damals starb in unserem Haus meine Großmutter. Sie ist umgefallen, hat einen Schlaganfall bekommen und war tot. Mich hat das sehr erschüttert. Ich habe zum erstenmal im Leben einen Toten gesehen. Mein Großvater konnte es gar nicht fassen, daß seine Frau nun tot war. Für mich war es ein sehr erschreckender Anblick, diese fahle Blässe im Gesicht. Ich hatte auch eine furchtbare Angst, meine Großmutter anzufassen – Angst und wohl auch einen gewissen Ekel. Gesprochen wurde darüber nicht.»

Das Sterben eines Familienmitgliedes könnte eigentlich entscheidend dazu beitragen, daß junge Menschen und Angehörige lernen, sich mit dem Sterben auseinanderzusetzen und angstfreier mit ihm umzugehen. Aber diese Möglichkeit scheint selten genutzt zu werden: Über den Tod wird meist geschwiegen, und dieses Schweigen verstärkt eher die Angst und das Vermeidungsverhalten.

Medizinische Helfer vermißten Vorbilder und Hilfen, mit dem Sterben ihrer Patienten umzugehen. Eine Ärztin: «Als zum Beispiel eine liebenswerte alte Dame, die an Krebs erkrankt war, Fragen nach ihrem Sterben stellte, wurde uns gesagt, sie merke zuviel vom Sterben, man müsse ihr eine höhere Dosis Beruhigungsmittel geben. Ich war sehr betroffen. Denn für mein Empfinden wurde furchtbar mit dem Sterben umgegangen. Ich habe mich damals aber nicht getraut, etwas dazu zu sagen.» Ein Krankenpfleger: «Ich hatte es niemals erlebt, daß sich ein Helfer aktiv auf das Sterben eines Patienten einließ. Ich hatte keine positiven Vorbilder.»

65 Prozent der medizinischen Helfer äußerten, sie seien unzureichend oder gar nicht auf den Umgang mit Sterbenden in ihrer Ausbildung vorbereitet worden. In der Ausbildung sei nur auf das Körperliche, kaum aber auf das Seelische geachtet worden. Claudia: «In der Ausbildung habe ich nur gelernt, wie man den Körper, die Hülle eines Verschiedenen richtig zurechtmacht. Gern wurde auch über die Feststellung sicherer Todeszeichen diskutiert.»

Begleiter können den Tod nicht annehmen

«Nein, ich konnte ihren Tod überhaupt nicht akzeptieren. Das war sinnlos und unfaßbar.» Fast 50 Prozent der von uns Befragten konnten den Tod des Angehörigen nicht annehmen. Meist hatten sie sich vorher wenig mit der Endlichkeit des Lebens auseinandergesetzt, wenig Gespräche darüber geführt, Bücher gelesen oder Vorträge gehört.

Nicht annehmen bedeutet: sich gegen das Ende des Lebens auflehnen, verzweifelt sein, hadern, von Bitterkeit erfüllt sein, den Angehörigen nicht gehen lassen, nicht freigeben können. Eine Krankenschwester: «Der Mann und die Kinder sagten: ‹Das kannst du uns nicht antun! Wir brauchen dich noch so! Du darfst nicht sterben!› Sie waren völlig verzweifelt.» Eine Frau zum Sterben ihrer Mutter: «Ich war krank vor Schmerz und Verzweiflung. Ich sah nicht ein, warum gerade sie! Nach dem Tod meines Vaters war sie *die* Bezugsperson für uns alle.»

Viele konnten es nicht fassen, daß ihr Angehöriger sterben würde, und gaben sich illusionären Hoffnungen hin. «Vor sechs Jahren starb mein Vater. Auch als er ins Krankenhaus und auf die Intensivstation kam, dachten wir: ‹Ach, die machen das schon.› Meine Mutter und ich hatten viel Angst. Wir haben uns an jedes Stück Hoffnung geklammert und wollten es nicht wahrhaben, daß es schon auf den Tod hingehen sollte.» Über die Auswirkungen ihrer Einstellung schreibt diese Frau: «Als dann der Tod da war, habe ich zunächst noch ganz gut funktioniert. Ich habe alles gemacht und organisiert. Aber nach einem halben Jahr war es eine ganz schreckliche Zeit. Ich habe viel geheult, und dann ist die ganze Trauer erst richtig herausgekommen.»

Was trägt noch dazu bei, daß Angehörige den Sterbenden nicht gehen lassen können?

Viele konnten sich nicht vorstellen, ohne den anderen zu leben. «Ich konnte es nicht akzeptieren, ich wollte Mutter nicht verlieren. Ich habe mich an jeden Tag geklammert, an dem ich sie sehen konnte.» Die Vorstellung, sich nach dem Tod des Angehörigen allein und einsam zu fühlen und das Leben als leer und sinnlos zu erfahren, machte vielen angst und ließ ihnen das Sterben des anderen unerträglich erscheinen. Ein Lehrer: «Ich kann den Tod meines Bruders so schwer annehmen, denn ohne ihn habe ich keine Verwandten mehr. Das Gefühl der Leere, des Alleinseins ist sehr stark.»

Andere hatten gemeinsame Pläne für die Zukunft, die sie nun nicht mehr verwirklichen konnten. Eine Frau, 69: «Ich konnte das Sterben meines Mannes nicht akzeptieren. Er war erst kurze Zeit zuvor Rentner geworden, und wir beide hatten noch so viele Pläne!» Gunda über ihre Mutter: «Das schlimmste ist, ich hätte so gerne noch bestimmte Sachen mit ihr gemacht, und das kann ich nun nicht mehr.»

Sehr schwer war es für Familien, das Sterben eines Kindes anzunehmen. Der Gedanke, daß es sein Leben nicht gelebt, nicht vollendet hatte, war für viele quälend. Eine Krankenschwester: «Es ist ein großer Unterschied, ob es ein alter Mensch ist oder ein junger, der stirbt. Bei einem alten Menschen kann man sagen: Jetzt hat sich sein Leben vollendet. Bei ihnen kann der Tod versöhnlich sein. Aber ein Kind oder junger Mensch am Anfang seines Lebens, das ist doch ein bitteres Gefühl, etwas, worüber manche nie hinwegkommen. Ich weiß das auch von meiner Mutter, die hat zwei ihrer Kinder in frühem Alter verloren.»

Erschwerend war auch, wenn der Sterbende ein mühsames, unerfülltes Leben gehabt hatte: «Vaters Leben war von der Krankheit geprägt. Er erkrankte mit vierundzwanzig Jahren an multipler Sklerose und starb mit neunundfünfzig Jahren. Ich hatte das Gefühl, daß das Leben für meinen Vater nicht schön gewesen war, nicht sinnvoll. Und das war für mich sehr schlimm: der Tod als endgültiger Schlußstrich unter ein Leben voller Krankheit, Enttäuschung, Unzufriedenheit. Ich konnte den Tod meines Vaters erst einige Jahre später akzeptieren.»

Für diejenigen, die die Krankheit und das Sterben des Angehörigen nicht wahrhaben wollten, war das Zusammensein mit dem Schwerkranken oft anstrengend – und es belastete auch den Sterbenden. Die Krankenschwester Marlis: «Die Tochter glaubte immer noch, man könne ihrer Mutter helfen. Sie verdrängte es total, daß sie jeden Augenblick sterben konnte. Sie konnte es nicht ‹fassen›. Die Patientin empfand es als belastend, daß die Familie so traurig und bedrückt über ihren Zustand war. Sie schien sich in dieser Hinsicht von der Familie allein gelassen zu fühlen.» Die Krankenschwester Myriam: «Die Ehefrau des Patienten versuchte immer wieder, ihm Hoffnungen zu machen. Sie wechselte gleich das Thema, wenn er über das Sterben sprach. Sie konnte den Tod ihres Mannes, für den sie fünfzig Jahre ihres Lebens gelebt hatte, absolut nicht akzeptieren. Der Patient sorgte sich sehr um seine Frau. Aber beide waren nicht in der Lage, über ihre Gefühle zu sprechen. Manchmal entstanden richtige Spannungen und Aggressionen, Situationen, die für beide sehr quälend waren. Sie hatten fünfzig Jahre glücklich miteinander leben können – aber ein Miteinander beim Sterben war nicht möglich.» So beeinträchtigt die Angst, den Sterbenden zu verlieren, und die Unfähigkeit, seinen Tod anzunehmen, die gemeinsame Beziehung.

Bei einigen führen die Angst und das Nicht-akzeptieren-Können dazu, daß sie den Kontakt zum Sterbenden einschränken. Die Krankenschwester Renate: «Ihre Söhne waren nicht häufig da. Ich hatte das Gefühl, daß sie und ihr Vater mit der schwerkranken Mutter nichts anfangen konnten. Sie hatten auch kaum Kontakt zum Pflegepersonal, wirkten irgendwie starr, zeigten keinerlei Gefühlsregungen. Ich glaube, sie waren der Situation nicht gewachsen, weil sie Angst vor der Auseinandersetzung mit dem Tod hatten.» Bei anderen führte die Angst dazu, daß sie sich dagegen wehrten, den schwerkranken Angehörigen nach Hause zu nehmen. Der Krankenpfleger Andreas: «Die Angehörigen hielten sich sehr stark zurück. Die Ehefrau kam tagsüber nur kurz in die Klinik, war nachts grundsätzlich zu Hause und kam auch nicht auf unseren Anruf, ihrem Mann ginge es so schlecht, daß man mit dem Sterben rechnen müßte. Sie berief sich auf ihr krankes Herz – sie habe durch die Krankheit des Mannes soviel mitgemacht, man könne sie ja am Morgen benachrichtigen. Von den Schwestern erfuhr ich, daß die Frau und der Mann nicht über den nahen Tod sprechen konnten, sondern daß die Frau ihrem Mann und sich vormachte, sie glaube an eine baldige Genesung.»

Sehr deutlich ist das Vermeidungsverhalten in folgender Erfahrung eines Pflegers: «Ihre älteste Tochter kam sie besuchen; aber gegen Ende wurde das immer weniger. Sie wollte irgendwie von dem Tod nichts mitkriegen. Zum Schluß kam sie gar nicht mehr. Selbst der Ehering der Toten wurde nicht abgeholt.»

Große Liebe und Fürsorge für den Kranken halfen manchen, diese Ängste im Kontakt mit dem Sterbenden zu überwinden. Allerdings machte ihre Liebe es ihnen auch schwer, den anderen freizugeben und gehen zu lassen. Erna: «Wenn ich selber sterbe, glaube ich, dann wäre das nicht so schlimm. Ich glaube, daß ich mich selber viel einfacher loslassen kann. Wenn ich aber jemanden, den ich sehr liebe, gehen lassen muß, dann ist das sehr viel schlimmer. Es ist fast schwerer für die, die zurückbleiben, als für den, der geht.»

Der Sterbende ignoriert das nahe Lebensende

«Sie wehrte sich mit aller Kraft dagegen, ihre Krankheit zu akzeptieren, obwohl sie jeden Tag sichtbar schwächer wurde.»
Angehörige und medizinische Helfer berichteten, daß viele Sterbende nicht bereit waren, sich mit ihrem Tod auseinanderzusetzen und ihn anzunehmen. Die Sterbenden lehnten sich gegen ihr Schwächerwerden auf, klammerten sich an Hoffnungen, kämpften verbittert und voller Anspannung gegen ihren Zustand. Dies war für Begleiter und für Sterbende oft beeinträchtigend.

Eine Frau über ihre Großmutter: «Das war das schlimmste, sie kämpfte bis zur letzten Sekunde. Sie wollte nicht sterben und konnte nicht loslassen. In ihrem Kampf war sie sehr alleine, weil niemand mit ihr offen sprechen konnte und sie auch wohl bis zum Schluß Angst hatte, uns zu belasten.» Die Schwesternschülerin Bärbel: «Mir war es nicht möglich, mit der Frau über ihr Sterben zu sprechen. Sie war zwar über ihre Krankheit informiert und auch darüber, daß ihr nicht mehr viel Zeit verblieb. Aber sie wehrte sich mit aller Kraft dagegen, dies zu akzeptieren. Obwohl sie zuletzt wirklich jeden Tag sichtbar schwächer wurde, plante sie Dinge, die noch Monate dauern würden. Diese Abwehr hat mich damals traurig und hilflos gemacht.»

Angehörige und Helfer fühlten sich durch diese Haltung des Sterbenden und seinen angespannten Zustand belastet. Sie spürten die Spannungen und den verzweifelten Kampf des Sterbenden, wußten aber zugleich häufig, daß diese Anstrengungen vergebens sein würden. Zu erleben, wie der Patient oder Angehörige mit Plänen beschäftigt ist, und gleichzeitig zu wissen, daß sie nicht verwirklicht werden können, erschwert die Beziehung. Begleiter leiden darunter, fühlen sich im Zwiespalt und fürchten, daß der Kranke resigniert, wenn er schließlich merkt, daß es keine Heilung und längerfristige Zukunft mehr gibt.

Einige Sterbende kämpften bis zuletzt gegen ihr Schicksal an. Meist entsprach diese verhärtete, abwehrende Haltung ihrem bisherigen Umgang mit sich und ihrer Umwelt. Sie konnten sich nicht mit der Unabänderlichkeit des Geschehens aussöhnen. Eine Krankenschwester: «Herr E. hat es nicht geschafft, eine ruhige Einstellung dem Sterben und Tod gegenüber zu bekommen. Seine Auseinandersetzung lief, so glaube ich, auf der Ebene ab: ‹Ich bin sehr krank, ich gehe zum besten Arzt, ich lasse mich privat versorgen. Ich muß ja gesund werden, das ist so klar wie die Klarheit geschäftlicher Entscheidungen.› Er war ein Geschäftsmann und nach Aussagen seiner Tochter und Frau ein Patriarch. Er hat sich dann auch nur ‹geschäftsmäßig› mit seiner Situation befaßt: hat die Geschäfte geordnet, Verantwortung delegiert. Das entsprach seinem Leben. Über Gefühle äußerte er sich nie. Er konnte es wohl auch nicht. Allerdings, je schlechter es ihm ging, um so mehr fluchte und schimpfte er über sein Schicksal.»

Warum konnten Sterbende ihren Tod nicht akzeptieren? Für einige kam der Tod zu früh, sie empfanden ihn als ungerecht. «Sie hat ihr Sterben nicht akzeptiert. Es war und blieb ungerecht, kam in ihren Augen viel zu früh. Sie hat dem Tod jeden Tag abgerungen, um jeden Tag gekämpft.»

Das Bewußtsein eines noch unerfüllten Lebens macht es Sterbenden schwer, den Tod anzunehmen. Eine Krankenschwester über einen Sechzehnjährigen: «Sehr erschwerend für ihn war das Gefühl, jung zu sterben, noch nicht richtig gelebt zu haben. Beruf, erwachsen werden, eine eigene Familie gründen, alles das konnte er jetzt niemals kennenlernen.» Aber auch ältere Menschen litten unter dem Gefühl eines unerfüllten Lebens. «Mein Schwiegervater hat viel und hart gearbeitet und sich nichts gegönnt. Er hat wenig über sich und das, was ihn bewegte, gesprochen. Kurz vor dem Tod hat er Bilanz gezogen: ‹Jetzt habe ich ein Leben lang gekrampft und geschuftet – und was habe ich nun davon?›» Auch für den Schwiegersohn ist dies belastend: «Diese Bilanz hat mich sehr traurig gemacht, und es war schwierig für mich, sie zu akzeptieren, auch wenn ich wußte, daß sie stimmt.»

Für andere Schwerkranke bedeutete das Sterben ein persönliches Versagen; sie hatten es nicht geschafft, ihre Lebensziele zu erreichen. «Die Krankheit war für ihn so eine Art Niederlage. Er wollte weiterleben. Er war noch nicht dahin gekommen, wo er sein wollte. Bis zum Schluß hat er den Tod verleugnet. Er konnte vom Leben nicht loslassen.» Bei anderen standen Pflichten, größere Arbeiten oder vor allem die Sorge um die Familie im Vordergrund. Die Krankenschwester Ruth: «Bei unserem letzten Gespräch sagte die Patientin: ‹Ich kann meinen Mann und die Kinder doch nicht alleine lassen. Er kann nicht kochen, er kommt alleine nicht zurecht. Ich darf nicht sterben, sie brauchen mich doch noch.›» Andere Frauen machten sich Sorgen, daß ohne sie das Familienleben nicht mehr funktionieren würde, daß die Kinder ohne sie nicht mit dem Vater zusammenleben könnten; sie fühlten sich als notwendige Vermittlerinnen.

Besonders schwer fiel es Kranken, ihr Sterben zu akzeptieren, wenn sie kleine Kinder hatten. Eine Klinikseelsorgerin erzählt von einer neununddreißigjährigen Frau: «Sie wollte es nicht wahrhaben. Kurz vor ihrer Krankheit hatten sie und ihr Mann noch ein Kind adoptiert. Und wegen des Kindes konnte sie nicht loslassen.»

Manche wehrten sich gegen das Sterben, weil sie sich vor dem Tod fürchteten. Eine Krankenschwester: «Sie war voller Angst vor dem Tod. Ich hatte den Eindruck, sie war einfach überrannt worden von der Krankheit und war ihr nun hilflos ausgeliefert.

Sie hatte sich nicht mit dem Tod auseinandergesetzt. Irgendwie hatte sie dann auch nicht mehr die Kraft, ihrem Schicksal zu begegnen und ihr Sterben zu akzeptieren.»

Mangelnde Aufklärung über das wahrscheinliche Lebensende – sei es von seiten der Ärzte oder der Angehörigen – war bei jedem Zweiten der Grund, warum er sich nicht mit dem Sterben auseinandersetzte. Eine Krankenschwester: «Ihm wurde nie gesagt, daß er Krebs hatte. Er hat auch nie danach gefragt, obwohl er immer mehr abmagerte und elend wurde. Er fragte mich nur Sachen, wie zum Beispiel: ‹Glauben Sie, daß ich nächstes Jahr Sommerurlaub machen kann?› Er kämpfte dagegen an, wollte seinen Zustand nicht wahrhaben, weil keiner mit ihm sprach.»

So kann mangelnde Aufklärung die Qualen der Sterbenden verschlimmern, weil sie noch kämpfen und ungerechtfertigte Hoffnungen haben. Ihre Pläne stehen im Gegensatz zum Verlauf ihres körperlichen Befindens. Sie glauben an Gesundung, während ihr Körper immer schwächer wird. Die Krankenschwester Susanne: «Sie hat nie die Wahrheit gehört, ihr Mann wollte es nicht. Auch als sie nicht mehr aufstehen konnte, hat sie sich gegen die Krankheit gesträubt und war dann durch die fortschreitende Verschlechterung total verunsichert. Sie brachte viel Willenskraft auf und tat soviel, um gesund zu werden und zur Familie zurückzukommen. Aber jeder Tag entfernte sie weiter von ihrem Ziel.» Über die ungünstigen Auswirkungen äußert sie sich: «Später habe ich begriffen: Wenn Menschen Bescheid wissen, dann sterben sie leichter und quälen sich nicht so sehr. Das Hochziehen an jedem Strohhalm ist eine furchtbar schwere Arbeit für die Patienten.»

Starke körperliche Schmerzen und Beeinträchtigungen machten es jedem Dritten unmöglich, über sein Lebensende zu sprechen. Dies berichten eindrucksvoll zwei Krankenschwestern: «Wenn der körperliche Verfall schon fortgeschritten ist, ist es meist zu spät für eine Auseinandersetzung. Manche fallen dann in eine unheimlich tiefe Verzweiflung. Andere haben gar keine Kraft mehr oder sind durch Medikamente völlig weggetreten.» – «Er war von dem körperlichen Kampf völlig vereinnahmt. Er hatte solche Erstickungsangst und Panik; er mußte sein Grundbedürfnis, das Atmen, erfüllen. Er hatte keine Zeit, dabei über sich nachzudenken. Oft hielt er es vor Schmerzen nicht aus, hielt dann meine Hand fest und sagte: ‹Machen Sie etwas, helfen Sie mir!›»

Sehr entscheidend sind gerade in dieser letzten Zeit für den Sterbenden einfühlsame und fachlich gut orientierte Ärzte, die ihm durch eine angemessene Dosierung geeigneter Medikamente einen weitgehend schmerzfreien Zustand bei relativer Bewußtheit ermöglichen können. Dies ist nach der Auffassung von Ärzten möglich, auch bei Krebspatienten, aber häufig in der Praxis noch nicht der Fall (6, 34).

«Nachdem er sehr lange dagegen angekämpft hatte, sagte er dann plötzlich, er würde jetzt abtreten, er müsse in Kürze sterben», berichtet eine Krankenschwester. «Dies hatte wohl in einem stillen Kampf stattgefunden, der von den anderen kaum bemerkt wurde.» Manche Sterbenden, die sich lange gewehrt und mit aller Kraft um ihr Leben gekämpft hatten, konnten schließlich noch kurz vor dem Ende ihr Leben loslassen. Eine Frau berichtet von ihrem Vater, der sein Sterben zuerst nicht hatte annehmen können: «Eines Abends sagte er beiläufig: ‹Es kann jetzt plötzlich Schluß sein, jetzt ist es halt so.› Ich fragte ihn, ob er Angst habe zu sterben. Er verneinte, war dabei aber sehr bewegt. Eine Woche vor seinem Tod, als der Hausarzt keinerlei Hoffnung mehr hatte, redete er vor sich hin: ‹Jetzt muß ich halt sterben, jetzt ist es soweit.› Danach ging es schnell zu Ende.»

Verschweigen und beschwichtigen

«Über das Sterben haben wir nicht miteinander geredet.» Die Mehrheit der Befragten hatte nicht mit dem Angehörigen oder Patienten über den wahrscheinlichen Tod gesprochen. «Das Thema Sterben, wenn es von meiner Mutter angesprochen wurde», schreibt ein Lehrer, «habe ich meistens sofort verdrängt. Leider.»

Für viele begleitende Angehörige war dies recht belastend. Sie spürten häufig, daß ihr kranker Angehöriger das Bedürfnis hatte, über das Sterben zu reden. Sie fühlten sich überfordert und unglücklich. Das Nicht-Reden ersparte zwar dem Angehörigen wie auch dem Sterbenden zunächst schmerzliche Gefühle, doch häufig waren sie dann im nachhinein zu spüren. «Jetzt, nach vielen Jahren, erinnere ich mich an viele leise Äußerungen und Andeutungen meiner Mutter, wie sie versuchte, mich darauf vorzubereiten, daß sie bald sterben müßte. Aber ich hatte kein Ohr dafür. Ich konnte nicht über den Tod reden. Welche Empfindungen mußte nur meine Mutter gehabt haben, wenn sie mich so erlebte?» Die Erfahrung, für den Sterbenden kein verständnisvoller Gesprächspartner sein zu können, ist nachträglich für viele belastend.

Des öfteren erstreckte sich das Schweigen über das mögliche Sterben auf die ganze Familie des Angehörigen, vor allem auf die Kinder.

Auch medizinische Helfer vermieden es oft, über das nahe Sterben Gespräche zu führen und Fragen zu beantworten; stattdessen sprachen sie von Besserung und Heilung. Eine Ärztin: «Nein, ich habe nicht mit der Patientin darüber gesprochen. Wenn sie meinte, es würde sowieso nichts mehr mit ihr werden, dann beschwichtigte ich sie immer: So schlimm wird es wohl nicht werden.» Ein Mann, 62: «Als ich bei meinem schwerkranken Freund war, kam der Professor zur Visite und sagte ihm: ‹Ja, in zwei Monaten sind Sie wieder gesund, dann können Sie zum Skilaufen fahren.› Als ich nachher mit dem Professor auf dem Flur über die Schwere der Erkrankung und seine große Schwäche sprach, sagte er mir, daß medizinisch nichts mehr zur Heilung getan werden könne. Auf meine erstaunte Frage, warum er dies meinem Freund nicht sage, antwortete er: ‹Aber man darf ihm doch die Hoffnung nicht nehmen.›» Eine Frau, 35: «Als mein Mann nach der schweren Krebsoperation am Bauch und an der Speiseröhre aus dem Krankenhaus entlassen wurde, sagte der Professor schulterklopfend zu ihm: ‹So, den Krebs können Sie jetzt vergessen.› Eine Woche später hat sich mein Mann Einblick in ein Gutachten verschafft, in dem stand, daß die Geschwülste schon so groß waren, daß sie einen Teil nicht wegoperieren konnten.»

Auch Angehörige greifen zu Beschwichtigungen und machen dem Kranken trotz des nahen Todes Hoffnungen: «Ich konnte den bevorstehenden Tod meiner Tante nicht annehmen und versuchte stets abzulenken. Ich versicherte ihr häufig, es werde schon besser. Ich lauerte förmlich auf alle Zeichen, die eine Besserung bedeuten könnten, und sprach mit ihr darüber, was wir dann alles zusammen unternehmen würden.»

So entsteht eine Situation, in der über das Wesentliche – das wahrscheinliche Sterben – nicht gesprochen wird. Dabei wissen des öfteren alle Beteiligten – der Kranke, die Angehörigen und die medizinischen Helfer –, daß der Patient an einer unheilbaren Krankheit leidet und bald sterben wird. Aber sie sprechen nicht darüber. Ein vierzigjähriger Physiker: «Es war eine ganz komische Situation. Meine Mutter wußte, was mit ihr los war und daß sie sterben würde. Und ich wußte das auch. Und auch die Ärzte und Schwestern. Aber vor ihr wurde so getan, als ob alles nicht schlimm ist. Und wegen der Beschwichtigungen und ausgestreuten Hoffnungen mochte sie wohl auch nicht nachfragen und darüber sprechen.»

«Diese ständige Verlogenheit – das war furchtbar.» Wie wirkten sich diese Beschwichtigungen, das Verschweigen und die Lügen aus? Die meisten erlebten diese Art des Zusammenseins mit dem Sterbenden als sehr belastend, manche auch noch nach dem Tod. Warum?

Die Beziehung zwischen Begleiter und Sterbenden ist deutlich beeinträchtigt. Es entsteht eine Fassade. Viele hatten das Gefühl, daß über das Wesentliche nicht geredet wurde, daß das Gespräch oberflächlich blieb.

Der Angehörige fühlt sich unglücklich, weil er dem Sterbenden gegenüber unehrlich, unecht und nicht offen ist. «Diese Verlogenheit und das ständige schlechte Gewissen – das war furchtbar. Ich kam mir unheimlich schäbig vor.»

Eine Folge der gegenseitigen Unoffenheit ist, daß Angehörige und Sterbende sich etwas vorspielen. Eine Hochschuldozentin:

«Meistens erschöpften sich die Gespräche in Floskeln wie ‹Es wird schon besser werden› und so weiter. Ich fühlte mich nicht wohl dabei, aber ich wollte auch nicht aus diesem in der Familie üblichen Spiel aussteigen. Alle bemühten sich um eine lockere, fröhliche Stimmung, die aber nicht echt war. Und so fühlte ich mich bei jedem Besuch bedrückt und hilflos.»

Die Fassade und das Verbergen von etwas sehr Wesentlichem kann zu einer Entfremdung und Distanz zwischen Begleiter und Sterbendem führen. Der Medizinstudentin Wanda wurde nachträglich schmerzlich bewußt, daß sie dem Sterbenden damals nicht anders begegnen konnte, daß sie ihn gleichsam allein ließ: «Der Arzt empfahl, meinem Vater nicht zu sagen, daß er bald sterben müßte. Ich fühlte mich damals hilflos und ausgeliefert. Und jetzt beim Schreiben muß ich wieder weinen. Ich fühle mich sehr schlecht und denke: Mein Vater muß sich völlig unverstanden und einsam gefühlt haben, genauso, wie ich mich auch fühlte.»

Dadurch, daß Angehörige und Sterbende nicht offen über das nahende Ende sprachen, verpaßten sie die Möglichkeit, sich bei Schwierigkeiten in der Beziehung auszusöhnen und bewußt voneinander Abschied zu nehmen. «Ich hätte so gerne mit Mutti gesprochen. Das fehlt mir heute. Ich glaube, auch für meine Mutter wäre es besser gewesen. Wir hätten auch über meine Kindheit sprechen können, wo wir uns nicht so gut verstanden haben.»

Wird der Sterbende gewahr, daß die Menschen in seiner Umgebung nicht ehrlich zu ihm sind, so kann ihn das schwer erschüttern und enttäuschen. Eine Frau, 48: «Obwohl wir wußten, es wird nicht besser mit meiner Mutter, sagten wir immer: ‹Mutti, das wird. Du mußt den Mut nicht verlieren.› Sie sagte immer: ‹Ich habe solche Angst, daß es Krebs ist.› Aber wir alle haben versucht, ihr das auszureden. Aber dann kam für mich das Allerschlimmste, was ich erlebt habe: Eine Woche vor ihrem Tod hat meine Mutter meinen Bruder etwas gefragt, und da hat er ihr dann gesagt, wie es um sie steht. Und dann sagte sie: ‹Was habe ich bloß für Kinder? Ihr habt mich belogen! Ich will keinen mehr von euch sehen.› Sie war fürchterlich enttäuscht von uns.

Ich habe mich bei ihr entschuldigt. Sie hat aber überhaupt nicht mehr reagiert. Sie wollte nicht mehr reden.»

Durch das Verschweigen und Beschwichtigen ist dem Schwerkranken die Chance verwehrt, sich auf das Sterben vorzubereiten und Erleichterung zu erfahren. Er kann keine Vorsorge treffen und wichtige Angelegenheiten nicht frühzeitig regeln. Die Krankenschwester Heike berichtet von diesen ungünstigen Auswirkungen: «Wenn die Ärzte nicht den Mut finden, dem Patienten oder den Angehörigen das Ende zu sagen, dann kann der Patient auch nicht über seine Ängste und Schwierigkeiten reden. Und er kann auch nicht vorsorgen, welche Leute er noch treffen will, was er noch erledigt haben möchte, damit er wirklich in Ruhe abtreten kann. Ich fand es immer sehr schade, daß der Patient diese Schwierigkeiten mit sich rumtragen muß.» So fühlt sich der Sterbende eher einsam.

Beeinträchtigend war es auch, wenn Angehörige nicht über die Schwere der Krankheit und den möglichen baldigen Tod informiert wurden. «Ihre beiden Töchter, zwölf und vierzehn, wußten nichts – nur der Arzt und ihr Ehemann wußten, daß es Krebs war. Die Töchter waren genervt, weil es ihr immer schlechter ging. Einmal, als sie zu Hause lag, bat sie die Kinder, irgend etwas sauber zu machen, und da haben die sich geweigert und gesagt: ‹Steh auf und mach deine Arbeit, andere Leute sind doch auch nicht so lange krank.› Wenn ich mir vorstelle, was für ein schlechtes Gewissen sie nach ihrem Tod gehabt haben müssen – und sie konnten nichts wiedergutmachen.» Dies ist ein krasses Beispiel dafür, daß durch das Vorenthalten der Wahrheit die Situation für die Angehörigen und den Schwerkranken sehr belastend werden kann. Sie leben nebeneinanderher, ohne das Wesentliche vom anderen zu wissen und darauf Rücksicht nehmen zu können.

Allerdings ist es wichtig, darauf hinzuweisen, daß 15 Prozent der Befragten es als befriedigend empfanden, nicht mit dem Sterbenden über seine Lage zu sprechen. Dies war der Fall, wenn sich der Angehörige beziehungsweise Helfer und der Sterbende über die Nähe des Todes bewußt waren, wenn sie sich nichts vormachten, nichts beschwichtigten oder sich anlogen – wenn sie also gleichsam ein wortloses Einverständnis verband. Die Krankenschwester Anna: «Ich habe vorsichtig gefragt, woran sie denkt oder was ihr Sorgen macht. Ich habe das versucht, damit sie eventuell reden kann. Aber sie wollte es nicht, oder es war nicht der richtige Zeitpunkt. Aber ich hatte den Eindruck, sie fühlte sich verstanden und nicht allein gelassen.»

Was hinderte Angehörige, Helfer und Sterbende daran, miteinander über den wahrscheinlichen Tod zu sprechen? Da die meisten im nachhinein sagten, daß sie lieber mit dem Sterbenden gesprochen hätten, kann es uns helfen, wenn wir erfahren, warum es ihnen nicht möglich war.

Wenn Angehörige und Helfer sich nicht mit dem Tod auseinandergesetzt hatten, dann war dies ein entscheidendes Hindernis für offene Gespräche. Eine Frau: «Ich habe meiner Tante das Wort abgeschnitten, wenn sie darüber sprechen wollte, weil ich ihren Tod nicht akzeptieren konnte. Ich konnte nicht mit ihr darüber reden. Ich war einfach nicht stark genug dazu.» Eine Psychologin: «Ich konnte mit meiner Mutter nicht über ihren Tod sprechen. Auch als sie es direkt versuchte, habe ich es abgelehnt. Es war mir unmöglich, weil ich ihr Sterben nicht zulassen wollte.» Meist fehlt diesen Menschen die seelische Stärke für die Belastungen des Gespräches, sie hatten Angst vor einem solchen Gespräch und wichen ihm aus. «Nein, ich war nicht fähig, über den möglichen Tod mit meiner Großmutter zu reden. Ich habe selbst zuviel Angst davor, auch Angst, vielleicht etwas Falsches zu tun.»

Ähnlich ergeht es medizinischen Helfern. Eine junge Krankenschwester: «Aus Angst vor einem Gespräch habe ich nach dem Bettenmachen immer schnell das Zimmer verlassen.» Ein Arzt: «Wenn ich zur Visite kam, habe ich mich ziemlich hilflos an sein Bett gestellt, manchmal mehr oder weniger nichts gesagt, weil mir eigentlich nichts einfiel. Ich habe irgendwelche alltäglichen Fragen gestellt, nach Schmerzen oder Stuhlgang oder Appetit. Ich hatte zu dem Problem Tod und Sterben ganz viel Distanz. Ich habe mich vor allem damit beschäftigt, wie ich mich medizinisch verhalten sollte, und habe mich sehr hilflos gefühlt, wußte nicht, welche Rolle ich spielen sollte. Seinen bevorstehenden Tod habe ich nie von mir aus angesprochen.»

Die Vorstellung, Rücksicht auf den Schwerkranken nehmen, ihn schonen zu müssen, war ein weiterer Grund, Gespräche über das Sterben zu vermeiden: «Ich wollte gerne mit meiner Mutter über ihren baldigen Tod, den mir die Ärzte mitgeteilt hatten, reden. Ich wußte aber nicht, wie sie damit fertig werden würde. Es war so eine Rücksichtnahme ihr gegenüber.» Angehörige und Helfer fürchten, der Sterbende würde zu sehr belastet, sie würden ihn verletzen oder mit etwas konfrontieren, das er nicht zu wissen wünschte. Besonders unsicher fühlten sich Helfer bei Patienten, die verschlossen waren. Die Krankenschwester Maria: «Er war ein sehr schweigsamer Mensch. Er hat nie vom Sterben gesprochen. Und ich hatte Angst, ich könnte ihm zu nahetreten und er würde sich dann noch mehr zurückziehen. Seine Frau sagte mir, daß er jemand war, der die Dinge mit sich alleine abmachte. Menschliche Nähe oder Kontakt wollte er nicht von uns im Krankenhaus.» Andere fürchteten, ihre Ängste, ihr Mitleiden und ihre eigene Traurigkeit würden in dem Gespräch zu stark durchbrechen, und dies würde den Kranken belasten.

Beeindruckt hat mich, daß sich die Rücksichtnahme nachträglich oft als unbegründet erwies. So erfuhren Angehörige etwa, daß sich der Sterbende seines Zustands bewußt gewesen war und möglicherweise gern darüber gesprochen hätte. Eine Frau über den Tod ihrer Mutter: «Die Krankenschwester hat uns später erzählt, daß meine Mutter genau gewußt hat, was los ist, daß sie sich auch mit dem Tod auseinandergesetzt hat, aber uns das, besonders mir, ersparen wollte. Sie hat alles mit sich allein abgemacht.»

Was können wir in dieser Situation tun? Es erscheint mir in einer solchen Situation günstig, wenn der Angehörige und der Helfer dem Kranken seine Bereitschaft zu einem offenen Gespräch mitteilt, zum Beispiel: ‹Ich möchte mit dir über alles sprechen, auch über die Schwere der Krankheit und auch über ein mögliches Sterben. Aber ich weiß nicht, ob du das möchtest, ob es dich vielleicht zu sehr belastet?›

Manchmal verschweigt auch der Sterbende die Schwere seiner Krankheit aus Rücksicht auf die Angehörigen.: «Mutter hat nie mit uns über die Krankheit und über ihre Ängste gesprochen. Auch das, was ihr die Ärzte sagten, hat sie nicht an uns weitergegeben. Sie hat uns immer geschont, solange das überhaupt möglich war. Ich habe später ein Heft gesehen, in das sie alle Befunde eingetragen hat. Das hat sie vor uns verborgen. Sie traute mir offensichtlich nicht zu, daß ich es verkraften konnte, mit ihr zusammen das durchzustehen, weil ich sehr weich bin und wirklich unglaublich an ihr gehangen habe. Und meinem Vater wollte sie das auch ersparen, der sie überhaupt nicht gehen lassen konnte, sie bis zum letzten Tag nicht losließ. Sie hat die ganze Krankheit mit sich allein abgemacht.»

Eine Frau sieht einen weiteren Grund für das Schweigen von Sterbenden: «Angenommen, ich müßte sterben und hätte dann von allen Seiten diese mitleidvollen Gesichter, das ist doch eine sehr große Belastung. Ich weiß ja als Angehöriger noch nicht einmal, wie ich mich am Krankenbett verhalten soll. Da ist man so hilflos. So nehmen die Sterbenskranken Rücksicht auf die anderen, weil sie es nicht verkraften.»

Dieses Bemühen des Sterbenden, die Angehörigen zu schonen, kann die Beziehungen verschlechtern. Der Krankenpfleger Jochen: «Seiner Frau gegenüber war er manchmal richtig ruppig. Er schickte sie häufig weg und wies sie ab. Er sagte mir, er könne sich ihr nicht krank präsentieren, sie könne es nicht aushalten. Dritten gegenüber zeigte er sich sehr besorgt um seine Frau, ob sie diese Belastung wohl durchhalten könnte. Und vor seinen beiden Töchtern spielte er seine Situation auch sehr herunter; er wirkte als Vater ziemlich distanziert. Eine Tochter beklagte sich einmal bei mir, daß man überhaupt nicht an ihn herankomme. Er versuchte, sich möglichst wenig anmerken zu lassen. In Wirklichkeit wollte er seine Familie schonen, er wollte ihr das deprimierende Bild eines Sterbenden ersparen. So wünschte er auch ausdrücklich, im Krankenhaus zu sterben.»

Ich habe den Eindruck, daß die gegenseitige Rücksichtnahme und Schonung oft nicht notwendig ist. Gewiß tauchen beim Gespräch traurige Gefühle auf. Aber wenn es vorsichtig und einfühlsam geführt wird, dann vermindert sich meist die Angst. Es entsteht dann eine innigere, offenere, vertrauensvollere Beziehung ohne Vortäuschungen und unechte Gefühle.

Ein weiterer wichtiger Grund, warum es Angehörige und medizinische Helfer unterließen, mit dem Sterbenden über den Tod zu sprechen, war: Sie wollten dem Schwerkranken nicht die Hoffnung und den Lebensmut nehmen. Manchmal haben Sterbende noch intensive Hoffnungen, zu überleben und gesund zu werden. Angehörige und Helfer wollen dies nicht zunichte machen: «Ich hatte Schwierigkeiten, mit meiner Mutter über ihre Krankheit zu sprechen. Denn sie hatte immer noch Hoffnung, sprach noch vom Reisen. Und die Illusionen wollte ich ihr nicht nehmen.» Eine Krankenschwester: «Ich konnte mit ihm nicht über das Sterben sprechen. Er hatte die Hoffnung nie aufgegeben, daß wir ihm helfen können. Er hat immer gehofft, er würde durchkommen.»

Auch Ärzte schwiegen aus diesem Grund dem Patienten gegenüber. Häufig aber waren gerade sie oder andere Ärzte es gewesen, die zuvor diese Hoffnung in ihm geweckt und verstärkt hatten. So ist es naheliegend, daß manche Schwerkranken diese Hoffnungen ihrerseits gegenüber Ärzten und Angehörigen äußern, manche aus dem Wunsch heraus, die Ärzte nicht zu enttäuschen.

Ärzte machen manchmal die Erfahrung, daß Schwerkranke nach einem offenen Gespräch ihre Kraft verlieren und schneller sterben. Der Medizinstudent Günter: «Ich hatte das Gefühl, wenn wir über das Sterben reden würden, daß ich ihm dann etwas von seiner Lebenskraft nehme, von dieser Kraft, durchzuhalten, wieder eine Operation und noch eine Operation auf sich zu nehmen und dabei nicht zu verzweifeln.» Unzweifelhaft ist die Auseinandersetzung mit dem Sterben für den Patienten zunächst meist belastend. Auch für den medizinischen Helfer ist das Gespräch schwierig: Einmal muß er sich und dem Patienten eingestehen, daß er am Ende seiner Heilungsmöglichkeiten angelangt ist. Vor allem aber benötigt der Kranke jetzt seinen Beistand – und dies erfordert Zeit und seelische Kraft.

Ein Gedanke erscheint mir wichtig: Ärzte sprechen dem Patienten gegenüber von Besserung und Heilung, «um ihm die Hoffnung nicht zu nehmen». Wir sollten aber nicht übersehen: Der Sterbende kann auch bei der Gewißheit seines baldigen Todes noch Hoffnung haben – auf schöne, weitgehend schmerzfreie Tage, auf einen friedlichen Abschluß des Lebens, auf einen sanften Übergang in eine andere, vielleicht bessere Wirklichkeit.

«Ich habe mich dem Rat des Arztes untergeordnet, ohne auf meine Gefühle und Bedürfnisse und die des Sterbenden zu achten.» Unglücklich und eingeengt fühlten sich manche Krankenschwestern, denen durch Anordnung der Ärzte verboten wurde, Fragen des Kranken offen zu beantworten. «Auf der einen Seite ist man die Person, die aufgrund ihrer Tätigkeit am häufigsten im Patientenzimmer ist. Aber was darf man erzählen? Wie darf ich welche Fragen beantworten? Mir wurde immer wieder gesagt, für ernsthafte Gespräche seien die Ärzte da. Ich mußte die Patienten also weiter anlügen. Manchmal stellten die Patienten einem sogar eine Falle, um bei mir die Wahrheit herauszubekommen. Ich war völlig überfordert von der Situation. Wenn ich zu den Patienten ging, hatte ich Angst, daß sie mir ansehen, daß ich lüge.»

Auch manche Angehörigen fühlten sich bereit und fähig, ein offenes Gespräch mit dem Sterbenden zu führen, unterließen es jedoch auf Anordnung der Ärzte oder von Familienmitgliedern. Detlef, 26, über das Sterben seines Vaters: «Es war mir nicht möglich, mit ihm über seine Krankheit zu reden, obwohl ich meinte, wir sollten reden. Meine Mutter verbot es.»

Einer Frau, die bei einer einsamen Fünfundneunzigjährigen im Altersheim jahrelang saubergemacht hatte, wurden Gespräche vom Heimpersonal ausgeredet. «Die Pfleger haben es mir immer sehr schlimm beschrieben. Ich fand es aber gar nicht schlimm. Mich bedrückte, daß die alte Frau nicht über das Sterben gesprochen hat. Ich wußte, daß sie Angst hat. Wenn sie mich gefragt hat, habe ich einfach gesagt, was ich dazu denke. Die Leute aber, die sie im Altersheim betreuten, habe ich als sehr einschränkend erlebt. Zum Schluß sagten sie: ‹Gehen Sie jetzt nicht mehr zu ihr hin.›»

«Der Sterbende wünschte keine Gespräche.» Eine Frau über ihren Partner: «Es war absolut unmöglich, mit Joachim über die Krankheit zu sprechen, geschweige denn über seinen Tod. Er lehnte das Thema ab, er wollte nichts davon wissen.» Der Wunsch, nicht zu sprechen, war bei den Sterbenden allerdings weniger häufig als bei den Angehörigen.

Einige Sterbende mögen auch angenommen haben, daß darüber der Arzt zuerst sprechen müsse, während manche Ärzte sagten, sie hätten erwartet, daß der Patient mit der Frage nach dem Ende seines Lebens den Anstoß dazu geben würde.

Feinfühlige Helfer merkten, wenn Sterbende aus unbekannten Gründen nicht zu Gesprächen bereit waren. «Mit dem Schwiegervater sprach keiner offen. Sie hatten es vorher mehrfach versucht. Sie spürten, daß er darüber nicht reden konnte oder mochte, daß es ihm zu schwer fiel. Und sie respektierten das.»

Angehörige fühlen sich hilflos und belasten sich

«Ich war total verzweifelt, mit ansehen zu müssen, wie sie leidet und verfällt, und nichts dagegen tun zu können. Noch nie habe ich mich so hilflos gefühlt.» Untätig miterleben zu müssen, wie der Angehörige leidet, war für viele sehr belastend. Die Erfahrung, den Menschen, den sie liebten und mit dem sie über Jahre, oft Jahrzehnte gemeinsam gelebt hatten, jetzt körperlich so verändert und hinfällig zu sehen, bereitet ihnen seelische Qualen. Nina: «Besonders erschreckend für mich war Großmutters körperlicher Verfall und die Veränderung ihres Gesichts. Damit konnte ich nur sehr schwer fertig werden. Ich fühlte mich so machtlos.»

Jeder vierte der von uns Befragten berichtete, er habe sich während der gesamten Zeit der Begleitung meist hilflos gefühlt. Eine Frau, 44: «Nein, ich war nicht hilfreich, ich war eher aggressiv. Ich verdrängte alle Gedanken an den Tod.» – «Nichts gab mir Stärke. Ich war nur noch ein halber Mensch; meine andere Hälfte war gestorben.»

Manche fühlen sich so belastet, daß sie den Kranken, obwohl sie sich Nähe wünschen, mieden: «Als meine Mutter am Sauerstoffgerät lag, da sagte ich mir, das ist sie nicht mehr. Und dann spürte ich Fluchttendenzen in mir. War ich zu Hause, dann wollte ich wieder zu ihr, ihre Hand halten. Aber in der Klinik konnte ich das nicht, konnte nicht bei ihr sitzen.» Ein Betriebsmeister: «Als ich die Nachricht erhielt, meine Mutter hätte nur noch wenige Stunden zu leben, da hatte ich so große Angst und ließ meinen Vater allein zu ihr fahren.»

Diese innere Zerrissenheit wiederum führt zu Schuldgefühlen. Eine Theologin über das Sterben ihrer Freundin: «Ich fühlte mich so hilflos, ich zog mich von ihr zurück. Es war ihr bis zur Unkenntlichkeit fortschreitender Verfall, der mich deprimierte. Zugleich aber fühlte ich mich schlecht, weil ich sie nicht besser begleitete.»

Auch der Verlust der Verständigungsmöglichkeiten durch den körperlich-geistigen Verfall erschreckt viele. «Ich fühlte mich unbeschreiblich hilflos, wenn sie mir etwas übermitteln wollte, was ich nicht verstand.» Eine Krankenschwester über den Tod ihres Mannes: «Zuzusehen und nicht helfen zu können, war schrecklich. Hinzu kamen die Verwirrungszustände durch die Medikamente. Ich fühlte mich so elend und erschreckt, als mein Mann dann so krankhafte Ideen bekam, zum Beispiel, daß er Verwandten und Nachbarn sagte, ich hätte wieder geheiratet.»

Den körperlichen Verfall der Sterbenden mitzuerleben, war schmerzhaft. «Ich war traurig, meine Großmutter so hilfsbedürftig und elend zu erleben. Und ich war traurig, daß es sie so wie bisher in meinem Leben nicht mehr geben wird. Ich fühlte, daß mit ihr auch ein Stück meiner Kindheit stirbt, die sie so bewußt miterlebt hat. Ich hatte viel Liebe für sie. Und ich war verzweifelt, zu sehen: Da liegt sie nun mit ihren sechsundachtzig Jahren, sie, die so verdammt viel durchgemacht hat. Und jetzt ist sie auf so wenige Sätze reduziert. Ich war verzweifelt und wütend über diesen Auflösungsprozeß von Körper, Seele und Sprache.»

«Wenn er große Schmerzen hatte und ich nichts zu seiner Erleichterung tun konnte, dann hab ich mich besonders schwach und hilflos gefühlt.» Die Angehörigen leiden sehr darunter, die Schmerzen eines Sterbenden ohnmächtig miterleben zu müssen. Die sechsundfünfzigjährige Ärztin Marianne schreibt über das Sterben ihres Mannes: «Bei jedem schmerzhaften Eingriff fühlte ich mich hilflos. Ich fühlte dann seine Mutlosigkeit, Verzweiflung und Angst mit. Dies war für mich qualvoll.»

Häufig teilten uns die Befragten mit, daß es für sie eine große Hilfe gewesen wäre, wenn sie mit Ärzten und Krankenschwestern über die Schmerzzustände des Sterbenden und über ihre eigenen Empfindungen angesichts dieses Leidens hätten sprechen können. Auch bedauerten einige, daß sie nicht über wirksame Schmerzmittel oder entsprechende Kliniken informiert wurden. «Ich hätte so gerne für meine Freundin erfahren, ob und wo es in unserer Gegend eine Klinik gab, in der Krebskranke wirklich fast schmerzfrei die letzten Wochen verbringen können!»

«Sechs Wochen lang war ich jeden Tag im Krankenhaus und konnte ihm überhaupt nicht helfen.» So erlebte eine Rentnerin die Sterbezeit ihres Lebensgefährten. Die Erfahrung, nichts für den Schwerkranken tun zu können, empfanden Angehörige als sehr bedrückend und quälend. Krankenhäuser, besonders Intensivstationen, boten ihnen meist keine Möglichkeit, länger bei dem Sterbenden zu bleiben und ihm oder dem Personal zu helfen. Das oft lange Warten auf dem Flur oder die Wartestunden während einer Operation waren spannungs- und schmerzvoll. «Sehr belastet hat mich die Intensivstation und die Art der Ärzte dort. Ich durfte nur kurze Zeit bei meinem Mann bleiben und wurde dann wieder nach Hause geschickt. Es war schrecklich!»

Einige Krankenhausstationen, besonders aber Hospize für Sterbende in England und den USA bieten den Angehörigen vielfältige Möglichkeiten, mit dem Sterbenden zusammenzuleben, ihm zu helfen, für ihn zu sorgen. Dies ist eine große seelische Entlastung und Unterstützung für die Angehörigen – und oft auch für die Pflegepersonen (34, 35).

«Ich hätte helfen können, aber ich war nicht fähig dazu. Ich empfand meine Unfähigkeit als belastend.» Viele Angehörige fühlten sich sehr beeinträchtigt durch ihre Unfähigkeit, dem Sterbenden hilfreich zu begegnen. «Meine Unfähigkeit, mit ihr ein Gespräch zu führen und ihr Trost zu geben, als ich sie zwei Tage vor ihrem Tod im Krankenhaus besuchte, hat mich sehr belastet. Ich bin nur eine halbe Stunde bei ihr geblieben und dann geflohen.»

Angehörige fühlten sich durch ihren seelischen Schmerz wie gelähmt. Dadurch waren sie den Anforderungen nicht gewachsen, konnten nicht helfen, fühlten sich gestreßt und hatten Schuldgefühle.

In dieser schwierigen Zeit wirkten sich seelische Schwächen wie starker Alkoholgenuß oder Depressionen besonders nachteilig aus. Eine Frau: «Ich war selbst hilfsbedürftig. Ich fühlte mich einsam, depressiv und sehnte mich nach Geborgenheit und Zärtlichkeit. Ich konnte damals meinem Vater nicht helfen. Ich fühlte mich körperlich und seelisch nicht in der Lage dazu. Hilfreich kam ich mir nie vor.»

Starke Wut war bei einigen das vorherrschende Gefühl bei der Begleitung des sterbenden Angehörigen: Wut auf die Krankheit oder die Helfer. Meist stand hinter diesem Gefühl die Wut über die eigene Ohnmacht, auf sich selbst. Nina: «Das stärkste Gefühl, das ich erlebt habe, war Wut. Wut, wie menschenunwürdig die Medizin alten Leuten gegenüber sein kann. Wut habe ich auch darüber empfunden, daß der Tod ein Tabu in unserer Gesellschaft ist. Und ich war wütend über meine eigene Angst und Unfähigkeit, mit der Großmutter über das Sterben zu sprechen. Wütend, weil ich mich hilflos fühlte. Ich hätte ihr gerne noch mehr gezeigt, wie sehr ich sie mochte.»

«Ich war unfähig, mit jemandem über meine Gefühle zu sprechen, und so konnte mir niemand helfen.» Etliche, die sich hilflos und innerlich blockiert fühlten, waren zugleich unfähig, sich an-

deren gegenüber auszusprechen, obwohl sie Gelegenheiten dazu hatten. Viele spürten, daß es sie entlastet hätte, ihre Schwierigkeiten mitzuteilen. So aber hatten sie noch das zusätzlich deprimierende Gefühl, nicht einmal dazu fähig zu sein. Ein Student: «Ich hätte mit jemandem über all dieses sprechen müssen, ihm meine Hilflosigkeit eingestehen müssen. Das hätte mir sehr gutgetan. Dann hätte ich mein schlechtes Gewissen und die Trauer besser verarbeitet, nämlich herausgelassen und nicht in mich hineingezogen.»

Andere wagten es nicht, über das Sterben in der Familie zu sprechen, weil das Thema als tabu galt. «Es hätte mir geholfen, wenn ich mein schlechtes Gewissen, daß mein Vater gegen seinen Willen im Heim bleiben mußte, den anderen Familienmitgliedern und Vater gegenüber hätte aussprechen dürfen. Aber es war eine ‹Spielregel›, darüber zu schweigen, weil es keine vernünftige Alternative gab.»

«Ich fühlte mich völlig überfordert.» Sich hilflos zu fühlen, seelischen Schmerz und Spannungen zu spüren und in Gesprächen keine Hilfe zu erhalten – Erfahrungen wie diese ließen die Begleitung des Sterbenden mühsam und quälend werden. «Rückblickend gesehen war für mich alles sehr belastend. Ich kann nicht sagen, was mir am Umgang mit meiner Mutter hilfreich war. Und es hat mich sehr belastet, nicht helfen zu können. Im Grunde genommen wußte ich ja, daß dieses das Endstadium der Krankheit war; aber ich habe diese Gedanken immer verdrängt.»

Das Gefühl der Hilflosigkeit und Überforderung war meist besonders stark bei denen, die allein, ohne die Unterstützung anderer mit der Situation umgehen mußten. «Ich habe die Erfahrung gemacht: Man ist unheimlich alleine und hilflos. Man weiß nicht, was man machen soll. Ich war der Situation überhaupt nicht gewachsen. Ich hätte mir Unterstützung gewünscht. Aber ich wußte nicht, wer und was mir helfen könnte.»

Hinzu kam bei einigen, daß sie sich sehr gehetzt und gestresst fühlten, weder für den Sterbenden noch für sich selbst genügend Zeit hatten. Viele waren durch berufliche Verpflichtungen, die

Sorge um die eigene Familie und andere Aufgaben belastet. Sie fühlten sich unglücklich, wenn sie beim Besuch auf die Uhr schauen und den Schwerkranken bald wieder allein lassen mußten.

War die Beziehung zu dem Sterbenden schon vorher gespannt und schwierig, dann war dies für die Angehörigen zusätzlich beeinträchtigend. Persönliche Eigenheiten des Kranken, Reizbarkeit, Aggressivität oder Ablehnung führten zu einem schmerzlichen Gefühl der Distanz zwischen ihm und dem Begleiter. «Mein Vater war ein schwieriger Mensch. Er mochte keine körperliche Nähe. Er reagierte schnell ungehalten, wenn etwas nicht in seinem Sinn war. Besonders hilflos fühlte ich mich, wenn an einem Tag voller Schmerzen seine Cholerikernatur zum Durchbruch kam.» Schlechte Beziehungen zum Sterbenden weckten bei Angehörigen oft Schuldgefühle. Eine Frau: «Das Verhältnis zwischen meiner Mutter und mir war nie besonders herzlich. Und ich konnte es ihr, die recht aggressiv war, nicht recht machen. Ich fühlte mich furchtbar hilflos. Ich habe mir immer Vorwürfe gemacht, daß ich auch in der Zeit der Krankheit meiner Mutter nicht herzlich zu ihr sein konnte, wie sie es sich wohl wünschte.»

Wichtige Entscheidungen für den Kranken treffen zu müssen, etwa über medizinische Behandlungsmaßnahmen, führte bei Angehörigen zu einem Gefühl der Überforderung. Häufig mangelte es ihnen an ausreichenden Informationen. «Ich mußte während der Krankheit immer alle Entscheidungen für meine Mutter übernehmen. Und das hat mich in hohem Maße verunsichert.» Eine Frau: «Mich hat sehr belastet, daß ich nicht den Mut hatte, meine Mutter in ein anderes Krankenhaus verlegen zu lassen. Vielleicht wäre das eine lebenserhaltende Entscheidung gewesen.» Viele denken noch lange nach dem Tod des Angehörigen darüber nach, ob ihre Entscheidungen richtig gewesen waren. So viel ist bei diesen Entscheidungen zu berücksichtigen, oft zuviel für den einzelnen: medizinische Informationen und Ratschläge, die sich oft widersprachen, wenn verschiedene Ärzte um ihre Meinung gefragt wurden, ferner Wünsche und Bedürfnisse des Kranken, die nicht immer klar waren.

Die Belastungen verstärkten sich, wenn der Schwerkranke und der Angehörige nicht offen miteinander über die Krankheit sprechen konnten. Der Angehörige mußte wichtige Entscheidungen treffen, ohne gemeinsam mit dem Erkrankten darüber beraten zu können, und fühlte sich häufig allein gelassen.

Die häusliche Pflege des Schwerkranken und Sterbenden fordert gewöhnlich viel Kraft und Zeit. Um so mehr hat es mich erstaunt, daß nur wenige der Befragten darauf hingewiesen haben. Wahrscheinlich gleicht das Gefühl, für den Sterbenden viel tun zu können, diese Belastungen teilweise aus. Nur wenn ungünstige Erschwerungen hinzukamen, zum Beispiel Unerfahrenheit in der häuslichen Pflege oder Zeitknappheit, dann wurden sie deutlich als belastend erlebt. «Zum Schluß war ich körperlich völlig überanstrengt und konnte die Geduld für Muttis Wunsch, sehr viel bei ihr zu sein, nicht mehr aufbringen. Mir fehlte ein Wissen und eine Klärung, wie ich sie am besten begleiten konnte. Ich wußte auch nicht, wie das Sterben vor sich geht. Und ich wußte nicht, wie nahe das Ende ist. Mir hätte es so gutgetan, wenn ich mich zum Beispiel mit Menschen hätte austauschen können, die ähnliches schon erlebt haben, die Menschen auch so nahe beim Sterben zu Hause begleitet haben.» Mitarbeiter von Selbsthilfevereinigungen und von Hospizen, die zu Hausbesuchen kommen, sind in dieser Situation eine große seelische Hilfe (34, 35).

Mit großer Bitterkeit berichteten einige, daß der Hausarzt nur selten kam, um schmerzstillende Spritzen zu geben. Hierdurch entstand eine enorme Belastung für Sterbende wie auch für begleitende Angehörige.

Manchmal ging der Sterbezeit noch eine Leidensgeschichte von Krankenhausaufenthalten, Operationen und Bestrahlungen voraus, eine Kette belastender Erlebnisse: Einlieferung, Entlassung, Verschlechterung der Krankheit, starke Nebenwirkungen der medizinischen Behandlung. Dies beeinträchtigte die Lebensqualität des Erkrankten und der begleitenden Angehörigen erheblich. Ich frage mich, ob Ärzte diese Auswirkungen ihrer therapeutischen Maßnahmen ausreichend berücksichtigen? Eine

Überprüfung vieler bedeutender Forschungsuntersuchungen zur Wirkung der Chemotherapie bei Krebskranken ergab jedenfalls, daß neben der mangelnden Feststellung einer wirklichen Lebensverlängerung dem Gesichtspunkt der Lebens*qualität* fast nie Beachtung geschenkt wurde (11).

Die Erfahrung, Wünsche und Erwartungen des Sterbenden nicht erfüllen zu können, machte manche hilflos, belastete sie mit Schuldgefühlen. Dies war etwa der Fall, wenn der Schwerkranke den Wunsch hatte, zu Hause zu sterben, die Angehörigen dies aber nicht ermöglichen konnten. «Wir hätten es der Mutter ermöglichen sollen, daß sie zu Hause sterben konnte, wie sie es sich gewünscht hat. Aber wir fühlten uns so hilflos und überfordert von der Pflege und unserer mangelnden Liebe zu ihr. Und so haben wir sie gegen ihren Wunsch im Krankenhaus sterben lassen. Ich fühlte mich jedoch dabei sehr unglücklich, und es hat mich sehr belastet.»

Als sehr quälend empfanden es Angehörige, wenn sie die Bitten der Schwerkranken und Sterbenden nach Schmerzlinderung oder nach einer Beendigung ihres Lebens nicht erfüllen konnten. Barbara: «Mein Mann hat nach der zweiten Operation geahnt oder gewußt, daß er sterben würde. Wir konnten ja nicht miteinander reden. Er hatte die Schläuche im Mund. Er hat mir dann durch Gesten immer wieder zu verstehen gegeben, ich solle der Qual ein Ende machen, durch Abschalten der Maschine oder eine Injektion: Das waren die schlimmsten Augenblicke in diesen Wochen.»

Angehörige erfahren Mitmenschen als belastend

Über zwei Drittel der Befragen machten während der Kranken- und Sterbezeit ihres Angehörigen beeinträchtigende Erfahrungen im Umgang mit anderen Menschen. Bei manchen überschatteten ungünstige Beziehungen die gesamte Zeit der Begleitung. 13 Prozent hatten keinerlei wohltuende Kontakte zu anderen. Als ungünstige Erfahrungen im Umgang mit anderen wurden vor allem genannt: Verständnislosigkeit, Neugierde, Bevormundung, keine seelische Unterstützung, keine praktische Hilfe und Fürsorge.

«Meine engsten Angehörigen verstanden mich nicht in meinen Gefühlen, ich konnte nicht mit ihnen darüber reden.» Sie fühlten sich im Gespräch mit anderen – mit Eltern, Geschwistern, mit dem Partner oder Verwandten – unverstanden und gefühlsmäßig zurückgewiesen. Eine Frau, 27: «Ich fand es sehr belastend, daß ich nicht mit meinen Eltern über den Tod meiner Schwester reden konnte. Für sie ist dieses Thema tabu.»

Eine andere Frau, 65, fühlte sich von ihren Verwandten unverstanden: «Ich war in einer Selbsthilfegruppe und hatte gelernt, die Krankheit meines Mannes anzunehmen und gelassener zu sein. Meine Verwandten sahen darin eine Gleichgültigkeit. Und sie waren mir gegenüber feindselig, weil mein Mann in einem psychiatrischen Krankenhaus und nicht in einem ‹normalen› Krankenhaus war.» Der Student Heiko suchte Trost und ein Gefühl der Verbundenheit bei der Frau seines an Leukämie erkrankten Bruders: «Aber seine Frau vermied alles, um darüber zu sprechen. Sie reagierte so: ‹Es kann einfach nicht sein!› Dabei wollte ich gar nicht einmal darüber reden, sondern nur das Gefühl der schweigenden Anteilnahme.»

Als verständnislos und verletzend wurden gutgemeinte «Sprüche» von Mitmenschen empfunden. Heidi: «Diese unbedachten Sprüche machten mich innerlich wütend, wie zum Beispiel: ‹Du opferst dich für deinen Vater auf. Sterben wäre in seinem Alter eine Erlösung.› – ‹Das Leben geht weiter.› Und dann dieses blöde Trösten – er habe ja ein schönes Alter erreicht, habe wenig Schmerzen.» – «Wenn ich mit Bekannten und Freunden sprach, dann hieß es immer: ‹Ja, du mußt auch bedenken, deine Mutter ist sehr krank, und für sie ist es eine Erlösung.› Also, solche Sprüche, die haben mich mehr belastet, als daß sie halfen. Ich empfand, daß die anderen alle sehr hart reagierten, so etwa: ‹Gönnen Sie doch Ihrer Mutter den Tod.› – ‹Freuen Sie sich über jeden Tag, den sie eher einschläft.› Oh, ich hätte diese Menschen zum Mond schießen können. Vielleicht ist das von der Vernunft her richtig. Aber wenn man einen lieben Menschen verliert, dann ist das keine Hilfe. Ich habe hilfreiche Reaktionen von anderen nicht erlebt. Nie!» Wahrscheinlich greifen Mitmenschen in ihrer Unbeholfenheit zu derartigen Redensarten. Eine sanfte Berührung, ein Umarmen oder wenige einfühlsame Worte oder Gesprächsangebote sind in einer solchen Situation meist hilfreicher.

Bettina erlebte in Gesprächen Oberflächlichkeit und Neugier und bekam unerbetene Ratschläge: «Das schlimmste war für mich, wenn einige Nachbarn oder Bekannte immer wieder mit diesem ‹Ach, warum muß er denn sterben?-Gesicht› auf mich zutraten und dauernd fragten: ‹Wie geht es ihm denn?› Und dann mußte ich mir auch noch anhören, wie und woran ihre Verwandten gestorben waren oder welche ‹Mittel› wir noch ausprobieren sollten.»

Manchen Mitmenschen scheint es fast mehr darum zu gehen, daß *sie* reden und ihre Erfahrungen mit Krankheit oder medizinischer Behandlung mitteilen können, als daß sie sich anteilnehmend dem Begleiter zuwenden.

Eine Frau fühlte sich sehr durch Vorschriften ihrer Familie unter Druck gesetzt und eingeschränkt: «Wir hatten entschieden, daß meine Mutter nicht erfahren sollte, daß sie stirbt. Ich habe dann gemerkt, wie schwer es ist, damit zu leben. Immer nur dieses Lügen, das kostete mich soviel Kraft. Und dann hörte ich von meinen Geschwistern immer wieder: ‹Du darfst ihr nichts sagen! Bloß nicht! Wenn du das tust, dann hast du sie auf dem Gewissen. Dann bist du schuld an ihrem Tod!› Solche Drohungen habe ich von meinen Schwestern gehört, wenn ich ihnen sagte, daß wir Mutter eigentlich die Möglichkeit geben sollten, ihre Dinge zu ordnen, bevor sie gehen muß.»

«Ich hätte so sehr die Unterstützung meiner Familienangehörigen benötigt, aber ich erhielt sie nicht.» Manche fühlten sich bei der Begleitung des Sterbenden allein gelassen, ohne Unterstützung bei der Pflege und bei Arbeiten im Haushalt, wodurch sie mehr Zeit für den Sterbenden und auch für sich selbst gehabt hätten. Diese geringe Fürsorge anderer, der Mangel an Nähe und

Möglichkeiten zu Gesprächen belasteten die Begleiter erheblich. «Ich fühlte mich deshalb so hilflos, weil ich allein vor dem Sterben stand. Wenn mir jemand die häuslichen Pflichten und die Kinderbetreuung etwas abgenommen hätte, dann hätte ich mit mehr Ruhe bei dem Sterbenden sein können. Und ich hätte auch dringend einen Menschen gebraucht, der mich mal in die Arme genommen und mich ein bißchen bemuttert hätte.» – «Ich fühlte mich nach der Entbindung, die erst kurze Zeit zurücklag, noch nicht so kräftig und hätte es als sehr hilfreich empfunden, wenn ich von anderen Familienangehörigen bei der Pflege meines Vaters und bei anderen Arbeiten im Haushalt unterstützt worden wäre. Es hat sich aber kaum jemand um mich gekümmert und nach meinen Empfindungen gefragt. Es wäre für mich entlastend gewesen, wenn ich mit Menschen hätte reden können, da ich mir viel Mühe mit der Pflege meines Vaters gab und es nicht immer leicht war, mit einem so ungeduldigen und eigenwilligen Patienten umzugehen. Ich fühlte mich überfordert und allein gelassen.»

Hinter dieser verweigerten Mithilfe der Angehörigen stand egoistische Bequemlichkeit, des öfteren aber auch Angst vor Kontakt mit dem Sterbenden. Ein Mann: «Mein Bruder schob alles mögliche vor, Verpflichtungen in der Familie, im Beruf und so weiter. Er kümmerte sich nicht um meine Mutter, übernahm keine Pflegearbeiten. Er war nicht in der Lage, sich in meine Mutter hineinzuversetzen. Ich denke, er und die restliche Familie wollten nicht helfen, weil sie sich nicht mit dem Tod auseinandersetzen wollten und auch nicht bereit waren, bestimmten Dingen jetzt den Vorrang zu geben. Das hat mich enorm betroffen gemacht und zu einem schweren Bruch in der Familie geführt.» Er beschreibt weiter, wie eine Schwester der Mutter Angst vor dem Krankenbett hatte: «Als sie ihre Schwester im Bett liegen sah und meinen Vater sah, wie er sie umbettete, brach sie zusammen. Anstatt zu helfen, sagte sie: ‹Um Gottes willen! Also, du bist völlig überfordert. Hier gibt es nur eins, sie muß sofort ins Krankenhaus.›» Das Krankenhaus entlastet so manche Angehörige von der Mithilfe, dem nahen Kontakt mit dem Sterbenden sowie von der Auseinandersetzung mit dem Tod.

«Mit den andersartigen Gefühlen und Auffassungen der Verwandten umzugehen fiel mir sehr schwer.» Etwa ein Viertel der Begleiter hatte Schwierigkeiten, die Empfindungen und das Verhalten anderer Angehöriger zu verstehen und anzunehmen. Sie hatten keine Kraft mehr, sich in andere einzufühlen, oder fühlten sich von den andersartigen Gefühlen zurückgewiesen.

Für Kirsten, 18, war während der Sterbezeit ihres Bruders der Umgang mit den Eltern schwer: «Das Verhalten meiner Eltern hat mich sehr verunsichert. Ich glaube, ich verstand sie nicht, fühlte nicht, was sie bewegte. Das war schwer und belastend für mich. Das Thema Sterben war immer ein Tabu gewesen, sie teilten mir ihre Gefühle in keiner Weise mit. Ich fühlte mich hilflos ihnen gegenüber und suchte immer wieder herauszubekommen, was wohl jetzt von mir als angemessenes Verhalten erwartet würde. Sie selbst hatten sich immer in der Gewalt.»

Der häufigste Grund für gegenseitiges Unverständnis war, daß manche Angehörigen sich nicht mit dem Sterben auseinandersetzen wollten und die anderen dies wiederum nur schwer akzeptieren konnten. «Ich hatte große Mühe, zu akzeptieren, daß es für meinen Bruder so schwer war, sich wirklich damit zu konfrontieren, daß sein Vater stirbt.» Eine Frau, 60, schreibt: «Die größte Belastung in dieser Zeit war meine Tochter, die einfach nicht glauben wollte, wie sehr krank ihr Vater war.» Die unterschiedliche Bereitschaft von Angehörigen, das Sterben anzunehmen, behindert eine Gemeinsamkeit der Gefühle – eine Erfahrung, die Menschen trennt und belastet. «Es fiel mir sehr schwer, mit den Gefühlen und der wachsenden Verzweiflung meiner Schwiegermutter umzugehen. Sie konnte einfach nicht begreifen, daß es keine Hoffnung für ihren Sohn, meinen Mann, gab. Sie suchte die Schuld im Versagen der Ärzte und Medizin. Das hat mich manchmal gegen meinen Willen ungeduldig gemacht, und ich konnte ihr schwer liebevoll und geduldig begegnen.»

Zu solcher Entfremdung kam es auch, wenn Angehörige unterschiedlich trauerten. «Ich konnte meine Gefühle, meine Trauer nicht zeigen, und so konnte ich auch mit der offen gezeigten Trauer meines Vaters nicht umgehen.»

Folgendes erscheint hilfreich und wichtig: Wir lernen es, zu respektieren, daß Menschen unterschiedlich trauern, daß sie Verluste unterschiedlich bewältigen.

Belastende Erfahrungen mit Ärzten, Schwestern und Pflegern

Mehr als 50 Prozent der Befragten berichteten über deutlich negative Erfahrungen mit Ärzten, während die Beziehungen zu Krankenschwestern und Pflegern als hilfreicher wahrgenommen wurden. Die positiven Erfahrungen mit Pflegepersonen waren fast dreimal häufiger als die negativen. Menschlich unzureichendes Verhalten der Ärzte führt bei den Begleitern zu dem Gefühl, keine unterstützende Zuwendung zu erhalten und allein gelassen zu werden, und teilweise auch zu Ängsten.

Was wurde im einzelnen als belastend in den Beziehungen empfunden?

«Die Ärzte haben uns nicht die Wahrheit gesagt, sondern gelogen.» Am häufigsten wurde fehlende Offenheit und Unehrlichkeit der Ärzte gegenüber Angehörigen und Sterbenden genannt. Die Ärzte teilten entweder gar nicht oder sehr spät den wirklichen Krankheitszustand mit. Dies führte zwangsläufig zu einem Vertrauensmangel gegenüber den Ärzten. Auch führten leichtfertige Äußerungen und Versprechungen von Ärzten dazu, daß sich Sterbende und Begleiter nicht ernst genommen, nicht menschlich behandelt fühlten. Ein Mann: «Mein Vertrauen zu den Ärzten war weg, weil sie immer wieder sagten: ‹Ja, da kann man noch was machen. Wir machen das. Vielleicht nächste Woche, dann wird Ihr Vater operiert.› Aber dann blieb mein Vater da liegen. Und einer der Ärzte stellte schließlich die Maschinen ab. Mit uns haben sie nicht darüber geredet.»

Ein anderer berichtet, daß seine Mutter sich sehr getäuscht fühlte, weil die Ärzte ihr die Wahrheit vorenthielten: «Die Ärzte haben meine Mutter von vorne bis hinten belogen. Darum war sie stinkig auf die Ärzte. Zuerst hatte sie den Eindruck, daß es eine freundschaftliche, ehrliche Beziehung war, bis sie merkte, daß es nur allgemeines Gerede war. Als meine Mutter es dann ganz deutlich merkte, fragte sie mich: ‹Warum belügen mich die Ärzte so?› Sie war maßlos enttäuscht! Der Arzt hat ihr mit dem Lügen kein Stück geholfen.»

Die Unehrlichkeit der Ärzte erschwert auch die Beziehungen der Krankenschwestern zu den Patienten. Eine Stationsschwester: «Es war nicht möglich, dem Schwerstkranken klarzumachen, daß er bald sterben müsse, da die Ärzte ihm täglich neue Hoffnungsbrocken ‹servierten›, an die er sich klammerte. Er hoffte immer noch auf die erlösende Operation. Das hat mich und alle Kollegen besonders belastet, weil wir überhaupt nicht wußten, was wir zu dem, was die Ärzte ihm vorlogen, sagen sollten.»

Mit Vorhaltungen von Angehörigen konfrontiert, vertraten manche Ärzte die Auffassung, man dürfe dem Patienten niemals die Hoffnung auf Heilung nehmen. Aber diejenigen, die die Wahrheit wissen möchten, fühlen sich getäuscht und verlieren das Vertrauen.

Auch wenn es keine Heilung gibt, haben Sterbende noch Hoffnungen: Auf Schmerzfreiheit, intensive Stunden der Nähe zu Angehörigen, auf eine hilfreiche Betreuung, einen liebevollen Abschied und ein sanftes Hinübergleiten in den Tod. Für die Sterbenden ist es eine enorme Erleichterung, wenn medizinische Helfer das ihrige dazu beitragen, daß diese Hoffnungen Wirklichkeit werden.

«Ich fand die Ärzte kalt und gefühlsarm.» Distanziertheit sowie geringe Anteilnahme und Wärme der Ärzte verletzten Angehörige und Sterbende. Ein Student: «Ich erlebte sie als kalt und einmal sogar als zynisch. Die Ärzte auf der Intensivstation waren mit einem dicken psychischen Mantel zum Selbstschutz umgeben.» – «Ich fand die Ärzte kalt und gefühlsarm», sagte eine Frau. «Ich durfte nur kurze Zeit in der Intensivstation sein und wurde dann nach Hause geschickt. Es war schlimm! Jetzt, nach sechs Jahren, bin ich immer noch nicht darüber hinweg, daß ich nicht bei meinem Mann bleiben durfte.»

Trotz vieler Bemühungen bekamen manche keinen Kontakt zu dem Arzt: «Den Krankenhausarzt, der meinen Schwiegervater schon seit Jahren behandelte, erlebte ich als sehr unzugänglich. Es war praktisch nicht möglich, mit ihm ein Gespräch zu führen. Auch bei Telefongesprächen, auf die ich mich sogar schriftlich vorbereitete, um wirklich eine Antwort auf meine Fragen zu bekommen, war er stets kurz angebunden. Manchmal sprach ich mit den Schwestern, zumal ich selbst Krankenschwester bin, aber auch sie hatten Angst vor diesem Arzt. Heute würde ich versuchen, den Ärzten gegenüber energischer aufzutreten, mich nicht so abweisen lassen.»

Als wenig einfühlsam empfanden einige Begleiter auch, *wie* Ärzte sie schließlich, oft nach langer Verschleierung, über den ernsten Zustand des kranken Angehörigen informierten. Eine Frau, deren Mutter an Krebs starb: «Seelische Unterstützung durch die Ärzte, indem sie einen auf die Wahrheit vorbereiteten und nicht einfach so brutal damit konfrontierten, erhielt ich nicht. Ich fühlte mich hilflos. Ich wünschte, es gäbe mehr Menschlichkeit im Krankenhaus.» Nach den Berichten der von uns befragten Begleiter halten Ärzte die Wahrheit oft lange Zeit zurück. Vermutlich liegt dies zum Teil darin begründet, daß viele von ihnen nicht wissen, *wie* sie den Angehörigen und Sterbenden einfühlsam die Wahrheit mitteilen können. Erschwerend kommt hinzu, daß eine behutsame Aufklärung Zeit und seelische Kraft kostet, weil sie mit unterstützenden Gesprächen und Zuwendung verbunden sein muß.

«Die Behandlung der Patienten durch die Ärzte und Schwestern war sehr lieblos.» Eine wenig behutsame Behandlung des Sterbenden empfanden die Angehörigen als besonders belastend. «Die Art, wie mein Vater behandelt wurde, war schrecklich. Ich mußte miterleben, daß er ganz starke Angst vor den Schwestern und Pflegern hatte. Er war nicht der Mann, der gerne bat oder viel klingelte. Er wollte sich möglichst gut mit den Schwestern verstehen, weil er das ohnmächtige Ausgeliefertsein stark erlebte. Es fällt mir immer noch schwer, mich an diese letzten Wochen zurückzuerinnern. Sie waren zu grausam für uns beide.»

Eine Frau, von Beruf Krankenschwester, berichtet über ihre Erfahrungen mit dem Arzt ihres Schwiegervaters am Tag seines Todes: «Der Professor sagte niemandem im Zimmer guten Tag. Er schien mir sehr überheblich. Er forderte mich auf, rauszugehen, wo ich hinter einer Glasscheibe alles sehen konnte. Er drückte meinem Schwiegervater kräftig auf den Brustkorb, versuchte ihn federn zu lassen. Dann entschwebte er wieder. Ich empfand es als sehr unangenehm.»

Die Erfahrungen der *Sterbenden* mit mangelnden menschlichen Beziehungen zu den medizinischen Helfern waren oft bitter. «Die Pfleger nahmen ihn oft nicht ernst. Darunter litt mein Mann sehr.» – «Großmutter hatte keine Beziehung zu den Schwestern. Bei ihnen war es unmöglich, irgend etwas Positives entstehen zu lassen. Sie empfand sie als lieblos, hart und unpersönlich ihr gegenüber.»

Häufig wurde erwähnt, daß sich Sterbende von den Helfern allein gelassen fühlten, daß diese sich keine Zeit nahmen, nicht einmal für ein kurzes Gespräch. Eine Lehrerin: «Mein Großvater hatte keine Kontakte zu den Betreuern, die über die medizinische Versorgung hinausgingen. Für ein Gespräch wäre er so dankbar gewesen. Er fühlte sich von den Schwestern allein gelassen. Es gab kein liebes Wort für ihn.» – «Meine Mutter fühlte sich den Ärzten ausgeliefert. Es war sinnlos, etwas gegen sie zu tun oder sie zu kritisieren.» – «Wir mußten miterleben, wie sie meine Mutter, die im Sterben lag, wie ein Ding behandelten. Wie konnten sie das machen, wo sie doch noch lebte? Wir waren darüber sehr unglücklich.» Einen Mann befremdete das Beharren auf Routinemaßnahmen und das Fehlen von seelischer Betreuung: «Obwohl meine Mutter kurz vor dem Tod war, vergaß man nie das Fiebermessen. Sonst sah man nicht oft nach meiner Mutter, so nach dem Motto: ‹Was soll's, die stirbt ja sowieso.› Als ich mich beschwerte, bezeichnete der Stationsarzt mein Verhalten als aufmüpfig und erklärte mir, daß Angehörige sowieso hier im Krankenhaus stören.»

Mangelnde Einfühlung und Lieblosigkeit äußerten sich auch darin, daß die Wünsche der Sterbenden nicht gehört oder nicht berücksichtigt wurden. Eine Krankenschwester über einen jungen Patienten: «Vier Wochen vorher drängte er, er wollte Weihnachten nach Hause. Er war zwar total schwach, aber wir vom Pflegepersonal haben uns zusammengesetzt, und mit allen möglichen Mitteln wäre es kein Problem gewesen, ihn für die Zeit nach Hause zu bringen. Aber es wurde abgelehnt; die Chemotherapie wurde so ausgedehnt, daß sie in die Weihnachtstage hineinreichte. Es war hart. Die Ärzte haben sich meiner Meinung nach nicht mit seiner seelischen Situation auseinandergesetzt. Fest stand, daß er bald sterben mußte, aber das Medizinische stand trotzdem im Mittelpunkt. Ich war total wütend. Wenn du den Jungen da liegen sahst, wußtest du genau: Da ist sein letztes Weihnachten.»

Als belastend wurden auch unechte Beschwichtigungen hinsichtlich der Schwere der Krankheit sowie Aufmunterungsversuche der medizinischen Helfer erlebt, die damit die Stimmung von Patienten und Angehörigen aufhellen wollten.

«Die Ärzte nahmen sich keine Zeit, mich zu informieren.» Viele Angehörige fühlten sich dadurch beeinträchtigt, daß medizinische Helfer sie zu wenig und zu selten über die Erkrankung und ihren Verlauf informierten. Ein Mann: «Ich frage mich: Warum mußte ich als Angehöriger den Ärzten die Wahrheit über den Zustand meiner Mutter so herausklauben? Es hat sich kein Arzt Zeit genommen, es hat sich keiner mal mit mir hingesetzt. Ich habe mich über Bücher, über befreundete Ärzte und eine andere Klinik über Magenkrebs informiert. Mit diesem Wissen ausgerüstet, habe ich dann die behandelnden Ärzte damit konfrontiert, daß sie mir nicht die Wahrheit sagten. Erst dann waren sie gesprächsbereit. Aber diese Vorleistungen mußte ich erst erbringen.» – «Belastet haben mich die Ärzte, die nie ‹ja› oder ‹nein› sagten, die alles in ihrer Fachsprache verschlüsselten. Einige bessere Hinweise und Gespräche von ihnen wären so gut gewesen. So konnten wir nicht verstehen, was es mit ihrer körperlichen Schwäche und ihrer Krankheit auf sich hatte.»

Auch schlechte äußere Bedingungen im Krankenhaus oder in der Arztpraxis tragen zu den Belastungen bei, so zum Beispiel lange Wartezeiten oder die viel zu knapp bemessene Sprechzeit vieler Krankenhausärzte. Angehörige fühlen sich machtlos gegenüber einer Krankenhausordnung, die den reibungslosen Ablauf mit geregelten Zeitplänen als wichtiger ansieht als menschliche Nähe und Sorge für den Patienten und seine Angehörigen.

«Wenn ein Arzt erkannt hat, daß es keine Heilung gab, dann muß er etwas anderes tun. Und das muß etwas Besseres sein, als wir es bislang taten.» Die Erfahrungen dieser Menschen lassen mich daran zweifeln, ob Krankenhäuser – in denen heute mindestens jeder zweite stirbt – Sterbenden angemessene Hilfe geben können. Ich denke dabei nicht an die medizinische Versorgung, sondern an die seelische *Lebens*qualität der Sterbenden. Die üblichen Krankenhausabteilungen scheinen beim Patitenten, der seine letzten Wochen und Tage *leben* möchte, kaum die benötigten förderlichen Bedingungen bieten zu können. Für diejenigen, die nicht zu Hause bei ihrer Familie sterben können und die etwas anderes als die herkömmliche medizinische Betreuung in einem Krankenhausbett wünschen, sind Hospize für Sterbende eine Alternative. Sie sind bisher überwiegend in angelsächsischen Ländern eingerichtet worden. Bekannt geworden, auch durch eine Fernsehsendung, ist das St. Christopher's Hospiz in London. Es ist zum Beispiel in der Schmerzbekämpfung zum Vorbild für viele andere englische Kliniken geworden. Eine Befragung ergab, daß Angehörige von Sterbenden in anderen Krankenhäusern ängstlicher waren als Angehörige von Patienten, die im St. Christopher's Hospiz starben. «Das Hospiz ist wie eine Familie – damit charakterisierten viele die dortige Situation. Es ergab sich auch, daß Patienten bei der Hauspflege mehr Schmerzen erlitten und daß sie und ihre Familien ängstlicher waren als diejenigen in dem Hospital. Es ist die Kombination der seelischen, sozialen und spirituellen Sorge für die Familie und für den Patienten, die in traditionellen Krankenhäusern soviel schwieriger gewährt werden kann» (22).

Im New Yorker St. Mary's Hospital wurde kürzlich eine Klinik für sterbende Kinder eingerichtet, die sich im Endstadium einer unheilbaren Krankheit befinden. Statt intensiv-medizinischer Apparate stehen den todkranken Kindern hier die modernsten Methoden der Schmerzlinderung zur Verfügung und vor allem Ärzte, Schwestern und Therapeuten, die sich um ihre seelische Betreuung kümmern. Kinder unter sechzehn Jahren, die voraussichtlich nicht länger als ein Jahr zu leben haben, werden aufgenommen. «Wenn ein Arzt klar erkannt hat, daß es keine Heilung gibt», so der Leiter der Klinik, Dr. Burton Grebin, «dann muß er etwas anderes tun. Und das muß etwas Besseres sein, als wir es bislang tun.» Persönlicher Zuspruch, Schmerzlinderung und Unterhaltung sind nach Dr. Grebin das wichtigste für diese Kinder, deren Leben so lange wie irgend möglich so normal wie möglich verlaufen soll (23).

Ärzte, Schwestern und Pfleger fühlen sich überfordert

Bei der Befragung von fast hundert Krankenschwestern, Pflegern und Ärzten stellten wir fest: Viele von ihnen fühlten sich durch sterbende Patienten sehr belastet, zum Teil überfordert. Angehörige und Patienten sehen oft nur das Äußere der Helfer, ihre Geschäftigkeit, ihr medizinisches Wissen, ihre vielen medizinischen Aktivitäten und zum Teil Distanz, Kälte oder gar Arroganz. Im Innern sieht es jedoch bei vielen anders aus. Häufig sagten die Helfer, sie hätten sich ohnmächtig und hilflos den Sterbenden gegenüber gefühlt. Viele quälte die Unsicherheit, ob sie sich richtig verhalten, andere belastete die Gewißheit, den Sterbenden verlieren zu müssen. Jeder fünfte Helfer begegnete dem Sterben des Patienten nur mit belastenden, ungünstigen Gefühlen.

«Hilflos habe ich mich gefühlt bei starken Schmerzen der Patientin oder wenn sie sehr weinte.» Viele Krankenschwestern fühlten sich gegenüber den großen körperlichen Qualen des Todkranken und seinem langsamen Sterben ohnmächtig. Sie litten darunter, wenn die Ärzte zu wenig Schmerzmittel gaben. «Ich war entsetzt über die Qualen des Patienten, konnte es nicht aushalten, bin immer wieder rausgelaufen. Das einzige, was ich für ihn

tun konnte, war, ihm ab und zu den Schweiß abzuwischen. Ich weiß heute nicht mehr, warum er nicht mehr Beruhigungsmittel erhielt. Wir hätten ihm mehr Hilfe geben müssen, Beruhigungsspritzen, um seine Qualen zu mindern.»

Viele sprechen sich für die Möglichkeit aus, daß insbesondere krebskranke Sterbende durch höhere Dosierung schmerzlindernder Medikamente ruhig und ohne Qualen sterben dürfen.

Während Krankenschwestern häufiger ihre Hilflosigkeit gegenüber dem Sterbenden spürten, war es bei Ärzten eher ein Gefühl des Versagens. Ein Stationsarzt: «Für mich gehört der Tod zum Leben. Trotzdem habe ich jedesmal, wenn ich mit ihm konfrontiert werde, das Gefühl, persönlich versagt zu haben.» Eine Krankenschwester sieht die Situation so: «Die Ärzte empfinden es leicht als persönlichen Mißerfolg, als Versagen ihrer medizinischen Bemühungen. In ihrer Ausbildung werden sie geschult, das Leben mit allen zur Verfügung stehenden Mitteln zu verlängern. Was sie kaum lernen, ist, ihre Patienten zu begleiten und das Sterben anzuerkennen als einen Prozeß, der genauso der ärztlichen Fürsorge bedarf wie das Heilen von Krankheiten.»

Die starke seelische Beanspruchung und die Ohnmacht gegenüber den Leiden von Sterbenden führten bei Helfern zu unterschiedlichen Reaktionen. «Gegen Ende hin bin ich kaum noch in ihr Zimmer gegangen. Ich konnte das nicht ertragen, ich hab auf ihren Tod gewartet.» – «Ich habe mich der Erfahrung so weit wie möglich entzogen – wie es alle auf der Station zu machen schienen. Ich habe allenfalls versucht, besonders nett zu der Patientin zu sein. Einem offenen Gespräch habe ich mich nicht gewachsen gefühlt, davor habe ich Angst gehabt.»

Eine junge Ärztin versucht, ihre Gefühle «mit dem Kopf» zu kontrollieren: «Ich kann in meiner Funktion als Ärztin besser mit Tod und Sterben umgehen, als wenn jemand aus meiner Familie sterben müßte. Ich mache es rein vom Intellekt her, ganz rational, in meiner Funktion als Arzt. So geht es mir besser, als wenn ich so gefühlsmäßig hineinverwickelt werde.» Auch andere sagten, daß sie ein «geschäftsmäßiger Umgang» entlastete und sie so ihre Hilflosigkeit überspielen konnten.

Nach meinem Eindruck hängen die Ängste und die Hilflosigkeit der medizinischen Helfer häufig mit dem Nicht-annehmen-Können des Sterbens zusammen. Ein Arzt: «Sterben und Tod sind für mich, von der Heilkunde her gesehen, etwas klar Negatives. Für mich ist Sterben verbunden mit Alleingelassenheit, Schmerzen, Angst und Vorwurf.»

Wenn es den Helfern dagegen gelingt, das Sterben ihrer Patienten und *das eigene Sterben* anzunehmen, dann sind ihre Unsicherheit und Angst erheblich geringer. «Es wurde erst besser, als ich merkte: Ich muß nicht um jeden Preis das Sterben verhindern helfen, sondern einfach ein Stück mit dem Patienten mitgehen. Da wurde ich auch handlungsfähiger.» Eine Krankenschwester: «In den Erfahrungen mit den Sterbenden habe ich gelernt, daß man dasein muß, vielleicht die Hand halten, zuhören oder mit ihnen beten. Ich habe das Gefühl, wenn ich den Tod akzeptiere und positiv dazu stehen kann, das hilft mir, mit dem Sterben des Patienten fertig zu werden. Dann kann die Pflege oder die Begleitung für mich zu einem Erlebnis werden, die das eigene Erleben bereichert.»

«Das ist schon hart: Du pflegst jemand über längere Zeit, gewinnst ihn lieb, und dann stirbt er.» Manche Helfer fühlten sich sehr mit dem Sterbenden verbunden. Es war dann sehr belastend für sie, den liebgewonnenen Menschen verlieren zu müssen. Eine Krankenschwester: «Als er starb, konnte ich es nicht fassen. Ich habe dagesessen und geheult. Irgendwie war er ein toller Typ, ich mochte ihn gerne und fand seinen Tod ungerecht. Ich glaube, weil ich ihn so mochte, wollte ich es die ganze Zeit über nicht so richtig wahrhaben, daß er wirklich sterben würde.» –

Daneben werden die Helfer aber auch mit Patienten konfrontiert, die sich fordernd oder vorwurfsvoll verhalten, die Schwierigkeiten im Kontakt zu Mitpatienten haben und deren persönliche Eigenheiten sich in der Klinikatmosphäre und unter körperlichen Schmerzen deutlicher offenbaren oder gar verstärken. Dann erlebten die Helfer den Umgang mit dem Sterbenden als schwierig. «Uns, das Personal, betrachtete er als ‹Dienstleistende›. Außerhalb dieser Funktion interessierten wir ihn nicht.

Seine Frau sagte, so sei er immer gewesen. Manche fanden ihn überheblich, distanziert und befehlend, auch ich habe ihn so empfunden. Er konnte keine Schwäche zeigen.»

«Ich habe mich mit meinem Ausbildungswissen weit überfordert gefühlt.» Manche medizinischen Helfer spürten die starke Verantwortung, die auf ihnen lastete, und litten unter der Ungewißheit, ob sie sich richtig verhielten, keine Fehler machten. Ein Arzt: «Ich war und bin unsicher, ob wir zum Schluß die Medikamente zu schnell gesteigert und ihr damit das Bewußtsein zu früh genommen hatten. Das alles war sehr belastend.» Bewegt hat mich die Selbstkritik einer Schwester: «Ich habe einen Patienten zu Tode gefüttert. Ich habe gesagt, er muß essen, ich bin zuständig dafür. Ich muß dafür sorgen. Ich dachte, er ist so dünn, ich will ihm etwas Gutes tun. Dabei konnte er wirklich nichts mehr essen. Ich habe ihn immer noch zu einem weiteren Löffel überredet. Und er wehrte sich schon mit den Händen. Ich weiß nicht, warum ich es noch weiter getan habe. Ich fühle mich noch heute in der Schuld. Es war schrecklich: Plötzlich drehte er seine Augen nach oben, ich bin raus und habe die Oberschwester geholt. Als wir zurückkamen, wußte ich, daß er tot war. Ich dachte: Daß er jetzt sterben mußte, war alles wegen mir, weil ich ihn gequält habe. Irgendwann mußte er sterben, aber warum dann durch mich? Daran denke ich heute noch.»

Belastende Beziehungen der Helfer untereinander

Fast 50 Prozent der medizinischen Helfer sagten, daß sie die Zusammenarbeit im Team ihrer Station als eher negativ empfanden. Ferner: Helfer, die in einem Team arbeiteten, dessen Atmosphäre sie als ungünstig einschätzten, hatten deutlich häufiger negative Gefühle bei der Begleitung Sterbender als Helfer, die sich in ihrem Team wohl fühlten. Ein Anzeichen für ein ungünstiges Teamklima war es meist, daß die Helfer unterschiedliche Auffassungen zum Sterben und zur Betreuung der Patienten hatten.

«Belastet haben mich Situationen, wo Ärzte den Patienten nicht als Person ansahen, sondern als etwas Krankes.» Zum einen bestanden diese Unterschiede in den Einstellungen hinsichtlich der Betreuung des Sterbenden. Helfer erlebten es als belastend, wenn ihre Kollegen den Sterbenden abschieben wollten und sich nicht mit ihm beschäftigten. «Im Team fand ich keine Unterstützung. Sie sagten oft: ‹Geh mal hin, sie läutet schon wieder. Ich kann es nicht mehr sehen, wie schlecht es ihr geht.›» – «Die meisten haben ihre Arbeit so ganz mechanisch runtergerissen. Und auf mich waren sie eher sauer, wenn ich mich außer der Reihe um den Patienten kümmerte.» – «Wenn ich mich in meiner Frühstückspause um ihn kümmerte, habe ich hinterher noch einen auf den Deckel bekommen, etwa so: ‹Die Pause ist jetzt zu Ende, jetzt wird richtig gearbeitet.› So erfuhren diejenigen, die sich wirklich um die Sterbenden kümmern wollten, oft keine Unterstützung, ja manchmal Ablehnung.»

Die unterschiedlichen Einstellungen zeigten sich besonders bei der Betreuung der Patienten im Endstadium. «Die unreflektierten Einstellungen von Kollegen und einigen Schwestern waren sehr belastend», sagte ein Assistenzarzt. «Ich mußte ihnen mehrfach ausdrücklich verbieten, Patienten in ein Badezimmer zu schieben, als es mit ihnen zu Ende ging.» Erhebliche Unterschiede gab es auch in den Auffassungen über die Art der Behandlung, etwa in der Intensivstation: «Am schlimmsten war es für mich, wenn Leben mit Hilfe von Maschinen und Medikamenten künstlich aufrechterhalten wurde. Wie oft drücken solche Maßnahmen nur die Hilflosigkeit der Ärzte aus und ihre Unfähigkeit, dem Tod ins Gesicht zu sehen.»

So mußten einfühlsame Helfer Behandlungen mit ansehen, die sie als menschlich unangemessen empfanden. Dies war besonders bei Krankenschwestern der Fall. «Ich muß feststellen, daß wir Schwestern oft eine andere Berufsethik haben als die Ärzte», sagte eine Schweizer Lehrschwester. «So muß ich mich manchmal dafür einsetzen, daß keine unnötigen Untersuchungen mehr verordnet werden. Den Ärzten sind die Befunde manchmal wichtiger als die Gefühle des Patienten, und sie sind nicht bereit loszulassen.»

«Gespräche über den Sterbenden waren rein medizinisch, so etwa, welchen Tropf er kriegen sollte.» Etliche Helfer vermißten die Möglichkeit zu Gesprächen über ihre Erfahrungen: «Ich erlebte den Augenblick ihres Sterbens. Ich fühlte mich elend und war sehr traurig. Ich versuchte, mit dem Stationspersonal darüber zu sprechen, hatte aber das Gefühl, mit diesem Thema auf wenig ‹Gegenliebe› zu stoßen.» – «Die Sprachlosigkeit in dem Team ließ mir keine Möglichkeit, meine Trauer und Angst auszudrücken. So bin ich dann aufs Klo gegangen und habe geheult. Und ich bin nicht sicher, ob nicht andere aus dem Team es ähnlich gemacht haben.» Teams, in denen die einzelnen nicht über ihre Erfahrungen und Schwierigkeiten sprechen konnten oder bei denen die Betroffenheit mit Redensarten und Witzen überspielt würde, empfanden viele als starke Beeinträchtigung.

Große Unterschiede zeigten sich in der Einstellung zum Sterben. «Die Kollegen nahmen das Sterben als Routine hin und witzelten sogar darüber. Ich fand dort keine Unterstützung.» – «Manche gingen sehr hart mit dem Tod um und meinten, das ist nun mal so, und wir könnten nicht helfen. Es wäre etwas Alltägliches. Ich hatte das Gefühl, daß man dieser Übermacht des Furchtbaren dadurch begegnet, daß man sich völlig alltäglich verhält, herumflachst und so. Dadurch aber ist jeder letztendlich alleine.»

Deutliche Meinungsverschiedenheiten bestanden in einem Team oft auch hinsichtlich der Frage, wann und inwieweit die Wahrheit gesagt werden solle. Die Krankenschwester Monika: «Sie fanden mich noch sehr jung im Team, und sie haben mir deshalb die ganze Wahrheit erst später gesagt, damit ich mich nicht verplappere, und sie haben mich die ganze Zeit lügen lassen.» Ein Assistenzarzt: «Schwierigkeiten gab es, als entschieden werden sollte, wann die Patientin aufgeklärt werden sollte, wann die Verwandten es erfahren sollten und welche Therapie nun angesetzt werden sollte. Der Chefarzt vertritt die Meinung, man soll Hoffnungsträger bis zum Schluß bleiben und lügen. Ich hätte es ihr eher sagen wollen.» Viele klagten darüber, daß diese Frage der Offenheit zwischen Sterbendem und Helfer meist durch hierarchische Befehle entschieden wird. Dabei haben vor allem die Schwestern die Folgen des Lügens zu tragen, da sie überwiegend mit den Patienten zusammen sind.

«Es war unmöglich, mit der Sterbenden ungestört alleine zu sein. Auch waren wir sehr mit Arbeit überlastet.» Manche Helfer nannten ungünstige äußere Bedingungen, die sie daran hinderten, sich dem Sterbenden einfühlsam zuzuwenden. Auch waren in den meisten Krankenhäusern die Angehörigen wenig in die Betreuung und Fürsorge um den Schwerkranken und Sterbenden integriert, so daß auch die Möglichkeit der gegenseitigen Unterstützung von Schwestern und Angehörigen entfiel. Wenn sich auch der Zeitmangel einschränkend und belastend auf Gespräche mit dem Patienten auswirkte, so sagten doch die meisten, daß dies kein entscheidender Hinderungsgrund gewesen sei. Klara: «Ich glaube, auch wenn viel zu tun ist, kann man sich Zeit nehmen für ein Gespräch, wenn man es nur wirklich will.»

Was können wir aus diesen Erfahrungen lernen? Ich denke, die vielen Äußerungen zeigen, daß das Sterben vieler Menschen in Krankenhäusern heute noch wenig würdevoll und sanft ist, daß Ärzte und Schwestern oft noch keine ausreichend hilfreiche Einstellung zu Schwerkranken und Sterbenden haben; sie wurden darin während der Ausbildung und im Krankenhaus nicht intensiv genug gefördert. Manche Schwierigkeiten scheinen mir auch verständlich: Die Helfer sind während ihrer Tätigkeit im Krankenhaus mit einer Vielzahl sehr unterschiedlicher Patienten täglich und stündlich konfrontiert. Während zum Beispiel die Pflege einer Operationswunde in dem einen Zimmer ihr ganzes medizinisches und praktisches Wissen erfordert, verlangt der Sterbende im Nachbarzimmer einen seelisch fürsorglichen, menschlichen Begleiter. Das ist für manche eine Überforderung.

Geburtsstationen in Krankenhäusern haben sich im letzten Jahrzehnt enorm verwandelt. Was früher undenkbar war, ist heute fast selbstverständlich: eine sanfte Geburt, einfühlsames Eingehen auf die Frau, die Anwesenheit des Partners. Wie ist es zu diesem Wandel gekommen? Immer mehr schwangere Frauen erkundigten sich vor der Geburt bei Kliniken oder Frauengruppen nach der Art der menschlichen und medizinischen Betreuung. Zum Teil ließen sie sich sogar schriftliche Zusicherungen für die von ihnen gewünschte Art der Behandlung geben. Die Tatsache, daß wegen des Geburtenrückgangs zahlreiche Betten leerstanden, förderte die Bereitwilligkeit der Ärzte, auf die Wünsche der Schwangeren einzugehen.

Ich hoffe, eine ähnliche Entwicklung wird sich auch im Umgang mit Sterbenden ereignen: Angehörige oder Schwerkranke erkundigen sich nach Kliniken, in denen ein «sanftes Sterben» möglich ist, in denen die Lebensqualität des Sterbenden an oberster Stelle steht und wo es Helfer gibt, die offen für die Innenwelt des Sterbenden sind und fähig, ihn seelisch zu begleiten.

Abschied

Intensive Nähe und Frieden

Die letzten Tage und Stunden sind erlebnismäßig sehr verdichtet und werden von vielen als äußerst wichtige Zeit angesehen. Für den Sterbenden ist diese Zeit geprägt vom endgültigen Abschluß seines Lebens, von seiner Krankheit und dem Zusammensein mit den Angehörigen. Vor ihm liegt etwas Unbekanntes. Für den Begleiter bedeutet diese Zeit eine tiefe Erfahrung, durch die sein Leben bereichert werden kann. Es kann zu Stunden intensivster Begegnung kommen, die zur persönlichen Entwicklung beitragen. «Ich muß sagen, ich habe an ihr gelernt. Je weiter die Krankheit fortschritt, desto größer wurde sie in ihrer Seele, in ihrer Reife und Ausstrahlung. Derjenige, der bei ihr war, ging als der Beschenkte nach Hause.»

Wie die Geburt kann auch das Sterben als göttliches Geschehen empfunden werden. Es stellt eine tiefe Erfahrung dar, ein Gewahrwerden dessen, was Leben ist. Auch kann das Miterleben dem Begleiter dabei helfen, das Sterben als einen Teil des Lebens anzunehmen. Ein Mann: «Wir haben unsere kranke Mutter bis zu ihrem Tod zu Hause gepflegt. Die Erfahrung war für mich ganz zentral wichtig. Mutter ist friedlich und innerlich befriedigt gestorben. Ich habe dabei erlebt: Sterben muß nicht schlimm sein. Im Gegenteil: Sterben ist – wenn ich mich dieser Erfahrung wirklich stelle – für mich neben dem wirklich traurigen Teil des Verlustes auch eine ungeheure Herausforderung und Bereicherung. Ich habe damals sehr viel Angst vor dem Sterben, vor dem Tod verloren.»

«Sie fügte sich in ihr Schicksal und war bereit.» Einige Tage vor dem Tod nahmen manche Begleiter eine Veränderung bei den Sterbenden wahr. Während diese vorher oft noch voller Hoffnung gewesen waren und sich gegen das Sterben gewehrt hatten, schienen sie jetzt den nahen Tod zu ahnen, sei es durch die schwindende Lebenskraft, durch eine «innere Stimme» oder durch die Mitteilung des Arztes. Diese Veränderung ging oft mit einer Wendung nach innen einher. Die Krankenschwester Ilse: «Die Hoffnung wich und ging in ein Hineinfügen über, auch bedingt durch die schmerzstillenden Mittel. Sie äußerte öfter den Wunsch, endlich einzuschlafen. Sie war jetzt zum Sterben bereit. Ich hatte den Eindruck, als ob sie ein starkes Verlangen nach Erlösung hätte. Diese Frau hatte eine große Kraft und Ruhe in sich. Aus ihrem Verhalten schloß ich, daß sie das Sterben akzeptierte und vom Leben loslassen konnte und frei von allem war.» Die Krankenschwester Myriam machte mit einem Patienten folgende Erfahrung: «Zwei Tage vor seinem Tod war er völlig verändert. Er schien keine Angst mehr zu haben, wirkte sehr ruhig und entspannt. Er bedankte sich für alles, was wir für ihn im Vergangenen getan hatten. Ich wußte, daß es ein Abschied war, daß er jetzt bereit war, vom Leben loszulasen, und ‹Ja› zum Tod sagen konnte.»

Eine Frau berichtet, wie ihr Vater das nahe Ende spürte: «Lange Zeit glaubte er, daß es wieder besser werden würde. An einem Abend saß ich an seinem Bett und massierte ihm seine Beine. Da wurde er sehr nachdenklich und sagte dann so beiläufig: ‹Es kann jetzt halt plötzlich Schluß sein.› Ich fragte ihn, ob er Angst habe, zu sterben. Er verneinte, war dabei aber sehr bewegt. Er tröstete mich: ‹So schnell wird es auch nicht gehen.› Als ich kurz darauf vom Hausarzt hörte, daß sein Herz kaum noch leistungsfähig sei, fragte ich ihn etwas hilflos, ob er noch Dinge erledigen möchte. Er schaute mich offen an und erwiderte: ‹Es ist ja alles geschrieben.› Ich hielt seine Hand, als ob ich mir und ihm Halt geben wollte. Als ich aus dem Zimmer ging, redete er vor sich hin: ‹Jetzt muß ich halt sterben, jetzt ist es soweit.› Danach ging es schnell zu Ende.»

Die Mutter des vierunddreißigjährigen Gerd gab ihren Angehörigen durch das Annehmen ihres Todes Kraft: «Meine Mutter war so gelöst, ja fast glücklich. Sie ging sehr in sich hinein. Sie zog sehr bewußt Bilanz, überdachte ihr Leben und sagte: ‹Es ist gut so.› Das hat mir sehr viel Ruhe gegeben. Sie war es eigentlich, die uns tröstete und sagte: ‹Ihr müßt jetzt ohne mich klarkommen.›»

Für viele Sterbende war es wichtig, noch aus dem Krankenhaus nach Hause entlassen zu werden, um ihre letzten Tage in der vertrauten Umgebung verbringen zu können. Dort fühlten sie sich meist geborgener. Die Schwester Sabine: «Er bat darum, noch nach Hause entlassen zu werden. Zunächst sagten die Angehörigen, daß es nicht ginge. Aber dann beschlossen sie es doch. Nach einer Woche ist er dann gestorben. Die Ehefrau rief an und sagte, daß dies eine schöne, erfüllte Woche gewesen und sie darüber glücklich sei, daß er zu Hause gestorben sei. Vielleicht hat ihn dieser dringende Wunsch vorher nicht im Krankenhaus sterben lassen. In einer ähnlichen Situation würde ich jetzt alles daransetzen, daß der Sterbende nach Hause kann, um ihm die letzten Stunden in der gewohnten Umgebung zu lassen.»

«Der Abschied war – so traurig es war – ein sehr tiefes, bereicherndes Erlebnis, das ich nicht missen möchte.» Wenn Begleiter das Sterben des Angehörigen annehmen konnten, dann waren sie frei für die Begegnung mit ihm in den letzten Stunden – traurig, aber nicht verzweifelt. Sie versuchten, den gegenwärtigen Moment mit dem Sterbenden zu leben.

Angehörige und Helfer schilderten sehr vielfältige Formen des Abschieds: die Klärung unerledigter Angelegenheiten, Versöhnung nach vielen Jahren, längere Gespräche, Zusammensein der ganzen Familie am Sterbebett oder auch nur wenige Abschiedsminuten, etwa auf der Intensivstation. Manche nahmen auch ohne Worte Abschied voneinander. Für einige Sterbende waren das Ordnen ihrer Hinterlassenschaft und das Sorgen für ihre Familie eine äußere Form des Abschieds: «Unsere Gespräche gingen über das Haus, die Kinder, die Zukunft der Familie. Es war sehr wichtig für ihn, daß die Versorgung der Familie garantiert war.»

Die Krankenschwester Margret berichtet von einem jugendlichen Patienten: «Er hat richtig Abschied genommen, er hat alle seine Sachen aufgeteilt: Der bekommt seinen Fußball, der seine Eisenbahn, seine Schwester kriegte sein Bett. Einmal, als ich an seinem Bett war, hat er mir ein paar Haare abgeschnitten und sagte: ‹Tu die mal in eine Tüte und schreib deinen Namen drauf.› Und dann hat er mir auch welche von sich geschenkt. Das hat mich unheimlich tief berührt – und tut es auch heute noch; das hat eine irrsinnige Bedeutung für mich.»

Bei einigen kam es zu einer Versöhnung beim Abschied. Ein Mann: «Wir hatten jahrelang eine große Fehde. Ich hatte sehr wenig Kontakt zu meinem Vater, bis ich einen Anruf bekam, daß er im Sterben läge. Als ich ins Zimmer kam, hat mich das so erschüttert: Er war früher ein stattlicher Mann, jetzt war er bis zur Unkenntlichkeit zusammengefallen. Aber wir konnten jetzt miteinander sprechen. Es war plötzlich eine Harmonie da. Wir hatten einen Draht zueinander gefunden. Er wußte, daß es zu Ende ging. Früher hatte ich keine Träne über meinen Vater heulen können. Aber als es dann ans Abschiednehmen ging, also das war furchtbar.»

Einer Frau war es unmöglich, mit dem Vater zu sprechen; sie ließ es ihm mitteilen: «Damals als Kind und viele Jahre später habe ich meinen Vater verurteilt. Er hat uns Kinder unmöglich behandelt. Ich hätte ihm vor seinem Tod gerne gesagt, daß ich das alles heute verzeihen kann, weil ich eben weiß, aus welchen Situationen heraus er damals handelte. Ich kann es heute als erwachsener Mensch verstehen. Aber ich war zu feige, ich habe Angst gehabt, ihm das selbst zu sagen. Und eine Woche vor seinem Tod hab ich mit meiner Mutter telefoniert: ‹Sag Vater, daß ich das toll fand, was er damals für seine Kinder gearbeitet hat, daß er das Haus baute und zu seiner Familie gehalten hat.› Und meine Mutter hat es ihm gesagt.»

Manchmal war den Angehörigen ein direkter Abschied nicht mehr möglich, weil der Tod unerwartet schnell eintrat. Eine Frau erfuhr, wie wichtig es gerade dann ist, Konflikte und Spannungen in der Beziehung frühzeitig geklärt zu haben: «Der Tod meiner Mutter kam so schnell, daß ich nicht mehr ins Krankenhaus gerufen wurde. Als ich sie dann tot liegen sah, da hatte sie dieses gütige, liebevolle, mütterliche Lächeln, und da wußte ich, wir haben alles vorher miteinander besprochen. Das war irgendwie etwas sehr Schönes, daß wir vorher schon alles miteinander ins reine gebracht hatten. Denn als ich fünfunddreißig war, da habe ich persönlich alles ausgeräumt, was meiner Mutter und mir aus der Kinderzeit und später unangenehm aufgestoßen ist. Die letzte große Schwierigkeit, die habe ich noch ein Jahr vor ihrem Tod ihr geschrieben, und die hat sie mir auch verziehen. Wir haben also rechtzeitig voneinander Abschied genommen und hatten eine Klarheit miteinander.»

Manche Sterbenden nahmen Abschied von ihrem Leben, indem sie es in Gesprächen mit Angehörigen oder einem Helfer, dem sie vertrauten, an sich vorüberziehen ließen. Die Krankenschwester Wanda: «Im Laufe der Nacht wurde er ruhiger. Während der Nacht erzählte er mir von seinem Leben. Zu Beginn seines Berichts hielt er meine Hand krampfhaft fest. Der Druck ließ immer mehr nach. Dann sagte er, er sei sehr müde und wolle jetzt schlafen, ich solle seine Hand aber nicht loslassen. Ich hatte das Gefühl, daß er ganz ruhig war, als er gegen Morgen starb.»

«Unser Abschiednehmen bestand in dieser ganz großen inneren Nähe.» Manche Angehörigen und Helfer nahmen schweigend vom Sterbenden Abschied. «Während der Krankheit konnten wir nicht miteinander reden, mein Mann hat auch die Krankheit vor allen geheimgehalten. Aber gefühlsmäßig waren wir uns sehr, sehr nahe, und er hat wohl geahnt, daß es eine Krankheit war, die zum Tod führte. Unser Abschiednehmen bestand in dieser ganz großen inneren Nähe. Das war mehr, als wir mit noch so vielen Worten hätten sagen können.»

Berührt hat mich der Abschied eines Jugendlichen von seiner sterbenden Mutter, den die Krankenschwester Babette beschreibt: «In den letzten Tagen besuchte der jüngste Sohn sie häufig und lange. Bis dahin war er uns auf der Station unbekannt. Später erfuhren wir von ihm, daß er nicht kam, weil er ihr auf der Station nicht schaden wollte; er fürchtete, er sehe zu ungewöhnlich aus, wie ein Hippie oder Rocker. So hat er sie erst sehr spät besucht, fast heimlich kam er. Seine Mutter liebte ihn. Es war aber für beide sehr schwierig, diese Liebe auszudrücken, weil sie eine Scheu voreinander hatten. Am letzten Abend vor ihrem Sterben, als er hilflos auf ihrem Kopfkissen weinte, da hat sie es ausgedrückt. Allerdings nur verschlüsselt, in Alltagsworten des Verabschiedens, in Wünschen für sein Leben. Nach ihrem Tod glaubte der Sohn in seiner Verzweiflung über ihren Tod, daß nichts von Abschied und Liebe gesagt worden wäre. Doch als er sich im gemeinsamen Gespräch mit mir an den Abend genauer erinnerte, fanden wir heraus, daß die Zuneigung der beiden scheu unter Gesten der Zärtlichkeit und unter Alltagsworten doch zum Ausdruck gekommen war.»

«Es ist für mich unwahrscheinlich wichtig, Sterbende nicht alleine sterben zu wissen, ihnen die Einsamkeit und die vielleicht damit verbundene Angst vor dem Ungewissen zu nehmen oder sie zu lindern», sagt Julia, die ehrenamtlich Sitzwachen bei Sterbenden im Krankenhaus macht. «Mein Schlüsselerlebnis war vor acht Jahren der Tod meiner Mutter. Ich begleitete sie in ihren letzten zehn Stunden. Es war so ein wichtiges Gefühl für mich, sie nicht alleine gelassen zu haben. Es gibt aber auch Menschen, die diese Zeit am Krankenbett nicht verkraften und die dann dankbar und erleichtert sind, wenn zum Beispiel ich an ihrer Stelle sitze.»

Ein Mann ist dankbar, daß ihm das Krankenhaus die letzte Begleitung ermöglicht hat: «In den letzten Tagen bekamen wir sehr viel Verständnis vom Pflegepersonal. Rund um die Uhr konnte immer jemand von der Familie anwesend sein, auch übernachten. Und wir erhielten Verpflegung. So konnten wir auch im Moment des Sterbens bei ihr sein.»

Viele Angehörige empfanden sich als hilfreich, wenn sie dem Sterbenden durch Körperkontakt Nähe gaben. Eine Lehrerin: «In der letzten Nacht hielt ich Wache, hielt seine Hand. Wenn ich mal hinaus mußte, wurde Vater sofort unruhig, bis er wieder meine Hand spürte. Drückte ich seine Hand ein wenig, antwortete er mit einem Gegendruck.» – «Kurz vor Eintritt des Todes hielt ich die Hand meines Bruders. Die Übertragung der Wärme fand ich für ihn besonders hilfreich.»

Auch wenn der Sterbende bewußtlos ist, scheinen ihn körperliche Nähe und das Sprechen seiner Angehörigen zu erreichen und zu beruhigen. «Als ich zum Abschied zu meiner Mutter kam, war sie ohne Bewußtsein. Ich saß neben ihrem Bett, habe sie im Arm gehalten und gestreichelt und leise beruhigt, wenn sie um sich geschlagen hat. Nach einiger Zeit sagte ich leise zu ihr: ‹Meine Mutti.› Nach diesen Worten hat sie ganz kurz die Augen geöffnet und mich angeschaut. Danach war sie sehr ruhig, und kurze Zeit später ist sie gestorben.» Der Krankenpfleger Markus über seine Erfahrung mit einer neunzigjährigen Patientin: «Die letzten Tage war sie kaum noch bei Bewußtsein. Aber sie konnte noch meinen Körperkontakt wahrnehmen. Auch ihr Gesichtsausdruck zeigte mir, daß sie fühlte, wenn ich sie eincremte und streichelte.»

Ich möchte jetzt Erfahrungen wiedergeben, die die Eltern des zweiundzwanzigjährigen Michael in einer Sendung des kanadischen Fernsehens mitteilten. Er war einige Tage vor seinem Tod aus dem Krankenhaus nach Hause entlassen worden.

Die Mutter: «Ich wußte, daß er sehr bald sterben wird. Ich hielt seine Hand und sagte zu ihm, alles wird gut. Dann kam sein jüngerer Bruder aus der Schule und fragte mich, ob Michael nun sterben würde. Und ich sagte, ja, es wird nicht mehr lange dauern. Er war erschrocken, aber einige Minuten später fragte er mich: Kann ich etwas für dich tun? Etwas später kam die Betreuerin vom Krankenhaus und fühlte seinen Puls. In diesem Augenblick starb Michael. Wir schalteten die Musik aus und deckten seinen Körper zu. Die Helferin fragte, ob sie ein Gebet sprechen dürfe, und ich sagte ‹Natürlich›, denn ich merkte, daß es ihr ein Bedürfnis war. Michael sah sehr friedlich aus. Auch sein Bruder verspürte keine Angst mehr. Wir waren froh, daß dies alles bei uns zu Hause geschah. Nun sind wir ruhig, weil seine Schwierigkeiten und Schmerzen vorüber sind.»

Sein Vater: «Ja, es stimmt, niemand geriet in Panik. Vor einer Woche hatte ich zu Michael gesagt: ‹Wenn du zu Hause sterben willst, in deinem Bett, dann bin ich damit einverstanden.› Er wartete einige Sekunden und fragte dann: ‹Bist du sicher?› Ich sagte: ‹Ja.›»

Die Mutter: «Ja, denn Michael war vorher sehr besorgt, daß sein Vater es nicht aushalten könne. Erst als Vater ihm sein Einverständnis selber sagte, da war er zum Sterben bereit.»

Der Vater: «An seinem Todestag habe ich ihn morgens noch gebadet. Er schlang dabei seine Arme um meinen Hals, küßte mich und sagte: ‹Daddy, ich liebe dich.› Und das war wunderschön.»

Die Mutter: «Es ist sehr schwer, in wenigen Worten zu sagen, was ich über Michael denke und fühle. Er war immer etwas Besonderes. Er hat ein kleines Gedicht geschrieben, in dem alles zusammengefaßt ist: ‹Liebe ist wie der Ozean, weit und unbegrenzt. Aber das Leid ist ein Schatten, der über das Meer geworfen wird.› Vielleicht werde ich von ihm in einiger Zeit sprechen können, ohne daß meine Stimme zittert. Es war meine große Liebe; ich kann es nicht in Worte fassen.» (4).

«Sie schlief dann ruhig in meinen Armen ein.» Des öfteren erlebten Angehörige, daß der Sterbende kurz vor seinem Ende entspannt war, daß er sich – im Gegensatz zu der vorausgegangenen Zeit der Schmerzen und Beeinträchtigungen – wohl fühlte. «Wenige Stunden vor ihrem Tod wirkte sie ausgeglichen, ruhig und sogar glücklich. Sie sah auch anders aus, war plötzlich jung, hatte glatte Haut, auch so einen ganz anderen Blick. Wir hatten das Gefühl, daß sie nicht mehr ‹hier›, aber auch noch nicht ‹dort› war, sondern irgendwo dazwischen. Ich glaube, um das zu verstehen, muß man das Sterben des Menschen miterlebt haben.» – «Er hat wenig gesprochen, wie es seine Art war. Ohne Ton – die Stimmbänder waren durch den Sauerstoff fast zerstört – formte er die Worte: ‹Ich mache mich jetzt bereit für den letzten Schlaf.› So etwas wie ein Lächeln zuckte über sein Gesicht. Darauf schloß er die Augen und kam nicht mehr zu Bewußtsein.» Das Dabeisein im Moment des Sterbens bedeutete den Begleitern sehr viel. Es ist ein Augenblick intensiver Sammlung, eine Erfahrung, ganz nahe bei dem anderen und zugleich bei sich selbst zu

sein. Das Verlöschen des Lebens, das Eintreten des Todes wurde häufig entgegen den Befürchtungen als sanft, befreiend und erleichternd erlebt, wenn Begleiter und Sterbende nach dem Abschied fühlten, daß die Zeit für den Übergang in eine andere Wirklichkeit gekommen war.

Bei einem Mann wandelte sich die Angst vor dem Moment des Todes in ein Gefühl der Ruhe und des Einverständnisses mit dem Geschehen: «Einen Sterbenden hatte ich bis dahin noch nicht gesehen. So war ich anfänglich unsicher und hatte Angst vor dem Eintritt des Todes. Aber ich habe eine eigenartige Wandlung mit meinen Gefühlen verspürt: Die große Ruhe vor dem Eintritt des Todes im Sterbezimmer tat mir wohl. Sie wirkte auf mich sehr beruhigend. Der beinahe lautlose Tod löste in mir Bewunderung aus. Und dann die Sekunde des Todes: der Schluß einer langen Lebensgeschichte und eines bemerkenswerten Kampfes. Dieser Moment ist fast unbeschreiblich: erleichternd, beruhigend, erlösend. Die Ruhe kehrt ein. Das Gefühl: Jetzt ist es endlich geschafft. Dann das Falten der Hände des Gestorbenen, ein letztes Streicheln, das Aufstellen einer Kerze, eine kleine Blume in die Hand legen – das löste in mir Ruhe aus. Ich blieb lange bei meinem toten Bruder am Bett.»

«Diese unendliche Ruhe und Gelöstheit vor seinem Tod haben mich getröstet. Ich empfand eine ganz tiefe Verbundenheit zur Natur, geborgen in dem großen Kreislauf, in dem nichts sinnlos ist. Zum erstenmal empfand ich mich als Teil der Schöpfung. Als der Patient seinen letzten Atemzug getan hatte, sah ich die Sonne aufgehen. Dieses Zusammentreffen zwischen Vergehen und Beginnen hat irgend etwas in mir geöffnet, das mir Hoffnung gibt und Mut macht. Der Tod ist nicht mehr hoffnungslos.» Furchtlosigkeit und das Annehmen des Todes können dem Begleiter Erfahrungen ermöglichen, die ihm sonst unzugänglich bleiben.

Die «Schönheit des Todes» (Kahlil Gibran) beschreibt auch eine Frau: «Die letzten Stunden und Minuten des Lebens meines Vaters waren für mich außerhalb jedes Zeitmaßes. Ich erlebte eine dichte Rückblende, fühlte ganz stark, daß vieles, was er mir war und vorgelebt hatte, nicht verlorengehen würde, sondern eher weiterwachsen wird. Ich hatte auch ganz stark das Empfinden: Geburt und Tod – das eine erfüllt sich im anderen. Das, was ich bei der Geburt meiner Kinder empfand, das Ausgeliefertsein an ein Geschehen der Natur, vollzieht sich auch im Sterben, im Gehenlassen. Ich bin sehr dankbar, daß ich das so habe erleben dürfen.»

«Was ich oftmals merke, wenn ich bei Sterbenden bin: daß mich eine totale Ruhe überkommt», sagt die Krankenschwester Gunda. «Das ist ein ganz sagenhaftes Gefühl. Ich bin da am Bett und hab noch Körperkontakt; es ist selten, daß noch ein Gespräch stattfindet. Aber das, was ich empfinde, ist ein Gefühl, daß da etwas Bedeutsames zwischen dem Patienten und mir geschieht. Und dies gibt mir soviel Kraft. Alles andere, was um mich herum passiert, auf der Station oder da draußen, ist in dem Moment so unwichitg. Der Sterbende gibt mir etwas, es ist wechselseitig.»

Was ein sanftes Sterben verhindert

Aus unterschiedlichen Gründen ist es vielen nicht möglich, ihr Leben sanft zu beenden. Sie sterben allein, unter unwürdigen Umständen oder haben einen schweren Todeskampf, sind auf der Intensivstation an Maschinen angeschlossen, oder ihre unerträglichen Schmerzen werden nicht angemessen gemildert. Häufig vollzieht sich dieses quälende Sterben im Krankenhaus.

«Die meisten, die bei uns im Krankenhaus gestorben sind, waren allein», sagt ein Ersatzdienstleistender. «Ich fand es ganz schrecklich für diese Menschen, wie entmenschlicht das Sterben im Krankenhaus ist. Denn die meisten haben den Wunsch, nicht allein gelassen zu werden, wenn sie sterben. Aber im Krankenhaus war der Tod das große Tabu. Das bedeutete häufig, daß in der Todesstunde niemand da war.» Manche medizinischen Helfer mieden den Kontakt mit den Sterbenden. Aus ihrer früheren Erfahrung sagt eine Krankenschwester: «Ich muß sagen, wenn früher Patienten gestorben sind, dann hat mich das auch so fertig-

gemacht. Ich hab das dann irgendwie immer weggepackt. Ich hab mich nicht damit auseinandergesetzt.» Für manche Helfer ist Sterben nicht Höhepunkt und Abschluß des Lebens, sondern eher eine qualvolle angsterregende Niederlage.

Einige Helfer verhärteten sich dann, um nicht von den Gefühlen der Angst, der Unsicherheit und Trauer überwältigt zu werden. «Es besteht wirklich die Gefahr, daß Sterben so etwas Alltägliches wird, wenn man über Jahre damit konfrontiert wird. Manchmal habe ich auch bei mir Angst, daß ich verhärte. Kürzlich ist eine Patientin in meinem Dienstzimmer verstorben. Immer wenn das Telefon klingelte, mußte ich dort zwischendurch rein. Und sie lag dann da und starb.»

Manche Angehörigen beklagten sich bitter, daß das Krankenhaus sie nicht rechtzeitig benachrichtigt hatte. «Ich hatte extra im Krankenhaus gesagt, daß man mich benachrichtigen sollte, wenn es mit meiner Kusine zu Ende geht. Ich hatte ihr selbst auch noch gesagt, ich komme und ich bin bei dir. Ich war so wütend, daß man mich nicht benachrichtigt hat und daß sie allein gestorben ist. Ich wollte so gern bei ihr sein, auch falls sie mir noch etwas übermitteln wollte. Denn vor ein paar Jahren hatte ich selbst das Gefühl, ich müßte sterben, und da hätte ich gern jemanden dabeigehabt.»

Eine Frau, 48, leidet noch heute darunter, wie ihr Vater vor vierzehn Jahren im Krankenhaus sterben mußte: «Daß Vater im Sterben lag, kam für mich ganz unerwartet. Sie hatten sämtliche Medikamente abgesetzt und meinen Vater auf die Siechenstation verlegt. Es war entsetzlich: Fünf alte sterbende Menschen lagen in einem kleinen Zimmer und wurden sehr lieblos behandelt. Ich wollte die letzten Stunden bei ihm sein, aber man hat mich nicht benachrichtigt. Mich hat es furchtbar belastet, daß er unter so unwürdigen Zuständen und ohne Hilfe und Fürsorge, auch von mir, sterben mußte.»

So sterben heute noch viele Menschen in Krankenhäusern allein mit ihrer Angst, seelisch weitgehend unbetreut, einsam, verlassen, würdelos, ohne daß der Abschluß ihres Lebens etwas Feierliches, ein göttliches Geschehen wäre.

Welch krasses Mißverhältnis besteht zwischen dieser Art zu

sterben und dem Leben in einer Zivilisation mit materiellem Reichtum. Ich denke auch an die Beerdigungsfeier mit vielen Totenkränzen und dem teuren Sarg. Dabei wäre es viel wichtiger, daß der Sterbende eine letzte gute Begleitung erfährt, durch Angehörige oder durch einen einfühlsamen Helfer, der angstfrei und behutsam mit dem Sterben umgehen kann.

«*Sie konnte gar nicht loslassen, kämpfte bis zur letzten Sekunde, sie wollte nicht sterben.* In ihrem Kampf habe ich sie sehr alleine gesehen, niemand konnte mit ihr offen sprechen.» Ein sanftes Sterben war meist nicht möglich, wenn der Sterbende gegen den Tod ankämpfte. Oft drückte sich diese Abwehr in starken körperlichen und seelischen Spannungen aus. «Sie hat in den letzten Tagen keinen Ton mehr gesagt. Beide Hände waren so verkrampft und verschlossen. Sie war voller Abwehr, Verzweiflung, Schmerz und Zorn. Ich hatte das Gefühl, sie kann nicht loslassen, besonders da ich und die anderen sie ja auch nicht losgelassen haben.»

Bei manchen war ein Abschiednehmen nicht möglich, weil der Sterbende und zum Teil auch die Angehörigen immer noch Hoffnung auf Genesung hatten, Zukunftspläne machten und nicht über die Krankheit sprechen wollten. «Meine Mutter sprach nur über ihre fürchterlichen Schmerzen und ihre Hoffnung, doch noch gesund zu werden. Bei unserem letzten Gespräch sagte sie: ‹Ich darf doch nicht sterben, ihr braucht mich doch noch.›»

Anderen war es nicht möglich, loszulassen und Abschied zu nehmen, weil der Sterbende nicht früh genug von Ärzten oder von seinen Angehörigen über den wahrscheinlichen Tod aufgeklärt wurde. So hatte eine Familie beschlossen, der Mutter nichts über den wahrscheinlichen Tod zu sagen. Über die Folgen schreibt sie: «Meine Mutter hatte ungefähr vier Wochen länger gebraucht, um zu sterben, als die Ärzte annahmen. Eine Schwester sagte, meine Mutter müßte unheimliche Probleme haben oder sie müßte etwas auf dem Herzen haben, was sie ordnen möchte. Und sie hatte ja viele private Sachen, die sie lange aufgeschoben hatte. Aber das habe ich leider erst jetzt erfahren. Sie wollte sicher noch etwas loswerden, was sie nicht ‹loslassen› konnte. Ihr Todeskampf war lang und quälend, und sie ist dann auch ganz verkrampft, verbissen und völlig verspannt eingeschlafen.»

«*Manche Ärzte scheinen ihren Berufseid so zu verstehen, daß sie Leben in jedem Fall um jeden Preis verlängern*», sagte eine Ärztin. «Insbesondere Ärzte auf Intensivstationen scheinen dieses Ziel zu haben und sich wenig in die Welt des Sterbenden und die der Angehörigen hineinzuversetzen. Sie halten viel Distanz zu dem Patienten, sehen ihn als etwas ganz anderes an als sich selbst; als ob sie nicht auch einmal darunter fallen würden.»

Lebensverlängerungen «um jeden Preis» waren für Angehörige eine große Belastung. Oft wurde durch intensive medizinische Eingriffe ein sanftes Sterben verhindert. Ein Mann, 36: «Die Ärztin wollte die Apparate nicht abschalten, sondern sie kämpfte um ein Leben, das schon erloschen war. Meine Mutter hatte keine Gehirnströme mehr, keine Reflexe; sie war seit zwei Tagen so gut wie tot. Die Ärztin kämpfte um ihre leibliche Hülle. Für mich war es qualvoll, und es machte mich wütend, voller Ohnmacht den künstlich und technisch erhaltenen Leib zu sehen.» Ein medizinischer Helfer: «Diese Reanimation ist oft unwürdig und nicht mehr sinnvoll. Es kommt nur darauf an, wie der Arzt das einschätzt. Manche arbeiten dann noch so auf dem toten Leib herum. Manchmal bekommen sie es dann noch wieder hin, daß das Herz und der Kreislauf für ein paar Stunden arbeiten. Aber in 99 Prozent ist durch den Sauerstoffmangel das Gehirn kaputt – und trotzdem: Es wird krampfhaft an dem Leben festgehalten.»

Eine bittere Erfahrung machte die Krankenschwester Barbara auf der Intensivstation: «Ein Arzt wurde von einer Pflegekraft darauf angesprochen, daß er eine zweiundsiebzigjährige sehr kranke Frau reanimiert hatte. Ich war entsetzt und wütend, als er dann sagte: ‹Was wollen Sie denn – wenn ich's bei der nicht übe, dann kann ich es später bei der Sechzehnjährigen nicht.› Er sah es als eine Übungssache an. Da wurde mir ganz kalt.»

So ist es nicht verwunderlich, daß ein Ersatzdienstleistender auf einer Station folgende Erfahrung machte: «Wo ich arbeitete, hatten die Toten, die ich gesehen habe, meist ein verkrampftes Gesicht; im offenen Mund noch Schläuche, die zu Apparaten führten. Es waren eher entsetzte, aufgerissene Gesichter.»

In einer kürzlich veröffentlichten amerikanischen Untersuchung wurde offenbar: Die Ärzte fragten Patienten nur selten nach ihrer Einstellung zu einer Lebensverlängerung durch die Intensivmedizin, obwohl die meisten Patienten durchaus noch entscheidungsfähig waren. Oft vertraten die Mediziner die Auffassung, die Initiative zu einem solchen Gespräch müssen von dem Patienten ausgehen, sonst wirke es sich zu belastend aus. Die Mutmaßungen der Ärzte über die Wünsche der Patienten waren jedoch oft falsch: Ein Drittel der Patienten, die nach einem Herzstillstand durch Reanimation überlebten, äußerte, sie hätten sich niemals freiwillig reanimieren lassen und wünschten dies auch zukünftig nicht. Ein durch schwere chronische Krankheit eingeschränktes Leben erscheine ihnen nicht erstrebenswert (1).

«*Dadurch, daß die Schmerzen nicht ausreichend therapiert wurden, verbringen viele Patienten die letzten Wochen ihres Lebens unter starken Schmerzen.* Dies läßt sie verzweifeln und nimmt ihnen jede Lebensqualität» (6). Manche Sterbenden und Angehörigen empfanden die letzten Tage und Stunden überwiegend deshalb als sehr qualvoll, weil die betreuenden Ärzte und Helfer ihre großen Schmerzen nicht angemessen linderten. Gründe hierfür waren, daß Ärzte zu selten zu Hausbesuchen kamen, um schmerzstillende Spritzen zu geben, daß sie fürchteten, der Schwerkranke könne süchtig werden, oder daß sie insbesondere bei sterbenden Krebspatienten nicht ausreichend über eine angemessene Schmerzlinderung Bescheid wußten.

Da es sich um ein medizinisches Problem handelt, möchte ich zwei Fachärzte zu Wort kommen lassen: «Die bei einer Krebserkrankung auftretenden Schmerzen sind häufig unerträglich stark und in der Regel andauernd vorhanden, so daß sie für den Patienten beherrschend werden können. Eine erfolgreiche Behandlung der Schmerzen ist dann für die Patienten eine entscheidende Maßnahme zur Verbesserung ihrer Lebensqualität... Unverständlich ist uns, warum heute noch so viele Patienten im Endstadium starke, oft unerträgliche Schmerzen ertragen müssen, deren Ursache in Fehlern der Ärzte und/oder Schwestern zu suchen sind. Aus Angst vor Suchterzeugung wird Morphin für den ‹moribunden› Patienten aufgehoben und aus Unwissenheit auf den sinnvollen Einsatz von Co-Analgetika verzichtet... Es ist mit einfachen Methoden möglich, Patienten die Schmerzen im terminalen Krebsstadium zu nehmen, damit sie die ihnen noch zur Verfügung stehende Zeit lebenswert verbringen können» (6).

Ein Wandel bahnt sich an

Es ist meine Hoffnung, daß sich unsere Einstellung zum Sterben und zum Tod wandelt und daß viele sich mehr für ein sanftes Sterben einsetzen werden. Wie wir sterben, wie wir den Abschluß unseres Lebens gestalten und erleben – dies scheint mir ein wesentlicher Teil unserer Kultur und unseres Lebensstils zu sein. Ich vermute: Die Art, *wie wir leben*, steht in einer Beziehung zu der Art, wie wir andere sterben lassen und selber sterben.

Meine Hoffnung ist auch, daß mehr medizinische Helfer einfühlsam sorgend und voller Achtung mit dem Sterbenden umgehen, daß die begleitenden Angehörigen sich mehr mit Sterben und Tod auseinandersetzen, sich dieser Herausforderung stellen. Wichtig wäre, daß wir uns frühzeitig auf unser Sterben vorbereiten, es in unser Leben einbeziehen. Und daß wir rechtzeitig zum Ausdruck bringen, wie wir sterben möchten. So können wir etwa in einer Patienten-Verfügung erklären, daß wir keine technische Lebensverlängerung wünschen, wenn wir nur noch ein Dahinsiechen zu erwarten haben.

«Ich will dies für den Menschen tun.» Es gibt Anzeichen, die auf einen positiven Wandel hindeuten. Berichte darüber, wie manche Helfer mit Sterbenden umgehen, wie sie sie betreuen, haben mich sehr beeindruckt. Eine Krankenschwester: «Ich habe da

jemand kennengelernt, der Pfleger werden wird. Wie der mit den Sterbenden umgegangen ist, das fand ich ganz phantastisch. Er hatte den Ärzten und uns allen etwas voraus. Er hat sich einfach Zeit genommen für die Leute, hat sie in ganz liebevoller Weise behandelt, mit ihnen gesprochen und auch Körperberührung gehabt. Wie sanft er mit den Leuten umgegangen ist, das war phantastisch.»

Eine Medizinstudentin berichtet von ihrem Praktikum in einem anthroposophischen Krankenhaus: «Dort bei denen auf der Station habe ich positive Erfahrungen gemacht. Der Sterbende wird nicht alleingelassen. Die Angehörigen dürfen kommen, wann immer sie wollen, auch in der Nacht. Meist wir ihnen ein Bett im gleichen Zimmer zur Verfügung gestellt. Sie werden auch in die Pflege mit einbezogen, wenn sie es wollen und sich zutrauen. Ist kein Angehöriger da, wird der Sterbende voll von einer Person betreut. Bis zuletzt wird versucht, seine Würde als Mensch zu bewahren. Das Sterbezimmer wird mit Blumen geschmückt, eine Kerze wird angezündet. Ich habe erfahren, daß ein menschenwürdiges Sterben im Krankenhaus möglich sein kann.»

Die Krankenschwester Barbara erlebt das Sterben des Patienten als Abschluß eines langen Weges – auch als Erlösung. Sie möchte diesen Moment nicht missen und fühlt sich durch die Begleitung trotz vieler Belastungen und des seelischen Schmerzes bereichert. «Ich bin nun zwölf Jahre Krankenschwester, und irgendwann habe ich gelernt, keine Angst mehr vor den Sterbenden zu haben. Ich fühle mich jetzt verantwortlich für diese Patienten, und ich habe mich dem auch gestellt. Nicht immer gern. Aber dann habe ich auch gedacht: ‹Das will ich jetzt für diesen Menschen tun.› Und ich muß sagen, diese Begleitung ist auch etwas Befreiendes. Die Gesichter der Sterbenden sind viel entspannter als zuvor. Auch als Begleiter empfinde ich, daß das Sterben eine Erlösung sein kann, denn es war vorher oft ein sehr schwerer Weg, der belastete. Aber dann als Abschluß der Tod, da ist eigentlich nichts Erschreckendes mehr. Ich habe eigentlich bei jedem empfunden, daß er nun friedlicher ist. Sicher ist das Sterben für alle Beteiligten schwer. Aber irgendwo ist es auch eine Erleichterung für alle, ein Aufatmen, obwohl dann auch der Schmerz groß ist.»

Die Krankenschwester Gunda sagt: «Ich möchte nicht mehr, daß ein Patient allein stirbt. Ich möchte so oft wie möglich dabeisein. Vorher habe ich viel Angst davor gehabt, und deswegen ist es mir nicht wichtig gewesen. Aber neulich, da ist ein Mann an Hautkrebs ziemlich schnell gestorben. Er war zehn Tage da und starb bei mir in der Nachtwache. Ich blieb die ganze Zeit dabei. Das Entscheidende war eigentlich nachher. Als er das letzte Mal geatmet hat, bekam ich das Gefühl: Da liegt nur noch eine Hülle. Aber irgend etwas ist im Raum, das ich nicht sehen und greifen kann. Aber es war da. Was er gewesen ist, sein Lachen und sein Charakter, das war aus seinem Körper raus. Und ich spürte, es wird irgendwo sein. – Es war eine ganz tolle Erfahrung. Früher habe ich nie so etwas erlebt. Wenn es mir einer gesagt hätte, ich hätte gedacht, der spinnt oder es ist Einbildung.»

Auch Angehörige setzen sich für ein sanftes Sterben ein, sträuben sich gegen eine kurzzeitige künstliche Lebensverlängerung, die oft sehr quälend ist. Ein Mann: «Ich muß sagen, daß der Tod meiner Mutter nicht so schrecklich war. Sie hatte Lungenkrebs. Man wollte noch viel tun. Aber in Übereinstimmung mit meiner Mutter wollten wir nicht, daß sie noch an Schläuche angeschlossen wird, sondern daß sie eines natürlichen Todes stirbt. Am Abend habe ich meine Mutter noch füttern können, und sie verstarb dann in der Nacht. Sie hat nicht schrecklich leiden müssen. Ich empfand es für sie als eine Art Erlösung, denn sie war wirklich krank und war siebenundachtzig Jahre alt geworden.»

Beenden möchte ich dieses Kapitel mit dem Wunsch einer Frau: «Was ich so gerne möchte und wo eine Veränderung einsetzen müßte, ist, daß die Menschen nicht so viel Angst vor dem Sterben haben und daß wir wieder wachsam und einfühlend mit unseren Sterbenden umzugehen lernen.»

Hospize –
Stätten des Lebens für Sterbende

Wenn wir für unsere Angehörigen, unsere Mitmenschen und uns selbst ein sanftes würdiges Sterben wünschen, so können wir uns für die Errichtung von Hospizen einsetzen, die seit Jahrzehnten in angelsächsischen Ländern in vorbildlicher Weise existieren. Hier können Personen ihrer letzte Lebenszeit verbringen, die dies wünschen und die an einer unheilbaren Krankheit in Wochen oder Monaten sterben werden. Es ist kein Altenpflegeheim, wo Menschen Jahre verbringen, auch kein Ort der aktiven Sterbehilfe.

Im Vordergrund steht die seelische und soziale Betreuung der Schwerkranken und ihrer Angehörigen durch ein engagiertes Team von Krankenschwestern, Ärzten, Sozialarbeitern, Geistlichen und eine größere Zahl freiwilliger Helfer.

Hospize sind Stätten des *Lebens* für Sterbende, keine «Sterbekliniken». Es wird intensiv für das gesorgt, was das seelische Leben der Sterbenden angenehm und erfüllt macht (s. a. S. 107 und S. 169). Angehörige, ferner Kinder sind willkommen, können bei der Betreuung mithelfen und übernachten. Man bemüht sich, den Patienten den Aufenthalt im Garten oder Park zu ermöglichen; Beschäftigungstherapeuten geben Anregungen. Auch Haustiere der Sterbenden sind willkommen.

Einer angemessenen Schmerztherapie wird große Bedeutung zugemessen. Hier ist besonders das Londoner St. Christopher Hospiz weltweit führend geworden. Durch regelmäßige Gaben von flüssigem Morphin bleiben die Patienten weitgehend schmerzfrei, ohne wesentliche Einschränkung ihres Bewußtseins.

Die Patienten werden auch tage- oder wochenweise nach Hause entlassen, wenn sie dies wünschen, und werden dann vom ambulanten Dienst des Hospizes betreut.

Zur Fürsorge des Hospizes gehört auch die Begleitung der Angehörigen während der Zeit der Trauer.

Die Kosten für einen Hospizaufenthalt sind deutlich geringer als für einen Krankenhausaufenthalt, insbesondere da keine größeren medizinischen Apparate benötigt werden, zahlreiche freiwillige Helfer mitarbeiten und Spenden gegeben werden. Träger der Hospize sind meist Kirchen oder soziale Institutionen, ferner in den USA die Krankenversicherungen bzw. in England teilweise das nationale Gesundheitssystem.

Weitere Informationen finden Sie in:

Beutel, Helmuth, und Tausch, Daniela (Hrsg.): Sterben – eine Zeit des Lebens, ein Handbuch der Hospizbewegung. Quell-Verlag, Stuttgart 1989.

Student, Johann-Christoph: Das Hospiz-Buch. Lambertus-Verlag, Freiburg 1980.

Tausch-Flammer, Daniela: Sterbenden nahe sein. Herder-Verlag, Freiburg 1993. (Erfahrungen von Hospiz-Helfern).

Begräbnis

Die Beerdigung oder Verbrennung des Körpers des Gestorbenen rührt bei vielen intensive Gefühle auf: Sie spüren eine tiefe Traurigkeit. Oft wird ihnen erst jetzt in aller Deutlichkeit klar, daß sie ohne den anderen weiterleben müssen, sie werden sich der Endgültigkeit des Abschieds und der belastenden Erlebnisse der letzten Zeit bewußt.

Doch waren die gefühlsmäßigen Erfahrungen der Befragten sehr unterschiedlich, ebenso ihre Auffassungen zum Begräbnis. Zum Teil hängen diese Unterschiede mit den Einstellungen zum Sterben sowie dem jeweiligen Lebensstil zusammen. Fast die Hälfte der Befragten erlebte das Begräbnis als belastend. Für jeden Fünften hatte es keine Bedeutung. Und etwa jeder Dritte erlebte das Begräbnis als angemessen. Bei ihnen entsprach das äußere Geschehen meist ihren Gefühlen oder den Wünschen des Verstorbenen.

Belastende Umstände

«Es bedeutete für mich das endgültige Abschiednehmen, und ich war tief traurig und voller Schmerz.» Vielen wurde sehr deutlich bewußt, daß das Leben mit dem Verstorbenen nun endgültig beendet und keine gemeinsame Zukunft mehr möglich war. Ein Arbeiter: «Ich war sehr traurig. Viele Szenen aus der Vergangenheit mit meinem Vater gingen mir durch den Kopf. Die Gewißheit, ihn nie wieder zu erleben, breitete sich in mir aus. Ich empfand das Begräbnis als so etwas wie einen endgültigen Abschied.»

Die Trauer und der Schmerz können bis an die Grenze der Verzweiflung gehen, wenn sich Angehörige vorher wenig mit

Sterben und Tod auseinandergesetzt hatten. «Ich war an dem Tag so traurig», sagt eine Frau, «ich dachte, ich überstehe das nicht, das geht über meine Kräfte. Ein Gefühl, als würde ich auseinandergerissen. Ich dachte, ich würde es nicht bis zum Grab schaffen. Dieses endgültige Weggehen – ich wollte nicht, daß mein Vater in dem Grab ‹verschwindet›.» Eine andere Frau, 69, fühlte sich bei der Beerdigung ihres Mannes wie gelähmt: «Ich spürte nur einen einzigen großen Schmerz. Ich habe alles mitgemacht, aber es kaum bewußt wahrgenommen. Ich habe mich von den Kindern führen lassen und alles über mich ergehen lassen. Viele Menschen drückten mir die Hand. Ich war wie ein Automat. Es war schrecklich.»

Besonders belastend war es, wenn Angehörige in der körperlichen Hülle gleichsam noch die Seele des Verstorbenen sahen. Eine Studentin: «Ich war unendlich traurig. Ich sah nur den Sarg und stellte mir vor, wie mein Freund dort drinnen war.»

Eine junge Frau, deren Vater in einer Depression den Freitod gewählt hatte, fühlte sich bei der Beerdigung alleingelassen: «Es gab niemanden, bei dem ich Trost fand, der mich auffing und sich um mich kümmerte. Ich mußte stark sein und meiner Mutter zur Seite stehen. Ich hatte Angst, daß sie ebenfalls Selbstmord begehen könnte.»

«Furchtbar fand ich die vielen Menschen und diese herkömmlichen Formen, Riten und Feierlichkeiten.» Viele erlebten die äußeren Umstände des Begräbnisses als belastend. Die Förmlichkeiten hinderten sie daran, ihre Empfindungen und Gedanken zuzulassen. Das Geschehen folgte oft einem festgelegten Schema, welches mit ihren Gefühlen nicht übereinstimmte. Eine Studentin über die Beerdigung ihres Freundes: «Furchtbar waren die vielen Menschen, das Erde-drauf-Schmeißen und die Beileidsbekundungen. Ich würde darauf verzichten. Ich verbinde traurige und wütende Erinnerungen mit dem Begräbnis. Die vielen neugierigen Menschen, die Blasmusik und die ganzen Rituale waren nicht in meinem Sinne.» Eine Frau, 27: «Das Begräbnis fand ich einerseits wichtig, da ich mir die Situation, daß meine Schwester nun tot war, besser bewußt machen konnte.

Andererseits fand ich es gräßlich, daß so furchtbar viele Menschen kamen. Mit ihnen sollte ich mich während der anschließenden Trauerfeier auch noch unterhalten. Dazu war ich nicht in der Lage. Durch alles das war ich so abgelenkt und konnte nicht wirklich Abschied nehmen.»

«Lieber ein stilles Begräbnis im engsten Familienkreis und nicht diese Reden und Kränze, die Sorgen um den standesgemäßen Sarg. Aber ich weiß, daß das für meine Mutter sehr wichtig ist. Sie lebt in diesem Umfeld, und diese Riten waren wichtig für ihre Verarbeitung.» Die Förmlichkeiten hinderten manche Angehörige, ihre wirklichen Gefühle zuzulassen, und begünstigten fassadenhafte Verhaltensweisen.

«Ich hatte mir fest vorgenommen, nicht zu weinen. Meine Trauer und Schmerzen sollte keiner sehen. Aber es hat mich unheimlich Kraft gekostet», sagt eine Bibliothekarin. «Es war wie eine Versteinerung. Den Ehrgeiz, meine Tränen nicht zu zeigen, habe ich von meiner Mutter übernommen. Es war sehr schwer.» Viele beherrschen sich bei der Beerdigung mit großer Anstrengung, versuchen, ihre Traurigkeit zu verbergen – meist weil es ihnen unangenehm ist, wenn fremde Menschen ihren Schmerz und ihre Tränen wahrnehmen, oder weil sie es selbst als Schwäche empfanden, die sie sich nicht zugestehen wollten.

Eine Psychologin unterdrückte ihre Gefühle, weil sie Angst hatte, von ihnen überwältigt zu werden. «Ich fand das Begräbnis grauenhaft. Bei der Trauer hatte ich Angst, völlig durchzudrehen. Ich habe mich krampfhaft bemüht, nicht zu weinen. In Zukunft würde ich aber während des Begräbnisses meinen Gefühlen mehr freien Lauf lassen und nicht so gegen sie ankämpfen. Denn die Trauer von anderen hat mich wiederum geborgen gemacht.»

«Das schlimmste waren diese Schaulust und diese unechten Gefühle.» Manche Menschen gehen zu einer Beerdigung, weil sie es als gesellschaftliche Verpflichtung empfinden. Oft haben sie zu dem Verstorbenen keine engere Beziehung. So empfinden sie nicht die intensiven Gefühle von Trauer und Schmerz wie die

Angehörigen. Ihre Anwesenheit wurde eher als beeinträchtigend empfunden – auch dann, wenn sie sich «um Trauer bemühten». «Mir kam das alles sehr heuchlerisch vor. Die gezeigte Trauer war nicht echt, sondern sie entsprach eher der Erwartungshaltung: Man macht eben ein trauriges Gesicht, wenn man jemandem Beileid wünscht. Das hat mich sehr belastet.»

Andere, die an der Beerdigung teilnahmen, empfanden zwar tiefe Trauer, waren aber darum bemüht, sie zu kontrollieren. Angehörige in tiefer Trauer empfanden die Maskenhaftigkeit als Ausdruck mangelnder innerer Beteiligung. So war die Anwesenheit von Menschen, die sich traurig gaben oder ihre Traurigkeit stark kontrollierten, belastend für die nächsten Angehörigen. Eine Frau: «Die Beerdigung hat mich sehr belastet. Es war für mich das reinste Theater, die reinste Show. Der Pastor, die Leute auf der Beerdigung, einfach alles. Das schlimmste waren wirklich diese Schaulust und diese unechten Gefühle.» Ein Mann: «Diese Verlogenheit, das hat mich während der Trauerfeier regelrecht wütend und bösartig gemacht. Das war so ein Beerdigungsredner, der hat so einen wahnsinnigen Stuß geredet, so ein Gewäsch mit Zitaten von irgendwelchen Dichtern und Vergleichen, die überhaupt nicht stimmten. Dabei hatte er sich zuvor nur ein paar Daten geben lassen. Das war unglaublich verlogen.» Trauernde Angehörige haben oft ein feines Gespür dafür, ob der Pfarrer oder ein anderer berufsmäßig und förmlich redet. Wenn sie dessen gewahr wurden, verletzte das ihre Gefühle.

«Nach der Beerdigung fand ich das anschließende Beisammensein in einer Gaststätte ganz schrecklich. Da wird nicht mehr über den Toten gesprochen, sondern über alles mögliche, da werden Witze erzählt, und es wird gelacht. Meine Geschwister sagten: ‹So, jetzt wollen wir erst mal schön Kaffee trinken.› Da dachte ich: Das gibt's doch nicht. Unsere Mutter ist erst wenige Minuten da unten, und dann sagt ihr mit lächelndem Gesicht: ‹Jetzt müssen wir erst mal unseren Kaffee haben.› Als wenn das so wichtig wäre. Wenn ich das jetzt so überdenke, das würde ich nicht mehr so machen.»

Bei dem Zusammensein in einer Gaststätte fühlten sich die

Angehörigen in ihrer Trauer und ihrem Schmerz eher einsam, wenn bei den anderen eine fast fröhliche Stimmung aufkam. Diese Fröhlichkeit mag verschiedene Gründe haben. Meist fühlen Fernerstehende nicht so viel Trauer und Schmerzen. Sie empfinden die Traurigkeit der anderen dann als zu belastend und suchen, sich zu entlasten und abzulenken. Ferner begegnen sich bei dem Zusammensein in der Gaststätte Menschen, die sich oft lange nicht gesehen haben – und so führen ihre Gespräche rasch vom Verstorbenen weg.

«Mir kam das alles sehr heuchlerisch vor, daß die Verwandten und Nachbarn erst alle so traurig waren und Mitgefühl zeigten und daß sie dann hinterher beim Kaffe alle so schrecklich lustig wurden, richtig ausgelassen!» In dieser Atmosphäre fühlen sich enge Begleiter des Verstorbenen einsam und auch mißverstanden: «Nie würde ich wieder so etwas mitmachen wollen», sagt eine Frau. «Nachdem dieser Zauber in der Gaststätte vorbei war, fühlte ich mich elend, verlassen, einsam und traurig. Ich hätte im engsten Freundes- und Familienkreis in aller Stille Abschied nehmen wollen.»

«Man kann sich derartigen Verpflichtungen nicht entziehen.»
Obwohl viele Angehörige das Begräbnis nicht als Trost und Unterstützung, sondern häufig als große Belastung empfanden, sprachen die meisten nicht mit anderen darüber. Auf unsere Frage, ob sie in Zukunft etwas ändern würden, äußerten einige zwar Wünsche, wagten aber zugleich nicht, sie durchzusetzen. «Man kann sich derartigen Verpflichtungen nur schwer entziehen. So werde ich bei weiteren Trauerfällen dieses Ritual mitmachen. Dennoch empfinde ich diese Zeremonie als unangenehm.» – «Was ich noch anders machen würde? Ja, so ein kleinerer Rahmen, das wäre gut. Aber die anderen, die möchten es anders, und die haben ja auch ein Recht darauf.» Vielen ist die Vorstellung fremd, daß ein Begräbnis auch weniger belastend oder sogar hilfreich für ihre Trauer sein könnte. Anstatt etwas zu ändern, ziehen sich die meisten lieber zurück: «Das Begräbnis war für mich so sinnlos und schlimm, daß ich zum Begräbnis meiner Großmutter drei Jahre später nicht hingegangen bin.»

«Die Beisetzung hatte keine weitere Bedeutung für mich.» Fast jeder fünfte Angehörige sagte, daß das Begräbnis für ihn keine oder nur wenig Bedeutung gehabt habe. Sie empfanden es weder als hilfreich noch als belastend und würden es in Zukunft wieder so machen.

Die meisten hatten schon vorher Abschied genommen. Eine Frau, 66: «Ich habe Vater nach seinem Tod drei Tage in seiner Wohnung behalten können. Ich habe mit ihm diese drei Tage gesprochen. Ich war dankbar, daß sich mein Bruder um das Begräbnis der körperlichen Hülle kümmerte. Es hatte und hat für mich keine Bedeutung.»

Auch Paul sah die Beerdigung seines Schwiegervaters nicht als bedeutungsvoll an: «Da er bei uns gestorben ist und da wir auch für ihn den Sarg ‹hergerichtet› haben, konnte ich in dieser Phase Abschied von seinem Leib nehmen. Für mich selbst ist diese traditionelle Form nicht stimmig. Mir wurde auch klarer, wie ich es für mich wünsche. Ich weiß jedoch, daß es für viele Verwandte und für meinen verstorbenen Schwiegervater wichtig war, in einer reglementierten Form Abschied nehmen zu können.»

Hilfreiche Bedingungen

Etwa jeder dritte Angehörige erlebte das Begräbnis in Übereinstimmung mit seinen Gefühlen und eher positiv. Wie sieht eine solche Beerdigung aus? Wie können Angehörige das Begräbnis so gestalten, daß es nicht beeinträchtigend für sie ist, sondern ihren Gefühlen und Wünschen entspricht?

In den recht unterschiedlichen Erfahrungsberichten der Angehörigen fand ich folgende Gemeinsamkeiten:

- Die Angehörigen folgten bei der Beerdigung ihren Gefühlen, unterdrückten sie nicht und errichteten keine Fassade um sich. Sie suchten das zu tun, was ihrem Empfinden entsprach.
- Die Gestaltung des Begräbnisses entsprach ihrer Liebe und Sorge für den Verstorbenen. Die Erfüllung seiner Wünsche war für sie ausschlaggebend.

Diese beiden Haltungen waren für Angehörige hilfreich. Sie

erlebten das Begräbnis – trotz aller Trauer – als sinnvoll und im Einklang mit ihren Gefühlen. Manche veränderten die herkömmliche Beerdigungszeremonie nach ihren Wünschen, andere beließen es bei der traditionellen Form des Begräbnisses.

Die eigenen Gefühle zulassen, sich nicht verstellen, in sich selbst zentriert sein. Ließen die Angehörigen Gefühle der Trauer und des Schmerzes zu, zwangen sie sich nicht zu einer Fassade, so war das Begräbnis für sie weniger entfremdet. Ich denke, daß sie durch das Zulassen ihrer Empfindungen auch eher lernten, diese anzunehmen.

Für Claudia war die Beerdigung eine Möglichkeit der Besinnung: «Die Beerdigung tat mir gut. Es war ein Abschied, ein deutlicher Abgang aus unserem Leben. Ich konnte begreifen, daß der Tote jetzt nicht mehr unter uns ist.»

Lassen die Angehörigen ihre Trauer zu, so kommen ihnen auch andere Empfindungen zu Bewußtsein, zum Beispiel Entspannung und Erleichterung: «Ich hatte bei dem Begräbnis gespaltene Gefühle», sagt Nina. «Der Vorgang der Beerdigung hatte so etwas Endgültiges und besiegelte irgendwie für mich den Tod meiner Oma. Das war einerseits sehr traurig. Aber andererseits war es auch erleichternd.» – «Ich fühlte mich erleichtert, daß sie ihre fürchterlichen Schmerzen nicht mehr merkt und so etwas wie Ruhe gefunden hat. Es war ein Gefühl der Vollendung. Aber dann auch Traurigkeit, daß ich sie nicht mehr hatte und daß sie nicht mehr leben konnte, sie, die das Leben so gerngehabt hatte.»

«Die Nähe anderer tat mir gut.» Angehörige, die ihre Gefühle nicht unterdrücken wollten, die diese Stunde als Möglichkeit zur Besinnung und zum Abschiednehmen ansahen, wünschten meist nur wenige vertraute Menschen bei der Beerdigung. Im kleinen Kreis fiel es ihnen leichter, ihre Gefühle zuzulassen und Nähe zu erfahren. Eine Frau: «Bei der Beerdigung war ich mit meinem Sohn und einigen nahen Freunden allein. Ich wünschte mir ein Begräbnis in der Stille. Ich mochte nicht diese Reden und diese Kränze, dieses ganze Standesgemäße. Es war kein Rum-

mel, und ich ließ meine Trauer nach außen.» Eine andere Frau: «Die Trauerfeier war gut. Ich wollte Einkehr bei mir selber halten und wollte bei mir selber bleiben können und wollte nicht dieses andere, diese Händeschütteln machen müssen.» – «Wir haben Vater nur im engsten Familienkreis begraben. Ich war froh, mit mir nahestehenden Menschen zusammenzusein, zusammen zu sprechen und auch zu weinen. Das Begräbnis war der letzte endgültige Abschied.»

Es gab aber auch Angehörige, die es als positiv empfanden, wenn sich viele Menschen bei der Beerdigung versammelten. Sie erfuhren dadurch Nähe und Gemeinsamkeit: «Die Nähe der vielen anderen Menschen tat mir gut. Ich konnte weinen, es hat mich fast zerrissen von innen heraus. Ich fand die Begräbniszeremonie samt nachfolgendem Familienessen wichtig und hilfreich. Ich möchte nichts ändern, außer daß mehr Leute es als natürlich empfinden, ihre Trauer auch zu zeigen. Das hilft mir sehr.» Ein anderer Angehöriger: «Ich habe mich sehr gefreut, daß so viele Menschen an der Bestattung meines Bruders teilgenommen haben. Dies signalisierte mir die Achtung dieser Menschen für ihn.» Die Anwesenheit vieler Gäste war also für Angehörige wohltuend, wenn sie bei ihnen echte Teilnahme, Anzeichen der Liebe und Achtung für den Verstorbenen spürten und wenn diese Menschen ihre Gefühle zeigten und den Angehörigen nahe waren. «Es hat mich überwältigt, wie viele Menschen auch von sehr weit her diesen letzten Gang mit uns teilten. Mir ist da zum erstenmal bewußt geworden, daß mein Vater sehr vielen Menschen viel bedeutet hat. Das hat mich froh gemacht; die vielen Mittrauernden taten mir gut.»

«Mir war klar, daß sie jetzt Frieden hatte und in einer anderen Wirklichkeit war; das empfand ich neben all dem Traurigen als etwas Heiliges.» Die religiöse Einstellung zum Tod, der Glaube an ein Weiterleben war für manche sehr erleichternd. Für sie war die Seele des Verstorbenen in eine andere Wirklichkeit übergegangen. Wenn ferner vorher eine intensive Begleitung und ein ruhiger Abschied möglich gewesen waren, sahen sie im Begräbnis oft eher ein Fest. «Es war eine wunderschöne Trauerfeier, mit

Musik von Händel und Chorälen, die mir Halt gaben. Der Sarg machte mir klar, daß Wirklichkeit geworden war, was ich lange befürchtet und schließlich bei ihren vielen Leiden erhofft hatte. Ihr Leben auf dieser Erde war zu Ende. Ich versuchte, meine Hoffnung auf ein anderes Leben festzuhalten.» – «Beim Begräbnis lebte in mir die Gewißheit, daß das, was dieser Mensch war, nicht in diesem Sarg und in diesem Grab liegt. Meine Freundin war ja nicht gestorben, sie ist für mich nur nicht mehr wahrnehmbar mit meinen fünf Sinnen. Während der Feier empfand ich aber doch eine große Traurigkeit, obwohl ich mich für sie freute, daß sie endlich aller Schmerzen ledig war.»

Mein Eindruck ist, daß Menschen mit dieser Einstellung zum Tod eher das Sterben annehmen und auch ihre verschiedenartigen Gefühle zulassen konnten. Eine Frau: «Auf der Beerdigung meines Großvaters war mir unbegreiflich, warum die Menschen alle so sehr traurig waren. Ich mußte nachher zwar auch heulen, weil die Spannung für mich einfach so unerträglich war. Aber trotzdem war es für mich etwas Schönes, Festliches, daß er gestorben war, weil er auch an ein Weiterleben nach dem Tode glaubte. Ich selbst habe auch keine große Angst vor dem Tod.»

«Ich habe das Begräbnis so gestaltet, daß es für mich paßte, um ein gutes Gefühl zu haben.» Einige suchten in den vorgegebenen Rahmen Persönliches hineinzubringen und vieles selber zu gestalten. *Diese aktive Gestaltung* und Beteiligung scheint eine erleichternde Wirkung zu haben. Sie erlebten diese Aktivitäten auch als ein Sorgen für den Verstorbenen. Worin bestanden sie im einzelnen?

Familienmitglieder und enge Freunde sprachen bei der Trauerfeier und am Grab. Freunde trugen den Sarg und ließen ihn in die Grube hinab. Manche hatten die Grube selber ausgehoben und wieder zugeschaufelt. Statt Blumen und Kränze erbaten die Angehörigen Spenden für Menschen in Not. «Mein Bruder, mehrere Verwandte und ich trugen den Sarg über den Friedhof und ließen ihn in die Erde hinab. Am Grab sprach ein Freund meiner Mutter die Abschiedsworte. Das war ein sehr persönlicher Abschied, der mir guttat.»

Als wohltuend empfanden es viele, wenn es keine längere unpersönliche Rede eines Pfarrers oder berufsmäßigen Sprechers gab, sondern die Angehörigen sprachen. Bernd: «Es war noch einmal ein bewußtes Abschiednehmen von der Schwiegermutter, zusammen mit anderen, die sie kannten. Noch einmal ein bewußtes Dankeschön für alles. Bei der Feier sagten einige, was die Verstorbne ihnen in ihrem Leben bedeutet hat.»

Eine Frau über die von ihr gewählte, ihren Gefühlen und Wünschen entsprechende Form der Bestattung: «Ein offizielles Begräbnis fand nicht statt. Ich überließ es meiner Freundin, daß Joachims Körper auf stille Weise nach seinem Tod an einem schönen Platz auf dem Friedhof gebracht wurde, den ich nach der Nachricht, daß er sterben müsse, ausgesucht hatte. Ein befreundeter Steinhauer schenkte einen rohen Stein mit dem Namen meines Mannes. Wir brachten den Stein zusammen zum Grab und haben dann das ganze Grab sehr schön mit Kiefern und kleinen Bäumen bepflanzt. Für mich ist es das schönste Grab auf dem Friedhof.»

Menschen, die in dieser Weise bewußt das Begräbnis gestalten, im Einklang mit ihren Gefühlen handeln und sie zulassen, empfinden im allgemeinen auch weniger aufgestaute Spannungen, die sie etwa in einer Gaststätte entladen müssen. Manche sagten, daß sie allein nach Hause gingen oder daß sie die Stunden danach zu Hause in besinnlicher Stimmung mit anderen verbrachten. «Im Anschluß an die Trauerfeier war ich noch mit Freunden zusammen», berichtet die sechsundfünfzigjährige Ärztin Marianne, «und am Abend waren die Familie und einige nahe Freunde zusammen und hörten Musik. In ihrer Mitte habe ich mich geborgen gefühlt, und ich wußte, daß sie auch in Zukunft bei mir sein würden.»

«Es tat mir gut, alles so zu machen, wie er es wollte.» Auch wenn die Art des Begräbnisses nicht den Auffassungen der Angehörigen entsprach, so war es für sie befriedigend, wenn sie es nach den Wünschen oder im Sinne des Verstorbenen gestalteten. Sie fühlten sich dadurch mit ihm im Einklang. Paul, der gern seine eigenen Vorstellungen über den Ablauf des Begräbnisses ver-

wirklicht hätte, sagt: «Ich konnte jedoch das Begräbnis in dieser traditionellen Form akzeptieren, weil ich wußte: So hätte der Schwiegervater es sich gewünscht; er wäre damit zufrieden gewesen.» – «Das Begräbnis war nach den Wünschen meines Großvaters nach der Hallig-Tradition», sagt der Student Klaus. «Die Wünsche des Gestorbenen waren hierfür entscheidend. Denn er soll Herr über das Begräbnis sein und wir die dienenden Begleiter. Wir haben versucht, es in *seinem* Sinne zu gestalten. Und obwohl es mir nicht entsprach, hatte ich ein Gefühl eines heiligen Rituals.»

So kann ein Begräbnis mit seinen traditionellen Formen als persönlich empfunden und gestaltet werden, wenn es dem Wunsch des Verstorbenen entspricht und die Angehörigen ihm diesen Wunsch zu erfüllen suchen.

Es liegt in unserer Hand, verändernd auf Begräbniszeremonien einzuwirken, wenn wir sie für uns selbst unpassend finden. Wir können rechtzeitig anderen mitteilen, welche Wünsche wir hinsichtlich unserer eigenen Beerdigung haben. Durch eine solche Klärung tragen wir dazu bei, daß unsere Angehörigen das Begräbnis als weniger belastend erleben. Die Mutter des neunzehnjährigen Armin, der seinen Angehörigen vor seinem Tod mitteilte, wie er sich sein Begräbnis vorstellt: «Armin wollte seine Beerdigung im Kreis der Familie und kein großes Kaffeetrinken hinterher, wie es bei uns so üblich ist. Er hatte es ein halbes Jahr zuvor beim Tod meiner Mutter erlebt und fand es nicht gut. Ebenso die Kränze. Das Geld sollte den Behinderten zugute kommen. Die Todesanzeigen sollten hinterher veröffentlicht werden. Es tat mir gut, alles so zu machen, wie Armin es wollte.»

So kann das Begräbnis ein letzter Liebesdienst für den Verstorbenen sein.

Die Zeit danach

Die Zeiten der belastenden Pflege, der Angst und des Miterlebens von Schmerzen sind nach dem Begräbnis vorbei. Die Begleiter spüren eine gewisse Entlastung und Erleichterung, besonders dann, wenn sie viel für die Betreuung des Sterbenden getan hatten.

Nach dem Tode wenden sich die Begleiter wieder mehr sich selbst zu. Dabei werden sie aber mit vielen oft schmerzlichen Gefühlen konfrontiert, oder sie fühlen sich innerlich leer und stumpf. In den Wochen, Monaten und manchmal Jahren danach spüren viele immer wieder Trauer, seelischen Schmerz, manchmal Verzweiflung. Der geliebte Mensch ist nicht mehr da. Sie können ihre Gefühle ihm gegenüber nicht mehr leben, und sie können die Zuwendung des anderen nicht mehr erfahren.

Schmerzlich ist auch die Erinnerung daran, daß der Verstorbene es in seinem Leben, besonders während der Krankheit, schwer hatte oder daß sein Leben so früh zu Ende gegangen ist. «Meine Mutter war lange krank. Ich war traurig ihretwegen, wenn ich an ihr schweres, entbehrungsreiches Leben denken mußte.» Traurig waren Angehörige auch, wenn sie daran dachten, was für den Gestorbenen das Leben bedeutet hatte: «Ich war sehr traurig darüber, daß sie das Leben, das sie so liebte, nicht mehr leben konnte.»

«Ja, sie fehlt mir sehr, es ist eine echte Lücke.» Neben der Trauer, daß der Verstorbene sein Leben nicht mehr leben kann, kommt bei vielen das schmerzliche Gefühl hinzu, daß der Verstorbene ihnen fehlt, daß sie ihn vermissen. Erna leidet sehr unter der Endgültigkeit der Trennung von ihrem Sohn: «Ich habe heute, vier Monate danach, immer noch das Gefühl wie früher, wenn er einige Wochen Urlaub machte. Was tut er? Wo ist er? Warum

ruft er mich nicht an? Ich möchte sterben, nur um zu sehen, wie es meinem Sohn geht. Jetzt hole ich die Trauer und Verzweiflung nach, die ich während Armins Krankheit nicht zeigen durfte. An manchen Tagen denke ich: Du hast es überstanden. Aber dann gibt es wieder Stunden, wo ich nicht begreife, daß er nie wiederkommt. Es ist die Endgültigkeit, die mir zu schaffen macht!»

So überkommt viele immer wieder die Traurigkeit, den geliebten Menschen nicht mehr bei sich zu haben, und auch ein Gefühl, seinen Tod nicht fassen zu können.

Viele spürten deutlich, daß sie einen hilfreichen Partner für vertrauensvolle Gespräche verloren hatten. «Nach dem Verlust meiner Mutter hatte ich viele Jahre keinen Menschen mehr, dem ich uneingeschränkt vertraut habe. Mir fehlt meine Mutter als Ansprechpartnerin. Es ist eine echte Lücke. Es gibt Bereiche, über die ich nur mit ihr sprechen konnte.»

Viele vermissen schmerzlich das Vertrauen, die Liebe und die Nähe, die ihnen der Verstorbene Jahre hindurch gegeben hatte. Das Erleben dieses Verlustes kann besonders bei älteren Menschen so stark werden, daß es zu einer inneren Leere führt. «Ich habe soviel durchgemacht, Verzweiflung, Ohnmacht und Trauer», sagt der zweiundsiebzigjährige Rentner Heinrich nach dem Tod seiner Frau. «Aber ganz stark ist jetzt diese unheimliche Leere in mir. Das Leben ist für mich sozusagen zu Ende. Die kleine Katze ist die einzige, der ich noch Liebe geben kann. Sie braucht mich. Aber sonst? Mir fehlt meine Frau so! Und das ist nun mein Leben. Das ist eigentlich mehr vegetieren als leben.» Zu dem Schmerz, den der zurückbleibende Angehörige empfindet, weil ihm die Zuwendung und die Nähe des Verstorbenen fehlen, kommt die bittere Erfahrung, keine Liebe mehr geben zu können.

Die Trauer, die Schwierigkeit, den Verlust anzunehmen, die Einsamkeit und fehlende Unterstützung in der mitmenschlichen Umwelt führten bei manchen zu einer seelischen Krise. Sie konnten das Erleben nicht «verarbeiten». Sie hatten keine Kraft mehr, für sich zu sorgen; sie vernachlässigten sich. Eine Frau nach dem Freitod des Vaters: «Ich hatte nach dem Tod meines Vaters extreme Schwierigkeiten. Für mich war alles zuviel. Ich fühlte mich kraftlos, einsam, traurig und überfordert.»

Für manche ist der Schmerz über den Verlust so groß, daß sie an eine Beendigung des eigenen Lebens denken: «Es kamen Monate der Depression und Antriebslosigkeit. Am liebsten wäre ich selber gestorben. Ich war ganz leer. Erst ein Jahr später kamen nach dieser Leere auch andere Gefühle in mir auf.» – «Meine Erfahrung war, daß nicht nur die Angehörige gestorben ist, sondern da stirbt auch etwas in mir. Es sind Gefühle, die in mir sterben.»

Manche Angehörige spüren, daß sie einsam werden und daß ihre seelische Lebendigkeit abnimmt. Ein fünfundfünfzigjähriger Lehrer: «Die Trauer ist bis heute, sieben Jahre nach dem Tod meiner Mutter, noch nicht abgeklungen. Ich halte mich noch immer von unterhaltenden Veranstaltungen fern. Ich bin zwar seelisch gereift, aber auch frühzeitig gealtert.»

Belastungen

Neben den Gefühlen des Verlustes, der Leere und der Trauer nannten die Befragten eine Vielzahl weiterer Belastungen, die ihr Leben auch noch längere Zeit nach dem Tod beeinträchtigten.

«Ich wollte es lange nicht wahrhaben, daß sie nicht mehr da ist. In meinen Träumen schrie ich die Worte: ‹Nein! Nein!›» sagt Nina. Personen, die den Tod eines nahen Menschen nicht annehmen konnten, fühlten sich lange belastet. «Meine Eltern leiden noch heute, sieben Jahre nach dem Tod meines Bruders, sehr darunter. Sie können ihn heute immer noch nicht loslassen. Sie waren nicht darauf vorbereitet, sie haben auch vorher nie an den Tod gedacht.»

Einige wehren sich dagegen, den Tod des anderen anzunehmen, vielleicht, weil ihnen dies deutlich macht, daß auch ihr eigenes Leben und das anderer Angehöriger endlich ist. Eine Lehrerin: «Bis heute, drei Jahre nach dem Tod meiner Schwester, kann ich es immer noch nicht fassen und akzeptieren, daß sie tot ist. Ich habe das bedrohliche Gefühl, bedingt durch ihren Tod, daß der Tod so nahe ist. Ich habe jetzt manchmal furchtbare Angst um meinen Mann, mein Kind und meine Eltern.»

Kam der Tod unerwartet, so war es für fast alle erschwerend, das Geschehene anzunehmen. «Der plötzliche Tod meiner Mutter war völlig ‹unglaublich› für mich. Auch nach ihrem Tod erwartete ich ständig ihre Rückkehr. Schließlich fand ich mich irgendwann damit ab, daß sie nicht mehr wiederkommen würde. Ich litt besonders darunter, ihren Tod nicht direkt miterlebt zu haben oder sie doch zumindest vorher noch zu sprechen, bewußt von ihr Abschied zu nehmen.»

«Ich quäle mich damit, wo meine Versäumnisse liegen, und ich fühlte mich schuldig.» Das Gefühl, Wichtiges versäumt zu haben, belastete manche Angehörigen, verstärkte ihre Traurigkeit und Kraftlosigkeit. Gründe für die vermeintlichen oder wirklichen Versäumnisse waren:

Manche hatten den Kontakt zum Verstorbenen in der letzten Zeit vernachlässigt. «Ich fühlte mich schlecht, weil ich meine Freundin nicht besser begleitet hatte.» – «Ich lebte damals im Ausland. Ich erfuhr von meiner Mutter nicht, wie schlimm es wirklich um meinen Vater stand. Am meisten belastet mich eine scheinbare Äußerlichkeit: Ich vergaß seinen letzten Geburtstag, ich rief ihn nicht an. Es war mein Egoismus, ich dachte, mein alter Vater in Deutschland ist nicht so wichtig.» – «Den Besuch, den ich bei diesem Freund machen wollte, habe ich immer wieder aufgeschoben. Und dann bekam ich eines Tages die Anzeige, daß er tot ist. In dem Augenblick, als ich den Brief in den Händen hielt, hatte ich das Gefühl, mein Kopf würde auseinandergerissen. Ich bin schreiend durch das Haus gelaufen; ich konnte es überhaupt nicht fassen. Und dann kam im nachhinein dieses enorme Schuldgefühl. Ich wußte ja, daß er krank war und aus der Kur zurück und daß ich ihn besuchen konnte. Aber ich war zu nachlässig und zu sehr mit mir selber beschäftigt, so daß ich es immer wieder aufschob. Und da habe ich unheimliche Schuldgefühle bekommen. Ich komme damit immer noch nicht zurecht. Ich habe es auch noch nicht fertiggebracht, mich bei der Familie überhaupt daraufhin zu melden.»

Andere machten sich Vorwürfe, daß sie sich während der schweren Krankheit des Angehörigen keinen unbezahlten Urlaub hatten geben lassen, um mehr bei ihm zu sein und ihn besser zu betreuen. Oder sie quälten sich damit, daß sie die Ärzte hätten eingehender befragen sollen, ob die Operationen wirklich notwendig gewesen waren und welche anderen Möglichkeiten es gegeben hätte. Andere belastete es, daß sie sich im Krankenhaus hatten wegschicken lassen und nicht bis zuletzt beim Sterbenden geblieben waren. Eine Frau, die ihre Mutter zu Hause pflegte, macht sich Gedanken über die letzte Phase: «Als ich die herzstärkenden Medikamente absetzen mußte, kam für mich der schwerste Augenblick. Von der Vernunft her war es das beste. Aber ich hatte das verzweifelte Gefühl, nun an ihrem Tod schuld zu sein.»

Einer anderen Frau machte es ein schlechtes Gewissen, daß sie essen konnte, Zeitschriften und Romane las, während ihr Mann im Sterben lag: «Dafür habe ich mich geschämt. Ich fand das ganz unpassend. Andererseits brauchte ich auch mal etwas ganz anderes.»

Eine Tochter ist darüber unglücklich, daß sie in entscheidenden Situationen ihre Mutter vernachlässigt und nicht genug geliebt hat: «Meine Mutter ist auf ganz furchtbare Art gestorben. Sie war Alkoholikerin. Wir wohnten in einem Haus. Wenn sie nüchtern war, hatten wir guten Kontakt; aber das war sie selten. Wenn sie getrunken hatte, schloß sie sich ein, ich konnte nichts machen. Aber ich war auch oft froh darüber, daß ich nichts machen konnte. Ich muß ehrlich sagen, ich habe meine Mutter in solchen Zeiten gehaßt. Eines Abends ging ich zu einer Diskussion, obwohl ich wußte, sie hatte wieder ihre Trinkzeit. Als ich nach Hause kam, habe ich mich gleich ins Bett gelegt, und auch am Tag habe ich nicht probiert, ob ich in ihr Zimmer reinkam. Eine Freundin und ich holten dann die Polizei, die einbrach. Sie war tot. Ich habe unheimliche Schuldgefühle, heute noch viel mehr als kurz danach; auch weil ich sie in diesen Zeiten so gehaßt habe. Ich habe sie dann immer beschimpft. Sie hatte mir öfters gesagt, wenn sie mal sterben müßte, dann wollte sie nicht alleine sterben. Und jetzt ist sie auf so eine elende Weise alleine gestorben. Ich hätte mir gewünscht, daß ich dagewesen wäre. Andere Leute haben mir gesagt, mit solchen Gedanken und Vorwürfen machst du dich kaputt. Für mich ist es aber ganz klar, daß ich anders hätte handeln können. Und ich mache mir noch wegen anderer Dinge Vorwürfe: Sie hat mich so oft gefragt, ob ich mal zu einem Familienabend zu den Anonymen Alkoholikern mitkäme. Das wollte sie gerne; aber ich bin nie mitgegangen. Es ging eigentlich so um kleine Liebesbeweise.»

So quälen sich viele Menschen mit starken Schuldgefühlen, wenn sie den Eindruck haben, daß sie dem Verstorbenen nicht nahe genug gewesen waren, daß sie ihm zuwenig Liebe gegeben hatten. Eine Frau, deren Vater sein Leben selbst beendete: «Ich hatte Schuldgefühle, weil ich glaubte, daß mein Vater nicht sterben wollte, daß er Angst hatte und daß er ohne Hilfe war. Ich bedaure so sehr, nicht mehr Mut ihm gegenüber gehabt zu haben, dann hätte ich ihm wahrscheinlich näher kommen können. Ich glaube, ihm im Leben und im Sterben etwas schuldig geblieben zu sein. Ich hatte das Gefühl, ihn im Stich gelassen zu haben.» – «Ich habe ganz starke Schuldgefühle. Ich habe meine Mutter nicht sehr geliebt. Und ich habe Schuldgefühle, weil ich jetzt nach ihrem Tod Erleichterung verspüre, daß ich mich ihr nun nicht mehr zu entziehen brauche. Und ich habe Schuldgefühle, weil wir sie gegen ihren Wunsch im Krankenhaus haben sterben lassen und weil ich ihr die Tabletten nicht mitbringen konnte und wollte, um die sie mich bat, um ihrem Leben ein Ende zu machen.»

Heinrich, 72: «Ich mache mir Vorwürfe. Ich hätte lieber, netter zu ihr sein müssen, viel freundlicher und herzlicher. Aber jetzt ist es zu spät, jetzt ist sie tot. Wir denken zu wenig daran, daß der andere sterben könnte. Man müßte von früh auf besser darauf vorbereitet sein. Mancher Ehekrach, manches andere würde vermieden werden, wenn man bedenken würde, daß das Leben kurz sein kann. Ich würde meine Frau jetzt anders behandeln.»

«Die Wut war neben der Trauer ein ganz starkes Gefühl.» Wut auf den Verstorbenen, auf Mitmenschen und – was meist dahinter steht – auf sich selbst. «Wütend war ich auf den behandelnden Arzt, weil er sich zu wenig um meinen Vater gekümmert hat und ihn zu spät ins Krankenhaus einwies. Wütend war ich auf die Krankenschwestern, die meinen Vater so lieblos behandelten. Wut hatte ich auch auf mich selbst, daß ich all dies geschehen ließ, ohne mich dagegen zu wehren. Und ich hatte wohl auch Wut darüber, daß ich die Gelegenheit verpaßt hatte, mehr für meinen Vater zu tun.» Hinter der Wut stehen häufig Hilflosigkeit, Schuldgefühle und die Unfähigkeit, die eigenen Fehler und die der anderen anzunehmen. Eine Studentin spürt neben der Trauer auch Wut auf ihren Vater, der durch Freitod aus dem Leben schied: «Ich hatte unendliche Trauer und Wut. Warum hat er mir das angetan? Verzweifelt stellte ich mir immer wieder diese Frage. Er, der mir bis dahin meine nötige Sicherheit gegeben hatte, hatte mich im Stich gelassen. Starke Ängste befielen mich. Für mich war alles zuviel. Ich fühlte mich kraftlos und überfordert.»

«Ich finde die Grabbesuche so schlimm.» Der Friedhof ist für viele keine Möglichkeit zum meditativen Gedenken und zum Verbundensein mit dem Verstorbenen. Manche erlebten die Grabbesuche als Verpflichtung und Belastung. Andere hatten Angst, am Grab mit ihrer Trauer und ihren Schmerzen konfrontiert zu werden. «Ich weiß, daß ich meine Mutter nicht losgelassen hatte. Nach diesem Erlebnis bin ich kaum auf den Friedhof gegangen. Ich bringe es nicht fertig, am Grab zu stehen. Die Gewißheit, jetzt ist sie wirklich tot, das schaffe ich einfach nicht. Daß sie da unter der Erde liegt, diese Vorstellung kann ich wirklich heute noch nicht annehmen.»

«Sie haben meine Gefühle überhaupt nicht verstanden.» Des öfteren wurde das Zusammensein mit anderen im Zustand der Trauer und Empfindsamkeit als sehr belastend empfunden. Dies gilt auch für die Beileidsbekundungen, besonders von Menschen, die mit dem Verstorbenen oder seinen Angehörigen we-

nig zu tun hatten. Eine Assistentin: «Belastet haben mich die Nachbarn, die mit Beileidsmienen, mit heruntergeklappten Mundwinkeln an der Haustür zum Trostspenden erschienen, oder entfernte Bekannte, die deswegen anriefen.»

Viele berichteten, daß sie sich von anderen nicht verstanden fühlten, die tröstlich gemeinte «Sprüche» äußerten oder überhaupt nicht auf ihre Gefühle eingingen. Die dreißigjährige Astrid, deren Mutter an Krebs starb: «Sie kamen mit Sprüchen wie: ‹So, was gewesen ist, das vergiß› oder ‹Es war besser so›. Sie haben meine Gefühle abgewürgt und mich überhaupt nicht verstanden. Ich habe das als sehr negativ erlebt.» Jasmin, deren Vater an multipler Sklerose starb: «Es war schrecklich für mich, wenn wohlmeinende Menschen mir sagten, Vaters Tod sei das beste für ihn gewesen, nun sei er erlöst. Ich empfand das nicht so. Auch hatte ich das Gefühl, daß *er* keineswegs eine solche Einstellung zum Sterben gehabt hatte. Ihre Gefühle waren so ganz anders als meine. Das machte mich innerlich wütend.»

Noch stärker belastete manche Angehörige das Verhalten von Mitmenschen, wenn der Verstorbene sein Leben selbst beendet hatte. Etliche fühlten sich dann berechtigt, den Verstorbenen – und manchmal auch die Angehörigen – moralisch zu beurteilen. «Selbstmord wurde mit ‹Verrücktsein› gleichgesetzt. Die Menschen meiner Umgebung schnitten mich, ich wurde gemieden und fühlte mich minderwertig und ausgestoßen. Die gemeinsten Gerüchte wurden über unsere Familie verbreitet: ‹Selbstmord ist vererbbar.› – ‹Das macht man doch nicht!› Der Pastor willigte ‹gnädigerweise, beide Augen zudrückend› in eine kirchliche Bestattung ein. Wie erniedrigend! So getraute ich mich bis vor kurzem nicht, meinen Freunden oder Bekannten vom Freitod meines Vaters zu erzählen. Jahrelang log ich und antwortete auf die Frage, woran er gestorben sei: ‹Am kranken Herzen.› Und das war's im wahrsten Sinne des Wortes.» Eine Frau über die Zeit nach dem Freitod ihres Bruders: «Manche wollten es bis ins kleinste Detail genau wissen. Sie nahmen keine Rücksicht auf meine Gefühle, sie wollten nur ihre Neugier befriedigen. Sie kamen mehr aus Sensationslust als aus wirklichem Mitgefühl. Das hat mich sehr gestört.»

Andere erlebten Menschen als sehr belastend, die von ihnen nach kurzer Zeit wieder ein «normales» Verhalten erwarteten. «Ich sollte ihren Erwartungen entsprechend so sein, wie ‹man sich verhält›. Belastend fand ich auch, daß es an mir war, mich um nachbarliche und andere Kontakte zu bemühen; denn viele zogen sich von unserem Leid zurück. So wurde mir mehrmals gesagt: ‹Sie ziehen ja das Unglück an.› Diese Einstellung der Leute, Menschen, die von Krankheit und Tod betroffen sind, zu meiden, wurde mir auch neulich deutlich klar: Da wurde ich freundlich ermahnt, lieber nicht soviel mit meiner krebskranken Freundin zusammen zu sein, weil die ja das Unglück anzöge. Viele sind nicht bereit, sich mit Sterben und Tod, aber auch nicht mit der Traurigkeit der Hinterbliebenen und mit deren Bemühen um eine neue Lebensordnung auseinanderzusetzen. Die Sprachlosigkeit der Umgebung ist oft sehr quälend und trägt zur Isolation bei, in die der Trauernde gedrängt wird oder sich dann auch zum Teil selbst begibt.»

Etliche fühlten sich durch Angehörige belastet, etwa durch Vorwürfe, sie seien falsch mit dem Verstorbenen umgegangen oder hätten falsche Entscheidungen über die medizinische Behandlung getroffen.

Zu Konflikten und Entfremdungen zwischen Familienmitgliedern kam es, wenn sie ihre unterschiedlichen Formen der Trauer nicht tolerieren konnten. Menschen verarbeiten ihre Trauer und ihren Schmerz unterschiedlich. «Ich konnte nicht verstehen, daß mein Mann ihren Tod so hinnehmen konnte, während ich am liebsten gestorben wäre. Und er konnte es nicht mit ansehen, wenn ich mit verquollenen Augen herumlief und mich ganz und gar gehen ließ. Er hat mich nicht verstanden und sogar mit mir geschimpft.»

So akzeptierten manche Angehörige nur ihre eigene Ausdrucksform von Trauer: «Ich ärgerte mich sehr über meine ältere Schwester, denn diese hielt ihre Trauer für die tiefste und wollte damit den richtigen Maßstab auch für mich und andere setzen.» Vielleicht kann die folgende Äußerung einer Frau zum Verständnis solcher Konflikte beitragen: «Die Trauer der Angehörigen hat oft sehr unberechenbare Verhaltensweisen zur Folge. Da wird manches unverarbeitet und freiweg gesagt. Es ist wichtig, im ersten Moment nicht über manche Reaktionen schockiert zu sein. Viele sind auch in ihrer Trauer sehr überempfindlich.»

Erleichternde Erfahrungen

In dieser schwierigen Zeit nach dem Tod des Angehörigen fanden etliche in sich selbst und bei ihren Mitmenschen Kraft. Sie konnten sich mit den schmerzhaften Erfahrungen auseinandersetzen, wieder für sich sorgen und mit ihrer veränderten Lebenssituation zurechtkommen.

«Meine Freundin und ihr Mann sagten: ‹Also zieh erst mal zu uns, damit du nicht mehr so allein bist›», berichtet Heike über die Zeit nach dem Freitod ihres Vaters.

«Je mehr ich darüber spreche, um so besser fühle ich mich.» In Gesprächen mit Freunden, in einer Selbsthilfegruppe, mit einem psychologischen Helfer oder einem Seelsorger setzen sich viele mit den vergangenen Erfahrungen und Gefühlen auseinander. In diesen Gesprächen konnten sie ihre Trauer und ihre Verzweiflung zulassen. Zunächst waren die Gespräche auch schmerzvoll für sie. Aber wenn sie einen verständnisvollen Gesprächspartner hatten, lernten sie, sich mit ihren vielfältigen intensiven Gefühlen mehr anzunehmen. Dies brachte ihnen Erleichterung. «Es wühlte in meinem Kopf und in meinem Bauch herum, es mußte irgendwie heraus. Und wenn ich es erzählt hatte, dann hatte ich das Gefühl: So, jetzt ist erst mal die Luft heraus, ein Stück Erleichterung ist da. Das war so gut für mich, daß ich bei meinen Freunden immer offene Ohren gefunden habe und niemals das Gefühl hatte, die jetzt vollzulabern, auch wenn ich es ihnen schon zum drittenmal erzählte.»

Eine Frau fühlte sich von den Menschen verstanden, die ehrlich waren und nicht viele Worte machten: «Am meisten fühlte ich mich von den Menschen akzeptiert, die zum Ausdruck brachten, daß sie ahnten, wie schwer der Tod meines Vaters für mich sei, aber daß sie nicht wüßten, was sie mir sagen oder für mich tun sollten. Und auch von Menschen, die mich weinen ließen, ohne reden zu wollen.»

Auch Gespräche mit anderen über das bisherige Leben des Verstorbenen waren hilfreich: «Wir führten Gespräche über unsere Mutter, über ihre Zeit, als sie im Krankenhaus lag, über ihre Beerdigung, über ihr Leben vor dem Tod, über ihre letzten Tagebucheintragungen und Briefe. Wir haben gemeinsam geweint und gelitten, das war für mich erleichternd.»

Eine Frau suchte Hilfe bei einer Psychologin: «Meine Mutter starb plötzlich an Herzinfarkt. Ich bin dann in ein tiefes Loch gefallen und sehr lange nicht herausgekommen. Nach einem halben Jahr bin ich dann zu psychotherapeutischen Gesprächen gegangen, weil ich damit einfach nicht fertig wurde. Ich konnte die Tatsache ihres Sterbens nicht akzeptieren. Ich lernte langsam, stückchenweise anzunehmen, daß sie nun gegangen ist.»

Die Nähe zu unterstützenden Menschen und das Zulassen der traurigen, belastenden Gefühle führen bei den Angehörigen allmählich zu einem Wandel des Fühlens. Sie lernten, die eigenen vielfältigen Gefühle, auch Versäumnisse und Schwächen anzunehmen.

Einigen half ein inneres Sprechen mit dem Verstorbenen, sich zu verzeihen. So berichtete ein Mann, er habe über seine Schuldgefühle mit seiner verstorbenen Frau innerlich gesprochen, und dies habe ihn freier gemacht.

Es ist ein Weg der vielen kleinen Schritte. «Auch heute noch ist es schmerzvoll für mich, keine Mutter mehr zu haben. Ich wünsche mir oft ihre Gegenwart. Aber jedesmal, wenn ich darüber spreche, bringt es mich dann ein Stückchen weiter, zu akzeptieren, daß sie nicht mehr da ist.»

Nach der Leere, der Trauer und den Schmerzen kommen auch andere Gefühle wie Erleichterung oder Dankbarkeit auf. «Es war zuerst nur Schmerz oder Trauer über den Verlust des Menschen, der mich von allen am wortlosesten verstand und liebte. Dann aber kam auch das Innewerden des Geschenks, einen solchen Vater gehabt zu haben.» Andere Angehörige fühlten weiterhin enge Verbundenheit mit dem Verstorbenen, fühlten sich von ihm begleitet. «Manchmal überlege ich mir: Na, was würde wohl Opa dazu sagen? Ich rede ihn sogar persönlich dabei an. Ich bin mit ihm verbunden.»

«Allein, daß man bei ihnen da ist, nützt schon viel.» Einen Einblick in die Hilfe, die Mitmenschen einem trauernden Angehörigen geben können, ermöglichen die folgenden Erfahrungen einiger Befragter.

«Das einzige Kind meiner Freundin ist plötzlich tödlich verunglückt», berichtet eine Frau. «Der Großvater hatte Aufsicht. Ich habe erlebt, wie meine Freundin getrauert hat. Ich bin oft zu ihr gefahren und habe viel mit ihr geredet; wir haben zusammen geweint. Faszinierend fand ich, daß sie sagte: ‹Ich nehme keine Beruhigungstabletten, ich will das durchleben.› Also, dieses Durchleben der vielen Gefühle und sich den vielen Fragen stellen: ‹Ich bin schuld! Ich bin nicht dagewesen! Ich habe eine Berufsausbildung gemacht, und so konnte ich nicht aufpassen! Ich bin so wütend und kann die Wut nicht loslassen, weil es mein eigener Vater ist. Ich kann es nicht begreifen.› Irgendwann nach den vielen Gesprächen hat sie dann die Kraft gehabt zu sagen: ‹Ich weiß, mein Kind und ich, wir werden uns wieder begegnen.› Dabei ist es sicher keine religiöse Frau, überhaupt nicht. – Für mich waren die Gespräche ein Anfang, mich mit dem Tod auseinanderzusetzen. Je mehr ich jetzt darüber nachdenke, um so besser geht es mir damit, das spüre ich. Irgendwie gibt es mir Stärke, wenn ich meinen Tod ansehe.»

Beeindruckt hat mich auch der Erfahrungsbericht einer Kindergärtnerin: «Ein Kind in meinem Kindergarten war herzkrank, wurde operiert und starb dann. Da habe ich die Sprachlosigkeit der Erwachsenen erlebt. Keiner mochte darüber reden, keiner wollte mit den Eltern sprechen, keiner wollte mit dem Mädchen sprechen, mit dem das verstorbene Kind befreundet gewesen war. Ich habe gedacht, das kann doch nicht sein, daß einer weggeht, und dann redet keiner darüber, so als ob er sich in Luft aufgelöst hat. So habe ich mit den Kindern darüber geredet. Ich fand, daß Kinder viel leichter und einfacher darüber sprechen können als Erwachsene. Sie fanden ganz andere Worte und auch andere Möglichkeiten, sich damit auseinanderzusetzen. Sie sagten, wenn das Herz so schwach war und es nicht leben konnte, dann ging es wohl nicht anders. Ich hatte befürchtet, daß bei den Kindern Angst vor dem Krankenhaus ausgelöst wird. Aber sie fanden dann viele Beispiele, wo Verwandte und Kinder aus dem Krankenhaus zurückgekommen sind, so daß ich diese Angst nicht zu haben brauchte. Dann haben sie geredet, was sie alles Schönes mit dem Kind erlebt haben. Und wie schön es gewesen wäre, wenn es wiedergekommen wäre. Aber wenn es nun nicht so ist, dann muß man es so nehmen. Dieses Annehmen war sehr beeindruckend für mich. – Die Eltern, mit denen ich auch sprach, haben später zu mir gesagt: ‹Schön, daß Sie gekommen sind. Vorher haben alle Leute angerufen und sich erkundigt. Als sie dann gestorben war, da war bei uns Funkstille. Keiner rief mehr an. Wir saßen mit unserem Elend allein.› So glaube ich, daß es ganz wichtig ist, Worte zu finden, auch wenn das manchmal schwerfällt. Manchmal hat man das Gefühl, das kann denen doch gar nicht nützen. Aber allein, daß man bei ihnen da ist, das nützt schon sehr viel.»

«Ich begriff, daß meine Wut sinnlos ist.» Eine Studentin konnte lange Zeit den Tod des Großvaters nicht annehmen. Erst durch die Begleitung anderer Sterbender wandelten sich ihre Gefühle. «Bei Opas Tod empfand ich neben der Trauer viel Wut und Enttäuschung. Als ich dann im Praktikum im Altenpflegeheim mit Sterbenden konfrontiert wurde, habe ich das klären und aufarbeiten können. Mir wurde klar, daß ich mich wehrte, den Tod für *mich* zu akzeptieren. Es war mein eigener irrationaler Wunsch, daß mein Leben und das meiner Familie unsterblich ist. Mir wurde klar, daß wir in unserer Welt, wo alles so aussieht, als ob es für die Unsterblichkeit gedacht ist, nicht gelernt haben, daß wir vergänglich sind. Besonders deutlich wurde mir das bei einer Frau, die nach einem Unfall gelähmt war. Nachdem sie wußte, daß sie sich nie wieder bewegen konnte, *wollte* sie sterben. Mein Bemühen, dagegen anzugehen, scheiterte an ihrer liebevollen, fast heiteren Art, mir den Gedanken an den Tod fast ohne Worte beizubringen. Als sie dann im Sterben lag, begriff

ich, daß meine Wut über ein ‹solches Leben› sinnlos ist. Ich bin dann dahin gekommen, *mit* dem Tod und nicht gegen den Tod zu leben.»

Veränderte Einstellungen zu Sterben und Tod

Es hat mich sehr beeindruckt, daß die doch oft so schmerzlichen Erfahrungen mit dem Sterben eines geliebten Menschen bei vielen zu einer persönlichen Entwicklung und seelischen Reife führten. Zwei Drittel der von uns Befragten äußerten, daß diese Erfahrungen zu Änderungen in ihrem Leben geführt hatten, die sie überwiegend als günstig ansahen. Worin bestanden diese Wandlungen?

Die vergangenen Erfahrungen hatten ihr Leben bereichert. Sie hatten oftmals große Nähe zu einem Menschen erfahren, der am Ende seines Lebens stand. Sie hatten eine neue Dimension des Lebens kennengelernt, hatten an einem bedeutsamen Ereignis teilgenommen, das manche als göttliches Geschehen empfanden. So wie Menschen voller Ergriffenheit bei der Geburt am Werden eines Menschen teilnehmen, so kann dies auch am Ende eines Lebens geschehen. Das Sterben eines anderen mitzuerleben und dabei hilfreich zu sein, kann das eigene Leben bereichern und erweitern.

Vor allem wandelte sich die Einstellung dieser Menschen zum Tod und zum Sterben, zugleich aber auch ihre Einstellung zum Leben.

«*Das Sterben meines Vaters hat mich mit dem Tod vertraut gemacht und mir die große Angst genommen.* Er ist den Weg schon für mich vorangegangen, ich werde das auch schaffen.» Bei vielen verminderte sich durch die Begleitung des Sterbenden die Angst vor dem Tod erheblich. Dies war besonders der Fall, wenn sie ein sanftes Sterben des Angehörigen miterleben konnten. «Ich habe ihr Sterben als so friedlich erlebt, daß ich meine Angst vor dem Tod verloren habe. So, als ob danach nichts Schlimmes kommen könne.» Eine Frau, 42: «Einen Monat nach der Beerdigung meiner Mutter kam ich selbst mit Brustkrebs ins Krankenhaus. Durch die Erfahrungen mit dem Tod meiner Mutter habe ich keine Angst mehr vor dem Tod, und es half mir, meine eigene Krankheit anzunehmen. Ich habe auch den Mut gefunden und das Bedürfnis gehabt, von vornherein die Wahrheit wissen zu wollen.»

«Ich habe gelernt, den Tod besser zu akzeptieren, ich habe mehr Gelassenheit.» Michaela Berndt-Jeschke, die die Befragungen durchführte, schreibt in ihrer Diplomarbeit: «Die Gespräche gingen mir oftmals sehr nahe. Diese oft schmerzhafte Auseinandersetzung hat mich aber sehr bereichert. Denn sie brachte mich wieder ein Stück auf dem Weg voran, das Sterben als zum Leben gehörend zu akzeptieren.» Ruth, 44: «Für mich ist der Tod nichts Endgültiges mehr, sondern der Eintritt in eine andere Welt. Mir ist der Kreislauf des Lebens bewußt geworden. Der Tod ist auch eine Art von Leben. Ich habe keine Angst mehr vor dem Sterben.»

«Bei meinem Sterben möchte ich, daß man mich als Mensch und Persönlichkeit akzeptiert.» Die Erfahrungen bei der Begleitung Sterbender veranlaßten viele dazu, konkret über ihr eigenes Sterben nachzudenken. Wie stellen sie es sich vor? Was erhoffen sie sich? Vor allem ein Wunsch taucht in den recht verschiedenen Äußerungen immer wieder auf: Sie möchten als Schwerkranke und Sterbende geachtet, menschlich behandelt und in ihren Wünschen respektiert werden.

Eine Frau wünscht sich, offen mit den Begleitern und Ärzten über ihr Sterben reden zu können: «Ich wünsche mir vor allem Offenheit und die Möglichkeit, mit den Menschen, die mir wichtig sind, reden zu können, damit ich noch Gelegenheit habe, mich damit auseinanderzusetzen. Ich wünsche auch, daß mich Ärzte und Schwestern nicht anlügen.»

Ein häufiger Wunsch, besonders von medizinischen Helfern, war es, nicht allein zu sterben. «Ich möchte nicht einsam, sprach- und gefühllos sterben müssen. Ich möchte Ruhe um mich haben und einen Menschen bei mir, der mich akzeptiert und den ich akzeptiere oder liebe.» Als Begleiter werden Angehörige oder Helfer gewünscht, die die erforderliche seelische Stärke besitzen. «Ich wünsche mir sehr, wenn es für mich soweit ist, einen Menschen neben mir zu haben, der bereit und in der Lage ist, mich so weit, wie es ihm möglich ist, zu begleiten – aber auch, mich gehen zu lassen. Ich möchte nicht festgehalten, sondern nur gehalten werden. Ich möchte mich fallenlassen können und keine Schuldgefühle haben, wenn ich gehe.»

Ein häufiger Wunsch ist es, zu Hause zu sterben. «Ich hoffe sehr, daß ich eines Tages zu Hause sterben kann, in meiner vertrauten Umgebung und in der Nähe von Menschen, die ich liebe und die mich lieben. Sie sollen nicht pausenlos mit mir zu schaffen haben. Es genügt das Gefühl, sie in meiner Nähe zu wissen.» 60 Prozent der von uns befragten Ärzte und Schwestern wollten auf keinen Fall im Krankenhaus sterben – ein deutlicher Ausdruck ihrer ungünstigen Erfahrungen mit dem Sterben von Patienten in Krankenhäusern. Eine Krankenschwester: «Ich hoffe für mich, daß ich nicht in einem Krankenhaus sterben muß, nicht in dieser anonymen und sterilen Atmosphäre, nein!» Viele haben Angst, im Krankenhaus nicht hinreichend menschlich behandelt zu werden. Eine Schwester drückt es kraß aus: «Ich möchte lieber in der Straßengosse sterben als in einem weißen Krankenhausbett.»

Dagegen stehen 40 Prozent der Helfer, die sich vorstellen konnten, auch im Krankenhaus zu sterben. Als Gründe nannten sie vor allem die bessere medizinische Versorgung und den Wunsch, den Angehörigen nicht zur Last zu fallen. «Wenn es ein langes Sterben ist, möchte ich nicht zu Hause sterben. Das kann ich den anderen wirklich nicht zumuten. Das ist eine wahnsinnige Belastung, bei der auch Aggressionen aufkommen. Natürlich, wenn ich ein schönes Zuhause habe, dann möchte ich lieber zu Hause sterben. Am liebsten möchte ich im Wald sterben, mit der Nase auf dem Moos, und das Moos noch einmal riechen, bevor ich sterbe.»

Manche wünschten, ihr Sterben bewußt zu erleben. «Früher wollte ich immer ganz schnell und schmerzlos sterben. Jetzt habe ich den Wunsch, die letzte Zeit und das Sterben selbst bewußt mitzukriegen, intensiv zu erleben.» Andere dagegen wollten schnell sterben. Sabine: «Da ich allerhand verdränge, habe ich eine Wunschvorstellung, immer gesund zu sein und dann einfach ganz schnell zu sterben, ohne viel davon zu wissen.»

Unter einem würdigen Sterben verstanden viele, keine großen Schmerzen zu haben, sich möglichst wenig quälen zu müssen, nicht lange dahinzusiechen. Sie wünschten sich, über ihr Ende selbst bestimmen zu können. «Ich wünsche mir für mein Sterben menschliche Nähe, keine unnatürliche medizinische Maximalbehandlung. Bei großen Schmerzen wünsche ich, selbst entscheiden zu dürfen, wann ich verstärkte Mittel bekomme und wann ich sterben will. Ich möchte in Ruhe sterben und dies respektiert wissen.»

Manche brachten zum Ausdruck, in welchem seelischen Zustand sie sterben möchten. «Ich möchte den Tod als etwas Natürliches gelassen hinnehmen können. Ich möchte bei meinem Sterben ruhig sein. Etwas fürchte ich mich davor, das Leben nicht loslassen zu können. Aber ich denke, wenn ich bewußt lebe, werde ich es leichter schaffen.» Eine andere Frau möchte beim Sterben in Verbindung mit Gott sein: «Ich möchte den Mut haben, loszulassen und sagen zu können: Dein Wille geschehe und nicht meiner. Ob es so sein wird, weiß ich heute nicht. Ich habe nur die Hoffnung. Angst zu haben heißt für mich, ich habe kein Vertrauen zu Gott.»

Bei einigen führten die Erfahrungen dazu, daß sie mehr Vorsorge für ihren eigenen Tod trafen. Vor allem wollten sie die Angehörigen entlasten. Eine Frau berichtet, wie sich ihre Familie damit auseinandersetzte: «Unser siebzehnjähriger Sohn brachte nach dem Tod der Oma das Thema auf: Was ist, wenn ihr vom Urlaub nicht wiederkommt? Er wollte es geregelt haben. Was würde mit ihm und seiner Schwester geschehen, wenn wir beide nicht mehr da sind? Wir haben dann untereinander Abmachungen getroffen und auch mit Freunden abgesprochen, daß sie sich dann einschalten würden. Und ich habe mich dann auch hingesetzt und alles mal aufgeschrieben, wie ich mir das so denke, diese ganzen Dinge, Beerdigung und wie das gehen sollte. Irgendwie fand ich das gut, es erleichterte mich und die Angehörigen.»

«Ich könnte heute mehr und besser auf einen Sterbenden eingehen.» Fast zwei Drittel der Angehörigen und die Hälfte der medizinischen Helfer fühlten sich fähiger, zukünftig Sterbende hilfreicher zu begleiten. Was würden sie anders machen? Am häufigsten nannten sie, daß sie mit dem Sterbenden offenere Gespräche führen könnten. «Ich würde mich heute mit meiner Mutter über ihren Tod auseinandersetzen. Ich möchte mehr Offenheit haben, weil man sich so mehr helfen kann. Es würde mir nicht leichtfallen, aber ich weiß heute, daß das eigentlich die letzte ‹Ehre› oder besser ‹Liebe› ist, die man jemandem geben sollte, um ihn in Würde und Wahrheit und nicht in so großer Einsamkeit gehen zu lassen.»

Durch die vorangegangenen Erfahrungen hatten die Begleiter weniger Angst und waren so offener für den Sterbenden. Sie hofften, sich tiefer auf die Beziehung zum Sterbenden einlassen zu können. «Ich würde heute nicht mehr so dem Leid davonlaufen, ich will es jetzt durchleben. Ich glaube, ich könnte heute mit weniger Angst mit einem Sterbenden sprechen, ein offeneres Gespräch führen, mehr auf ihn eingehen, ihn besser hören. Auch über meine eigene Trauer würde ich sprechen können.» – «Ich würde heute dabeibleiben wollen, wenn er stirbt, ihn ganz begleiten. Ich möchte mit ihm den Weg bis zuletzt gehen, mit Gesprächen, Gefühlen und Körperkontakt.»

Viele nahmen sich vor, den behandelnden Ärzten gegenüber stärker die Bedürfnisse des Sterbenden und auch die eigenen Wünsche zu vertreten, nicht alles ohne Widerspruch hinzunehmen. Einige wollten sich darum bemühen, ein Krankenhaus zu finden, in dem die Helfer das Sterben eines Menschen achten.

Etliche sagten, daß sie mehr für sich selbst sorgen würden, wenn sie das nächste Mal einen Sterbenden begleiten würden: «Ich würde mehr Gespräche mit anderen suchen und weniger in mich hineinfressen. Notfalls würde ich eine Beratungsstelle oder einen Psychotherapeuten aufsuchen und mir dort Hilfe holen.»

Einige Ärzte und Schwestern berichteten, daß sie sich durch die tiefgreifenden Erfahrungen mit dem Sterben in ihrem Verhalten geändert hätten. «Durch die Erfahrungen besitze ich mehr Kraft und Stärke, dem Patienten trotz der Anonymität des Krankenhauses bedingungslos zur Seite zu stehen und jederzeit von ihm in Anspruch genommen werden zu können.» – «Ich habe erfahren, daß das seelische und geistige Bedürfnis nicht hinter dem medizinisch-pflegerischen zurückstehen darf. Ich halte auch Gespräche mit Angehörigen und ihre ‹Betreuung› für wichtig, denn ihre Schmerzen sind oft nicht leicht. So versuche ich, etwa einen Mann nach seinen Ängsten und Sorgen zu fragen, so daß eine bessere Brücke zu seiner Frau möglich wird.»

Andere Helfer nahmen sich vor, Sterbende besser mit Medikamenten zu versorgen. Eine Krankenschwester mußte mitansehen, wie einer ihrer Patienten erstickte und niemand etwas dagegen unternahm. «Es war, als ob man zusähe, wie einer im Teich ertrinkt und um Hilfe ruft», sagt sie, «und du stehst dabei und tust nichts. Heute würde ich ihm zur Beruhigung Spritzen geben, damit er nicht solche Angst haben muß, und ich würde bei ihm bleiben.»

«Meine Angst ist eher größer geworden.» Nicht bei allen änderte sich die Einstellung zu Sterben und Tod. Oft hing dies damit zusammen, daß sie sich nicht mit ihren Ängsten auseinandersetzen konnten oder wollten. Eine Erzieherin, 27: «Ich versuchte, mich mehr mit dem Tod auseinanderzusetzen. Ich merke jedoch, daß ich nach wie vor an einem bestimmten Punkt abblocke. Ich glaube, wenn ich wieder vor der Situation stehen würde, wäre ich genauso hilflos. Ich denke, langfristig gesehen hat sich durch den Tod meiner Mutter nichts geändert.» Eine Krankenschwester: «Meine Einstellung zum Leben und zum Tod hat sich durch diese Erfahrung nicht verändert. Ich kann für mich den Tod absolut nicht hinnehmen und kann es mir auch nicht vorstellen, ihn irgendwann zu akzeptieren.»

Bei etwa 10 Prozent der Befragten führten die Erfahrungen der Sterbebegleitung zu belastenden Veränderungen, auch zu depressiven Beeinträchtigungen. «Der Tod einer Freundin hat bei mir eine Zeitlang sehr starke Ängste ausgelöst, die mich seelisch sehr geschwächt haben.» Die Angst vor dem eigenen Sterben und dem von Angehörigen verstärkte sich. Eine Frau, 25: «Es hat sich sehr viel verändert. Ich bin ängstlicher und sensibler geworden. Ich habe jeden Tag Angst um meinen Mann und meinen Sohn. Wenn ich etwas Trauriges lese oder im Fernsehen sehe, fange ich an zu weinen. Wenn ich nachdenke, fällt mir nur Trauriges ein, selten etwas Schönes.»

Veränderte Einstellungen zum Leben

«Eigentlich hat sich mein ganzes Leben verändert, obwohl es äußerlich fast so abläuft wie vorher.» Die Erfahrungen mit Sterben und Tod führten bei vielen dazu, daß sich ihre Lebenseinstellungen, Werte und Lebensgewohnheiten änderten. «Dieses wirkliche Spüren von Leben und Tod hat mein Bewußtsein verändert und auch meine Möglichkeit, mich von diesem Leben berühren zu lassen. Ich habe mich verstärkt damit auseinandergesetzt, was Leben bedeutet. Lebe ich das Leben, das ich mir wünsche? Was würde ich anders machen, wenn ich morgen sterben würde? Ich denke jetzt viel über das Sterben und auch über das Leben nach. Ich suche damit den Sinn meines Lebens.» – «Meine Einstellung zum Leben hat sich verändert. Ich bin sensibler geworden für die Frage, wie man ‹richtig› lebt, also möglichst im Einklang mit sich selbst.»

Zu welchen Änderungen führte die Konfrontation mit Sterben und Tod im einzelnen?

«Ich lebe viel bewußter, mehr im Hier und Jetzt, seit ich meine Schwester und dann meine Mutter im Sterben begleitete.» 20 Prozent der Befragten gaben an, daß sie durch die Erfahrungen bewußter lebten. «Ja, ich lebe intensiver, ich versuche jeden Tag so zu leben, daß ich zu jedem Zeitpunkt sagen kann: Es ist in Ordnung, wenn jetzt etwas passiert.» Was bedeutet es, bewußter und intensiver zu leben?

Es heißt, mehr in der Gegenwart zu leben und offen für sie zu sein. «Leben ist nur in dieser Minute. Das andere ist Vergangenheit. Und die Zukunft wissen wir noch nicht. Leben ist jetzt.» Für viele bedeutet das auch, nicht zuviel und zu weit in die Zukunft zu planen. Ein Mann nach dem Tod seiner Mutter: «Meine Eltern hatten noch so vieles geplant; so vieles sollte noch in diesem letzten Lebensabschnitt kommen. Aber dies alles hat sich dann nicht mehr realisieren lassen. Das hat für mich die Konsequenz, doch mehr den Augenblick zu genießen. Ich will nicht völlig auf Planung verzichten, aber nur das planen, was unumgänglich ist.» Das starke Verplanen der Zukunft wird als Einschränkung für ein bewußteres Leben empfunden. «Ich versuche, Ziele nicht in eine weite Zukunft zu setzen, sondern daß ich im Moment richtig lebe, so daß ich – wenn mir jetzt etwas passiert – weniger das Gefühl habe, etwas versäumt zu haben.»

Ein bewußteres Erleben der Gegenwart ist häufig mit einer einfacheren, bescheideneren Lebensart verbunden. «Ich erlebe an manchen Tagen, wie ich mich innerlich riesig freue zu leben. Es sind die Kleinigkeiten, die mich glücklich machen: die Sonne, die Natur, eine freundliche Bedienung beim Einkaufen. Ich merke auch, daß ich an solchen Tagen keine Angst vor dem Sterben habe.»

«Mir wurde klar, wie befristet mein Leben ist.» Welche Erfahrungen bei der Konfrontation mit dem Sterben führten zu einem bewußteren Leben? Bei vielen ist es das deutliche Erkennen der eigenen Endlichkeit. «Manchmal ist es mir, als ob ich jetzt erst begriffen habe, daß auch ich sterben muß, daß ich der nächste sein könnte.» – «Seit mein Großvater gestorben ist, weiß ich, daß das Leben endlich ist. Ich lebe mein eigenes Leben heute in diesem Bewußtsein. Ich lebe jetzt intensiver.»

So erfuhren Menschen unmittelbar, nicht nur verstandesmäßig, daß ihr Leben begrenzt ist, daß sie nicht unendlich viel Zeit zur Verfügung haben. Jedem dritten Befragten wurde die eigene Endlichkeit bewußter und das Leben kostbarer. «Als ich anfing, dies mein Leben als endlich anzuerkennen, bekam ich mit einemmal ein ganz neues Verhältnis dazu. Ein Verhältnis zur

Kostbarkeit meines Lebens, jeglichen Lebens überhaupt. Ich sehe das Leben jetzt als ein Geschenk an. Ich lebe bewußter. Das ist für mich wie eine Befreiung.»

«Die Wichtigkeiten in meinem Leben sind anders geworden.» Die Auseinandersetzung mit dem Tod ließ die Begleiter andere Werte und Sehweisen für ihr Leben erkennen. Scheinbar Wichtiges wird unwichtig; Selbstverständlichkeiten bekommen eine größere Bedeutung. «In der Zeit des Sterbens meines Schwiegervaters spürte ich genauer, was wichtig ist und was unwichtig. Die negative Lebensbilanz meines Schwiegervaters hat mich sehr beeindruckt. Ich möchte für mich eine andere Bilanz ziehen können.»

Für manche Männer wird der Beruf weniger wichtig, ohne daß sie ihn vernachlässigen: «Ich denke viel über den Sinn des Lebens nach. Ich habe jetzt eine andere Perspektive. Berufliche Ärgernisse berühren mich weniger; Sachwerte sehe ich als besonders vergänglich an; Gesundheit ist für mich wichtig.» – «Eines hat sich für mich deutlich verändert: Durch den Gedanken an das Sterben habe ich viel mehr Gelassenheit. Ich genieße die Tage und Wochen bewußter als früher und denke, daß ich jetzt angstfreier lebe. Vor allem die beruflichen Dinge, die mir vorher viel Energie nahmen, empfinde ich jetzt viel gelassener. Beruflicher Aufstieg, eine vermeintlich bessere Position erscheinen mir nicht mehr so wichtig. Ich möchte vielmehr meine persönlichen Fähigkeiten entwickeln, das Leben bewußter erleben.»

Andere setzten sich aktiver für Ziele ein, die sie als wichtig ansahen, etwa im sozialen Bereich. Eine Frau, 65: «Ich gehe seit dem Tode meines Mannes vielen Aktivitäten nach: Ich arbeite für die Dritte Welt bei Basaren und Sammlungen, in der Friedensgruppe unserer Gemeinde, und ich bin politisch in der alternativen Bewegung tätig.» Eine andere Frau, deren Eltern beide innerhalb eines Jahres qualvoll starben, engagiert sich – wie auch einige andere Angehörige – für ein humanes Sterben: «Ich setze mich für eine liebevolle Sterbehilfe ein, da ich der Meinung bin, daß das Sterben zum Leben gehört, aber auch ein menschlicher Tod, ohne allzuviel Qual und Schmerz.»

Für viele wird der Weg nach innen, zu sich selbst, wichtiger. Eine Studentin, durch den Freitod des Vaters stark belastet, sagt: «Ich habe aus diesem Erleben eine grundsätzlich andere Einstellung zum Leben und zu materiellen Dingen bekommen. Materieller Erfolg ist für mich bedeutungslos. Ich möchte leben. Und das Wichtigste in meinem Leben ist zunächst, mit mir selbst auszukommen. Mich kennenzulernen, mich zu verstehen, auf meine Gefühle zu achten und sie anzunehmen.» Für andere hat der Glaube eine größere Bedeutung bekommen: «Ich versuche jetzt den Weg zu Gott zu finden; jeder Tag mit einem Schritt dahin macht mich zufrieden. Die Angst vor dem Sterben wird weniger, je mehr Vertrauen ich zu Gott aufbringe.»

Ein solches Leben in größerer Bewußtheit und im Wissen um seine Kostbarkeit führt bei einer Frau dazu, daß sie die Umwelt mit ihrer Hast und Lautstärke nur noch schwer verstehen kann: «Wenn ich in der Bahn fahre oder auf der Straße bin, dann wundere ich mich nur, warum die Menschen sich so abhasten, warum alles so laut ist. Dazu habe ich kaum noch Beziehungen. Es kommt mir so sinnlos vor, wie andere mit dem Leben umgehen. Und dieses Gefühl hält eigentlich schon sehr lange an, und ich bin dankbar dafür.»

«Ich habe erkannt, wie kostbar, wie einmalig manche Menschen sind.» Zwischenmenschliche Beziehungen werden von vielen nach der Konfrontation mit Sterben und Tod als wertvoller erlebt. «Mir ist klargeworden, daß die Zeit des Zusammenlebens mit meiner Familie und mit meinen Freunden nicht unbegrenzt ist und daß ich eigentlich viel intensiver und bewußter jede Stunde mit ihnen erleben sollte.» Die Ärztin Marianne: «Ich habe jetzt eine ganz besondere Sensibilität für andere Menschen gewonnen, die ich als Geschenk empfinde. Ich hoffe und wünsche, daß sie mir trotz der vielen Forderungen des Alltags erhalten bleibt. Ich bin auf dem Weg, geduldiger und gelassener zu werden, und kann andere besser sie selbst sein lassen, auch meine fast erwachsenen Söhne.»

Bei etlichen verbesserte sich das Zusammenleben mit ihren Angehörigen: «In meiner Familie ist eine Menge in Bewegung geraten, bis hin zu meiner achtzigjährigen Schwiegermutter; sie konnte ihren ganzen Ballast von Angst vor dem Sterben durch unsere Gespräche hinter sich lassen. Wir alle sind durch ein neues Band der Liebe miteinander verbunden.» –

Bei einigen wandelten sich die Gefühle in der Beziehung zum Verstorbenen. Ein Sozialpädagoge, 38, dessen Vater sich das Leben nahm: «Es sind da nicht mehr nur Haß und Ablehnung, sondern auch Liebe. Das habe ich mir erst nach seinem Tod eingestanden. Und jetzt bin ich auch erst zu liebevollen Gefühlen zu mir selber fähig und stehe auch zu meinen unangenehmen Eigenschaften.» – «Unterschwellig hatte ich noch immer so einen Groll gegen meinen Vater wegen seiner Schläge und seines Unverständnisses. Aber in Gesprächen mit meiner Mutter und Geschwistern ist uns klargeworden, daß er als Alkoholiker kaum anders konnte. Irgendwie haben wir ihm dann verziehen. Und erst dann konnte ich richtig trauern.»

In der Begegnung mit dem Sterbenden lernten Angehörige, was ihnen in Beziehungen wichtig ist. «Ich habe jahrelang gebraucht, um die Liebe meines verstorbenen Mannes zu verstehen. Erst nach seinem Tod habe ich gemerkt, wie sehr er mich geliebt hat. Und ich möchte jetzt anderen eigentlich noch soviel Liebe geben. Ich würde heute meine Wünsche meinem Partner gegenüber sichtbar und hörbar machen. Ich würde nicht mehr still in mich hineinleiden. So würde ich meinem Partner die Chance geben, etwas zu verändern, von dem er ja nichts wissen kann, wenn ich mich nicht äußere. Ich hätte keine Angst mehr, so zu sein, wie ich bin.» Viele nahmen sich vor, mehr Offenheit in Beziehungen zu leben, etwa in der Partnerschaft oder gegenüber den Eltern. «Denn das Ungesagte bleibt nach dem Tod so unabgeschlossen.» Eine andere Frau spürt, daß intensiv gelebte zwischenmenschliche Beziehungen ihr eine Trennung beim Sterben erleichtern würden: «Wenn die Beziehungen, die ich in meinem Leben eingehen kann, wirklich tief befriedigend sind, kann ich am Ende leichter loslassen und in Dankbarkeit Abschied nehmen. Ich glaube, die Erfahrung mit dem Sterben war hier für mich sehr hilfreich.»

Dies sind die vielfältigen Erfahrungen von Menschen, die andere beim Sterben begleiteten.

Während der Arbeit an diesem Teil des Buches ist mir sehr deutlich geworden, daß die Begleitung eines Sterbenden zugleich ein Weg zu uns selbst und zu anderen Menschen ist. Wenn auch die Erfahrungen oft schmerzlich und traurig sind, so machen sie uns doch wacher für das Leben. Eine Frau sagt am Ende der langen, schwierigen Sterbezeit ihres Partners: «Ich möchte nicht sagen, daß ich eine Erfahrung mit dem Tod gemacht habe. Es war eine Erfahrung mit dem Leben. Der Tod ist ein Teil des Lebens.»

Auch Margot fühlt, daß ihre Kraft gewachsen ist: «Meine Dankbarkeit dem gegenüber, was mein Leben ausmacht, ist stärker geworden. Mir fällt öfters auf, daß ich keine Schmerzen habe und mich voller Kraft fühle. Andererseits bin ich nicht mehr so fest davon überzeugt, nie Krebs zu bekommen. Jetzt lasse ich alles offen, aber ich habe keine Angst mehr vor der Krankheit. Ich glaube, die Erinnerung an meine Freundin würde mir in dieser Situation Kraft geben. Es war für mich ein goßes Geschenk, daß ich dabeisein durfte.»

Erfahrungen bei der Vorstellung des eigenen Sterbens im entspannten Zustand

(sog. Sterbemeditation)

Wie dieser Teil des Buches entstand

Bis kurz vor ihrem Tod hat meine Lebensgefährtin Anne-Marie an diesem Teil des Buches gearbeitet, unterstützt von Helga Mueller. In den vorangegangenen anderthalb Jahren hatte sie die Sterbemeditation mit mehreren hundert Teilnehmern durchgeführt. Zusammen mit den Psychologinnen Marlis Lohmann und Elke Herms-Bohnhoff prüfte sie die Auswirkungen in wissenschaftlichen Untersuchungen. Das endgültige Niederschreiben der Erfahrungen dieser Menschen war ihr nicht mehr möglich. Wir sprachen vor ihrem Tod häufig über dieses Buch, und ich sagte ihr, daß ich ihre Arbeit gern vollenden würde.

Die Einleitung zu dem Buch hatte Anne-Marie noch im März 1983 diktiert:

«Der Gedanke, hierüber ein Buch zu schreiben, kam mir vor fast einem Jahr. Ich war zusammen mit meinem Mann auf einem Begegnungsseminar. Ich bot den Teilnehmern eine geleitete Sterbemeditation an. Statt der erwarteten zwanzig Teilnehmer kamen achtzig. Wir saßen in einem großen Raum zusammen. Ich erzählte den Teilnehmern von meiner Krebserkrankung und meiner Auseinandersetzung mit der Endlichkeit unseres Lebens. Dann hörten sie den Meditationstext. Sie stellten sich vor, daß sie schwer krank wären und der Arzt teilte ihnen mit, daß sie sterben würden. Wer ist im Augenblick ihres Sterbens bei ihnen? Mit welchen Gefühlen sehen sie auf ihr Leben zurück? Wohin gehen sie im Augenblick des Übergangs vom Leben zum Sterben? All diese Situationen wurden in der Sterbemeditation angesprochen. Die von den Teilnehmern im anschließenden Gespräch mitgeteilten Erfahrungen haben mich sehr beeindruckt.

Im Laufe der folgenden Monate bin ich von einer anderen Seite her auf das Problem des Sterbens gestoßen. Auf Vorträgen, die ich im Zusammenhang mit meinem Buch ‹Gespräche gegen die Angst› hielt, zeigte ich den Hörern Videoaufnahmen mit Gesprächen von Krebspatienten über ihr Sterben sowie einige Ausschnitte aus der Sterbemeditation, die wir auf dem Begegnungsseminar durchgeführt hatten. In den anschließenden Gesprächen der manchmal mehr als zweihundert Hörer über ihre Erfahrungen mit schwerer Krankheit und Sterben wurde mir bewußt: Viele Menschen haben den oft schon jahrelang zurückliegenden Tod eines Angehörigen noch hautnah in Erinnerung und können ihn seelisch nicht verarbeiten. Es wurde offenbar, daß die meisten von uns nicht gelernt haben, Sterbende gehen zu lassen, sie loszulassen. Unser Bewußtsein ist erfüllt von Trauer, daß wir allein zurückbleiben müssen.

Meine eigenen Erfahrungen mit einer schweren Krankheit zu Beginn dieses Jahres sind ein weiterer Anlaß für mich, dieses Buch zu schreiben. Ich hatte bei meiner Krebserkrankung vor fünf Jahren mit Erschrecken festgestellt, daß wir über alles in unserer Familie gesprochen hatten, aber nicht über die Möglichkeit, daß einer von uns frühzeitig sterben würde. Bei meiner Krebsoperation 1978 hatte ich das Gefühl, daß mich meine Familie nicht gehen lassen wollte, daß sie klammerte. Ich hatte das vor der Operation als sehr belastend empfunden. Später habe ich dann immer wieder das Gespräch mit einzelnen Familienangehörigen über die Möglichkeit meines vorzeitigen Sterbens gesucht. Ich teilte ihnen meinen Wunsch mit, daß ich, wenn ich gehen müßte, mit ihrem Einverständnis gehen wollte.

Jetzt, zu Beginn des Jahres 1983, dachten wir alle, daß ich sterben würde. Ich hatte große Schmerzen, die ich als Todeswehen bezeichnete. Und ich machte die Erfahrung, daß alle in der Familie bereit waren, mich gehen zu lassen. Das war ein besonderes Geschenk für mich.

Noch eine Erfahrung war wichtig für mich: Ich war die ganze Zeit über bei Bewußtsein und fühlte keine Angst vor dem Sterben. Manchmal flog mich sogar etwas wie Neugierde an auf das, was mich erwartete. Ich denke, daß meine Auseinandersetzung mit der Endlichkeit meines Lebens in Gesprächen mit der Familie und mit Freunden mir dabei geholfen hat – und auch die Erfahrungen in der Sterbemeditation, meine eigenen und die anderer.

So ist es meine Hoffnung, daß die Leser durch die mitgeteilten Erfahrungen anderer sich intensiver mit ihrer eigenen Endlichkeit im Selbstgespräch, in Gesprächen mit Freunden oder der Familie oder durch das Erlebnis einer Sterbemeditation auseinandersetzen und die Angst vor dem Tod verlieren. Sie werden dadurch auch fähiger, ihre sterbenden Angehörigen angemessener zu begleiten, sich nicht an sie zu klammern, sondern sie freizugeben.» –

Wie begannen meine Erfahrungen mit der Sterbemeditation? Vor fünf Jahren nahmen Anne-Marie und ich an einem Seminar in den USA teil. Wir stellten uns im tief entspannten Zustand unser eigenes Sterben vor: Ich sah mich in einem Krankenhaus auf einer Bahre liegen, ähnlich wie bei Kriegsende in einem Lazarett. Ich konnte meinen Tod akzeptieren; ich hatte in den Kriegsjahren oft damit gerechnet, jung zu sterben. Als dann aber die Aufforderung kam, wir sollten auf unser bisheriges Leben zurückblicken, fühlte ich mich sehr traurig. In dem anschließenden Gespräch mußte ich weinen. Es war mir unerklärlich, warum. Ich fragte mich, ob es mit Anne-Maries Krebserkrankung zusammenhängen konnte, ob mich eine mögliche Trennung von ihr so traurig machte. Doch das war nicht der Grund.

In den folgenden Wochen dachte ich immer wieder über die Sterbemeditation und meine Traurigkeit nach. Allmählich wurde mir klar, daß es eine Traurigkeit über Teile meines eigenen Lebens gewesen war: Wie viele Stunden und Tage hatte ich, vor allem in meinem Beruf, mit unwichtigen Dingen vergeudet! Wie sehr hatte ich das Ankämpfen gegen Widerstände von anderen in meinem Leben Bedeutung gewinnen lassen! Je klarer mir dies wurde, um so mehr gelang es mir allmählich, meiner Arbeit einen anderen Sinn zu geben. Ich suchte häufiger die Nähe der Menschen, die meine Arbeit und Gegenwart wünschten, und stellte den Kontakt mit denen zurück, bei denen ich mich in

Schwierigkeiten verwickelte. Ich widmete meine Arbeit weniger den Institutionen oder «der Wissenschaft», sondern suchte Menschen mit wissenschaftlicher Forschung und Tätigkeit zu helfen. Allmählich fand ich wieder größere Befriedigung in meiner Arbeit.

Meine Erfahrungen in der Sterbemeditation führten auch dazu, daß ich mich mehr mit dem langsamen Sterben auseinandersetzte. Vom Krieg her waren mir Sterben und Tod bekannt. Aber meist war es ein plötzliches Ereignis; ich erlebte nicht das langsame Sterben vieler Soldaten im Krankenhaus. Die Erfahrungen mit der Vorstellung meines Sterbens halfen mir im folgenden Jahr, in den Tagen des Sterbens meiner Mutter angstfrei bei ihr zu sein, mich gegenüber den Ärzten durchzusetzen, in der Sterbenacht mit ihr alleinzusein und mit ihr zu sprechen, auch wenn sie kaum bei Bewußtsein war.

Auch bei dem Sterben von Anne-Marie vier Jahre später halfen mir die Erfahrungen der Sterbemeditation. Ich konnte sie loslassen. Wir beide erlebten die letzten Monate und Wochen so intensiv miteinander wie kaum je zuvor. Ich konnte ihr viel Liebe geben. Und ich wagte es auch, mehr meinen gefühlsmäßigen Einstellungen zu folgen, etwa bei der Beerdigung.

Ich möchte den Menschen, die uns ihre Erfahrungen mit der Sterbemeditation so bereitwillig und offen mitteilten, herzlich danken. Beim Lesen ihrer Äußerungen war ich oft sehr berührt. Ich habe selten in meiner psychologischen Tätigkeit so tiefe Einblicke in die seelischen Erlebnisse von Menschen erhalten.

Ich denke, solche Erfahrungen können uns helfen, uns mehr mit Sterben und Tod auseinanderzusetzen, die Angst davor zu verlieren, ein besserer Begleiter für Sterbende zu sein und unser Leben bewußter zu leben.

Was ist eine Sterbemeditation?

Nichts in unserem Leben ist so gewiß wie der Tod. Er löst uns von unserem Leben, von anderen Menschen, von allem Besitz. Viele haben Angst vor dem Sterben und vermeiden es, daran zu denken.

Die Teilnahme an einer Sterbemeditation ist eine Möglichkeit, uns auf dieses Ereignis vorzubereiten. Es ist ein Vorstellen des eigenen Sterbens und Todes. Wir machen uns in einem entspannten Zustand und in einer hilfreichen Atmosphäre in der Vorstellung mit diesem Ereignis vertraut.

Ein Helfer (Psychologin) leitet zunächst die Teilnehmer an, sich körperlich und seelisch zu entspannen. Die Entspannung erleichtert den Zugang zu unseren bildlichen Vorstellungen, und sie ist ein bedeutsames Gegengewicht gegen unsere Ängste. Dann stellen sich die Teilnehmer – entsprechend dem vom Helfer gesprochenen Text – die verschiedenen Situationen ihres Sterbens vor: die Mitteilung des Arztes über den bevorstehenden Tod, die Gestaltung der letzten Lebenswochen, das Abschiednehmen und Loslassen am Sterbebett und das Lösen der Seele vom Körper. In einer letzten Phase blicken die Teilnehmer auf ihr Leben zurück.

Durch die Sterbemeditation erfahren die Teilnehmer, welche Bilder, Gefühle, Vorstellungen und Gedanken über ihr Sterben und ihren Tod in ihnen sind. Sie sind bei vielen sehr konkret. «Ich fand das ganz realistisch, was ich erlebt habe. Wirklich so, wie es sein könnte. Ich hatte das Gefühl, es ist jetzt endgültig und ich gehe.»

Die meisten Teilnehmer haben während der Vorstellung ihres eigenen Sterbens *keine* angstvollen und unangenehmen Gefühle. Eine ehemalige Krankenschwester, 64: «Nachdem ich mit etwas ängstlichen Erwartungen an die Meditation herangegangen war,

war ich überrascht von den Gefühlen der Ruhe, des Friedens, der Befreiung, die mich überkamen.» – «Ich merkte, daß ich keine Angst hatte, zu sterben. Ich war zufrieden, ruhig, entspannt. Es hätte mir nichts ausgemacht, wenn ich in diesem Moment wirklich gestorben wäre. Das hat mich sehr erstaunt, denn ich würde gerne noch weiterleben.» – «Was wirklich zu meinem Erstaunen war: daß ich das Sterben und den Rückblick auf mein Leben ohne Blockierung gut erleben konnte. Für mich war es eine sehr gute Erfahrung, und sie hat mich meinem inneren Ich wieder nähergebracht.»

In einem anschließenden zwei- bis dreistündigen Gespräch setzen sich die Teilnehmer mit ihren Erlebnissen auseinander und ziehen Folgerungen für ihr Leben sowie ihr zukünftiges Sterben.

An der Sterbemeditation nahmen Menschen unterschiedlichen Alters teil, von achtzehnjährigen Schülern bis zu Zweiundsiebzigjährigen. Sie erhielten die Möglichkeit hierzu auf mehrtägigen Begegnungsseminaren oder durch Angebote zu ein- bis zweitägigen Treffen. Ferner führten einzelne Ärzte, Pastoren und Lehrer, mit denen wir befreundet sind, die Sterbemeditation mit ihren Patienten, Gemeindemitgliedern und Schülern durch. Da für viele der Gedanke an Sterben und Tod mit unangenehmen Gefühlen und Angst verbunden ist, ist es wichtig, daß die Teilnehmer den *Wunsch* haben, sich damit auseinanderzusetzen.

Ich möchte nun einige Bedingungen darstellen, die bewirken, daß die Erfahrungen in der Meditation hilfreich sind.

○ *Die vorhergehende tiefe Entspannung* verhindert das Auftreten von Ängsten bei der Vorstellung des Sterbens. Sie ist gleichsam ein Gegengewicht zu den mit Sterben und Tod zusammenhängenden Gefühlen.

○ *«Die Meditation mit vielen anderen Menschen zusammen zu machen, fand ich beruhigend und schön.* So fühlte ich mich nicht allein, sondern in Gemeinsamkeit.» Die Gemeinschaft mit anderen bei dem so wichtigen, gefühlsmäßig berührenden Erleben wird als hilfreich empfunden. «Eine besonders schöne Erfahrung war, daß wir noch lange nach der Meditation im Dämmerlicht als kleine Gruppe zusammensaßen. Ich hätte noch stundenlang so sitzen können, einfach dasein, mit den anderen zusammensein. Das ist eine Erfahrung, die ich lange nicht mehr gemacht habe. Es war ein sehr gutes Gefühl.»

Meist waren in der Gruppe zwischen acht und zwanzig Teilnehmer. Wir haben aber die Meditation auch schon mit mehr als achtzig Personen durchgeführt. Dabei wurden die Nachgespräche zuerst in Kleingruppen mit je drei bis fünf Teilnehmern und dann in der Gesamtgruppe geführt. Je offener und vertrauensvoller die einzelnen Gruppenmitglieder zueinander sind und je hilfreicher das Klima ist, um so größer kann die Gruppe sein.

o *«Für mich war es wichtig, nach der Meditation mit anderen zu sprechen.»* Nach einem so bedeutsamen Erleben haben die Teilnehmer meist den Wunsch, ihre Gefühle und Gedanken auszudrücken, sich im Gespräch weiter damit auseinanderzusetzen. Dabei erfahren viele zum erstenmal, daß eine Aussprache über das eigene Sterben angstfrei, bereichernd und befreiend sein kann. «Entscheidend war für mich, nicht allein mit meinen Erfahrungen zu sein, sondern gleich mit jemand sprechen zu können. Das ist eine gute Erfahrung gewesen.» Aus diesem und aus anderen Gründen sollte die Sterbemeditation von einem einzelnen nicht allein gemacht werden.

Das Erleben anderer Teilnehmer im Gespräch kennenzulernen, war für viele wertvoll. «Ich hörte aus den Berichten der meisten Teilnehmer soviel Ermutigendes, das dazu beitrug, meine Angst zu vermindern. Ich glaube, meine Angst vor dem Sterben ist das Einsame, das Ungewisse und das Geheimnis, das ich mit dem Tod verbinde. Ich habe viel zulange über Sterben und Tod geschwiegen und auch viele Lebensängste in den Tod projiziert.»

Ärzte, Schwestern, Pfleger und Pastoren, die Sterbende häufig zu begleiten haben, erhielten in den Gesprächen wichtige Einblicke: «Aus den Erlebnissen der anderen Gruppenmitglieder habe ich Hilfe im Umgang mit Sterbenden bekommen», sagt eine Krankenschwester. «Die Erlebnisse waren ganz anders als meine. Sie zeigten mir, wie verschieden wahrscheinlich Sterbende, denen ich im Beruf oft begegne, empfinden können. Ich sehe jetzt meine Aufgaben und die Anforderungen an mich als Helfer konkreter und genauer.»

○ *Persönlichkeit des Helfers.* Für die Teilnehmer war der Helfer, der die Sterbemeditation und das anschließende Gruppengespräch leitete, sehr bedeutsam. Dies wurde uns immer wieder mitgeteilt. In welchem Ausmaß die Sterbemeditation hilfreich ist, hängt wesentlich auch von ihm / ihr ab.

Wird der Helfer als einfühlsam wahrgenommen, als nichtwertend und nicht-dirigierend, kann er die Menschen mit ihren Äußerungen und Erfahrungen voll annehmen, dann wird es ihnen möglich, sich im Gruppengespräch mit ihren Erfahrungen zu öffnen.

Wo gibt es diese Helfer? Häufig werden Psychologen, die in der personzentrierten Gesprächspsychotherapie (17, 30) und in der Sterbebegleitung sehr erfahren sind, die notwendige Einfühlung, die Wärme, den Respekt und die Aufrichtigkeit im Umgang mit den Teilnehmern leben können. Ich scheue mich aber, für diese Helfertätigkeit eine bestimmte Berufsgruppe als allein zuständig zu erklären.

Einfühlung und achtungsvolles Sorgen der Helfer äußern sich auch in der angemessenen Gestaltung des Raums. Ein ruhiger, freundlicher Raum, mit Blumen geschmückt, möglichst mit Teppichboden, so daß Teilnehmer auch auf dem Boden liegen oder sitzen können, fördert eine angenehme Atmosphäre und ein Gefühl der Geborgenheit. Insgesamt sehe ich es als sehr bedeutsam an, daß das tiefgreifende Geschehen, das die Sterbemeditation auslöst, nur unter menschlich sehr hilfreichen Bedingungen erfolgt und nicht etwa im Rahmen psychologischer Techniken oder Trainings.

Warum nahmen Menschen an der Sterbemeditation teil?

«Ich habe den Wunsch, mich intensiv mit Sterben und Tod auseinanderzusetzen, denn ich habe keinerlei Erfahrungen im Umgang damit», sagt eine Redakteurin, 25. Viele Teilnehmer waren noch nicht mit Sterben und Tod im Familien- und Bekanntenkreis konfrontiert worden und hatten auch mit niemandem eingehend darüber gesprochen. Sie spürten, daß dies ein ungeklärter Bereich für sie war. Eine Schülerin: «Da das Thema Tod in Gesprächen immer tabuisiert wird, habe ich selten Gelegenheit gehabt, mit jemandem ernsthaft darüber zu sprechen, obwohl es mich sehr beschäftigt.» – «Mit meinem Vater kann ich über Tod überhaupt nicht sprechen. Mit meiner Mutter wollte ich ein Buch darüber lesen, aber ich habe es dann gelassen. Ich glaube, ich verkrafte das nicht.»

«Es macht mir Ängste, wenn ich daran denke, daß meine Mutter irgendwann stirbt.» Viele wünschten, auf den möglichen Tod von Angehörigen besser vorbereitet zu sein. Eine Frau, 37, Mutter von zwei Kindern: «Ich habe das Gefühl, ich werde in den nächsten Jahren sehr unmittelbar mit dem Tod der Eltern konfrontiert werden. Ich möchte dann in der Lage sein, sie gehen lassen zu können – und die Zeit vorher mit ihnen noch genutzt zu haben. Das heißt, mich mit ihnen versöhnt zu haben. Ich möchte ein Stück dieser Angst vermindern und in der Konfrontation mit dem Sterben mehr Impulse für mein jetziges Leben bekommen.» – «Für mich ist Sterben eigentlich ein Thema gewesen, das ich immer weggeschoben habe. Ich glaube aber, ich werde damit konfrontiert werden, wenn die Eltern sterben. Und dann wüßte ich überhaupt nicht, wie ich darangehen soll, wie ich mich dann verhalten sollte.»

«Das Sterben von Menschen, die mir nahestanden, hat mich bisher fast immer sprach- und gefühllos gemacht.» Manche hatten das Sterben eines nahen Menschen miterlebt. Dabei hatten sie sich aber eher hilflos, stumm und seelisch starr gefühlt. Sie hat-

ten den Wunsch, besser damit umgehen zu können. «Ich habe die Erfahrung im Umgang mit sterbenskranken Menschen gemacht», sagt eine Lehrerin, «daß ich Angst vor meiner persönlichen Betroffenheit habe und dann die Flucht ergreife. Ich fühle mich in solchen Situationen völlig hilflos, geradezu erbärmlich.» Eine Kindergärtnerin: «Vor kurzem verunglückte eine Freundin tödlich. Mir wurde da bewußt, wie sehr ich den Tod ausgeklammert habe. Und wenn er eintritt, dann erschreckt er mich. Und diese Sprachlosigkeit, die dann folgt, die ist für mich so bedrükkend.»

Eine Frau erfuhr, daß sie unfähig war, mit ihrer sterbenden Großmutter zu sprechen: «Ich war bei meiner Oma, und ich hatte das Gefühl, sie wollte gerne über den Tod reden. Aber ich wußte nicht, wie ich darüber reden sollte. Ich spürte nur, daß sie so gern reden wollte, aber daß sie eigentlich ganz alleingelassen wurde. Und daß ich auch nicht mit ihr sprechen konnte.»

Eine Musiktherapeutin fühlt sich beim Tod von Mitmenschen unfähig, Beistand zu geben: «In der letzten Zeit ist mir aufgefallen, wie hilflos und ohnmächtig ich mich fühle, wenn Freunde von mir ein Kind, die Mutter oder den Partner durch Tod verlieren. Ich erlebe bei mir diese Unfähigkeit, zu trösten und zu helfen. Mir wird immer klarer, wie wichtig eine persönliche Auseinandersetzung damit ist, da das gesamte Leben von Abschied und Trennung durchzogen wird. Ich möchte mehr lernen, loslassen zu können und meinen Mitmenschen hilfreicher sein zu können. Ich bin sicher, daß ich dann auch mit meinem eigenen Sterben einmal besser umgehen kann.»

«Aus Angst vor meinem Tod und der Frage, was eigentlich mit mir dann ist, habe ich an der Meditation teilgenommen.» Ängste vor dem eigenen Sterben waren der häufigste Grund zur Teilnahme. «Ich beschäftige mich mit der Frage des Sterbens und stelle fest, daß mir der Gedanke daran angst macht. Ich verdränge den Gedanken an Tod und Sterben und komme dabei in Spannungen und seelische Bedrängnis. Schon als ehemalige Krankenschwester war ich Sterbenden gegenüber hilflos, zumindest was ihre seelische Betreuung anging. Ich möchte aber

bei diesen Ängsten auf keinen Fall stehenbleiben. Sie sind meine ständigen Begleiter, und das erfordert einen ungeheuren Kraftaufwand für mich.» – «Sterben und Tod lösen Angstgefühle bei mir aus», sagte eine Zahnärztin, 36. «Ich habe große Schwierigkeiten, mich überhaupt gedanklich damit zu befassen. Den Tod von Verwandten habe ich bisher nur als Schock erlebt.»

Diese Menschen sind dem Bereich des Sterbens bisher ausgewichen. Der Versuch, sich damit zu befassen, ängstigt sie: «Ich denke manchmal an meinen Tod, an mein Sterben», sagt ein Programmierer. «Dann ergreift mich eine tiefe Angst und Grauen. Schon der Anblick eines Leichenwagens erzeugt Entsetzen in mir. Ich konnte auch nicht trauern, als meine Oma und mein Vater starben.» Eine Frau wurde mit ihrer Angst bei einer ärztlichen Untersuchung konfrontiert: «Im letzten Jahr mußte ich das erste Mal zur Krebsvorsorge. Irgendwie war das ganz normal, und ich war mir sicher, daß ich keinen Krebs habe. Aber ich hatte doch große Angst. Und ich möchte, daß sich das irgendwie ändert.»

«Die Vorbereitung auf das eigene Sterben ist für mich ein wichtiges persönliches Anliegen», sagt eine Frau, 49. «Mir liegt seit Jahren daran, mein Sterben möglichst realistisch und seelisch gewappnet zu erwarten. Meine Haltungen hierzu wollte ich durch die Meditation in meinen inneren Tiefen erleben. Ich war mir nämlich nicht sicher, ob meine häufig über den Kopf gemachten Einsichten auch mein Gefühl sind. Durch diese Auseinandersetzung möchte ich besser damit fertig werden, wenn es mich einmal trifft.»

Auch der sechsundzwanzigjährige Norbert möchte auf sein Sterben vorbereitet sein: «In meiner Studentenzeit habe ich eine ganze Zeit auf einer Station krebskranker Kinder und Erwachsener gearbeitet. Dabei habe ich sehr deutlich die Angst gespürt, mich mit diesen Leuten näher auseinanderzusetzen, weil mich ihre Krankheit und ihr Sterben gefühlsmäßig sehr angesprochen haben. Ich möchte mich jetzt aber mehr damit auseinandersetzen. Denn diese Menschen machen und arbeiten etwas durch, was mir noch bevorsteht.»

«Ich denke, durch die Auseinandersetzung mit dem Tod kann ich viel für mein Leben lernen», sagt eine zwanzigjährige Studentin, «intensiver, bewußter leben. Ich werde mir der Endlichkeit und des Sinnes meines Lebens bewußter werden, angstfreier leben und unterscheiden lernen, was wirklich wesentlich ist, so daß ich dann bereit sein kann zu sterben.» Viele erhofften sich von der Sterbemeditation wichtige Lernerfahrungen für ihr Leben. Der sechsundzwanzigjährige Heinz: «Ich bin ein Dialyse-Patient; das heißt, daß ich ohne Maschine nicht leben kann. Schon ein paarmal hatte es den Anschein, daß mein Leben von heute auf morgen beendet sein könnte. Daher beschäftigt mich die Frage sehr, wie ich sinnvoll leben kann.»

Ein junger Mann hofft, durch die Auseinandersetzung mit dem Tod mehr in der Gegenwart leben zu können: «Mir wird oft klar, wie sehr ich nur in der Zukunft lebe. Ich denke zum Beispiel ‹Wenn ich das Diplom habe, dann...›, ‹wenn ich erst mal dies und das habe, dann werde ich richtig leben.› Ich stelle mir vor, daß die Auseinandersetzung mit meinem Sterben und die Nähe des Todes mich dazu bringen kann, mehr im Hier und Jetzt zu leben, die Zeit, die mir noch bleibt, intensiver zu nutzen und Sachen und Dinge, die vorher sehr wichtig schienen, neu zu überdenken und mich zu fragen: Sind die wirklich wichtig? Hängt mein Herz, mein Glück daran?»

Eine Frau möchte die Endlichkeit ihres Lebens deutlicher erfahren: «Für mich ist es bei der Auseinandersetzung mit dem Tod sehr wichtig, daß ich mir bewußter werde, daß ich nur eine begrenzte Zeit zu leben habe. Ich glaube, daß ich dadurch bewußter und intensiver leben kann. Und ich denke, daß die Sterbemeditation mich tiefer erreichen wird als all meine bisherige Beschäftigung mit dem Sinn des Lebens.»

«Meinen sterbenden Patienten gegenüber fühle ich mich meist hilflos und unsicher, ich drücke mich eigentlich davor, mit ihnen über Sterben und Tod und ihre Ängste zu sprechen», sagt ein Arzt, 38. Ärzte und Schwestern werden in ihrem Beruf häufig mit Sterben und Tod konfrontiert. Manche spüren, daß sie seelisch nicht genug darauf vorbereitet sind. Ein Arzt schreibt uns:

«Ich bin dreißig Jahre alt, bin seit einem halben Jahr Arzt in einem Krankenhaus und sehe mich Tag für Tag dem Leiden, Sterben und Tod gegenübergestellt, ohne daß ich das Gefühl habe, meine Patienten durch die Stunden der Verzweiflung, der Angst und des Sterbens sinnvoll begleiten zu können. Und mehr und mehr bekomme ich Angst, den so üblichen Mechanismen der Verleugnung und Verdrängung von Tod und Sterben zu erliegen, mir etwas vorzumachen und nicht mehr zu wissen, ob ich den Anspruch der Patienten erfülle, für die der Arzt Hilfe und Hoffnung bedeutet.» Er fährt fort: «Mein Problem ist, mit todkranken Patienten *offen* über ihre Krankheit und den nahenden Tod sprechen zu können. So oft fehlt mir der Mut, mit ihnen über die Wahrheit zu sprechen. Und dann bekomme ich ein schlechtes Gewissen, dem Patienten den Zugang zu dem für ihn so wichtigen und letzten Abschnitt seines Lebens zu verbauen. So dachte ich mir, daß ich mich selber einmal mit meinen Ängsten vor meinem Sterben auseinandersetzen muß.»

Manche Ärzte und Schwestern lassen das Sterben ihrer Patienten gefühlsmäßig nicht an sich heran. Auch schaffen medizinische Aktivitäten und die Betonung der beruflichen Rolle einen Abstand zum Sterbenden, der sie davor bewahrt, den Ängsten des Patienten und damit ihren eigenen Ängsten zu begegnen. «Ich hab viel mit Toten und Sterbenden im Krankenhaus zu tun», sagt die Krankenschwester Sabine. «Die Erfahrung hierbei ist oft erschreckend für mich, weil ich das so wenig an mich herankommen lasse. Sobald jemand gestorben ist, gehe ich gleich zur Routine über. Wenn ich dann nach Hause gehe, denke ich nicht mehr dran.»

«Ich fühle mich bei der Betreuung von Krebspatienten oft hilflos», sagt die dreißigjährige Krankenschwester Regine. «Ich werde mit meinen eigenen Gefühlen nicht fertig.» Yvonne: «Ich arbeite seit zwei Jahren im Krankenhaus. Und bei den Sterbenden habe ich oft das Gefühl, daß sie mit mir sprechen wollen. Und da fühle ich mich echt hilflos. Ich sage dann ‹Ach, Sie sterben ja nicht.› Ich möchte das gar nicht sagen, aber ich weiß keine bessere Antwort. Ich weiß, daß der sterben muß, und er möchte mit mir sprechen. Aber ich kann es eben nicht, weil ich mich wahrscheinlich mit meinem eigenen Sterben nicht genügend auseinandergesetzt habe.»

So spüren Ärzte und Krankenschwestern, «daß es meiner Arbeit mit Kranken guttun wird, wenn ich mich nicht immer auf's Ausweichen flüchte». Durch das Erleben des eigenen Sterbens in der Vorstellung werden sie gleichsam zu Betroffenen und erfahren das Schicksal Sterbender mehr von der Innenseite.

Wie hilfreich ist die Vorstellung des eigenen Sterbens?

Diese Frage war für meine Frau Anne-Marie und mich von besonderer Bedeutung. Denn wir wollten Menschen nichts anbieten, von dessen Nützlichkeit und Unschädlichkeit wir uns nicht durch sorgfältige wissenschaftliche Prüfungen überzeugten (9).

Insgesamt 362 Teilnehmer erhielten eine Woche und teilweise drei Monate nach der Sterbemeditation einen ausführlichen Untersuchungsbogen. Aus Platzgründen gebe ich hier nur *einige* Ergebnisse wieder, und zwar von 173 Teilnehmern drei Monate danach. Sie waren zwischen 18 und 72 Jahre alt und gehörten sehr unterschiedlichen sozialen und beruflichen Gruppen an.

○ 81 Prozent der Teilnehmer gaben an: «Die Sterbemeditation hat mir gut oder sehr gut getan.» 18 Prozent hatte die Sterbemeditation keine bedeutsame Erfahrung gebracht. Eine Person gab an, daß ihr die Sterbemeditation eher geschadet habe.

○ 91 Prozent wollten die Sterbemeditation anderen Menschen weiterempfehlen; nur eine Person wollte davon abraten.

○ 51 Prozent der Teilnehmer empfanden, daß sich ihre Angst vor Sterben und Tod deutlich vermindert hatte. Bei 40 Prozent war die Angst unverändert. Bei keinem hatte sie zugenommen.

○ Bei 55 Prozent verstärkte sich die Vorstellung, daß der Tod auch freundlich ist; bei 5 Prozent verminderte sie sich.

○ Bei 59 Prozent der Teilnehmer verminderte sich das Gefühl, im Sterben hilflos ausgeliefert zu sein, und der Eindruck, daß diese Zeit nutzlos für sie sei.

○ 63 Prozent äußerten den Wunsch, sich vermehrt mit dem eigenen Sterben auseinanderzusetzen. Bei keinem verminderte sich dieser Wunsch.

○ Bei 55 Prozent verstärkte sich die Suche nach dem Sinn des Lebens, bei 2 Prozent verminderte sie sich.

○ 69 Prozent gaben an, daß sich durch die Meditation ihr konkreter Alltag in verschiedenen Bereichen positiv verändert hatte. Niemand berichtete über eine negative Änderung.

○ Bei 75 Prozent der Teilnehmer verstärkte sich der Wunsch, intensiver und bewußter zu leben.

○ Bei 71 Prozent wuchs die Bereitschaft, im eigenen Leben etwas verändern zu wollen. Bei 1 Prozent verminderte sie sich.

Somit führten die Erfahrungen in der Sterbemeditation mit dem anschließenden Gespräch bei vielen Teilnehmern zu einer deutlichen Verminderung ihrer Ängste vor Sterben und Tod. Ferner bewirkten sie eine Änderung ihres Alltags, vor allem ein bewußteres und intensiveres Leben.

In den Jahren von 1985–1990 haben in Seminaren und Gruppen an verschiedenen Orten in Deutschland, der Schweiz und Österreich insgesamt mehrere tausend Personen an einer derartigen Sterbemeditation teilgenommen.

Der Text zur Vorstellung des eigenen Sterbens

Wir haben den Text zur geleiteten Sterbemeditation dem Buch von O. Carl Simonton und Stephanie Matthews Simonton (20) entnommen und abgeändert. Längere Pausen während der Meditation haben wir im Text durch Gedankenstriche angedeutet. Ein Gedankenstrich bedeutet eine Pause von etwa einer Minute.

«Das Folgende ist eine geleitete Meditation. Durch sie kannst du lernen, mit deinem Sterben und Tod in deiner Vorstellung bekannter zu werden. Sie kann dir helfen, die Angst davor zu vermindern, und sie kann dir vor allem helfen, eine geänderte günstigere Einstellung zu deinem jetzigen Leben zu bekommen.

Bitte setze dich möglichst entspannt in einen Stuhl oder lege dich entspannt auf den Boden.»

Dann folgen etwa 20–30 Minuten Anleitungen für die körperlich-seelische Entspannung. Sie sind für die Meditation sehr wichtig.

«Wenn du jetzt entspannt bist, so werde dir bewußt, die Zeit deines Sterbens ist gekommen.

Stell es dir so vor, wie es dir jetzt in den Sinn kommt.

○ «Stelle dir nun vor: Du sprichst mit dem Arzt, und er informiert dich, daß er keine Heilungsmöglichkeiten mehr sieht und daß er den schnellen Fortgang der schweren Erkrankung nicht aufhalten kann.»

«Stell dir deine Gefühle vor und deine Gedanken, die du bei dieser Information hast. – –

Was willst du machen?

Mit wem willst du sprechen?

Was willst du sagen?

Nimm dir jetzt Zeit, dir das in allen Einzelheiten vorzustellen. – – – –

○ Stell dir jetzt vor, wie du die letzten Lebenswochen verbringen willst.

Was möchtest du tun?

Was ist dir wichtig? – – – –

○ Und jetzt sieh dich selbst, wie du dem Tod näher kommst. Du siehst, wie die Verschlechterung deines Körpers zunimmt.

Du siehst die Einzelheiten deines Sterbens. Du fühlst, daß dein Körper sich seinem Ende nähert. Du bist dir dessen bewußt, daß du sterben wirst. Erlaube dir, diese Gefühle zu erfahren, und setz dich mit ihnen auseinander. – – –

o Sieh jetzt die Menschen um dich herum, an deinem Sterbebett. Stell dir vor, wie sie reagieren, was sie dir sagen werden.

Was sagen sie? Und was fühlen sie? – – – –

o Und jetzt stell dir vor, daß dein Körper die Kraft verliert.

Sieh dich selbst im Moment deines Sterbens. – –

o Und jetzt siehst du dich selbst gestorben.

Mit deiner Seele geschieht jetzt das, was du dir vorstellst, wie es deinen religiösen Einstellungen entspricht. Vielleicht also geht deine Seele in das Universum – in die Ewigkeit – zu Gott oder was immer du denkst. – – –

o Und jetzt, während deine Seele im Universum oder bei Gott ist, blickst du auf die Einzelheiten deines Lebens zurück. Nimm dir für diesen Rückblick auf dein Leben Zeit.

Was war dein Leben?

Was hast du getan?

Was hat dir Spaß gemacht?

Was hat dir Freude gebracht? – – – –

Welche seelischen Schmerzen, Kümmernisse und Sorgen hast du in deinem Leben gehabt. Und welche hast du noch? – – –

o Was würdest du heute gern anders machen in deinem Leben?

– – – –

o Und überblicke noch einmal für drei Minuten dein bisheriges Leben. – – –

o Das war die Vorstellung von deinem Sterben und deinem Tod. Und das war ein Rückblick auf dein Leben.

Jetzt komme bitte langsam wieder hierher zurück.

Halte noch die Augen geschlossen. Sei dir bewußt, daß du wieder neu in dieses Leben eintrittst. Und daß du die Chance hast, weiter und neu zu leben. –

Du fühlst den Frieden, den die Gegenwart für dich hat. Fühle, wie entspannt du bist. Du spürst, wie das Leben und die Wärme in deinen Körper zurückkehrt. Und fühle dich jetzt deutlich hier in diesem Raum. – –

Nun mache bitte langsam die Augen auf und fühle dich auf dieser Erde wieder zu Hause.»

Danach folgen ca. 10 Minuten Besinnung und Nachdenken bei meditativer Musik.

Anschließend sprechen die Teilnehmer in kleinen Gruppen über ihre Erfahrungen in der Sterbemeditation, ca. 1 bis 1½ Stunden.

Es ist auch möglich, daß vor dem Gespräch jeder Teilnehmer für sich wichtige Gedanken und Erfahrungen aufschreibt. Manche etwa schrieben einen Brief mit ihren Gedanken zum Abschied von den Angehörigen. –

Ich möchte nun wesentliche Erfahrungen der Teilnehmer bei der Vorstellung ihres Sterbens wiedergeben.

Wie nehmen Menschen die Nachricht von ihrem bevorstehenden Tod auf?

Als erste Situation stellten sich die Teilnehmer vor: Auf Grund der Nachricht des Arztes werden sie sich bewußt, daß das Ende ihres Lebens bevorsteht. Den Wunsch weiterzuleben müssen sie aufgeben. Die Trennung von allem Diesseitigen, von lieben Menschen, vom Körper und vom Besitz steht bevor. Es ist ein radikaler Wendepunkt.

Was fühlen Menschen in dieser Situation?

Fast alle erleben diesen Augenblick der Konfrontation mit der eigenen Endlichkeit als sehr bedeutungsvoll. Aber was sie fühlen, ist bei den einzelnen sehr unterschiedlich: starke Abwehr, Angst und Trauer, aber auch Akzeptieren des Sterbens und ruhige Gelassenheit.

«Als mir die Diagnose mitgeteilt wurde, da spürte ich diese Gelassenheit», schreibt eine Frau. «Als wenn das etwas sehr Vertrautes und sehr Natürliches sei. Ich empfand keine Angst oder Aufregung, was ich eigentlich erwartet hätte.» Zahlreiche Teilnehmer konnten die Nachricht des Arztes ohne Panik und Angst aufnehmen. Sie nahmen ihr Sterben an. «Daß ich sterben sollte, hat mich eher erstaunt als erschreckt. Ich empfand eine schnelle Hingabebereitschaft. Ich habe gebetet: ‹Dein Wille geschehe.› Dabei bin ich überhaupt nicht mit Gebeten vertraut.» – «Was mich überraschte, war: Als ich mir sagte, du mußt jetzt sterben, da habe ich ein Lächeln auf meinem Gesicht gefühlt.»

Womit hängt es zusammen, daß manche Menschen die Nachricht ihres bevorstehenden Todes ohne größere Angst, ja mit Gelassenheit annehmen können?

Die Einsicht in das Unabänderliche erleichtert das Annehmen: «Der Arzt erklärt mir, daß ich Krebs habe. Zuerst kann ich es nicht glauben. Aber dann kommt in mir hoch: Ich kann dem ja sowieso nicht davonrennen. Und dann änderte sich meine Haltung. Ich begann, nicht mehr zurückzuschauen ins Leben, sondern in Richtung Tod.» – «Ich war zunächst sehr erschrocken, als man mir sagte, du mußt sterben. Aber das ging vorüber, und ich habe keine Trauer empfunden. Ich fühlte mich so in Harmonie mit mir selber.» Diese Harmonie, die Einsicht in das Unabänderliche und das Annehmen wurden sicherlich gefördert durch die der Meditation vorausgehende tiefe seelische und körperliche Entspannung, die gleichsam ein Stück Loslassen darstellt.

Anderen erleichtert ein Gefühl der Dankbarkeit für ihr Leben das Annehmen des Sterbens. «Ich empfand Dankbarkeit, daß mir der Arzt die Wahrheit mit der Todesankündigung sagte. Ich empfand Dankbarkeit, daß ich so ein reiches Leben hatte, daß ich im Beruf erfolgreich war, viel liebte und auch geliebt wurde, körperlich und geistig.»

Manche empfingen die Mitteilung des Arztes gemäß ihren Vorstellungen nach einem langen Krankenlager, geplagt von Schmerzen und Erschöpfung; so erlebten sie die Nachricht von ihrem bevorstehenden Tod eher als Erlösung. Andere sahen sich auf dem Sterbelager als alte Menschen mit dem Gefühl, ihr Leben gelebt zu haben, bereit, das Ende anzunehmen.

Ein ruhiges, einfühlsames und achtungsvolles Verhalten des Arztes half manchen beim Annehmen der Diagnose. «Das Gespräch mit dem Arzt war so, daß ich mich aufgehoben und sicher fühlte; er war eine mir vertraute Person. Ich konnte mir selbst sehr nahe sein. Es kam mir fast bekannt vor. Und ich spürte: Du mußt zu dir schauen, bei dir sein, dann kommst du auch gut klar.»

Für andere war es tröstlich, daß ein vertrauter Mensch anwesend war, der ihnen Zuwendung, Körperkontakt, Wärme und Nähe gab. Eine Krankenschwesternschülerin: «Beim Erleben der Diagnose wünschte ich mir eine Person, die gar nichts sagte, aber mich in die Arme schloß. Es war meine zweiundsechzigjährige Vorgesetzte, die es dann auch spontan machte.»

Einige waren zunächst ruhig und gelassen, wurden sich aber der vollen Bedeutung der Diagnose erst später bewußt. «In dem Moment, in dem mir der Arzt die Mitteilung gemacht hat, schockierte oder beunruhigte mich das nicht sehr stark. Die Erkenntnis, was das für mich bedeutete und daß ich nun mit dem Leben fertig sei, die kam erst später, und mit der Erkenntnis kam die Angst vor dem Sterben hoch.»

Gefaßtheit bei der Konfrontation mit der Diagnose bedeutet also nicht, daß der Betroffene sich ihrer Bedeutung voll bewußt ist und sie annehmen kann.

Die nachfolgenden Reaktionen sind sehr unterschiedlich. Manche gingen nach Verlassen der Arztpraxis an einen ruhigen Ort und weinten. Anderen wird klar, daß sie mit Freunden oder Angehörigen sprechen sollten. Elisabeth, Ordensschwester und Lehrerin für Krankenpflege, verarbeitet die Nachricht langsam mit sich allein: «Die Tatsache, daß ich sterben müsse, fand ich nicht bedrohlich. Ich dachte lediglich, es ist etwas zu früh. Ich wollte danach zuerst für mich allein sein. Ich wollte mich allein damit auseinandersetzen, wollte darüber beten und es erst dann anderen mitteilen.»

«Ich wollte mich nicht vom Leben trennen. Die Vorstellung, bald sterben zu müssen, machte mir große Angst.» Einige reagierten auf die Diagnose mit Angst und Abwehr. Sie wehrten sich gegen die Erkenntnis, daß ihr Leben in absehbarer Zeit zu Ende geht. «Als ich mir vorstellen sollte», sagt ein Mann, «daß ich demnächst sterben werde, war in mir das Gefühl der totalen Abwehr. Ich dachte: Das geht dich nichts an! Das betrifft dich nicht!» Eine Frau spürt ebenfalls innere Auflehnung: «Ich fühle mich völlig gelähmt. Obwohl der Arzt noch mit mir spricht, kann ich seine Worte nicht aufnehmen. Plötzlich werde ich wütend, mein ganzer Körper verkrampft sich. Ich schreie: ‹Nein! Nicht ich! Warum ich? Nein, ich will das nicht annehmen!› Dann laufe ich

ziellos umher, lehne mich auf gegen mein Schicksal.» – «Als ich erfahren mußte, daß ich sterbe, bin ich total zusammengebrochen. Ich konnte keinen klaren und vernünftigen Schritt tun.»

Womit mögen diese Angst und die Abwehr, das Sterben anzunehmen, zusammenhängen?

Viele, insbesondere Jüngere, empfanden, daß sie ihr Leben noch nicht gelebt hatten. «Ich wehrte mich gegen das Sterben. Nein, nein! Ich will nicht sterben! Es ist noch zu früh, ich habe ja noch nicht gelebt! Ich möchte doch noch so vieles erleben! Die Welt sehen! Menschen kennenlernen, meinen Beruf ausüben!» Bewegt hat mich auch das Erlebnis der Schwesternschülerin Monika: «Der Arzt sagte heute zu mir: Ich glaube, du mußt sterben. Er gibt mich auf! Aber ich bin doch noch so jung! Warum soll ich jetzt schon sterben, jetzt, wo ich beginne, bewußter zu leben? Ich möchte noch nicht gehen! Ich möchte noch mehr geliebt werden und noch mehr lieben dürfen.»

Die quälende Frage nach dem Warum scheint oft mit Abwehr und Ablehnung verbunden zu sein. «Nachdem der Arzt gegangen war, wurde mir meine Situation unangenehm und bedrükkend klar. Ein großes Fragen erfüllte den Raum: Warum? Warum?» – «Als ich erfuhr, daß ich sterben müßte, fragte ich mich sofort: Warum? Ich wollte noch so viel sehen, wollte mir später ein Haus kaufen. Aber meine schönen Pläne mußte ich wegwerfen. Das stimmte mich traurig.»

Auch älteren Menschen wurde bei der Konfrontation mit dem Sterben bewußt, daß sie ihr Leben noch nicht gelebt hatten. Peter, 54, katholischer Priester in Österreich, hatte früher zwanzig Jahre lang im Kloster gelebt: «Als der Arzt mir sagte, daß ich bald sterben würde, spürte ich viel Trauer, Verdruß und starkes Weinen. Daß es kein Zurück mehr geben sollte, löste in mir ein Gefühl aus von ‹Nein! Noch nicht! Ich muß noch soviel leben!› Alles das wurde mir schlagartig bewußt. Und ich machte mir selbst peinliche Vorwürfe: Siehst du nun, du ewiger Zögerer, nun ist es zu spät, noch ‹voll› zu leben.»

So waren Menschen, die ihr Leben noch nicht erfüllt gelebt hatten, eher ablehnend und abwehrend gegenüber ihrem eigenen Sterben.

Was erleben sie, wenn es ihnen gelingt, ihre Abwehr aufzugeben, wenn sich ihre Angst vermindert? «Als ich vom Arzt erfuhr, daß ich sterben muß, habe ich nur gedacht: Warum denn ich? Was habe ich denn bis jetzt in meinem Leben schon geschaffen? Und ich war voll auf Abwehr. Aber schließlich habe ich mich dann ganz gut damit abgefunden. Ich empfand mein Sterben überhaupt nicht mehr schlimm, sondern irgendwie als Bestandteil meines Lebens. Ich konnte es annehmen.»

Was half Menschen bei diesem Annehmen? Wie und wodurch änderte sich ihr Fühlen?

Heike erfuhr Erleichterung dadurch, daß sie ihre Traurigkeit zuließ: «Nachdem der Arzt mir beigebracht hatte, daß ich sterben muß, habe ich die Praxis verlassen. Ich ging in den Wald und sah mich dort weinen. Auch zu Hause teilte ich weinend das Unabänderliche mit. Danach war ich aber sehr gefaßt.»

Ein Mann empfand eine tiefe Dankbarkeit, die seine Angst verminderte und ihm eine andere Einstellung ermöglichte: «Als ich erfuhr, daß ich bald sterben würde, war ich zuerst tief traurig. Ich dachte auch an meinen Partner, den ich ja nicht mehr behalten könnte, der ohne mich weiterleben müßte. Dann aber stellte sich Dankbarkeit ein für all das, was gewesen war – und die Trauer verflog.»

Eine Frau bemühte sich, im gegenwärtigen Moment zu leben und ihre Angst nicht durch das Denken an die Zukunft zu vermehren: «Ich bin nach der ärztlichen Diagnose zum Strand gegangen und dort gelaufen. Ich hab einfach nur wahrgenommen. Ich hab mir gesagt: ‹Nimm das auf, wie es jetzt ist. Und frag nicht, wie es in einem Jahr ist!»

Andere erfuhren Hilfe durch ihren Glauben: «Ich hatte immer Angst gehabt vor dem Sterben, aber irgendwie hatte ich den Gedanken daran verdrängt. Jetzt war es plötzlich soweit. Zuerst hatte ich ein angstvolles, unruhiges Gefühl. Dann aber kam mir ein guter Gedanke, daß ich wenigstens mit Gott noch alles besprechen könnte. Ich hatte plötzlich keine Angst mehr davor. Es wurde mir wohler, und ich fand, daß Sterben eine Erlösung ist.»

Woran denken Menschen nach der Mitteilung, daß sie sterben müssen?

«Am meisten machte mir Sorgen, wie mein Freund, meine Eltern und Geschwister damit fertig werden würden.» Nachdem die ersten gefühlsmäßigen Reaktionen auf die Diagnose des Arztes abgeklungen sind, beschäftigt die meisten der Gedanke an Angehörige und Freunde. Sie fühlen sich bei diesen Gedanken zusätzlich belastet. Sie stellen sich vor, wieviel Trauer und Schmerz die Zurückbleibenden erleben werden.

«Ich war bereit zu sterben. Aber was mich sehr stark belastete, war: Ich dachte an meine Angehörigen und Freunde! Wie werden sie es auffassen? Wie werden sie damit fertig? Werden sie mich loslassen können?» – «Von dem Moment an, da mir gesagt wurde, daß ich sterben müsse, habe ich mich persönlich vergessen. Hauptproblem war meine Familie, mein Mann, mein kleines Kind; ihr Leiden und ihr Schmerz. Ich spürte das große Loch, das ich mit meinem Weggehen bei ihnen hinterließ.»

Viele haben den Wunsch, daß die Angehörigen ihr Sterben annehmen und sie gehen lassen können. Das würde ihnen viel Erleichterung bringen. «Am meisten machte mir Sorgen, wie mein Freund, meine Eltern und Geschwister damit fertig werden würden. Ich will nicht, daß sie traurig sind. Ich möchte, daß sie mein Sterben als einen genauso natürlichen Vorgang wie die Geburt sehen können. Ich möchte, daß ihr Leben durch meinen Weggang nicht beeinträchtigt wird, sondern weitergeht. Daß sie Freude empfinden und nicht Trauer, wenn sie an mich denken. Daß sie keine Angst empfinden bei dem Gedanken an den Tod, sondern ihn als meine Befreiung sehen können.»

An wen wenden sich Menschen nach der Diagnose?

«Mir wurde klar, daß ich mit anderen Menschen sprechen mußte.» Nach der schicksalsschweren Nachricht hatten die meisten das dringende Bedürfnis, mit anderen zu sprechen, nicht

allein zu sein. Sie spürten und hofften, daß sie in der Aussprache Erleichterung erfahren würden, sich klären und ruhiger werden könnten. «Als erstes benachrichtigte ich meinen Vater von meinem Zustand. Er ist viel ruhiger als meine Mutter und konnte mir wirklich beistehen. Anschließend sprach ich mit einem Pastor, der mich getauft und konfirmiert hatte. Auch dieses Gespräch brachte mir Beruhigung. Und in den folgenden Gesprächen verminderte sich allmählich meine Angst.» Die allein und zurückgezogen lebende Elisabeth schreibt: «Ich möchte mit Menschen zusammenkommen, die in einer ähnlichen Situation stehen wie ich, mich mit ihnen austauschen und Nähe erfahren.»

Doch ergab sich bei vielen eine Schwierigkeit, die ich nicht vermutet hätte: einen passenden Gesprächspartner zu finden. «Als ich erfuhr, daß ich sterben mußte, kam mir die Frage, zu wem ich gehen und mit wem ich sprechen könne», sagt eine Frau. «Es kamen Bilder von für mich wichtigen Menschen vor mein Auge. Als erstes mein Vater. Doch dieses Bild schob ich schnell fort. Meine Kinder, nein, die sollten es noch nicht wissen. Dazwischen kam immer wieder das Gesicht meines Partners. Doch zu ihm konnte ich nicht gehen; da war kein Vertrauen. Ganz deutlich und ganz nah war meine Freundin. Sie konnte sich in mich einfühlen, und mit ihr konnte ich reden.»

Auch eine andere Frau fand unter ihren Angehörigen keinen Gesprächspartner, der offen für ihre Gefühle und Gedanken ist, zu dem sie Vertrauen hat, bei dem sie die Aussprache als hilfreich erlebt: «Mir wurde klar, daß ich mit anderen Menschen sprechen mußte. Zuerst dachte ich an meinen kranken Mann, der pflegebedürftig zu Hause ist. Ich sagte ihm, ich würde sterben müssen. Er reagierte kaum. Da fiel mir ein, daß er schon, wenn wir davon gesprochen hatten, daß ich vor ihm sterben könnte, gesagt hatte: ‹Es wird sich dann schon irgendein Weg finden lassen.› Mir war sogleich klar, daß ich in der Zeit vor meinem Sterben allein sein würde. Ich dachte dann daran, mit meiner Tochter zu sprechen und mit meinem Sohn. Aber es schmerzte mich sehr, zu spüren, daß meine nächsten Angehörigen am wenigsten in der Lage sein würden, mir zu helfen. Ich sah sie überfordert. Dann aber fiel mir meine Therapeutin ein. Mit ihr würde ich sprechen. Und ich würde mir auch seelsorgerische Unterstützung verschaffen.»

Christa erkennt einen wichtigen Grund für die Hilflosigkeit vieler Menschen und eine Möglichkeit, ihnen zu helfen: «Ich habe vielen gesagt, daß ich sterben würde und daß ich mit ihnen gerne sprechen möchte. Da habe ich gespürt, daß die meisten sich nicht gern diesem Thema zuwenden. Ich kann es ja auch verstehen. Ich habe mich auch hilflos gefühlt, als mein Bruder Krebs hatte, und ich weiß, wie schwer mir da das Sprechen fiel. Es ist doch einfach nicht üblich, so darüber zu sprechen. Aber dann, weil ich eben diese Hilflosigkeit bei mir selbst schon erlebt habe, dann wurde es mir möglich, im Gespräch mehr auf andere Menschen zuzugehen und ihnen ein Stück ihrer Hilflosigkeit zu nehmen.»

Der mit seinem Sterben konfrontierte Mensch muß also häufig auch die Kraft aufbringen, anderen Menschen die Furcht vor einem Gespräch zu nehmen.

«Für mich war es wichtig, daß meine Freunde akzeptierten, daß ich bald sterbe.» Doch selbst wenn Menschen Angehörige haben, denen sie vertrauen und die zu einem einfühlsamen Gespräch bereit sind, sehen sie noch eine andere große Schwierigkeit: «Ich hatte den sehr starken Wunsch, mit Menschen, die mir etwas bedeuten, zu sprechen. Aber es hätte mich sehr gestört, wenn sie geweint hätten und mir Verzweiflung gezeigt hätten.» Sie fühlen sich also durch die gefühlsmäßigen Reaktionen ihrer Gesprächspartner belastet. Manche vermieden es darum zunächst, mit nahen Angehörigen oder mit dem Partner über den bevorstehenden Tod zu sprechen. Der Schmerz, der dadurch im Partner ausgelöst wird, belastet sie; er hindert sie daran, frei zu sprechen und sich selbst im Gespräch zu klären.

So haben Menschen oft das Gefühl, daß am ehesten enge Freunde ihnen einfühlsam, ohne Verzweiflung und Angst zuhören würden. Karen: «Für mich war es wichtig, daß meine zwei Freunde akzeptierten, daß ich bald sterbe. Wichtig war für mich auch, daß meine Freunde mich nicht damit konfrontierten, welche neuen Erkenntnisse die Medizin wieder hat und daß ich wahrscheinlich doch nicht sterben müsse.» Medizinische Ratschläge in dieser Situation sowie Versuche, die Wahrscheinlichkeit des Todes abzuwiegeln, erschweren es dem Sterbenden, sich mit seinen Ängsten im Gespräch auseinanderzusetzen.

«Aber als ich so vor ihnen stand, konnte ich nicht darüber sprechen.» Angehörigen und Freunden im Gespräch den bevorstehenden Tod mitzuteilen, ergibt bei manchen Schwierigkeiten; sie fürchten, bei einem solchen Gespräch zuviel Schmerz zu empfinden, von ihren Gefühlen überwältigt zu werden. «Ich wollte mit einigen meiner Freunde sprechen. Aber als ich so vor ihnen stand, konnte ich nicht darüber sprechen. Meine Kehle ist wie zugeschnürt. Ich fühle mich einsam, verlassen. Dann gehe ich nach Hause und sehe meine neunjährige Tochter. Ich möchte mit ihr sprechen. Aber ich kann es nicht – und ich weiß auch nicht wie! Ich bin völlig blockiert! Meine Hilflosigkeit macht mich wütend.»

Angesichts dieser Hemmungen wollen sich manche zuerst allein mit der belastenden Nachricht auseinandersetzen und dann erst mit anderen darüber sprechen. «Es war mir wichtig, als erster zu erfahren, daß ich sterben werde, vor meinen Angehörigen. Ich hatte den Wunsch, zuerst allein die neue Situation zu überdenken.» Ähnlich geht es Rosmarie: «Ich wollte mein Wissen über meinen nahen Tod zunächst für mich behalten. Erst nachdem ich mich darin geklärt habe, wollte ich mit meinem Mann reden.»

Eine Frau wollte die Nachricht von ihrem bevorstehenden Tod zunächst verschweigen. Aber dann ändert sie ihre Absicht: «Als der Arzt mir meinen nahen Tod mitteilte, überlegte ich zuerst, daß ich das niemandem mitteilen würde. Aber dann dachte ich, daß ich damit meinen Freunden und Angehörigen viel wegnehmen würde, was ich beim Tod meiner Mutter als sehr schön und bedeutsam erlebt habe: das gemeinsame Sich-Vorbereiten auf den Tod. Das habe ich sehr als Bereicherung meines Lebens erfahren. Und so habe ich also allen mir lieben Personen die Nachricht mitgeteilt.»

Wie möchte ich die letzten Wochen meines Lebens verbringen?

Wenn uns ein Arzt mitteilt, daß wir bald sterben müssen: Wie möchten wir in der uns noch verbleibenden Zeit leben? Wie würden wir unseren Tagesablauf ändern? Wie wäre unser Zusammensein mit Angehörigen und Freunden?

Beim Lesen der Erfahrungsberichte von Menschen, die an einer Sterbemeditation teilgenommen hatten, kam mir oft der Gedanke: Warum leben wir nicht jetzt schon häufiger in dieser Weise? Warum lassen wir uns so oft von unseren eigentlichen Wünschen ablenken? Die Auseinandersetzung mit dem Sterben kann uns helfen, mehr so zu leben, wie wir es wirklich wünschen.

Die folgenden Äußerungen können uns Anregungen geben, wie wir unser Leben reicher und sinnvoller gestalten können.

«Das Ziel ist für mich, in Einklang mit mir selbst und den Personen zu sein, die mir nahestehen.» Zunächst möchte ich einige Teilnehmer ausführlich zu Wort kommen lassen. Den vielfältigen Äußerungen ist gemeinsam, daß Menschen die letzten Wochen ihres Lebens sehr bewußt erleben möchten, im Einklang mit sich selber.

Irene, Lehrerin für Krankenpflege, hat folgende Vorstellungen und Wünsche zu den letzten Lebenswochen: «Ich werde versuchen, die Nachricht des Arztes in Ruhe aufzunehmen und sie mit zwei Menschen, die mir nahestehen, zu besprechen. Für mich wäre es wichtig, daraus kein Drama zu machen, sondern es als einen Abschnitt meines Lebens zu sehen.

Die Zeit danach würde ich nutzen, meine Arbeit zu ordnen, damit sie ohne Unterbrechung von anderen weitergeführt werden kann. Einen anderen Teil der Zeit möchte ich nutzen, um mit Freunden zusammenzusein. Ich möchte ihnen vermitteln, daß der Tod für mich stimmt und ich diesen Schritt ruhig gehe. Ich möchte die Zeit aber auch intensiv nutzen, mit mir in Einklang zu kommen. Dies bedeutet, daß ich viel in der Natur wäre. Ich möchte keinen Wettlauf mit dem Tod veranstalten.

Schließlich würde ich auch versuchen, meine Erfahrungen schriftlich niederzulegen, um den mir nahestehenden Personen, die ich vielleicht nicht mehr sehen kann, mitzuteilen, daß es für mich in Ordnung ist zu gehen.

Das Ziel ist für mich, in Einklang mit mir selbst und den Personen zu sein, die mir nahestehen. Dieses Ziel möchte ich aber auch ohne eine solche Nachricht der baldigen Beendigung meines Lebens erreichen.»

«Ich möchte weiter auf dem Weg zu mir selbst gehen», sagt eine Frau, «mein Ich noch mehr erspüren und Ruhe in mir selbst erleben. Also Zeit für mich selbst nehmen; spüren, was *jetzt* wichtig ist, und darauf Rücksicht nehmen. Das heißt für mich, daß ich mehr innere als äußere Dimensionen kennenlernen möchte. So zum Beispiel würde ich keine Weltreise mehr unternehmen, auch wenn ich es könnte. Wichtig wäre mir, die Natur, ihre Schönheit in mich aufzunehmen, zu staunen. Weiter möchte ich all die Menschen, die mir wichtig sind, noch einmal bei mir haben. Ich möchte Gespräche mit ihnen führen. Ich möchte spüren, fühlen, wie nahe wir einander sind. Oder auch akzeptieren, daß wir anders geworden sind. Und schließlich möchte ich soweit wie möglich noch nützlich sein können für andere, die mich brauchen.»

«Ich möchte so weiterleben wie jetzt, solange es meine körperlichen Kräfte erlauben.» Einige sagten, daß sich ihr Leben in den letzten Wochen nicht von ihrem jetzigen Alltag unterscheiden würde. Warum?

Marianne, 37: «Ich würde den Alltag genauso weiterleben, wie ich es jetzt tue. Ich möchte, daß es ein ganz gewöhnliches Hinübergleiten wird. Denn ich habe nicht das Gefühl, irgend etwas noch nachholen zu müssen. Und ich möchte nicht die Zeit mit einem zermürbenden ‹Abwarten› ausfüllen. Der Tod ist für mich etwas Natürliches und zu jedem Moment richtig, so daß ich ihn auf mich zukommen ließe, einfach so. Was ich in der Zeit meines Lebens tun konnte, habe ich getan. Wozu keine Zeit mehr ist, das lasse ich.» Aus Mariannes Äußerungen spricht eine tiefe Gelassenheit. Sie möchte auch nicht ihre Angehörigen belasten: «Ich würde wohl die Nachricht des Arztes für mich behalten, nur mit meiner Schwester oder einer Freundin darüber reden. Meine Umwelt sollte weiterleben ohne Belastung. Denn ich weiß, daß einige Leute Mühe haben werden, meinen Tod zu akzeptieren. Ich denke, sie könnten dann noch genügend versuchen, damit fertig zu werden, wenn er wirklich eingetroffen ist.»

Regina möchte weiterarbeiten und ihren Alltag wie bisher leben, «weil ich doch das Stück vertrautes Leben brauche». Offenbar geben ihr ihre Arbeit und ihr Alltag einen seelischen Halt. «Ich würde versuchen, zumindest noch einige Stunden täglich im Krankenhaus zu arbeiten und dort meinen Kolleginnen weiter zu helfen. Ich zeige auch jetzt schon anderen Menschen meine Liebe und Dankbarkeit, bin viel in der Natur und meditiere.»

«Ich möchte keine Zeit zum Nachdenken haben.» Für manche ist jedoch die Bedrängnis so groß, daß sie wünschen, sich in den letzten Lebenswochen abzulenken und sich wenig mit sich selbst zu beschäftigen. «Es sollte in dieser Zeit niemand etwas von meiner Krankheit erfahren. Ich möchte keine Zeit zum Nachdenken haben, ich möchte immer etwas unternehmen.» Auch eine andere Frau sucht Aktivität und möchte Besinnung vermeiden: «Nach der Mitteilung des Arztes würde ich wahrscheinlich gar nichts machen. Ich würde es nicht so recht wahrhaben können, daß ich nur noch zwei Monate zu leben hätte. Wenn es mein Zustand zuließe, würde ich viele Reisen in andere Länder unternehmen. Ich würde mich niemals verkriechen. Soweit ich könnte, würde ich möglichst viel unter Menschen gehen, damit ich nicht soviel an das Sterben denken muß.» Sie und einige andere fürchten, daß sie durch das Zulassen der Gedanken und Gefühle um den nahen Tod gefühlsmäßig noch stärker belastet werden würden.

«Das wichtigste wäre für mich immer die ‹Ablenkung›», sagt ein Mann. «Ich kann zwar den Tod und die Schmerzen nicht verdrängen. Aber je mehr man nachdenkt, um so schlimmer wird die Vorstellung, bald sterben zu müssen.» Auch einem anderen Mann, 32, wird bewußt, daß ihm die seelische Kraft fehlt: «Bei der Vorstellung meiner letzten Lebenswochen spürte ich meine Unruhe. Ich suchte Zerstreuung, las nichts mehr, hatte Mühe, mit mir allein zu sein, ich hatte auch Mühe, über mich selbst nachzudenken und zu schreiben», sagt er und fährt fort: «Ich habe immer gedacht, daß ich seelisch sehr stark sei. Jetzt merke ich, daß das nicht stimmt.» Der neunzehnjährige Boris und andere junge Menschen möchten ihr gleichsam ungelebtes Leben noch genießen: «Ich möchte von nun an so leben, wie es mir Spaß macht. Ich will jeden Augenblick, der mir bleibt, auskosten. Und wenn der Zeitpunkt gekommen ist, werde ich meinen Eltern, meiner Freundin und meinem Freund einen Abschiedsbrief schreiben.»

Sterben und Tod in den letzten Lebenswochen und -monaten zu ignorieren, erscheint manchen als angemessener Weg. Vermutlich sehen sie für sich keine andere Möglichkeit. Wissenschaftlich gesehen ist es *ein seelischer Schutzprozeß*. Das Ignorieren schützt Menschen vor Belastungen, die zu bewältigen sie sich nicht fähig fühlen. Ähnlich verhielt sich auch der berühmte amerikanische Stressforscher Hans Selye: «Unter der Haut meines Schenkels hatte sich ein eiförmiger Tumor gebildet, eine der bösartigsten Krebsformen, die uns bekannt sind. Der Arzt sprach ganz offen mit mir und gab zu, daß diese Art von Krebs sich rasch ausbreitet und fast immer innerhalb eines Jahres zum Tode führt... Ich war entschlossen, weiterzuleben und zu arbeiten, ohne mir über das Ende Gedanken zu machen. Es ist schwer, normal zu leben, wenn man von seiner Umwelt wie ein Mann, der zum Sterben verurteilt ist, behandelt wird. Deshalb erzählte ich niemandem – außer meinen unmittelbaren Familienangehörigen – von meiner mißlichen Lage. In gewissem Sinn weigerte ich mich, an mein Schicksal zu glauben. Ich unterdrückte jeden Gedanken an meinen vermeintlich nahen Tod. Und selbst meine engsten Freunde und Mitarbeiter bemerkten offensichtlich keine Veränderung in meinem Verhalten. Ich schrieb mein Testament neu... und nachdem ich dies getan hatte, zwang ich mich, nicht mehr an die ganze Sache zu denken.» Etwas später schreibt er: «Manchmal verursacht der langanhaltende unangenehme Stress, der damit zusammenhängt, daß man weiß, daß man selbst... unausweichlich sterben wird, irreparable psychische Schäden. Vielleicht ist es das beste, den unheilbaren Patienten und seine Familie in seliger Unwissenheit zu lassen» (19).

Ich habe diese unterschiedlichen Wünsche und Vorstellungen über die letzte Lebenszeit auch deswegen deutlich dargestellt. *Wir sollten nicht der Versuchung erliegen, unsere eigene Art, mit dem Sterben umzugehen, auch für andere als angemessen zu erachten.* Wir alle sind unterschiedlich in Persönlichkeit, Lebenssituation, Erfahrung und Bewältigungsformen. Es ist wichtig, daß wir respektieren, daß Menschen das Geschehen ihres Sterbens unterschiedlich bewältigen.

«Bewußt und intensiv möchte ich die Augenblicke des Lebens leben.» Ich möchte nun auf einige Lebensbereiche näher eingehen, die sich Menschen in den letzten Wochen besonders zu erschließen wünschten. Was erscheint ihnen besonders bedeutungsvoll und lebenswert? Was ist für sie eine Quelle der Kraft und Freude?

Viele nannten «bewußter leben» als etwas herausragend Wichtiges. Für Elfriede S. bedeutet «bewußter leben» die intensivere und liebevolle Zuwendung zu sich selbst, zu anderen Menschen und zur Natur: «Ich möchte meine Beziehung zu meinem Mann und meinen Kindern so bewußt und positiv wie möglich gestalten. Ich möchte bewußt den Himmel beobachten und die Erde, die Sonne und den Regen, das Licht und die Nacht. Ich würde nachdenken und Unwesentliches weglassen. Ich möchte versuchen, die Menschen, die traurig sind, zu trösten. Ich würde Briefe schreiben für meine Kinder, um ihnen verbunden zu bleiben, wenn sie ohne mich größer werden müßten.»

Ich habe mich oft gefragt: Was bedeutet dieses «bewußter leben»? Aus den Äußerungen der einzelnen entstand bei mir folgendes Bild: Bewußter leben bedeutet, sich intensiv dem eigenen Erleben zuwenden und für seine Wahrnehmungen und Empfindungen offen sein. Menschen sind mehr sich selbst zugewandt, achten mehr das eigene Erleben. Sie spüren mehr die Empfindungen, die durch sie selbst oder durch andere ausgelöst werden. Eine Frau, 36: «Ich hatte wieder Augen und Ohren für das, was ich sah und hörte. Ich war viel mit mir alleine und habe mich gut gefühlt. Und ich lebte sehr stark in der Gegenwart. Ich nahm viel bewußter meine Umgebung wahr: meine innere Situation, meine Mitmenschen, das Wetter, die Vögel, die Natur.» Ein Mann: «Ich versuche, noch bewußter zu leben, mehr im Hier und Jetzt, und mich nicht wie bisher um die Zukunft zu sorgen. Ich schreibe auch auf, was mich bewegt, was mich freut, welche Gedanken und Gefühle der bevorstehende Tod in mir auslöst.»

Wie kommen wir zu einem bewußteren Leben? Was kann uns dabei behilflich sein?

Viele empfanden die Stille als hilfreiche Voraussetzung: «Ich möchte viel Zeit für mich reservieren, für Stille, für das Gebet, für das Bei-mir-zu-Hause-Sein.» Sie wollen Dinge in Ruhe tun, ohne Hektik. Sie möchten meditativer leben, sich weniger nach der Uhrzeit orientieren, mehr nach ihren Gefühlen.

«Ich würde mir viel Zeit für mich einräumen, in der ich ungestört bin und ganz nahe in und bei mir sein könnte», schreibt eine Frau. «Ich würde es mir erlauben, die Orte der Stille und stille Menschen aufzusuchen.» Die Folge dieser Stille scheint für sie zu sein: «Ich suche vermehrt das Wesentliche, das Wichtige vom Unwichtigen zu trennen. Wobei ich nicht weiß, sondern nur ahne, was das Wesentliche ist. Ich suche das Wesentliche zu spüren. Deswegen würde ich auch nicht reisen oder verrückte Dinge tun.»

Bewußter leben bedeutet auch, sich selbst mehr zu klären. «Ich möchte diese letzten zwei Monate zu Hause verbringen. Ich möchte Zeit für mich haben, um über mich und meine Gefühle ins klare zu kommen.» Etliche sehen in der Meditation eine Möglichkeit, mehr zur Ruhe, zu sich selbst und zum Sich-Annehmen zu kommen.

Andere nehmen sich vor, ihr Leben öfter zu durchdenken und sich über die Bedeutung klar zu werden, die es für sie hatte und jetzt noch hat.

Für einige bedeutet «bewußter leben» die intensive Zuwendung zu ihrem Glauben, zu Gott. «Einen Teil des Tages würde ich fest für das Gespräch mit Gott reservieren. Nach Möglichkeit würde ich täglich in die Heilige Messe gehen.»

Sich an der Natur erfreuen gaben viele als wichtige Möglichkeit an, bewußter und intensiver zu leben. Die Natur ermöglicht ihnen Besinnung, tiefe Empfindungen, Freude. «Ich möchte mich täglich an der Natur erfreuen. An den Sonnenauf- und -untergängen. An Regen, Nebel, Schnee und Hagelstürmen. Am Gesang der Vögel, am Duft des Waldes, der Felder, der Stadt, am Lachen der Kinder. – Alles, was mich umgibt, möchte ich intensiv sehen, hören, riechen, spüren und fühlen. Auch Ruhen, Stillesein. Einfach dasein!» Eine Frau, 42, wünscht sich: «Ich würde im Garten sitzen und sehen, wie die Blätter an der jungen Pappel zittern; ich würde fühlen, das Leben noch einmal intensiv wahrnehmen. Ganz still werden, meditieren und beten. Nicht mehr verreisen. Ich würde lesen, schweigen, weinen, die Trauer zulassen. Und mein Haus ordnen. Abschied nehmen. Den Sommer genießen. Die letzten Kirschen pflücken, wissend, daß es die letzten sind.»

Während ich die vielen Berichte mit den Wünschen lese, in der Natur zu sein und ihre Stille als Quelle von Kraft, Besinnung und Freude zu erleben, kommen mir folgende Gedanken:

○ Ob diejenigen, die Krankenhäuser, Alters- und Pflegeheime errichten, verwalten und dort tätig sind, wissen, wie entscheidend der Kontakt mit der Natur für die Lebensqualität vieler Kranker und Sterbender ist? Und ob diejenigen, die unsere Umwelt «gestalten», wissen, daß sie oft vielen Menschen die Möglichkeiten nehmen, zu einem bewußteren Leben zu finden?

○ Viele werden in den letzten Lebensmonaten und -wochen durch intensive medizinische Behandlungen an einem bewußteren, meditativen Leben gehindert; sie sind eher ein Objekt medizinischer Therapie. Andere Menschen sehen das ihnen verbleibende Leben als einen Wettlauf zwischen Leben und Tod, «kämpfen» so sehr gegen ihre Krankheit an, daß sie nur wenig im Einklang mit sich selbst leben können.

o Und ein Weiteres: Tun wir nicht vieles in unserem Alltag, das uns von einem bewußteren Leben abhält? Liefern wir uns nicht häufig äußeren Reizen aus und verlieren uns im Strudel des Geschehens und hastiger Aktivität? Ich denke auch mit einer gewissen Bitterkeit an die Jahre, die Schüler in Schulen verbringen müssen. Sie lernen, wie bedeutsam die Schreibweise eines Fremdworts oder ein Geschichtsdatum ist, aber sie lernen kaum, bewußter zu leben. Und immer wieder drängt sich mir die Frage auf: Können wir nicht schon jetzt beginnen, bewußter zu leben, Unwichtiges von Wichtigem zu unterscheiden? Was hindert uns daran, dies heute schon zu tun – bevor uns mitgeteilt wird, daß wir nur noch kurze Zeit zu leben haben?

«Ich möchte möglichst intensiv mit den Menschen zusammensein, mit denen mich starke Gefühle verbinden.» Diesen engen Kontakt mit vertrauten Menschen wünschen sich die meisten für ihre letzten Lebenswochen. «Ich würde viel mit den mir nahestehenden Menschen über mein Leben und Sterben sprechen; ich würde versuchen, sie stärker zu fühlen. Wenn ich mich mit ihnen verbunden fühlte und alles ausgesprochen wäre, könnte ich in Ruhe sterben.» – «Ich könnte mir vorstellen, daß ich sehr deprimiert wäre und eine moralische Stütze brauchte», sagt eine Frau. «Ich möchte mit der Familie zusammensein. Ich möchte mit ihnen über das weitere Leben und meinen Tod sprechen. Ihre Wärme würde auf mich einwirken und mir Ruhe, Zufriedenheit und viel Kraft geben.»

In diesem sehr bewußten Zusammensein mit den Angehörigen möchten Menschen Liebe geben und Liebe erhalten. Sie erfahren dabei Geborgenheit, Unterstützung, Gemeinsamkeit und haben die Möglichkeit, ihre seelischen Schwierigkeiten zu klären.

Dieses Miteinander dient auch dazu, den so schweren Abschied bei den Sterbenden wie auch bei den Angehörigen vorzubereiten. Es sind Stunden von sehr intensiver und bewußter Nähe, mit der gleichzeitigen Gewißheit des Abschieds. Das Wissen um die baldige Trennung läßt die Menschen meist inniger zusammenrücken.

Eine Mutter möchte vor allem von ihrem Kind Abschied nehmen: «Ich möchte viel Zeit haben für meinen zehnjährigen Sohn. Ich möchte mit ihm über seine Zukunft reden und lernen, ihn loszulassen. Ich stelle mir dieses Loslassen von unmündigen Kindern sehr schwer vor. Es ist mir auch heute schon sehr bewußt, daß ich es jeden Tag ein Stück tun sollte, auch wenn ich ihn noch nicht verlassen muß.»

Manche wollen sich bemühen, den Angehörigen den Abschied zu erleichtern, ohne ihre Schmerzen zu ignorieren. «Ich werde versuchen, es den andern nicht so schwer zu machen. Sie sollten aber auch die Traurigkeit zeigen dürfen, wenn sie es möchten.» – «Ich möchte versuchen, meine Angehörigen und Freunde möglichst fröhlich und bewußt loszulassen, und ihnen auch helfen, mich loszulassen.»

Zum Abschied gehört auch, daß die Sterbenden anderen mitteilen, was sie ihnen in ihrem Leben bedeutet haben, daß sie ihnen dankbar sind und sich ihnen verbunden fühlen. «Sie sollen wissen», sagt Anna, «daß ich zu ihnen gehöre, auch wenn ich mit meinem Körper nicht mehr bei ihnen bin.»

Nachdem ich diese Wünsche gelesen habe, verstehe ich die volle Bedeutung der Worte besser, die eine Frau nach der Meditation im Gespräch äußerte: «Als ich wieder ins Leben zurückkam, wurde mir klar, daß ich mehr lieben möchte, mehr Liebe geben und mehr Liebe empfangen.» –

Seelisch heil bleiben. Die letzten Lebenswochen werden nicht nur sehr bewußt und intensiv gelebt, sie sind auch geprägt von starken Schmerzen und der zunehmenden Hinfälligkeit des Körpers. Dies kann sehr beeinträchtigend sein. Sabine, 39: «Angst vor dem Sterben verspüre ich keine. Aber ich habe Angst, ich könnte noch große Schmerzen erleiden müssen.» Ein Lehrer: «Meine Angst bezieht sich mehr auf das Sterben als auf den Tod. Der Gedanke an einen schmerzhaften körperlichen Verfall quält mich sehr. Ich habe gesehen, daß ich immer magerer, ausgetrockneter und schwächer wurde. Diese Vorstellungen des körperlichen Zerfalls waren sehr unangenehm.»

Bei manchen führt diese Veränderung zu Bitterkeit und Trauer: «Als mein Körper schwächer wurde, ich nicht mehr aufstehen konnte, da habe ich in dem Tod den Feind gesehen. Und zu wissen, daß ich nie wieder würde in den Wald gehen können, hat mir Wut und Trauer gebracht.»

Hinzu kommt die Furcht, daß das Siechtum die Angehörigen und Freunde sehr belasten könnte: «Ich habe Angst vor meinem körperlichen Verfall, der für die, die mich liebhaben, vielleicht schwer erträglich ist.» Für einen Mann steht die Angst im Vordergrund, durch die körperliche Veränderung isoliert zu werden: «Daß mein Körper langsam verfiel, fand ich nicht so schlimm; nur merkte ich, daß andere Menschen mich abstoßend fanden und mich mieden. Es wurde immer schwerer, Kontakte zu schließen.»

Manchen gelingt es, den Zerfall ihres Körpers allmählich anzunehmen, sich dem Geschehen anzuvertrauen. Susanne, 45: «Ich konnte zulassen, daß mein Körper häßlicher wurde. Das Schwächerwerden meines Körpers empfand ich dann nicht mehr als unangenehm. Ich konnte mich fallenlassen und mußte nicht mehr kämpfen.» – «Ich befand mich im Zimmer eines Krankenhauses, und ich hatte quälende Schmerzen im Rücken. Ich beschloß, diese Schmerzen anzunehmen und nicht mehr darüber zu klagen.» So lernen Menschen, sich nicht mehr gegen die Veränderung ihres Körpers zu wehren, sondern sie anzunehmen.

Zu den Beeinträchtigungen durch den körperlichen Verfall kommen die Belastungen durch medizinische Behandlungen und das Gefühl, allein, ohne menschliche Zuwendung unbekannten Apparaten und Eingriffen ausgeliefert zu sein. «Für mich war es sehr bedrückend, in dieser hilflosen und ausgelieferten Lage im Krankenhaus keine Geborgenheit zu erfahren.» Derartige Erfahrungen im Krankenhaus drohen das seelische Gleichgewicht und Wohlgefühl empfindlich zu stören. Das spürt auch eine Krankenschwester: «Ich habe mich viel mit dem

Sterben beschäftigt und mich auch mit Selbstmord auseinandergesetzt. Dabei habe ich eigentlich nie Angst gespürt. Aber als mir der Arzt die schwere Krankheit und Nähe meines Todes mitteilte, da habe ich auf einmal Angst gespürt. Und ganz stark war mein Gedanke: ‹Bloß nicht im Spital sterben!› Meine vielen negativen Erfahrungen im Spital im Umgang mit dem Tod kamen mir in den Sinn. Und es sind auch Aggressionen gegen die Ärzte hochgekommen.»

Ob die meisten Ärzte wissen, wie beeinträchtigend medizinische Behandlungen in den letzten Lebenswochen sein können, vor allem dann, wenn sie ohne intensiven seelischen Beistand und fürsorgliche Zuwendung gegeben werden? Ich denke, eine persönliche Auseinandersetzung vieler Ärzte mit Sterben und Tod sowie mit den Auswirkungen intensiver Therapie-Maßnahmen könnte bei vielen Menschen die Angst vor den letzten Lebenswochen verringern und ihre Lebensqualität erheblich verbessern.

So aber taucht bei vielen die bange Frage auf: Werde ich den Verfall meines Körpers und die medizinischen Behandlungen ohne größere seelische Beeinträchtigungen durchhalten?

Es ist ein schwieriger Weg, intensiv und bewußt diese letzten Wochen zu leben, trotz der vielen Beeinträchtigungen aufgeschlossen für das Schöne zu sein. Ich vermute, daß uns ein solcher Lebensstil in dieser Zeit um so eher gelingt, je mehr wir ihn schon vorher gelebt haben – ob wir etwa gelernt haben, loszulassen, was wir nicht bekommen können; ob wir ein erfülltes Leben gehabt haben. «Ich hatte nicht das Gefühl, jetzt in den letzten Wochen in Zeitnot zu kommen, noch dieses oder jenes tun zu müssen. Ich hatte nicht das Gefühl, in meinem Leben etwas verpaßt zu haben, was ich noch unbedingt erleben wollte. Sondern viel Ruhe ist in mir hochgekommen. Und viel von diesen tiefen Augenblicken, von denen ich wirklich lebe.»

Am Schluß dieses Kapitels möchte ich die Äußerungen einer Frau wiedergeben; sie enthalten zusammengefaßt vieles, was Menschen angesichts des Sterbens und der Gewißheit fühlen, nur noch eine kurze Lebenszeit zur Verfügung zu haben.

«Ich würde mir vor allem zuerst Zeit für mich selber nehmen. Ich möchte mit Hilfe von reifen Personen meinen Schock über die Nachricht des Arztes umwandeln in Annehmen und Akzeptieren.

Dann würde ich meiner Familie zur Seite stehen und ihr helfen, vor allem den Kindern und meinem Partner. Ich würde sehr auf sie eingehen und auf ihre Probleme, mit ihnen ihr Leben beleuchten und meinen Anteil daran. Und sehen, wo ich sie verletzt hatte. Ich würde ihnen helfen, daß sie nicht alles ‹Gestrüpp› mit herumtragen müßten bis an ihr Lebensende. Meine Kinder sollten von mir und meinen Irrtümern befreit werden und mich frei und ohne Pflichtgefühl lieben können. Ich würde sie und meinen Partner um Vergebung bitten.

So gewappnet, könnte ich meine Leute getrost verlassen, auch mein jüngstes Kind. Meinem Mann würde ich sagen, daß die Kinder wieder eine Mutter brauchen.

Gegen Ende wünschte ich dann alle meine Lieben möglichst viel um mich zu haben und ganz offen sein zu dürfen. Ich hätte kein schlechtes Gewissen, ihre Aufmerksamkeit voll zu beanspruchen. Ich würde mich am liebsten zu Hause aufhalten in meiner gewohnten Umgebung, mit dem Garten vor dem Fenster oder im Garten, je nach meiner Krankheit.

Ich würde Schmerzmittel einnehmen, um die letzte Zeit voll bewußt zu erleben. Wenn möglich, würde ich viel Musik hören oder einfach vor mich hinträumen, in der Hoffnung, im Tod Geborgenheit und Trost zu finden.

Wahrscheinlich hört sich das zu ideal an; vielleicht wäre ich von Schmerzen und Depressionen geschlagen. Aber ich hoffe, mit positiver Einstellung zum Tod und mit einem intensiven Leben voller Liebe doch zu einer natürlichen Haltung zum Sterben zu gelangen. Und mit der Zeit möchte ich mich so weit bringen, daß ich jeden Tag wie meine letzten Tage verbringe.»

Abschiednehmen und Loslassen

Wie erleben Menschen die letzten Stunden ihres Lebens? Wen möchten sie in der Stunde des Todes gern bei sich haben? Was empfinden sie als belastend und was als hilfreich?

Die Abschiedsstunden sind gefühlsmäßig sehr bedeutsam. In ihnen wird dem einzelnen deutlich bewußt, daß Tod Trennung bedeutet. Vielen Teilnehmern ist diese Erfahrung sehr nahegegangen.

Manche empfanden die Sterbesituation sogar so intensiv und konkret, daß sie sich unwillkürlich vergewisserten, ob es Vorstellung oder Wirklichkeit war. «Die Vorstellung von meinem Sterben berührte mich sehr, ich mußte weinen. Von Zeit zu Zeit öffnete ich die Augen, um zu sehen, daß ich nicht wirklich auf dem Sterbebett lag.»

Sie erfuhren viel über sich und ihre Beziehung zu nahen Menschen, zum Beispiel:

Bin ich bereit, zu gehen? Sind meine Angehörigen bereit, mich gehen zu lassen? Für viele war diese Vorstellung eine völlig neue Erfahrung. «Ich hatte noch niemals bedacht, wie meine nahen Menschen und ich selbst in der Sterbestunde reagieren würden.»

Ich möchte zunächst an einigen Erlebnissen zeigen, wie unterschiedlich der Abschied erlebt werden kann:

«An meinem Sterbebett sah ich deutlich meine Eltern und eine Freundin», sagt die einundvierzigjährige Schwester Edeltraud. «Meine Mutter weinte sehr und sagte, warum ich von ihr gehe. Da wünschte ich mir, ich hätte vorher soviel Zeit gehabt und das so oft mit ihr besprochen, daß sie jetzt mit mir eins wäre. Denn ich war bereit und starb gerne. Mein Vater war auch traurig; aber irgendwie konnte ich nicht nachempfinden, was er empfand.

Eine Freundin war noch da; bei ihr fühlte ich ein stilles Einvernehmen; dies war ein schönes Abschiednehmen.»

Eine Frau, 25: «Ich lag in meiner Wohnung. Mein Freund lag neben mir und hielt mich im Arm. Ich fühlte mich sehr geborgen. Ich dachte, er würde mit meinem Tod leben können, mich vielleicht bald durch jemanden ersetzen. Dann kam mir der Gedanke an meine Eltern und Geschwister. Meine Mutter, die es nicht begreifen kann, die ihre Traurigkeit zeigt. Und mein Vater, der sich abwendet von meinem Bett; er kann sein Überwältigtsein, seine Machtlosigkeit nicht verbergen, aber er kann sich auch nicht preisgeben.»

Eine Krankenschwester: «Ich sah mich in einem alten Spitalbett. Am Bettrand sitzt Bernd, mein Freund. Wir schauen uns in die Augen, es stimmt zwischen uns. Er ist traurig, ich sehe es ihm an. Mit keinem Wort und keiner Geste, auch nicht mit seinem traurigen Gesicht drückt er aus, daß er mich zurückhalten will. Ich spüre unendliches Vertrauen. Etwas weiter weg vom Bett mehr im Dunkeln stehen meine Eltern und mein Bruder. Mein Bruder Martin sieht etwas unbeteiligt aus. Meine Mutter steht neben ihm; sie weint hörbar. Ich glaube, sie ist wie so oft an den Grenzen ihrer Kraft. Obwohl ich nur ein Schluchzen und Schneuzen höre, habe ich den Eindruck, als ob sie schrie. Ich weiß, daß sie mich nicht wird loslassen können. Ich kann nicht gehen! Sie braucht mich! Sie braucht mich als Zuhörer, sie braucht mich zur Entlastung. Nein, ich kann nicht gehen. Ihre ausgestreckte Hand macht mich unfrei. Ich habe das Gefühl, zu diesem Zeitpunkt jetzt nicht sterben zu können; denn es gibt Dinge zwischen meiner Mutter und mir, die nicht geklärt sind. – Mein Vater steht neben meiner Mutter, still. Seine Lippen sind bleich zu einem Strich gepreßt. Er schreit unhörbar mit seinen Lippen. Ich habe das Gefühl, auf ihn könnte ich zählen.»

In den beiden folgenden Abschnitten möchte ich auf die erleichternden und die belastenden Erfahrungen beim Abschied eingehen, die die Teilnehmer in der Sterbemeditation machten.

Angehörige erleichtern es dem Sterbenden, zu gehen

«*Ich erlebte es als sehr erlösend, daß meine Kinder und mein Mann mich gut loslassen konnten.* Sie sagten: ‹Du hast ein erfülltes und schönes Leben gehabt.› So etwa: ‹Du kannst jetzt gehen.› Sie versuchten nicht, mich zurückzuhalten.» Eine andere Frau: «Wir waren jetzt nicht mehr Mutter und Tochter, sondern zwei Partner. Ich merkte schon, daß meine Mutter traurig war, aber sie hat es akzeptiert. Sie war bei mir und hat nicht versucht, mich festzuhalten. Sie konnte mich loslassen. Es war ein schönes Gefühl von – ja, es war schon Abschied, aber es war nicht traurig. Es hat mich sehr berührt, aber es war nicht schmerzlich.»

Margret erfuhr zwar die Trauer und den Schmerz ihrer Familie, aber die Angehörigen konnten schließlich ihr Sterben annehmen: «Am Anfang wollten meine Kinder und auch mein Mann mich nicht loslassen; sie haben miteinander geweint. Am Sterbebett hielt dann mein Mann meine Hand, begleitete mich und war bereit, mich gehen zu lassen. Auch unsere Kinder, die weinend dabeisaßen, ließen mich los. In mir war großer Frieden!»

«Als ich mich von dem Menschen, den ich sehr mag, akzeptiert und geliebt fühlte, da war ich gelöst und habe deutlich empfunden: Ich kann gehen.»

In einer sehr liebevollen, nicht belastenden Form begleitet zu werden, wird von Sterbenden als großes Geschenk erlebt. Sie fühlen sich befreit; sie brauchen sich nicht von den Angehörigen loszureißen. Sie spüren eine Gemeinsamkeit zwischen sich und den Angehörigen und können sich dem Geschehen eher anvertrauen. «Beim Sterben war mir das Wichtigste, zu spüren, daß alle meine Lieben – Verwandte und Freunde – mich gehen ließen. Für mich ist das Loslassen das Wichtigste beim Tod.»

Ein Mann erfuhr folgenden liebevollen Abschied: «Ich habe durchgehend eine sehr schöne Ruhe und fast heitere Gelöstheit gespürt; von Todesfurcht oder Trauer war keine Spur. Alles war richtig. Am Krankenbett standen meine Kinder, meine Mutter, meine geschiedene Frau und meine Freundin. Nur meine Mutter zeigte Trauer. Alle anderen waren ohne Angst, und das bedeutete für mich Zuversicht und Liebe. Ich empfand große Ruhe, es war keine Panik da; wir hatten Zeit, uns voneinander zu verabschieden.»

«Meine Hand wird von einer Freundin gehalten. Sie begleitet mich und hält mich nicht fest.» Was wurde noch von den Sterbenden beim Abschied als hilfreich empfunden? Es war vor allem das Gefühl, von einem nahen Menschen begleitet zu werden, der mit seinen Gedanken und Gefühlen bei *ihnen* ist. «Ich möchte Menschen um mich haben, die in ihrer Art wirklich für *mich* da sein können und nicht selber in so starken Problemen verstrickt sind oder die mir jetzt noch Vorwürfe machen und mich belasten würden.» – «Von den Menschen, die bei *mir* waren, spürte ich viel Kraft ausgehen, die auf mich überging und mich stärkte.» Eine Frau bezeichnet eine hilfreiche Begleitung als Verständnis: «Ich wollte nur meinen Verlobten dabeihaben und eine Bekannte. Ich hatte das Gefühl, die verstehen mich. Hier verspürte ich Ruhe und Frieden.»

Ein behutsamer Körperkontakt wurde von vielen als wohltuend empfunden. «Ich sah meinen Freund am Sterbebett. Er umarmte mich. Das war ein sehr schönes Gefühl, und teilweise fiel die Schwere von mir ab.»

Für Sigrun, 46, Mutter von zwei leiblichen und neun Pflegekindern, ist es bedeutsam, die Liebe ihres Partners zu empfinden: «Zuletzt spürte ich, mehr als ich ihn sah, meinen Mann bei mir. Er hielt mich und sagte leise etwas zu mir, unendlich innig und mit mir verbunden.»

Angehörige belasten den Sterbenden

Manche erfuhren bei der Vorstellung des Sterbens keinen liebevollen, friedlichen Abschied von den Angehörigen, kein Einverständnis, gehen zu dürfen.

«Das Sterben fiel mir so schwer, als ich Personen vor mir sah, die verzweifelt waren und weinten und die mich nicht loslassen konnten.» Verzweifelte Trauer und das Anklammern der Angehörigen werden von den Sterbenden als bedrückend erfahren. «Mein Problem beim Sterben war, daß meine Mutter mich nicht loslassen konnte», sagt ein Mann. «Sie stand an meinem Bett und weinte ganz furchtbar und schrie, ich sollte zurückkommen. Das erschwerte mir das Sterben sehr. Ich war dann eigentlich froh, als ich tot war.» Eine Frau macht eine ähnliche Erfahrung: «Was ich ganz schrecklich fand: Meine Mutter und mein Freund standen an meinem Bett. Meine Mutter hat ganz furchtbar geheult, und mein Freund hatte ganz rote Augen. Ich fand das schrecklich, daß die so geweint haben und so traurig waren. Das hat mich selbst ganz traurig gemacht. Ich fand das auch ganz nervig und hab immer gedacht: Warum? Sie wissen es doch schon lange. Warum lassen die mich nicht gehen? Und so konnte ich mich gar nicht auf mich selbst konzentrieren. Ich war traurig, daß die traurig waren.»

Irene empfindet diese Belastungen als so groß, daß sie lieber allein sterben möchte: «Mein Mann saß traurig an meinem Bett. Es tat mir weh, ihn leiden zu sehen. Auch meine Mutter tat mir leid. Die trauernden Nächsten belasteten mich sehr; es kam mir vor, als wenn die mich festhalten wollten. Ich empfand den dringenden Wunsch, nicht mehr durch sie von meiner Loslösung abgelenkt zu werden. So wollte ich dann allein sterben, notfalls im Badezimmer des Spitals.»

Warum empfinden Sterbende den Schmerz und die Unfähigkeit der Angehörigen, sie loszulassen, als so beeinträchtigend? Stellen wir uns vor, wir müßten auf eine lange, gefahrvolle Reise gehen und uns trennen. Angehörige weinen, klammern sich an uns, sind untröstlich. Wir würden uns festgehalten fühlen, obwohl wir gehen müssen. Der Abschiedsschmerz, den auch wir spüren, wird bis ins Unerträgliche gesteigert. «Meine Familie und meine Freundin saßen um mein Bett herum. Ihre Arme langten nach mir wie Krakenarme, sie wollten mich nicht gehen lassen.» Wir müssen unsere Kraft, unsere Gedanken und Gefühle für die Linderung ihres Schmerzes und ihrer Verzweiflung aufwenden. Wir können uns nicht uns selbst zuwenden und dem Weg, der vor uns liegt. «Ich sah nur Menschen, die *ich* stützen sollte. Ich habe ihre Forderung gespürt, *ihnen* helfen zu müssen, und das Gefühl, das gar nicht zu können.»

Die Trauer der Angehörigen macht den Sterbenden selbst traurig. Er spürt, wieviel Schmerz durch seinen Tod in anderen ausgelöst wird. «Ich merkte, daß meine drei Kinder und meine Frau sehr betroffen und sehr traurig waren. Und das machte auch mich sehr traurig, indem ich mich in ihre Gefühle hineinversetzte.» Der Sterbende fühlt sich überfordert. «Ich wollte zwei Personen bei mir am Sterbebett haben. Aber dann ließ ich es doch, denn ihre Anwesenheit hätte Hilflosigkeit bei mir ausgelöst.»

Der Sterbende braucht Ruhe und Frieden, wegen seines geschwächten Zustands und weil er damit beschäftigt ist, sein Leben loszulassen. «Sie wollten mich alle festhalten, aber ich wollte das nicht. Ich fühlte nur: ‹Laßt mich in Ruhe! Laßt mir meine Ruhe!› So spüren Sterbende nicht die liebevolle Nähe der Angehörigen, fühlen sich nicht begleitet, nicht gestärkt für ihren Weg ins Unbekannte.

Doch empfinden Sterbende es nicht grundsätzlich als belastend, wenn die Angehörigen ihre Traurigkeit zeigen. Nur wenn diese mit Verzweiflung und Anklammern verbunden ist, dann ist sie bedrückend. «Es hat mir Kraft gegeben, zu wissen, daß jemand um mich trauert», sagt der sechzehnjährige Schüler Wilhelm. «Aber es war mir auch unangenehm, ihre Trauer zu spüren. Meine völlig fertige Mutter hat mich eher belastet.» Auch eine Frau sieht in der Trauer etwas Positives: «An meinem Sterbebett war eine einzige Person, eine Frau, die ich zur Zeit betreue. Sie war tief traurig. Und ich habe mich eigentlich sehr gefreut über ihre aufrichtige Liebe, die sie durch diese Trauer gezeigt hat. Das hat mich tief berührt.» Menschen erkennen in der Trauer eines anderen, daß sie geliebt, geschätzt und bei ihrem Fortgang vermißt werden.

«Es bedrückte mich unheimlich, daß meine eigenen Angehörigen, die ich sehr liebe, keines guten Wortes und keiner zärtlichen Berührung fähig schienen.» Verzweifelte Trauer der Angehörigen erlebt der Sterbende als belastend. Aber wenn ihm überhaupt keine Gefühle, keine Zuwendung und Zärtlichkeit entgegengebracht werden, ist dies ebenfalls eine schmerzliche Erfahrung. Die Krankenschwester Karen: «Mein Mann, Sohn und Tochter standen im Krankenhaus an meinem Bett. Sie wußten nicht, was sie sagen oder tun sollten. Fast schien es so, als ginge ich sie wirklich nicht etwas an. Sie standen einfach da. Es bedrückte mich unheimlich, daß meine eigenen Angehörigen, die ich sehr liebe, keines guten Wortes und keiner zärtlichen Berührung fähig schienen.» Eine achtzehnjährige Schwesternschülerin: «Ich habe gesehen, wie meine Angehörigen hilflos um mein Bett herumstanden und nichts sagen konnten. Und ich fühlte mich da so alleingelassen.»

So kann die Verschlossenheit von Angehörigen gegenüber ihren eigenen Gefühlen den Sterbenden sehr belasten. Es entsteht eine Mauer des Schweigens.

Ungünstige oder ungeklärte Beziehungen zu den Angehörigen erschwerten den Sterbenden ebenfalls den Abschied. Eine Frau erlebt es als sehr belastend, daß ihr Partner keine liebevolle Beziehung mehr zu ihr hatte und ihr auch am Sterbebett keine Liebe geben kann: «Um mein Bett standen mein Mann und die vier Kinder. Ich war ganz ruhig. Mit den Kindern war alles in Ordnung; sie akzeptierten meinen Tod, selbst die Achtjährige. Anders mein Mann. Er stand schuldbeladen da, als ob er ein schlechtes Gewissen hätte. Er konnte mich nicht gehen lassen, da er unser Verhältnis nicht mehr geklärt hatte. Auch mich belastete das, und ich hätte gern noch Zeit gehabt, alles zwischen uns gutzumachen.» – «Ich sah meinen Vater in einer Haltung, die er eigentlich immer hat: so in sich zurückziehend, fast noch auf die Uhr guckend: Hoffentlich ist es gleich vorbei, daß ich gehen kann – also, daß er immer seine Gefühle zumacht. So daß ich gedacht habe: Schade, wir wissen auch jetzt eigentlich gar nichts miteinander anzufangen. Und das ist mir so klargeworden: Da ist einfach nichts. Nichts Liebes, nichts besonders Verbindendes. Das macht mich sehr betroffen. Meine Eltern waren eigentlich nur körperlich da, so: Na ja, es ist unsere Tochter, und wir müssen jetzt hin.»

Es mag durchaus sein, daß die Teilnehmer in der Sterbevorstellung ihre unbefriedigenden oder auch ängstlichen Gefühle, die sie gegenüber den Angehörigen haben, in diese Abschiedsszene «hineinerlebten». Oft scheint dies bei Jüngeren in ihren Beziehungen zu den Eltern der Fall zu sein. «Ich hatte das Gefühl, die ganzen Schwierigkeiten und Vorwürfe, die zur Zeit mit meinen Eltern da sind, die waren jetzt auch da», sagt die zwanzigjährige Heike. «Meine Mutter stand da so ganz verkniffen und verhärmt, und sie machte mir so halb Vorwürfe, daß ich ihr jetzt auch noch das antue. Mein Vater stand da mit der üblichen Besorgnis, und die Eltern von meinem Freund standen da, so als ob ich eine komische Frau wäre und ihnen jetzt auch noch das antue.»

Mehrere Teilnehmer erlebten verständnislose Vorwürfe der Angehörigen, insbesondere der Mutter. «Meine Mutter machte mir Vorwürfe, weil ich ihr dies alles antat. Sogar in meiner Todesstunde mußte ich mich um sie kümmern, sie war die Leidende.» – «An meinem Sterbebett waren nur einige nahe Menschen. Und die machten mir den Vorwurf, ich würde sie im Stich lassen. Und das machte mir sehr zu schaffen bei meinem Sterben.»

Eine Folge dieser Belastungen durch verzweifelte, hilflose, ihre Liebe nicht äußernde oder vorwurfsvolle Angehörige ist, daß sich Sterbende nicht von ihnen begleiten lassen möchten. «Für mich war erstaunlich, daß ich nicht meine Eltern und engsten Freunde in meiner Nähe haben wollte. Sie belasteten mich zu sehr mit ihrer Trauer um mich. Ich wählte Menschen aus, die schon öfter mit Sterbenden zu tun hatten und einfach mit mir waren.» – «Ich hab ganz deutlich ausgewählt, daß nur Leute zu mir kommen durften, von denen ich wirklich weiß, die können zwar teilnehmen, aber die vermischen sich nicht mit mir. Aber da blieben nur ganz wenige Menschen übrig.»

«Sie weinen um mich. Aber wie sehr würde ich es wünschen, daß sie meinen Tod bewußter und von einer anderen Seite betrachten könnten.» Viele Teilnehmer wünschten sehr, daß ihre Angehörigen sie gehen lassen könnten. Sie fürchteten einen verzweifelten, belastenden Abschied. Was können Angehörige tun, um sich in einer solchen Situation förderlicher zu verhalten? Wie können wir uns ändern?

Angehörige möchten oft die bevorstehende schmerzliche Trennung nicht wahrhaben; sie verschließen gleichsam ihr Bewußtsein davor. So gehen sie unvorbereitet in den Abschied. Sie sind hilflos in ihrer Traurigkeit gefangen und unfähig, dem anderen beizustehen. Dies kommt in den Vorstellungen vieler Teilnehmer zum Ausdruck: «Ich war sehr betroffen, daß ich so Abschied nehmen mußte; sie hatten sich noch nie damit auseinandergesetzt, und sie wollten mich jetzt festhalten.» – «Bei einigen meiner Freunde und Bekannten konnte ich mir ihre Probleme, die sie mit Sterben und Tod haben, genau vorstellen. Aber sie verdrängten sie angesichts eines Sterbenden. So waren auch nur vorher wenige zu Gesprächen über mein Sterben bereit gewesen.»

Ich denke, es ist sehr wichtig, daß wir an uns arbeiten, um anderen das Sterben zu erleichtern, anstatt sie zu belasten. Wir können lernen, beim Abschied etwa auch Dankbarkeit zu spüren für das, was war, was der andere uns gegeben hat. Wir können weiter mit ihm in Gedanken verbunden sein und uns begleitet fühlen. Um dazu fähig zu werden, ist es wichtig, uns vorher mit unserer Trauer auseinanderzusetzen, über sie zu sprechen und sie zuzulassen.

Vielleicht können uns auf diesem Weg die Wünsche von Sterbenden helfen, wie sie Teilnehmer der Sterbemeditation äußerten: «Ich möchte, daß die Menschen, die ich kenne, sagen können: Wir sind froh, sie kennengelernt zu haben; und nicht: Schade, daß sie schon gehen mußte», sagt die Schwesternschülerin Katrin. «Ein großer Wunsch von mir ist, daß niemand um mich weint. Ich gehöre niemandem. Ich bin hier auf der Erde, um zu versuchen, einigen Menschen zu zeigen, wie schön es ist, zu leben; und auch, damit es mir gezeigt wird.»

Der Wunsch, daß die Angehörigen eine reifere Einstellung zum Sterben und zum Abschied entwickeln mögen, kommt auch in den Äußerungen der Lehrschwester Irene zum Ausdruck: «Am meisten machte mir Sorgen, wie mein Freund, meine Eltern und Geschwister damit fertig würden. Ich will nicht, daß sie traurig sind. Ich möchte, daß sie mein Sterben als einen genauso natürlichen Vorgang wie die Geburt sehen können; daß ihr Leben durch meinen Weggang nicht beeinträchtigt wird, sondern weitergeht; daß sie Freude empfinden und nicht Trauer, wenn sie an mich denken; daß sie keine Angst empfinden bei dem Gedanken an den Tod und ihn irgendwie als Befreiung sehen können.»

Der Sterbende nimmt Abschied

«Ich konnte mein Leben und meine Angehörigen loslassen.» In dem entspannten Zustand während der Sterbevorstellung waren viele fähig, nicht gegen ihr Ende anzukämpfen und sich nicht an das Leben zu klammern, sondern ihr Schicksal anzunehmen. Dabei erlebten sie die Situation des Sterbens sehr konkret; sie sagten hinterher, ihre innere Ablösung sei so weitgehend gewesen, daß sie auch damit einverstanden gewesen wären, nicht ins Leben zurückzukommen. «Ich habe das Empfinden gehabt: Ja, ich kann loslassen. Also, das war für mich eine ganz große Erfahrung. Ich habe nicht geblockt. Und das Sterben war dann leicht.» Ein an Krebs erkrankter Mann, 51: «Meine zwei Kinder waren anwesend. Wir konnten offen miteinander reden. Sie versuchten nicht, mich zurückzuhalten. Alle irdischen Probleme waren weggewischt. Ich hatte alles losgelassen! Darüber wunderte ich mich selbst, da ich kurze Zeit vorher das Gefühl hatte, noch vieles ordnen und planen zu müssen, und mir große Sorgen um die Zukunft der Kinder gemacht hatte. Ich staunte über mich selbst, daß ich nicht das Bedürfnis hatte, den Kindern Ratschläge für die Zukunft zu geben.»

«Ich sprach zu ihnen, daß sie nicht traurig, sondern daß sie froh sein sollten. Ich sagte ihnen auch meine Vorstellungen vom anderen, von einem schöneren, erfüllten Leben.» Sterbende, die das Leben loslassen können und keine Angst empfinden, haben die Kraft und Fähigkeit, bewußt Abschied zu nehmen und den Angehörigen Trost zu geben. «Die Versammlung all der Menschen rund um mein Sterbebett, die ich gernhabe, war sehr eindrücklich», sagt Norbert. «Jeder war in seiner eigenen Art da, traurig, gelassen oder verzweifelt. Ich begann jeden in seiner Art zu trösten, da ich viel Kraft und Ruhe in mir spürte. Und zugleich spürte ich durch den Trost der Leute um mich herum meinen Körper ganz leicht und weit werden.» Ein Student: «Ich hatte vorher immer die Vorstellung, meine Angehörigen würden mich trösten, wenn ich sterbe. Aber es ging mir gut; ich habe *sie* getröstet. Ich habe ihnen gesagt: Es ist nicht schlimm. Ihr werdet es irgendwann noch merken, schlimm ist es nicht.»

Eine Frau tröstet ihre Angehörigen und bringt zum Ausdruck, daß sie ihr Leben in Gottes Hand sieht und bereit ist zu gehen: «Ich tröstete meine Mutter: ‹Weine nicht! Beklage dich nicht! Bleibe stark!› Ich bin gern hier gewesen. Ich liebe euch alle! Aber Gott sieht mein Leben als vollendet. Ich muß, nein, ich darf gehen. Es ist schön.»

Berührt haben mich auch die guten Wünsche, die eine Frau ihren Kindern mitgab: «Als ich fühlte, daß ich sterbe, standen meine Kinder am Bett und weinten. Ich sagte ihnen, daß ich auch nach meinem Tod bei ihnen sein würde. Und daß für sie das Wichtigste sei, immer nur das zu tun, was sie ganz tief innen fühlten, und sich von dieser Stimme führen zu lassen. Sie waren dann auch ruhig.»

Eine andere Frau teilt ihren Angehörigen mit, was sie ihr in ihrem Leben bedeutet haben, und dankt ihnen: «An meinem Bett waren Menschen aus unserer Gemeinschaft und mein Mann. Es war mir ein Anliegen, ihm zu sagen, daß er mir trotz all dem Schmerzhaften, was wir auch erlebten, sehr viel geschenkt hat. Und einem Pater sagte ich, daß er mir sehr viel zu meiner inneren Freiheit verholfen hat.»

Manche baten in der Abschiedsstunde andere um Verzeihung.

«Unter den Menschen an meinem Sterbebett war auch mein Vater. Zu ihm hatte ich keine Beziehung. Seit zwei Jahren ringe ich um diese Beziehung, spreche mit ihm. Ich habe ihm dann jetzt auch verziehen, daß ich mich zum Beispiel an keine einzige Zärtlichkeit von ihm erinnerte. Danach hatte ich den Wunsch, die Menschen um Verzeihung zu bitten, denen *ich* in meinem Leben weh tat.»

Was half den Sterbenden?

Angehörige, die sich nicht an den Sterbenden anklammerten, sondern ihn freigeben konnten und ihm liebevoll zugewandt waren, erleichterten es ihm sehr, den Weg in das Unbekannte friedlich und gelassen zu gehen. «Die Nähe meines Mannes, seine wohltuende Ruhe und Harmonie haben mir sehr geholfen. Ich empfand ihn als kraftvoll und bereit, die Situation anzunehmen. Dies übertrug sich positiv auf mich. Ich habe mich gut gefühlt, auf mich zentriert.» Fast immer waren es Angehörige, nahe Freunde oder Menschen, zu denen der Sterbende schon vorher in einer sehr befriedigenden Beziehung stand. Sterbende wünschen sich meist Menschen als Begleiter, die ihnen schon vorher vertraut waren.

So bedeutsam allerdings hilfreiche Angehörige am Sterbebett sind – entscheidend sind die Einstellungen des Sterbenden zu seinem Leben und zu seinem Tod. Diese hatten sich – als Teil eines Lebensstils – meist schon vorher gebildet.

Ich möchte auf einiges, das von den Sterbenden als erleichternd empfunden wurde, eingehen.

Das Gefühl, ein erfülltes Leben gehabt zu haben und mit dem Leben zufrieden zu sein, war sehr hilfreich. Ein Mann, 40, über den Abschied von seiner Frau: «Ich spürte, daß wir uns loslassen konnten, weil unser bisheriges Leben so intensiv war.» Die Schwesternschülerin Ina: «Ich bin zu der Erkenntnis gekommen, daß es sehr schön sein kann, wenn ich sagen darf: Es ist jetzt soweit. Ich bin zufrieden mit meinem bisherigen Leben. Ich fühlte mich so ganz ruhig und total glücklich in dem Gedanken, jetzt kann ich sterben.»

Ein anderer Mann empfand es als erleichternd, keine ungünstigen Gefühle anderen Menschen gegenüber zu haben: «Beim Sterben hatte ich ein tolles Gefühl von Leichtigkeit und war mir klar darüber, daß ich soweit bin. Und daß ich auch keinem mehr böse bin und friedlich sterben kann. Auch keine negativen Gefühle anderen Menschen gegenüber, auch nicht gegen die, die mir was weggenommen haben, mir Leid zugefügt haben. Weil ich heute die Einstellung habe, daß ich durch diese Menschen ja auch gelernt habe.»

Das Vertrauen in die Selbständigkeit der Kinder und das Gefühl, für sie hinreichend gesorgt zu haben, erleichterte es Eltern, von ihnen Abschied zu nehmen. Eine Frau: «Rechts und links von mir standen meine Kinder. Jedes hatte eine Hand von mir in der seinen. Sie wirkten gefaßt. Ich war traurig, meine Kinder allein zurückzulassen; aber ich hatte die Gewißheit, daß sie allein das Leben aufnehmen konnten, daß ich ihnen Kraft und Glauben auch an sich selbst gegeben hatte. Ich war zufrieden. Ich habe mir gesagt: Ich habe alles getan, was ich tun muß, um für sie zu sorgen und um sie sicherzustellen.» – «Meine Kinder und Freunde waren bei mir», sagt ein Pfleger. «Ich empfand mich im Einklang mit ihnen. Ich empfand Sicherheit, daß meine Kinder gute und verantwortungsvolle Menschen sind. Das Gefühl, daß ein Teil meines Seins in meinen Kindern weiterlebt, hatte wahrscheinlich Anteil an meiner inneren Bereitschaft zum Sterben.»

Der Gedanke oder die Gewißheit, die Angehörigen später wiederzutreffen, ist für manche ermutigend: «Es war für mich wichtig, daß meine Frau und meine beiden Töchter nicht traurig waren, als ich starb. Ich konnte ihnen verständlich machen, daß ich gern sterbe. Ich war gewiß, daß ich sie einmal irgendwo wiedertreffen werde, in einer ‹besseren Welt›.»

«Es war kein Gefühl von Ende, sondern von etwas Neuem.» Mir scheint eine angstfreie Einstellung zum Sterben und zum Tod für ein sanftes, friedliches Sterben sehr bedeutsam zu sein. Teilnehmer, die keine Angst spürten, vertrauten sich dem Geschehen an, in der Gewißheit, ein Teil des Universums zu sein, und fühlten sich darin aufgehoben. «Ich empfinde mich wie eine Blume,

die allmählich verblüht, und so bin ich bereit, hinzunehmen, daß auch mein Leben verblüht.»

Eine Frau, 40, sieht ihren Tod als einen Übergang in eine andere Wirklichkeit an und verspürt Neugier: «Ich habe mich auf das Danach gefreut, einen neuen Abschnitt kennenzulernen. Es war kein Gefühl von Ende, sondern von etwas Neuem.»

Kraft und Hoffnung finden manche in ihrem religiösen Glauben. Die Ordensschwester Elisabeth freut sich auf die Begegnung mit Gott: «Ich fühlte mich lange Zeit sehr einsam. Im Moment des Sterbens war nur ein einziger Mensch bei mir; ich spürte, wir verstehen uns ohne Worte. Da löste sich plötzlich der Panzer um meinen Oberkörper, der mich eingeengt hatte und das Atmen unerhört erschwerte. Ich fühlte mich frei und erleichtert und war auch nicht mehr traurig. Ich freute mich auf das, was mich erwarten würde. Für mich ist es die Begegnung mit Ihm, wovon mir zwar kein Bild kam; aber ich spürte Wärme, Geborgenheit und Gehaltensein.»

Sehr beeindruckt hat mich das Gespräch, das eine einundfünfzigjährige Frau mit einem verzeihenden, gütigen Gott führte: «Als ich von allen Lieben Abschied genommen hatte, begann ich, mit Gott zu reden, und sagte: ‹Du siehst, was ich im Leben falsch gemacht habe. Ich gab mir Mühe und habe es nicht besser gewußt. Ich habe zuwenig an Dich und an mich denken können, weil zuviel Arbeit gemacht werden mußte. Ich habe in meinem überarbeiteten Zustand die Kinder zuwenig liebhaben können und hatte oft keine Geduld. Nun läßt Du mich sterben. Ich nehme an, daß Du denkst, daß ich meine Lektion gelernt habe. So bin ich auch zufrieden und bitte Dich, alle meine Fehler in Deine Gnade einzuhüllen.»

Was Sterbenden das Loslassen erschwerte

«*Ich war noch nicht bereit zu sterben.* Ich habe sehr intensiv meine Trauer gespürt. Es fiel mir schwer, mich von den mir nahestehenden Menschen verabschieden zu müssen. Ich spürte die Endgültigkeit dieser Situation. Ich mußte diese Menschen verlassen, und sie konnten mich dann nicht mehr erreichen. Ich weigerte mich, mein Sterben anzunehmen.»

Dies hängt teilweise mit dem Ausmaß der bisherigen Auseinandersetzung mit Sterben und Tod zusammen. «Bisher wollte ich mich nie mit dem Tod auseinandersetzen», sagt eine fünfzigjährige Arbeiterin, Mutter von drei Kindern. «Es war schon ganz schrecklich für mich, nur an den Tod zu denken. Ich bin zwar sicher, daß es ein Weiterleben nach dem Tod gibt. Und manchmal, wenn ich im Leben das Gefühl hatte, daß ich alles nicht mehr verkrafte, dann dachte ich: ‹Ach, wenn ich doch schon tot wäre, dann hätte ich alles überstanden.› In Wirklichkeit aber möchte ich vom Tod nichts wissen und habe Angst davor. So war ich in der Sterbesituation sehr aufgelöst und jammerte, weil ich sterben sollte.»

Was machte es den Teilnehmern so schwer zu gehen?

«Es war mir ein unerträglicher Gedanke, meine Familie loszulassen.» Die Trennung von der Familie, besonders von kleinen Kindern, bereitet manchen großen Schmerz. «An meinem Sterbebett waren meine Frau und meine beiden Töchter», schreibt der fünfunddreißigjährige Ernst. «Die Vorstellung, mich von ihnen trennen zu müssen, machte mich sehr verzweifelt und sehr traurig.» Eine Frau beschreibt ihre Gefühle beim Abschied so: «Meine Familie stand um mich herum. Mir schossen die Tränen in die Augen, und ich fühlte eine starke Traurigkeit in mir aufsteigen. Ich war so bedrückt, daß ich mich nun nicht mehr um die Weiterentwicklung der beiden Mädchen, von denen eines behindert ist, kümmern konnte. Ich glaube, daß das meine Angst vor dem Tod ausmacht.»

Diese Sorgen werden noch größer, wenn die Familie, vor allem die Kinder, die Mutter nicht loslassen können. «Die Kinder waren um mich und wollten nicht, daß ich sterbe. Ein Kind sagte: ‹Nimm mich mit.› Ich habe versucht, ihr zu sagen, daß ich, wenn ich nicht hier bin, vielleicht noch besser für sie sorgen könne und daß sie nicht allein sein werden. Daß ich sterbe, das macht mir für mich selbst keine Angst. Aber mich bedrückt es sehr: Was geschieht mit meinen Kindern?

Eine Frau bemüht sich, ihre Traurigkeit und ihren Schmerz beim Verlassen der Familie zu klären: «Ich war sehr traurig beim Abschiednehmen, und ich mußte auch noch nach der Meditation sehr weinen. Ich habe gesucht: Was macht den Abschied von meinen Kindern so schmerzlich?» Sie kommt zu folgender Erkenntnis: «Wahrscheinlich ist es das, was ich versäumt habe und versäumen werde, wenn ich nicht mehr mit ihnen zusammen lebe. Dann war da auch noch das Gefühl, daß ich mit meiner Familie doch reich beschenkt bin und so glücklich mit ihr bin, daß ich sie nicht loslassen möchte. Hier war auch ein Stück Selbstmitleid dabei. Ich habe mich selbst bedauert, daß mir das nicht mehr möglich ist.»

Mitleid mit der Familie und mit sich selbst empfindet auch eine andere Frau: «Meine Mutter hielt meine Hand und weinte. Mein Mann streichelte mir immer wieder über das Haar und war sehr traurig. Er sagte: ‹Wir sehen uns wieder.› Mein Vater stand unten am Bettrand, hilflos, und hatte einen traurigen Blick. Bei diesen Anblick kamen mir die Tränen. Ich hatte Mitleid mit ihm und weinte bitterlich. Und ich verspürte auch Mitleid mit mir, so wie wenn ich mich selbst noch nicht gehen lassen wollte.»

Die Verzweiflung, die Menschen bei der Trennung von der Familie durchleiden, hat mich sehr beschäftigt. Mir wurde bewußt, wie wichtig es ist, daß wir lernen, Kinder – so nah wir ihnen auch sind und so gern wir sie haben – als ein Geschenk im Zusammenleben anzusehen, sehr bewußt mit ihnen zu leben, aber auch bereit zu sein, sie loszulassen. Eine Möglichkeit dazu sieht eine Frau in Gesprächen mit den Kindern und dem Partner: «Die Vorstellung, was würde mit meinen Kindern und mit meinem Mann nach meinem Tod, das schaffte ich nicht. Ich spürte dabei, wie abhängig sie von mir sind und wie abhängig ich sie gemacht habe. Meine Tochter sagte neulich: ‹Wenn Vati stürbe, das wäre ja nicht so schlimm, du kämst schon zurecht. Aber wenn du plötzlich sterben würdest, kann ich mir gar nicht vorstellen, wie Vati zurechtkommt.› Obwohl er rein äußerlich gut zurechtkommt. Sie hat da richtig Angst, daß es dem Vater dann schlechtgeht. Das fand ich verblüffend. Wir haben dann alle gemeinsam darüber gesprochen, vor allem aber, als in diesem Jahr mein Mann und ich zum erstenmal allein in Urlaub gefahren sind, ohne die Kinder.»

Es scheint mir sehr hilfreich, wenn in der Familie frühzeitig darüber gesprochen wird: Was geschieht mit den Kindern, wenn ein oder gar beide Elternteile sterben sollten? Wie könnten sie zurechtkommen? Wer wäre für sie hilfreich, könnte ihnen zur Seite stehen, sie betreuen? Wie könnte der zurückbleibende Partner den Verlust verwinden, wie könnte er sich dem Verstorbenen seelisch verbunden fühlen und doch stark und frei sein in der Gestaltung seines weiteren Lebens?

«Ich habe mein Leben gar nicht richtig gelebt.» Besonders jüngeren Menschen wurde in der Sterbesituation bewußt, daß sie erst am Beginn des Lebens standen. Dies erschwerte es ihnen, das Sterben anzunehmen. Die Krankenschwester Angelika, 23: «Zuerst habe ich mich als alte, kranke, schwache Frau im Sterbebett vorgestellt. Das enthielt viel Ruhe. Ich bin vorbereitet und akzeptiere den Tod. Dann habe ich mich fast zwingen müssen, mir vorzustellen, daß ich auch *jetzt* sterben könnte. Das ist mir sehr, sehr schwergefallen. Als junge Sterbende sehe ich mich mit Tränen in den Augen. Ich weine, ein Zeichen, daß ich gerne weiterleben möchte. Als junge Sterbende sehe ich mich nicht gerne. Ich erlebe zunächst Kampf und Abwehr und dann erst später Ruhe.»

Eine Frau, 38, spürt, daß sie es bisher versäumte, viel Liebe zu geben: «In der Sterbesituation machte es mich furchtbar traurig, daß es mir nun nicht mehr möglich wäre, meinem Mann und meinem Sohn meine Liebe zu zeigen, was ich bisher oft versäumt habe. Ich möchte ihnen eigentlich noch so viel Liebe geben, wie sie fürs Leben brauchen.»

«Bei meinem Partner hatte ich ein sehr abwehrendes Gefühl. Er sah mich auch gar nicht an. In mir selbst war dieses Gefühl, ihm nicht verzeihen zu können.» Für manche war die Abschiedsstunde voller Bitterkeit, weil sie ungelöste Konflikte, ungeklärte Beziehungen zu nahen Menschen aus der letzten Lebenszeit mit sich herumtrugen. Gisela: «Meine Freundin war ganz nah bei

mir am Kopfende. Wir waren körperlich und seelisch eng beieinander. Mein Partner aber tauchte nur im Hintergrund auf. Ich habe überhaupt keine Nähe zu ihm empfunden, eher so ein Gefühl: Ach, dir kann ich ja sowieso nicht vertrauen, vermischt mit dem Gefühl der Sehnsucht, endlich einmal anzukommen. Und es nie erreicht zu haben. Ein Gefühl der Resignation und das Gefühl, es lohnt sich nicht.» So wird in der Sterbestunde manchen Menschen die ungeklärte Beziehung zum Partner, zu den Eltern oder anderen Nahestehenden schmerzlich bewußt.

Erich erlebt beim Abschied, daß Menschen von ihm Erklärungen und eine Bereinigung der Beziehungen erwarten: «Ich spürte: Den Menschen, die mir in meinem Leben sehr nahestehen, die ich gern habe, denen ich vertraue, kann ich mit gutem Gewissen mein Sterben zumuten. Ich fühle mich warm, geborgen und zufrieden. Aber da waren auch all die, die mir noch etwas sagen wollten, die noch etwas ändern wollten an unserer Beziehung. Das machte mich aggressiv und wütend. Mit diesen Menschen war ich bisher noch nicht klar. Ich hatte noch etwas zu erledigen. Da war meine Großmutter, die mich verdammt hat, der ich aber gefühlsmäßig sehr nahestehe. Auch alte Freunde, die ich vernachlässigt habe, wollten noch eine Erklärung. So stand gleichsam eine lange Kolonne von Menschen schweigend da und wartete auf meine Rede.»

«Schließlich wurde ich doch ruhig und glitt aus dem Leben.» Manche, die anfänglich große Schwierigkeiten beim Abschied hatten, fanden doch noch Frieden und konnten ihr Leben loslassen. Eine Frau beschreibt diese Wandlung: «Ich war unheimlich traurig, gehen zu müssen. Ich hatte das Gefühl: Ich gehe, und die anderen bleiben. Und ich verpaß soviel. So fiel es mir sehr schwer, loszulassen und zu gehen. Meine Mutter war ganz dicht bei mir. Ich merkte, daß sie unheimlich traurig ist und mich schlecht gehen lassen kann. Ich sagte ihr, daß ich zwar unheimlich traurig bin und auch im Leben viel vermißt habe, aber daß ich sie trotzdem liebhabe und ihr nicht böse bin. Und dann kam schließlich doch ein gutes Gefühl auf, einfach so liegen zu können, ohne denken zu müssen: Was hast du jetzt wieder nicht

gemacht oder was hast du falsch gemacht? Dann wurde es allmählich auch so, daß ich zu den anderen am Bett Nähe spürte. Ich mußte gar nicht viel sagen, nur das so spüren. Und schließlich wurde ich doch ruhig und glitt aus dem Leben.»

Der Moment des Sterbens – allein oder in Begleitung

Während der Tage und Stunden *vor* dem Sterben wünschten fast alle die Anwesenheit und liebevolle Betreuung durch nahe Angehörige oder Freunde. «Das wichtigste war, daß ich nicht allein war und daß die Gefühle meiner Freunde für mich aufrichtig waren. Sie versuchten mir zu helfen, obwohl sie nicht wußten wie. Mir genügten aber ihre Anwesenheit und ihre Bemühungen, um mich harmonisch zu fühlen.» Auch Katrin, eine Schwesternschülerin, wünscht die Begleitung durch Angehörige: «Ich sah mich zu Hause in einem Zimmer. Mir wurde klar, daß ich um nichts in der Welt allein sterben möchte, sondern begleitet von meinen Eltern und meinem Freund. Dabei wünschte ich, daß sie nicht Trauer empfanden, sondern es als eine Erlösung für mich und auch sogar für sich ansahen.»

«Im Moment des Sterbens wollte ich von jemandem in die Arme genommen werden.» Viele Teilnehmer wünschten sich, daß ihre Angehörigen *auch im Moment des Sterbens* bei ihnen sind und körperlichen Kontakt zu ihnen haben. «Ich habe alle um mich herumstehen sehen, die ich mag. Ich möchte, daß sich jemand zu mir legt, mich am Kopf und an den Händen hält.»

Manche befürchten jedoch, von der Verzweiflung und der Trauer der Angehörigen zu sehr belastet zu werden, und wünschen sich daher nur die Begleitung bestimmter Personen. Ein Mann: «Es ist für mich ganz wichtig, daß ich beim Sterben Begleitung habe – aber Leute, die nicht belastend sind für mich, die nichts von mir wollen, so daß ich nur für mich da sein kann.» Aber er hat Bedenken, daß er damit seine trauernden Eltern zurückstößt: «Ich war traurig, daß meine Eltern wohl nicht verstehen würden, warum sie in der Sterbestunde nicht bei mir sein dürfen. Ich habe irgendwie dieses Gefühl, daß ich ihnen weh tue und daß sie sagen: ‹Wieso kommen fremde Menschen zu ihm, wieso dürfen wir nicht?›»

Einige hatten den Wunsch, von ihren Angehörigen begleitet zu werden, aber es war niemand da. Die Krankenschwester Angelika möchte jedoch nicht die Anwesenheit irgendwelcher anderer Menschen: «Wenn ich sterben muß, dann wünsche ich mir so sehr, daß meine Familie da ist. Aber es waren nur völlig unbekannte Menschen; es waren die Ärzte, alle mit weißen Kitteln. Und das war für mich sehr erschreckend. Sie wirkten hilflos, andere gleichgültig. Da war ich natürlich enttäuscht.»

Manche wurden sich in der Sterbemeditation bewußt, daß sie im Moment des Sterbens allein sind, da sie allein lebten. «Ich habe gespürt, daß ich beim Sterben allein bin, weil ich eben alleinstehend bin. Meine Eltern starben vorher, meine Geschwister haben ihre Familie. Und vielleicht geht es sogar besser alleine, das Leben wegzugeben, loszulassen.» – «Die Minuten vor meinem Tod war ich im Wohnzimmer, in meinem Bett sitzend. Es ist Kerzenlicht, ich höre Musik. Ich bin allein und fühle mich geborgen. Ich spüre keine Angst. Es war wie kurz vor dem Einschlafen.» Eine Frau im Gespräch nach der Meditation: «Ich möchte im Moment des Sterbens allein sein. An meinem Sterbebett war auch niemand. Das hat damit zu tun, daß ich sehr wenige Beziehungen zu meiner eigenen Familie habe. Aber es hat mich nicht erschreckt. Ich muß wohl lernen, der Einsamkeit ins Gesicht zu sehen.»

«Ich wollte im Moment des Sterbens allein sein.» Einige Teilnehmer erlebten in der Sterbemeditation, daß sie das Bedürfnis hatten, nach dem Abschiednehmen von den Angehörigen allein zu sein. Ich denke, es ist für begleitende Angehörige wichtig, zu wissen, daß einige Sterbende diesen Wunsch haben.

Meine Frau Anne-Marie äußerte sich dazu einmal in einem Rundfunkgespräch: «Ich habe in der Sterbemeditation für mich erfahren – und das war eigentlich sehr überraschend für mich –, daß ich im Augenblick meines Sterbens allein sein möchte. Ganz allein. Ich möchte es bewußt erleben, bewußt zentriert auf diesen Augenblick. Erst hatte ich etwas Angst, das Reinhard zu sagen. Doch er hat mir dann gesagt: ‹Also, das würde mir auch so gehen.› Wochen später ist mir dann eingefallen, daß manchmal Sterbende ihre Angehörigen rausschicken und dann sterben. Ich erinnere mich auch an den Tod meiner Schwiegermutter; sie starb dann, als die Angehörigen gerade hinausgegangen waren. Da wurde mir klar, daß ich mit meinem Wunsch nach Alleinsein gar nicht so unnormal bin. Und ich bin froh, daß ich in der Meditation diesen intensiven Wunsch erfahren habe.» Als Begründung setzte sie hinzu: «Ich möchte durch nichts abgelenkt sein und nicht noch für irgend etwas verantwortlich sein müssen, sondern ich möchte wirklich auf diesen Augenblick zentriert sein.»

Auch ein Mann äußerte diesen Wunsch: «Ich war nur noch mit mir beschäftigt. Mein Sterben ist einmalig. Und deshalb möchte ich es auch bewußt erleben, nicht abgelenkt werden.»

Jedoch haben Menschen, die im Moment des Sterbens allein sein möchten, den Wunsch, bis zu diesem Zeitpunkt begleitet zu werden. «Meine Kinder waren da, die mir Mühe machten, sie zu verlassen. Dann spürte ich meinen Mann bei mir, der mich hielt und leise etwas zu mir sagte und sehr mit mir verbunden war. Aber dann kam der große Moment, wo ich mit meinem Tod allein sein wollte.»

Ich möchte noch einmal die Gründe nennen, warum manche Menschen allein sterben wollten: Alle hatten vorher intensiv Abschied genommen von ihren Angehörigen und Freunden. Sie wollten ganz auf sich konzentriert sein, alle Kräfte für sich zur Verfügung haben, innerlich völlig gesammelt und entspannt sein, vielleicht auch Neugierde empfinden dürfen. Dazu brauchten sie äußere Ruhe. Sie wollten den Übergang bewußt erleben. Sie hatten das Leben losgelassen.

Wann ist der Moment des Sterbens bei einem Angehörigen oder Patienten gekommen? Wie können wir wissen, ob und wann der Sterbende allein sein möchte? Und was ist, wenn der Sterbende dringend medizinische Hilfe benötigt? Den Äußerungen der

Teilnehmer habe ich entnommen, daß dann schweigendes, zurückhaltendes Anwesendsein für den Sterbenden hilfreich ist. «Ich wünsche mir, meinen Tod ganz bewußt zu erleben, ohne Medikamente, die meine Empfindungen dämpfen, in Ruhe und Frieden, allein. Oder mit einem Menschen, der schweigen kann, bei dem ich mich geborgen fühle und der mich nicht zurückhalten möchte.»

Was erleben Menschen, wenn sich ihre Seele vom Körper löst?

In der Sterbemeditation wurden die Teilnehmer auch gebeten, sich vorzustellen, wie sich ihre Seele vom Körper trennt und wohin danach ihre Seele geht. In allen Kulturen gibt es Mythen, in denen die Vermutungen, Hoffnungen und Vorstellungen der Menschen über den Verbleib der Seele nach dem Tod zum Ausdruck kommen. Was aber empfindet der einzelne, wenn er sich das eigene Sterben und den eigenen Tod vorstellt? In einem tief entspannten, meditativen Zustand können wir vielleicht etwas davon ahnen, was sich beim Sterben und danach ereignen wird. – Ferner: Durch die Vorstellung unseres Sterbens und Todes werden wir vertrauter mit dieser Situation. Das kann dazu beitragen, daß wir in die letzte Lebensphase nicht mit Angst, sondern eher mit Ruhe und Bereitschaft gehen.

Beeindruckt hat mich folgendes: Die Erfahrungen, die die Teilnehmer in der Meditation beim Verlassen des Körpers machten, sind sehr ähnlich denen, die Menschen an der realen Schwelle des Todes bei schweren Erkrankungen oder Unfällen machten. Der amerikanische Arzt Raymond Moody und später, in eingehenderer Weise, der amerikanische Professor Kenneth Ring haben dies an 250 Personen untersucht (10, 13).

Fasziniert bin ich von der Untersuchung des amerikanischen Herzspezialisten und Chirurgen Michael Sabom (18). Er zweifelte an den Befunden von Moody und gelegentlichen Äußerungen seiner Patienten. Seine sehr genaue Untersuchung führte zur Widerlegung seiner Zweifel. Patienten, die gemäß den Operationsunterlagen eine Zeitlang klinisch tot gewesen waren (kein Bewußtsein, Herzstillstand, keine Reflexe, keine Atmung), hatten Sterbeerlebnisse gehabt: ein reales Gefühl, gestorben und losgelöst vom Körper zu sein, klare Empfindungen von großem Frieden, von Ruhe und Harmonie, eines Lichtes von großer Schönheit, ferner ein Gefühl der Zeit- und Schwerelosigkeit sowie der Schmerzfreiheit. Einige hatten Einzelheiten des Operationsraumes und der medizinischen Maßnahmen sowie ihren Körper wahrgenommen, wobei ausgeschlossen werden konnte, daß diese Wahrnehmungen durch die Augen erfolgt waren. Ob Patienten Sterbeerlebnisse hatten, war unabhängig von Alter, Religion, Kirchenbesuch oder Bildungsstand. Ferner konnte Sabom ausschließen, daß die Sterbeerlebnisse auf Halluzinationen, Medikamente, Endorphinausschüttung oder auf anomale Sauerstoffkonzentration im Gehirn zurückzuführen sind. Er sieht seine Befunde als Hinweis dafür an, was an der Schwelle des Todes und vermutlich auch beim endgültigen Tod geschieht.

Bevor ich die Erfahrungen der Teilnehmer der Sterbemeditation im einzelnen schildere, möchte ich die gesamte Darstellung einer Teilnehmerin wiedergeben. Sie enthält vieles von dem, was andere Teilnehmer auch empfanden:

«Im Augenblick meines Todes fand ich mich umgeben von einer alles durchdringenden Ruhe, von Gelassenheit, völligem Frieden in mir und meiner Umgebung», berichtet sie. «Ich verspürte nicht das geringste Anzeichen von Angst. Im Gegenteil: Freude erfüllte mich. Ich war bereit zu gehen, ich ließ meinen Körper los. So verließ meine Seele den Körper in einer Atmosphäre tiefen Friedens. Und sobald sie den Körper hinter sich gelassen hatte, fühlte ich mich umgeben und durchdrungen von einem unbeschreiblichen Glanz, von einem unbeschreiblich intensiven und warmen Licht. Alles um mich erstrahlte in diesem Licht, es war so intensiv. Und ich fühlte mich total umhüllt von Liebe, Wärme und Geborgenheit. Alles war so wunderbar, diese Liebe, dieses Licht. Und ich fand mich wieder bei jenen Menschen, welche mir am nächsten gestanden und mir im Tod vorausgegangen waren. Ich wurde von ihnen erwartet.»

«Erstaunlicherweise war es überhaupt nicht bedrohlich, nicht schmerzhaft oder angstvoll», sagt ein Mann. «Denn als ich gestorben war, da war das Gefühl: Das tut gar nicht weh. Ich habe immer die Vorstellung gehabt, Sterben muß doch weh tun, Schmerzen machen. Und nun habe ich gestaunt wie ein kleines Kind.» Es hat mich sehr beeindruckt, daß die meisten Teilnehmer keine Angst und keine Bedrohung bei der Vorstellung empfanden, daß ihr Tod eintritt und ihre Seele sich vom Körper löst. «Ich habe zunächst etwas Angst gehabt», sagt eine Frau im Gespräch nach der Meditation, «ich wußte nicht: Kommen jetzt Ängste hoch? Aber ich habe eine sehr schöne Erfahrung gemacht: Ich sterbe jetzt und trete in den Tod ein. Erst war etwas Dunkelheit da und dann sehr viel Licht. Es war etwas sehr Schönes, das zu erfahren.»

Wahrscheinlich verbinden viele Menschen die oft großen Schmerzen der körperlichen Erkrankung, die sie bei anderen vor dem Tod erlebt haben, mit dem Lösen der Seele vom Körper. Doch hier, in dem sehr entspannten Zustand ohne Krankheit, spürten sie keine körperlichen Schmerzen und waren darüber erstaunt, daß sie diesen Vorgang angstfrei, voller Frieden, ja sogar mit Freude erleben konnten. Das «Aufhören» des Lebens wird nicht als bedrohlich empfunden.

Auch das «Versagen» der Körperfunktionen wird als etwas erlebt, das sich in natürlicher Weise vollzieht: «Das Leben zog sich aus dem Körper zurück: Zuerst begannen meine Füße, Beine, Hände und Arme kalt und gefühllos zu werden, zuletzt spürte ich nur noch mein Herz und meinen Kopf. Schließlich war ich aus meinem Körper raus und sah mich friedlich daliegen.» Eine Frau erlebt das Absterben des Körpers ähnlich: «Bei mir trat der Tod ein, indem meine Füße, Beine, Hände und Arme leblos wurden. Ich fühlte mich ruhig. Ich bin erstaunt, kaum Angst verspürt zu haben. Ich hatte etwas Angst vor Schmerzen oder Atemnot, aber keine Angst vor dem Hinübertreten.»

«In dem Moment, wo der Helfer sagte, daß ich mich als gestorben sehen soll, das war irgendwie etwas Positives. Da hatte ich das Gefühl, ich bin gelöst von meinem Körper, ich bin zum erstenmal unabhängig von ihm, und es war auch sehr schön. Ja, obwohl ich nicht sterben möchte.» – «Es war mir eine große Freude, diesen letzten Atemzug zu tun und frei zu werden von diesem Körper.»

Einige Teilnehmer hatten *zunächst* Angst bei der Vorstellung ihres Sterbens. Sie fühlten sich eher verkrampft, ungenügend entspannt und nicht hinreichend bereit, das Leben loszulassen. Im Tod aber erfahren sie Ruhe und Entspannung: «Jetzt muß ich sterben. Ich lehne mich nochmals dagegen auf und schreie: Nein, noch nicht, es ist zu früh. Ich spüre eine starke Spannung in meinem Körper; ich bin völlig verkrampft. Plötzlich aber entspanne ich mich. Ich spüre eine überaus angenehme Ruhe und Gelassenheit in mir. Ich fühle mich wohl. Friede ist in mir. Ich weiß nun, daß ich gestorben bin.»

«Beim Übergang fiel ich ganz langsam und schwebend aus meinem Körper heraus und glitt in eine mir ganz vertraute Umgebung», berichtet eine Frau. Sie schreibt weiter: «Ich fühlte ein Zuhause, ein großes Vertrauen. Ich kannte es, es war Heimat, ohne Angst, weich, einfach schön.» Oft begleiten Gefühle von Schwerelosigkeit, Leichtigkeit und Ruhe den Sterbenden.

Des öfteren wird der Übergang in die andere Wirklichkeit bildhaft als «Fluß» erlebt, als «fließender Zustand» empfunden: «Ich bin sehr ruhig. Im Augenblick des Sterbens breitet sich meine Seele aus. Ich fühle ein Fließen, wie auf einem großen Fluß. Meine Seele fließt sanft wie ein Fluß ins Meer und wird dort aufgenommen. Sie ist in allem Lebendigen, und es ist sanft und wohlig. Mein Geist ist hellwach und klar.»

Eine Frau empfand tiefe Geborgenheit, zusammen mit einem Gefühl, sich völlig fallen lassen und hingeben zu können: «Der Moment des Sterbens hat mich an Momente erinnert, in denen ich in den Armen meines Freundes das Gefühl größter Geborgenheit verspürte.» Einige Teilnehmer hatten ein Gefühl von «Einschlafen wie ein todmüdes Kind auf dem Arm und an der Brust der Mutter» oder der Geborgenheit bei Gott. «Ich fühlte mich geborgen in Gott und hatte die Sicherheit, daß Gott mich erwartet und in Empfang nimmt. Ich fühlte mich in meinem Sterben einfach aufgehoben in Ihm.»

Diese Erfahrungen von großer Ruhe, von Frieden und Geborgenheit hängen mit dem Annehmen des Sterbens, mit dem Loslassen des Lebens zusammen, mit tiefer Entspannung, mit dem völligen Einverstandensein und dem Gefühl, nichts mehr tun zu müssen, nicht mehr für etwas verantwortlich zu sein.

In der Meditation sollten sich die Teilnehmer nicht nur vorstellen, daß sie gestorben sind, sondern auch auf ihren toten Körper hinabblicken. Manche beschreiben, was sie dabei empfanden: «Als ich tot war, sah ich von oben auf meinen Körper hinunter. Ich hatte das Gefühl, als ob mein Körper nur eine abgestreifte Haut, eine verlorene Hülle sei.» Wie diese Frau nahmen auch andere Teilnehmer ihren Körper und auch die Angehörigen wie aus einer anderen Wirklichkeit heraus wahr, so, wie wir es manchmal im Traum erleben. Sie hatten dabei das Gefühl, nicht mehr zum bisherigen Leben zu gehören, und empfanden das als Befreiung. «Ich sah meinen leblosen Körper da liegen. Doch er tat mir nicht mehr weh. Und es war gut zu wissen, daß mir jetzt nichts mehr weh tun konnte.» – «Als ich schließlich starb, wurde ich ganz ruhig, alle Spannung wich von mir. Und dann war alles gut. Ich sah meinen Körper und dachte: Jetzt bin ich nicht mehr in meinem Körper. Ich bin einfach hier draußen. Warum weinen die über meinen Körper? Gestorben zu sein ist doch gar nicht schlimm!» Die Freude, den Körper verlassen zu haben, spricht aus Karens Worten: «Ich habe auf meinen Körper hinuntergeguckt und gedacht: Was für ein ulkiges Ding da. Und mit so was hast du dich dein ganzes Leben lang rumgeschleppt. Und das sieht jetzt so vermodert aus, und das hatte dir soviel Lust bereitet, aber auch soviel Schmerz und soviel Haß.»

Viele sahen sich als Tote «schlafend mit einem Lächeln im Gesicht, völlig gelöst». «Das Gesicht strahlte eine Ruhe aus, die ich zum Zeitpunkt des Todes spürte.»

«Ich fand mich umgeben von einer alles durchdringenden Ruhe, von Gelassenheit, von Frieden und Freude in mir und meiner Umgebung.» Nachdem die Seele den Körper verlassen hatte, erlebten die Teilnehmer in ihrer Vorstellung das «Totsein» in vielfältiger Weise. Bei fast allen überwog ein Gefühl von Gelassen-

heit, Ruhe, Frieden. Oft fehlten ihnen die Worte, um diese faszinierende und schöne Erfahrung zu beschreiben. Eine Frau, 26, empfindet den Zustand als Befreiung von ihrem vorhergehenden Leben: «Als ich mich von meinem Leib gelöst fühlte, da bemerkte ich meine Freiheit – keine Angst und keine Enge mehr, nur noch Freiheit. Ich habe diesen Übergang als unheimlich schön erlebt. Ich hatte das Gefühl: Jetzt bin ich in einer Heimat angekommen, es ist gut. Ich bin jetzt da angekommen, wonach ich irgendwie mein Leben lang suchte.»

Etliche Teilnehmer erlebten, daß sie von früher gestorbenen Angehörigen empfangen wurden. «Dann war ich bei allen, die schon vor mir gestorben waren: Großväter, Angehörige. Es war ganz wunderbar. Friede, Licht, keine Not. Einfach *Frieden*!» Berta, die seit acht Jahren um ihr Kind trauert, das wenige Tage nach der Geburt starb, sagt im Gespräch: «Ich bin durch einen Gang hindurch, den ich noch nie gesehen habe. Und eine liebliche Gestalt ist mir entgegengekommen und nahm mich in Empfang. Ich weiß, das ist mein Kind, das ich verloren habe.» –

Manche erfuhren eine so intensive Ruhe, Geborgenheit und Schönheit, daß sie nicht zurückkommen mochten. Die dreißigjährige Mutter eines Kindes: «Zunächst überkam mich große Angst bei dem Gedanken, jetzt die Welt zu verlassen. Doch irgendeine Kraft zog mich weg. Ich fühlte mich hingezogen zu einem weißen, hellen Licht und fühlte mich unendlich glücklich. Unbeschreiblich schön war alles. Bei der Aufforderung, wieder in dieses Leben zurückzukehren, überkam mich jedoch Angst. Nicht Angst direkt vor dem Leben, aber ich wollte diesen idealen Zustand beibehalten.» Auch Verena erlebt den Tod als Befreiung: «Im Augenblick meines Todes fühlte ich mich leicht und schwerelos. Licht war um mich, eine große Helle. Ich fühlte mich geborgen und frei von allem Ballast, von all meiner Trauer. Mir gefiel dieser Zustand sehr. Es hätte mir nichts ausgemacht, wenn ich nicht zurückgekommen wäre.»

Ähnliche Erlebnisse hatten Menschen, die nach wirklich erlebter Todesnähe durch Unfall, Erkrankung oder versuchten Freitod wieder in das Leben zurückgeholt wurden. Sie waren traurig, diesen Zustand großen Friedens verlassen zu müssen

(13, 18). Einige Teilnehmer der Sterbemeditation, die selbst eine reale Todesnähe erfahren hatten, bestätigten dies. Eine Frau, 35: «Als ich bei der Vorstellung des Sterbens nur noch ‹Seele› war, hatte ich einen großen Frieden. Ich wußte, daß ich überall sein kann, bei den Lebendigen, den Dingen und den Verstorbenen. Diesen Frieden, diese Gelassenheit und Leichtigkeit habe ich schon erlebt, als ich vor einem halben Jahr in einem brennenden Flugzeug saß und wirklich dachte zu sterben. Ich vertraue diesem Gefühl und weiß, daß ich es erleben werde, wenn ich sterbe.»

«Ich wollte meine Angehörigen trösten. Weint nicht! Es ist schön!» Der Zustand großen Friedens und der Befreiung vom Körper und von Schmerzen wird von den Teilnehmern als gegensätzlich zur Trauer der Angehörigen empfunden. Viele betrübte es, daß ihre Angehörigen traurig über ihren Tod waren.

«Es war schade, daß ich meine Lieben nicht erreichen konnte, die so traurig waren. Denn ich fühlte mich so wohl.» – «Ich sah meine Angehörigen und Freunde um meinen toten Körper versammelt. Sie waren in großer Trauer und weinten. Irgendwie hatte ich das Gefühl, diese Menschen haben es nicht begriffen – nicht begriffen, daß ich ja nicht mehr in meinem Körper war, sondern über allem erhaben. Daß ich schon in einer anderen Welt war, daß der Tod für mich überhaupt nichts Bedrohliches war.» – «Bei der Beerdigung sehe ich schwarze Gestalten, die traurig sind. Und ich möchte ihnen zurufen, daß sie sich freuen sollen, daß sie farbige Kleider tragen sollen.»

Der Gedanke, daß der Verstorbene nicht mehr die Möglichkeit hat weiterzuleben, bedrückt die meisten Zurückbleibenden sehr. Die hier geschilderten Erlebnisse und die Erfahrungen von Menschen, die an der Schwelle des Todes standen, weisen in eine andere Richtung. Wir können von ihnen lernen, Tod und Sterben unter einer anderen Einstellung zu sehen. Fast alle hatten in der Sterbemeditation den intensiven Wunsch verspürt, ihre Angehörigen sollten nicht traurig sein. Diese Gedanken können nicht unsere Trauer aufheben. Aber wir können uns bewußter machen, daß es *unsere* Trauer ist, unser Gefühl, weil *wir* den Verstorbenen vermissen, weil wir ihn nicht mehr bei uns haben.

«Ich fühlte mich als Teil des Universums.» Ich möchte mich nun der Frage zuwenden, die wir auch während der Sterbemeditation den Teilnehmern stellten: Was geschieht weiterhin mit der Seele nach ihrer Lösung vom Körper?

Obwohl etliche Teilnehmer vor der Sterbemeditation kaum Vorstellungen darüber hatten und teilweise auch dachten, daß mit dem Tod für sie alles zu Ende sei, machten viele faszinierende Übergangserfahrungen von großer Klarheit, verbunden mit dem Gefühl, in einer anderen Wirklichkeit zu sein. Ich möchte einige dieser vielfältigen Erlebnisse darstellen.

«Ich hatte das Gefühl einer unheimlichen innerlichen Kraft, die den Raum zu füllen vermochte. Es strömt, es fließt hell und warm. Ich wiege mich sanft darin, stehe nicht still. Alles an mir ist so offen, daß es auch wieder einströmen kann. Ich empfinde mich als ein Ganzes. Ich bin eins mit mir. Ich kann das Erlebte nicht in Worte fassen.» Eine andere Frau hat besonders das Erlebnis des Weiterexistierens: «Ich habe ein intensives Gefühl von ‹Ich bin› empfunden. Das heißt ein Gefühl, ich bin ewig.»

Einige schilderten kosmische Einheitserlebnisse. «Ich fühlte mich als einen Teil des Universums. Es war mir alles vertraut. Es war eine ganz tolle Erfahrung für mich», sagt eine junge Frau. Karl: «Mich erfüllte eine herrliche Wärme. Ich, nein, alles wurde weit und groß. Und ich empfand nur noch Universum. Einen Moment dachte ich, ob das nun Gott sei. Dann überließ ich mich dem angenehmen Gefühl, und ringsum waren helle Farben, war Licht.» – «Warmes, Helles, Weiches und Zärtliches umgab mich. Ich fühlte mich unendlich frei und leicht. Hier in dieser ‹neuen Welt›, in diesem ‹neuen Leben› gab es keine Probleme mehr. Keinen Lärm, keine Hetzerei. Es war alles so leicht.»

Einige hatten den Eindruck, zum «Kern ihres Wesens» gekommen zu sein. «Jetzt nach dem Tod bin ich meiner selbst ganz sicher; und das ist ein ganz wunderbares Gefühl. Ich bin ein wunderbar kräftig strahlendes Licht, klein, aber unauslöschbar. Und ich wundere mich sehr: Im Leben war das Licht verdeckt, es war für mich selbst auch kaum sichtbar.»

«Ich werde von einem großen warmen Licht aufgenommen.» Mehrere Teilnehmer beschrieben, wie ihre Seele überging in Licht. Sie waren kein Körper mehr, fühlten nur, waren ohne festen Ort, spürten jedoch deutlich, daß sie existierten. Meine Lebenspartnerin Anne-Marie hatte während einer Sterbemeditation vier Jahre vor ihrem Tod ein solches Erlebnis: «Ich fühlte mich gut. Ich sah nur ein helles Licht. Es war eigentlich kein Licht mehr; ein lichter Ort, ein breites, warmes Lichtfeld. Ich war nicht mehr mit meinem Körper da. Ich konnte nur noch fühlen. Ich fühlte mich eher durchsichtig, ohne feste Abgrenzung nach außen; einfach nur fühlend. Auch ohne festen Ort, eher schwebend. Einfach seiend, existierend, ohne Verbindung dorthin, von wo ich kam. Ich fühlte mich ganz frei, befreit von der Wirklichkeit, von der ich herkam. Ich war einfach da, körperlich und formlos da in einer anderen Wirklichkeit. Ich fühlte dort sehr intensiv; ich erlebte sie als Licht, Helligkeit, Schwerelosigkeit und Leichtigkeit.»

Es gab in den Vorstellungen vom seelischen Zustand jenseits des Todes kein Gut, kein Böse, kein Richtig oder Falsch, keine Wertungen, keine Gegensätze, sondern die Erfahrung, von Frieden, Helligkeit und Leichtigkeit erfüllt und in eine umfassende Einheit eingebettet zu sein. Die Teilnehmer erlebten etwas, das in unserem alltäglichen Leben – abgesehen von Träumen – als unmöglich angesehen wird: «Ich habe keine Form – doch ich spüre deutlich, daß ich existiere.» – «Ich bin alles – und alles ist ich.» – «Es ist ein Zustand der Leere – und zugleich unerhörter Fülle.» – «Ich kann überall sein – bei den Lebenden und bei den Toten.» – «Ich bin ohne festen Ort – doch fühle ich mich deutlich seiend.» – «Ich fühle mich bei den Menschen, die ich liebe – doch ich beobachte unbeteiligt.» – «Ich fühle mich sehr nahe – und wiederum sehr fern.» – «Ich empfinde eine unheimliche Einheit mit allen Menschen und Dingen.»

Rückblick auf das Leben

Was empfinden Menschen, wenn sie in der Meditation sehr bewußt auf ihr Leben zurückschauen? Zu welchen Erkenntnissen kommen sie, wenn sie sich die Frage stellen: Wie war mein Leben? Was war schön? Was war schmerzlich?

Die Erfahrungen, die Menschen hierbei machten und uns mitteilten, haben mich sehr berührt. Selbst in psychotherapeutischen Gesprächen habe ich selten einen derart tiefen Einblick in die seelische Welt anderer bekommen. Menschen zogen bei der Beendigung ihres Lebens gleichsam Bilanz. «Es war das Ziehen einer Bilanz meines Lebens, wie ich es mir schon immer gewünscht habe: Wie lebe ich eigentlich? Was frißt mich auf? Wie möchte ich leben? Was möchte ich an Wertvollem einmal unter dem Strich haben von meinem Leben, im Andenken an meine Familie? Es war so, als ob ich auf einen hohen Berg gestiegen war und das Wesentliche meines Lebens besser im Blick hatte und mich nicht an Unwesentlichem, Kleinlichem aufhielt.»

«Das Tolle jetzt war, das Leben aus großem Abstand sehen zu können, nicht mehr so drinzustecken. Der Blick wird frei für das Wichtige.» Menschen erblicken die Höhen und Tiefen ihres Lebens. «Im Rückblick kamen mir Bilder, wo ich es irrsinnig schön gehabt habe, aber auch, wo mir etwas sehr weh getan hatte oder es schlimm gewesen war.»

Durch den Rückblick kamen die meisten zu Erkenntnissen, die für ihr zukünftiges Leben von großer Bedeutung waren. Oft entschlossen sie sich danach, sich selbst und manche Lebensbedingungen zu ändern. «Diese Sterbemeditation – sie war für mich eine Lebensmeditation.»

Die Erfahrungen dieser Menschen können auch uns helfen, uns und unser Leben mehr zu klären. Sie können uns anregen zu fragen, was wichtig und was unwichtig in unserem Leben ist.

«Was tatsächlich in meinem Leben zählte, waren meine Beziehungen zu Menschen.» Die meisten empfanden bei ihrem Rückblick menschliche Begegnungen als sehr bedeutungsvoll und bereichernd. Materielle und auch berufliche Gesichtspunkte werden kaum erwähnt. «Als ich genauer hinsah, waren es Menschen, die in meinem Leben von Bedeutung waren. Vieles ist durch den Einfluß und durch die Beziehungen zu anderen Menschen geschehen.»

Deutlich erkennt Marlis den Wert ihrer Beziehungen zu Menschen: «Und jetzt, während ich auf mein beendetes Leben zurückblicke, wird mir bewußt, was eigentlich mein Leben kostbar machte, was ihm den Sinn verlieh. Es sind nicht meine materiellen Habseligkeiten, mein schnelles Auto, meine gemütliche Wohnung und mein Beruf. Es sind ganz andere Akzente, die Wichtigkeit gewinnen. Geld, materieller Besitz ist mir unwichtig. Das, was in meinem Leben tatsächlich zählt, woran ich Freude und Erfüllung finde, sind meine Beziehungen zu Menschen; zu Menschen, die ich gern habe, die mich lieben. Alles, was mir jetzt rückblickend kostbar erscheint, ist das Geschenk solcher tiefen, echten Begegnungen. Sogar mein Beruf, den ich immer so liebte und an dessen Ausübung ich so hing, erschien mir plötzlich nicht mehr so wichtig und im Vordergrund stehend. Und was ich jetzt als besonders schmerzlich empfinde, das sind Begegnungen mit Menschen, die von Lieblosigkeit und Verständnislosigkeit geprägt waren. Es schmerzt mich alles, was hier in meinem Leben schiefgelaufen ist, was ich an anderen Menschen versäumt oder vernachlässigt habe.»

Einigen wird erst durch den Rückblick deutlich bewußt, wie wichtig ihr Lebenspartner für sie ist. «Als ich begann, mein Leben durchzugehen, da war soviel Angenehmes und Unangenehmes. Und zum Schluß war zu meinem Erstaunen ein großes Licht, das wichtiger war als alles vorher und das alles andere überleutete: meine Frau. Es war mir vorher gar nicht so bewußt geworden, wieviel ich an ihr habe.» Die Ärztin Marion: «Ich war überrascht, daß nicht ausgefallene Dinge und Ideen beim Rückblick in mir aufstiegen, und vor allem, daß Reinhold, mein Freund, am Sterbebett stand, und nicht mein geschiedener

Mann. Mir wurde bewußt, daß die Partnerschaft mit Reinhold meine intensivste Beziehung ist und daß es Liebe ist, getragen von gegenseitigem Annehmen, ohne den Wunsch, den anderen zu verändern.»

Ein Mann spürt seinen Eltern gegenüber Dankbarkeit: «Ich merkte, daß meine Eltern und Geschwister wieder in den Vordergrund traten. Ich spürte, daß wir uns im Grunde doch noch einiges zu sagen haben. Und mir wurde klar: Ich möchte auch keine andern Eltern haben, denn sonst wäre ich ja nicht ich.»

Einigen wird klar, daß sie intensivere Beziehungen zu Menschen haben möchten. Eine Studentin: «Als ich zurückblickte, habe ich gemerkt: Wenn ich mir Sorgen machte oder ängstlich war, zum Beispiel wegen meiner Examensprüfungen, das war überhaupt nicht wichtig. Im Rückblick war für mich nur wichtig, daß ich Nähe zu anderen Menschen hatte. Und zugleich habe ich gemerkt: Das ist etwas, wozu ich keine Zeit hatte. Etwas, was ich immer zurückstellte. Ich hab diese Nähe zu anderen Menschen immer wieder zurückgeschoben, und das spürte ich jetzt. Wenn ich so bedenke, wie verrückt ich mich wegen mancher anderen Sachen schon gemacht habe. Also das ist etwas, was ich in meiner Vergangenheit lieber anders gehabt hätte.»

Manche erkannten, daß sie zu wenigen Menschen ihre Hilfe angeboten hatten: «Ich empfand es als einen Mangel, daß das ‹Dienen› in meinem Leben bisher nicht vorhanden war. Ich fand es plötzlich *sehr* wichtig, daß ich mich mehr um andere Menschen kümmere, um Behinderte, Kranke oder Alte. Das ist ein völlig neuer Aspekt in meinem Leben, den ich bisher gar nicht gesehen habe.» Anderen wird bewußt, daß sie bisher zu selten Menschen ihre Zuneigung mitteilten: «Ich habe bei meinem Rückblick an Menschen gedacht, denen ich bis jetzt vergessen habe zu sagen, daß ich sie bewundere und liebe.»

«Ich merkte, daß manche ganz unscheinbaren Erlebnisse Höhepunkte waren.» Welche Erlebnisse waren neben den zwischenmenschlichen Beziehungen wesentlich? Meist waren es «Kleinigkeiten», die im Rückblick einen höheren Wert bekamen. Der

zweiundzwanzigjährige Thomas: «Ich merkte, daß manche ganz unscheinbaren Erlebnisse Höhepunkte waren. Das war nicht mehr meine Abiturfeier, sondern zum Beispiel eine Bootsfahrt in einem kleinen Ruderboot mit zwei Kolleginnen und einem Kollegen.» Für Susi waren es unbeschwerte Stunden in der Kindheit: «Mir fielen helle und schöne Bilder aus meiner Kindheit ein. Ich spürte den Frühlingswind um mich herum, eine Mischung von kühler und linder Wärme und spürte, daß ich nackte Beine hatte. Das Wonnengefühl, nach langen Wochen kratzender Strümpfe nun zum erstenmal wieder Socken anziehen zu dürfen. Und die Leichtigkeit, ein Kind zu sein und einen Kinderkörper zu haben und schwerelos gleichsam mit dem Wind mitlaufen zu können.» Auch für den neunundzwanzigjährigen Eberhard waren es Erlebnisse, die Erinnerungen an Gefühle der Leichtigkeit wachriefen: «Deutlich waren vor allem Situationen aus der Zeit, als ich noch spontan, fröhlich war und mir vor allem mehr Zeit nahm für mich selbst.»

«Das vergangene Leben war der Weg zu dem, was ich jetzt bin; das nehme ich an.» Menschen, die ziemlich bewußt gelebt hatten und vieles im Leben als wertvoll ansahen, konnten häufig die Geschehnisse ihres Lebens *insgesamt* annehmen. Ein Mann: «Der Rückblick auf mein Leben war schön. Ich wollte nichts ändern, weder Gutes noch Schlechtes.» – «Beim Rückerinnern war Ruhe, kein Schmerz, kein Bedauern, keine Schuld. Ich fand mich in früher Kindheit wieder und fühlte deutlich naive Freude am Dasein, wunderbar gelöst und heiter. Die Erlebnisse früherer Trennungen waren schmerzlos, unwichtig. Die himmlische Ruhe durchlebte alles, war allein wichtig; alles andere trat zurück.»

Menschen, die bei der Rückschau ihr Leben als befriedigend empfinden und annehmen können, haben oft das Gefühl, daß die Hindernisse zu ihrem Weg gehörten. Dieses Empfinden hatten selbst Menschen, die erhebliche Beeinträchtigungen in ihrem Leben erfahren und zum Teil schwere seelische Verletzungen erlitten hatten. Markus, einundsiebzig, mußte als Jude aus Deutschland emigrieren und lebte auf der Flucht vor den Nationalsozialisten in sechs Ländern. Dennoch sagt er: «Das vergangene Leben war der Weg zu dem, was ich jetzt bin; das nehme ich an. Das ist der Weg, den ich gehen mußte.»

Was gibt Menschen diese Stärke, trotz vieler schmerzlicher Erfahrungen die Schönheiten des Lebens sehen zu können? Mir fällt hierzu eine Äußerung des amerikanischen Psychologen Carl Rogers ein (16): «Mir scheint, daß man nur loslassen kann, wenn eine tiefe innere Erfahrung ganz akzeptiert wird. Dann kann die Person sie leichter hinter sich lassen und weitergehen.» Das Akzeptieren von seelischem Schmerz scheint eng mit seelischem Wachstum zusammenzuhängen. Offenbar werden dann Menschen fähiger, auch die Lichtseiten des Lebens deutlicher zu erleben und zu erinnern. «Als ich das Leben vor mir abrollen ließ, stiegen zuerst dunkle Bilder vor mir auf – Tage in der Kindheit und andere Frustrationen in meinem Leben. Da fühlte ich mich unendlich traurig. Doch plötzlich kam mir alles Schöne in den Sinn, Begegnungen mit Menschen, intensive Gespräche, Zärtlichkeit. Ich fühlte meine Fähigkeiten, meine Fähigkeit zu lieben, intensiv zuzuhören. Ich sah die Bilder vor mir, die ich malte. Ich hörte die Musik, die ich spielte.» – «Der Rückblick auf mein Leben war friedlich, obschon die Trauer nochmals heraufkam, keine eigene Familie und keine Kinder gehabt zu haben – aber es war ohne Bitterkeit.»

Ich denke, daß die innere Einstellung entscheidend ist: die Fähigkeit, das Leben, so wie es verläuft, mit seinen Schmerzen, aber auch Schönheiten anzunehmen, es als eine Möglichkeit der Entwicklung und Reifung anzusehen. Dies wird Menschen vor allem dann möglich, wenn sie sich so akzeptieren können, wie sie geworden sind.

Sie erkennen dann auch eher, wie sich aus dem bisherigen Erleben ihre Persönlichkeit entwickelt hat. «Ich habe festgestellt, daß ich mein Leben so durchleben mußte, wie es geschehen ist; mit allen Fehlern, die ich gemacht habe, mit allen Enttäuschungen, die ich erlebte. Ich sah mein ganzes Leben noch einmal, und ich fühlte, eigentlich war das gut so, so wie es war. Ich bereute nichts; wahrscheinlich würde ich wieder so leben. Und dann fühlte ich einen großen Frieden.»

«Ich habe häufig so gelebt, wie ich bin.» In diesem Satz kommt ein weiterer Gesichtspunkt zum Ausdruck, der mir auffiel: Wenn Menschen es wagten, so zu leben, wie es ihrer Persönlichkeit entsprach, wenn sie sich zu sich bekannten, echt waren, dann konnten sie eher mit ihrem Leben und mit sich selbst zufrieden sein und es als etwas annehmen, das auch mit allen schmerzlichen Erfahrungen, die sie gemacht hatten, zu ihnen gehörte.

Regina kann sich zwar annehmen, wünscht aber, sie wäre noch mehr sich selbst gefolgt: «In der Rückschau auf mein Leben konnte ich alles akzeptieren; es war gut so, wie es war. Nur hätte ich weniger nach den Werten und Normen anderer leben sollen – dies war so anstrengend. Und ich hatte die Erkenntnis, daß es nicht nötig gewesen wäre.»

Das Leben als belastend empfinden

Der Rückblick auf das Leben insgesamt, nicht nur auf einzelne Situationen, wurde von manchen als schmerzhaft empfunden.

«Ich hätte mir gewünscht, daß ich nicht immer für alles so hätte kämpfen müssen.» Oft wurde das Kämpfen als Grund für zuwenig Freude und zuviel Schmerz genannt. «Dieser Rückblick berührte mich außerordentlich – auch jetzt, wo ich das sage. Ich bin nicht eigentlich enttäuscht vom Leben, aber sehr sehr müde. Außer ein paar schönen Kindheitserinnerungen war mein Leben Kampf. Kampf um das innere Überleben. Je deutlicher ich die Situation anschaue, desto mehr Mühen sehe ich.» – «Mein Leben war über lange Strecken hinweg ‹mörderisch›. Fast wäre ich vernichtet worden. Ich habe soviel gekämpft.»

Was ist das für ein Kampf, der das Leben vieler Menschen so beherrscht? Worum geht es in diesem Kampf, welche Einstellung steht dahinter? Das Kämpfen für sinnvolle Ziele hat auch mein Leben im beruflichen Bereich über zehn Jahre lang geprägt. Erst langsam habe ich nach meiner ersten Sterbemeditation, in der mir dies bewußt wurde, gelernt: Arbeiten *für* etwas, für sinnvolle Ziele ist besser als das Kämpfen gegen etwas. Heute kann ich sehr intensiv für vieles arbeiten, ohne jedoch zu sehr darin verhaftet zu sein: Ich versuche, trotz meines Engagements auch gelassen zu sein. Ein anderer Grund für das Kämpfen mag bei vielen gewesen sein, daß sie sich gegen wirkliche oder vermeintliche Angriffe und Demütigungen zu wehren suchten, in Abwehrstellung waren, in großer Spannung, und daß sie ein mangelndes Vertrauen zu sich selbst hatten.

«Mein Leben war bisher voller Angst.» Einigen wurde deutlich, wie wenig innere Freiheit und Leichtigkeit sie bisher im Leben erlebt hatten und wie sehr sie durch Angst eingeengt worden waren. «Wie mein Leben so vor mir abzog, das war so voller Angst, so voller Schmerzen und Frustrationen», sagt eine Frau, 27. «Ich weiß, mein Problem ist die Angst. Immer nur Angst. Als kleines Kind und auch jetzt immer Angst. Ich versuche damit zu leben. Mich bedrückt fast, daß ich das Leben als viel schlimmer empfinde als den Tod. In der Meditation habe ich die Erfahrung gemacht, daß der Tod unheimlich friedlich sein könnte. So daß ich in meinem angstvollen Dasein eigentlich keine Angst mehr vor dem Tod haben muß.»

«Das ist mir sehr aufgegangen beim Rückblick: Diese kümmerlichen Sorgen! Was haben sie mit mir gemacht!» Vielen wurde klar, daß sie mit sich selbst sehr ungünstig umgegangen waren und sich durch zu viele unnötige Sorgen ihr Leben sehr erschwert hatten. «Das ist mir sehr aufgegangen beim Rückblick auf das Leben: Diese kümmerlichen Sorgen! Was haben sie mit mir gemacht! Und ich habe festgestellt: Es hat sich nie gelohnt. Ich möchte eigentlich noch mal meinen Lebensweg zurückgehen und mir immer wieder sagen: Es lohnt sich nicht, daß du dir um dieses oder jenes Sorgen machst.»

Viele hatten sich häufig vorgestellt, was an Schlimmem oder Schwierigem passieren könnte, steigerten sich in ihre Befürchtungen hinein und lebten so wenig in der Gegenwart. Sabine erkennt, daß sie durch diese Sorgen ihr Leben beeinträchtigt hat: «Beim Rückblick habe ich gedacht: Ja, warum hast du dir nur so viele Probleme gemacht?! Und warum hast du nicht mehr gelebt? Meine Kindheit würde ich genauso leben wollen. Aber dann habe ich zuviel gearbeitet und soviel problematisiert. Die Beziehungen mit Menschen sind schon gut gewesen, aber nicht so viele Probleme machen, und die dann auch noch für ‹das Leben› halten.» Ein Mann, achtundvierzig, sieht ein, daß ein größeres Vertrauen in den Fluß des Lebens ihm helfen kann: «All die Kümmernisse und Sorgen in meinem Leben lohnten sich nicht. Es hat sich immer irgendwie zum Guten gewendet. Ich wünsche mir sehr, daß ich von nun an mehr Vertrauen in mich, die Mitmenschen und die Umwelt haben kann und mehr annehmen kann, was das Leben bringt und mich nicht mehr um alles im voraus kümmere.»

Ein anderer Mann engte sein Leben durch zuviel Planung ein: «Rückblickend fand ich mich viel zu perfektionistisch in meinem Leben. Es mußte alles stimmen! Alles mußte gut organisiert sein. Das ist mir auch oft genug gelungen, aber: Wo ist dabei mein Leben geblieben?»

«Mir wurden die Unzulänglichkeiten in meinen zwischenmenschlichen Beziehungen bewußt, und das machte mich sehr traurig.» Bei denjenigen, die ihr Leben als belastend empfanden, waren häufig auch die zwischenmenschlichen Beziehungen eine Quelle des Schmerzes. «Beim Rückblick war das Erleben der Natur für mich sehr positiv. Aber negativ war der Streit mit Menschen, die sich völlig von mir getrennt haben.»

Manchen Teilnehmern wurde im Rückblick auch bewußt, daß sie im zwischenmenschlichen Bereich gleichsam «unterernährt» waren, daß dies ein wenig erfüllter Bereich ihres Lebens war. «Ich merkte, daß ich hier voller Sehnsucht und unerfüllter Wünsche stecke und daß diese mir tatsächlich große seelische Qualen bereiten.»

Ein Mann, 50, erkennt seine Unfähigkeit, sich anderen Menschen zu öffnen: «Ich wurde mir immer stärker bewußt, daß ich mich der Wärme, die mir andere Menschen bieten, nicht öffnen kann. Schließlich wurde ich so verzweifelt, daß ich es in der Meditation nicht mehr aushielt und aus dem Raum ging. Ich hatte das Gefühl, dazu verdammt zu sein, ein Stein zu sein, und daß alle Wärme und alles Verstehen nicht für mich ist. Ich fühlte mich kalt, völlig zu. So brachte mir dieser Rückblick auf das Leben mit voller Stärke meine innere Unfähigkeit zum Bewußtsein, mich anderen Menschen zu öffnen. Aber in den Gruppengesprächen danach half diese Erfahrung mir sehr, und ich kam einen Schritt heraus aus meiner Isolation.»

So wie dieser Mann sehen viele beim Rückblick die Beziehungen zu anderen Menschen klarer und erkennen ihren eigenen Anteil an den Schwierigkeiten. Eine Wirtschafterin in einem Krankenhaus: «Mir kam in den Sinn, was ich in diesem Leben falsch gemacht habe und was für ein Satansweib ich doch bin, daß ich bisher andere soviel gequält habe und ihnen nichts gab. Ich forderte immer nur und war egoistisch. Wenn mir das Leben stank und ich es als schwere Last empfand, dann war in Wirklichkeit ich, nur ich schuld. Meine Boshaftigkeit und Aggressivität anderen gegenüber waren himmelschreiend. Als ich dann gestorben war, war es mir unangenehm, gestorben zu sein, ohne mich mit den Menschen versöhnt zu haben. Dabei wollte ich ihnen doch noch sagen, wie weh es mir tut, sie verletzt zu haben. Ich konnte nur hoffen, daß sie mir das verzeihen.» Ich bin sehr davon beeindruckt, daß diese Frau sich selbst so ehrlich sehen kann und sich für ihr Verhalten verantwortlich fühlt.

Schmerzvolle Erfahrungen loslassen können? Ich habe mich gefragt, womit es zusammenhängt, daß manche Menschen soviel kämpften, sich sorgten, Angst hatten und ihr Leben als so schmerzhaft erfuhren. Ein Grund mag sein, daß die Lebensbedingungen dieser Menschen hart waren, daß zum Beispiel ihre Eltern sich verständnislos und ablehnend verhielten. Wichtig scheint mir auch zu sein, wie die Menschen in der Kindheit oder später mit Schwierigkeiten umgingen, ob sie sich ohnmächtig, deprimiert und gedemütigt fühlten und sich in sich zurückzogen oder ob sie trotz aller ungünstigen Erfahrungen Vertrauen zu sich entwickelten, sich selbst annahmen, aktiv waren und ihren Weg gehen konnten.

Und schließlich scheint es mir sehr bedeutsam zu sein, welche

Einstellung wir *heute* gegenüber unseren früheren Erfahrungen haben. Sind wir verbittert und voller Ärger darüber, denken wir immer wieder darüber nach, welches Leid uns angetan worden ist? Betrachten wir vor allem das Traurige und Schmerzvolle? Oder können wir diese schmerzvollen Erfahrungen als Teil, als Stationen unseres Lebens annehmen und sie dann loslassen? Können wir unseren Eltern, Mitmenschen und auch uns selbst das Vergangene verzeihen und vergeben? Wenn wir es schaffen, diese Erfahrungen als etwas anzusehen, was zu uns, zu unserer Entwicklung gehört, werden wir häufig fähig, auch die vielen positiven Ereignisse in unserer Kindheit oder in unserem späteren Leben zu sehen.

«Ich spürte, ich habe mein Leben zuwenig gelebt.» Einigen wurde klar, daß sie «viel versäumt», ihr Leben gar nicht richtig gelebt hatten. «Traurig machte es mich, daß ich mir so wenig Zeit genommen hatte für das, was mir Freude macht, für Begegnungen, die mir wohltun. Ich lasse mich oft leben von den Anforderungen und Erwartungen, die andere an mich stellen. Ich spürte, ich hatte mein Leben zuwenig gelebt. Und das bedrückt mich.»

Den neunzehnjährigen Schüler Boris schmerzt die Unvollständigkeit seines Lebens: «Bei der Rückschau auf mein bisheriges Leben fiel mir auf, daß ich bis jetzt noch nichts Bedeutendes vollbracht habe. Mein bisheriges Leben: Kindheit, Schule, Hobbies oder Ferien kamen mir höchstens wie eine Vorbereitungszeit für etwas Späteres vor.» Norbert, ebenfalls Schüler, erkennt, daß er zuwenig bewußt gelebt hat: «Als ich mein bisheriges Leben betrachtete, mußte ich feststellen, daß es nicht sehr viel bewußt Erlebtes enthält! Ich habe über viele Ereignisse unbewußt hinweggelebt.»

In der Tat scheint mir die Art, wie junge Menschen viele Jahre lang einen Großteil ihrer Zeit in der Schule verbringen müssen, von oft geringer Lebensqualität zu sein. Sie als wichtige Vorbereitungszeit für das spätere Leben anzusehen, fällt mir schwer, wenn ich bedenke, wie wenig von den vermittelten Inhalten wir tatsächlich später brauchen und wieviel wir für ein bewußtes Leben brauchen würden, es aber nicht in der Schule lernen.

Aber auch Menschen im vierten oder fünften Lebensjahrzehnt hatten den Eindruck, viel versäumt und zuwenig gelebt zu haben. Es fällt ihnen dann schwerer, ihr Leben loszulassen und den Tod anzunehmen. Sie haben das Gefühl: Das kann noch nicht alles gewesen sein, da fehlt doch noch Wichtiges. Andere möchten noch weiter an sich arbeiten. «Es war erschreckend für mich, mir bewußt zu werden, daß ich momentan noch nicht ‹Ja› zum Tod sagen könnte. Nicht, weil ich Angst vor dem Tod selber hätte oder weil meine Lebensfreude zu groß ist. Sondern weil ich mich noch so weit entfernt von meinen moralischen und religiösen Lebensgrundsätzen und Zielen fühle. Ich kann zu meinem Leben, meiner Umwelt und meinem Mitmenschen noch nicht voll ‹Ja› sagen. Ich möchte mich auch vor allem geistig und seelisch viel mehr entwickeln.»

Eine andere Frau: «Ich hatte dieses Gefühl: Ich bin noch nicht fertig mit meinem Leben. Ich bin noch nicht zu dem gekommen, was ich eigentlich meine, schaffen zu müssen. Es wäre zu schade, wenn ich das jetzt abbrechen müßte. Ich habe aber jetzt für den Rest meines Lebens ein Ziel, nämlich so weit zu sein, daß ich sagen kann: Ja, ich kann jetzt abtreten.»

Wie wollen Menschen ihr Leben verändern?

Nach dem Rückblick auf ihr Leben wurde den Teilnehmern in der Meditation folgende Frage gestellt: Was würdest du gern in deinem Leben anders machen? – Wie möchtest du dein künftiges Leben ändern?

«*Ich habe viele Fehler von mir erkannt und mir bewußt vorgenommen, vieles zu ändern, wenn ich es irgendwie kann.*» Unter dem Eindruck der Endlichkeit ihres Lebens wurde vielen im Rückblick klar, welche Fehler sie gemacht hatten, was «falsch gelaufen» ist, was bedeutsam und was letztlich unbedeutsam war, auch wenn es ihnen früher so wichtig erschien. So drängt es sie jetzt, aus dieser Erkenntnis Konsequenzen zu ziehen. Eine Frau: «Ich möchte es anders machen, um weniger Schmerzen zu haben, um mehr Freude zu empfinden und um reicher erleben zu können. Ich bin dankbar, daß mein Leben noch nicht beendet ist und daß ich noch Chancen zur Änderung habe.»

Eine andere Frau: «Mir wurde klar, daß ich bisher nicht so intensiv gelebt habe und daß ich etwas tun muß, um am Ende nicht das Gefühl zu haben, daß ich mein Leben umsonst gelebt habe. Eigentlich war es so, daß ich vieles nicht getan habe, daß ich vieles unterließ. Nach dem Rückblick hatte ich dann das erleichternde Gefühl, ich habe ja noch Zeit, mein Leben dahin zu verändern, menschlicher zu sein, mehr Wärme und mehr Verständnis zu geben.» So erwächst bei vielen aus den vergangenen schmerzlichen Erfahrungen und ihrer Bereitschaft, sie zu akzeptieren, eine Chance zur Weiterentwicklung.

Astrid hat viele Wünsche, ihr Leben zu ändern: «Es ging mir sehr nahe zu fühlen, daß ich das Leben gleichsam neu geschenkt bekomme und noch nicht endgültig sterbe. Ich hatte deutlich das Gefühl, mehr den Blick für das wirklich Wesentliche bekommen zu haben. Und ich spürte ein tiefes Gefühl von Dankbarkeit, noch leben zu dürfen. Ich möchte jetzt meinem Leben mehr Sinn geben können. Ich möchte mehr Liebe ausstrahlen, zu meinem Mann, meinen Kindern, meinen Freunden, zu mehr Menschen; sie so akzeptieren, wie sie sind; ich möchte andere nicht mehr verachten. Ich wünsche mir auch, mehr ich selbst sein zu können, keine Fassade mehr zu haben. Mich selbst gern zu haben.»

Welche Erkenntnisse wollen nun die meisten in ihrem zukünftigen Leben umsetzen? Wohin wollen sie sich entwickeln?

«Ich möchte noch bewußter, noch wahrer leben, in jedem Augenblick, in meinem Fühlen und Tun», sagt eine Frau. Dieser Wunsch nach größerem Bewußtsein wird von vielen genannt. Sie fährt fort: «Ich habe erfahren, daß ich mein Leben nicht bewußt erlebe. Jeder Tag zieht wie der andere vorüber. Auch wenn ich frei habe, sitze ich nur zu Hause herum. Ich bin häufig viel zu ‹geizig› mit mir selbst. Und das möchte ich nun ändern! Ich möchte von nun an ‹mein Leben leben›. Damit ich vor meinem Tod sagen kann, auch wenn dies schon bald wäre: ‹Ich habe gelebt!›»

Ein Mann sieht für sich folgende Möglichkeiten, intensiver zu leben: «Um bewußter zu leben, werde ich versuchen, noch deutlicher zwischen dem mir Wichtigen und Unwichtigen zu unterscheiden. Und ich möchte noch bewußter das Sterben leben. Meine kleinen Abschiede von Menschen, die ich liebe, als Chance hinnehmen, Sterben eben nicht zu verdrängen, sondern bewußt zu leben.» Durch das Bewußtsein des dauernden Abschieds wird er bewußter für das gegenwärtige Sein.

«Ich will mein Leben mehr von innen leben. Ich habe bisher viel Eigenes verdrängt», sagt eine Frau. Wie sieht dieses «von innen leben» aus? Für diese Frau bedeutet es: «Was wirklich ist, ist Liebe, Geben und Nehmen. Jetzt fühle ich dazu eine Chance.» Für andere bedeutet es, weniger abhängig von äußeren Bedingungen zu sein, sich weniger von anderen bestimmen zu lassen.

«Ich habe vieles wegen der Leute getan, um ihnen gerecht zu werden, und ich habe nicht genügend auf mich selbst gehört. Ich denke, daß ich hier das Gleichgewicht erst noch finden muß: mich selbst finden, aber auch die anderen nicht verlieren. Ich möchte in meinem Leben Gelassenheit erreichen und damit auch dieses In-sich-selber-Ruhen.»

Eine Frau möchte mit ihrem Inneren dadurch mehr im Einklang leben, daß sie ihre Einstellung zu den Geschehnissen in ihrem Leben verändert: «Ich möchte lernen, Schwierigkeiten besser zu akzeptieren und mehr Sinn darin zu sehen, und nicht soviel aufbegehren, gegenankämpfen. Ich möchte die Menschen mehr lieben und alle Orte, wo es Kampf und Streit gibt, mehr meiden. Ich muß mich ja nicht nach vorne boxen, ich muß ja nicht meinen Willen unbedingt durchsetzen, ich brauche nicht überall Bescheid zu wissen.»

Befriedigendere und tiefere zwischenmenschliche Beziehungen wollten viele anstreben. «Mir wurde bewußt, daß ich mehr aus mir herausgehen und mehr auf Menschen zugehen muß. Das fällt mir sehr schwer. Ich möchte Leute einfach ohne Angst ansprechen können und intensiv in diesen Augenblicken leben.» Der siebenundzwanzigjährige Wilhelm: «Ich möchte, ja ich muß versuchen, Freunde zu finden, denen ich sehr nahe sein kann. Bei denen ich mehr kann als nur über Frauen, Fußball oder Autos reden. Eigentlich war diese Sterbemeditation eher eine Lebensmeditation, eine Meditation über mein bisheriges Leben.»

Eine Frau, 24: «Wenn ich über die gestrige Meditation nachdenke, so fällt mir sehr auf, daß ich keine Vorstellung von Menschen hatte, die mir nahestehen. Und ich stelle mir nun die Frage: Welches Verhältnis habe ich eigentlich zu meinen Mitmenschen und zu den Menschen, die mir am nächsten stehen?» Etwas später schreibt sie: «Die Bedeutung und den Wert menschlicher Beziehungen habe ich bisher nicht genug gesehen. Und über mich selbst habe ich erfahren, daß ich über vieles in meinem Leben zu flüchtig hinweggehe. Ich habe mir jetzt vorgenommen, zwischenmenschliche Beziehungen mehr zu pflegen.»

Andere erkannten, daß ihre Beziehungen zu wichtigen Personen ungeklärt waren. Eine Schwesternschülerin, 21: «Was mich immer noch beschäftigt, das ist die Art und Weise, wie ich beim Sterben den Abschied aus unserer Gemeinschaft empfand. Meine Gefühle der Gemeinschaft gegenüber waren eher indifferent – so etwa im Sinne von: Jetzt verliert ihr eine Arbeitskraft, eine, die noch mitgeholfen hätte, die Gemeinschaft zu tragen. Ich konnte mir nicht vorstellen, daß jemand um mich weint. So habe ich seither viel über die Beziehungen in der Gemeinschaft nachgedacht. Ich bin wirklich sehr gerne dort; aber es gibt da jetzt einiges zu klären und eventuell auch zu verändern.»

Einem Mann wurden im Rückblick auf die Abschiedsszene vor allem ungeklärte Beziehungen zu Angehörigen bewußt. «Die Leute an meinem Sterbebett haben mir Schwierigkeiten gemacht. Ich mußte sehen: Da ist noch sehr viel zu sagen, zu erledigen. Konflikte, die ich noch nicht gelöst habe. Und das ist ein Hinweis für mich, was ich noch zu erledigen habe, und mir ist bewußt geworden: Es ist eine gute Sache, es jetzt zu tun.» Gisela über die Partnerschaft zu ihrem Mann: «Ich muß mit meinem Mann reden und ihm viel mehr Liebe und Verständnis geben. Ich möchte ihn eines Tages an meinem Sterbebett nicht so bedrückt hinterlassen.»

Änderungen im Beruf. Es hat mich erstaunt, daß nur sehr wenige Teilnehmer beim Rückblick auf das Leben berufliche Belange nannten und dort Änderungen wünschten. Wurden Änderungen angestrebt, so war es meist der Wunsch, mehr mit den Händen statt im Büro zu arbeiten, etwa zu tischlern oder in sozialen Berufen Menschen mit Liebe und Fürsorge zu dienen.

Ich vermute, daß unser jeweiliger Beruf nur in geringer Beziehung zu unserem inneren Leben, zum inneren Wachstum steht. Entscheidender scheint die Art zu sein, *wie* wir an unserem Arbeitsplatz mit uns selbst und mit anderen Menschen umgehen. Ich möchte an zwei Beispielen zeigen, was Menschen künftig in ihrem Beruf ändern wollen.

Ein Manager in einem größeren Betrieb, 46 Jahre: «Als ich auf mein berufliches Leben zurückblickte, sah ich nichts als Halbherzigkeiten. Ich will da jetzt etwas ändern. Ich möchte nicht in der Stunde meines Todes so auf mein berufliches Leben zurückblicken müssen.» Was meint er mit Halbherzigkeiten? Oberflächliche Kontakte, die nur einem bestimmten geschäftlichen Zweck dienen? Beziehungen, die keine echte Begegnung enthalten? – Die Lehrschwester Julia: «Als ich auf mein bisheriges Leben zurückschaute, ist mir bewußt geworden, was ich an mir selber ändern möchte. Ich möchte in meinem Beruf den Menschen helfen. Ich merke aber, daß ich irgendwie zu oberflächlich an sie herantrete. Ich befasse mich zuwenig mit ihnen, als daß ich ihnen wirklich in allem beistehen könnte.»

«Als ich mir vorstellte, was ich zukünftig anders machen würde, war meine einzige Antwort: mehr lieben.» Anderen und sich selbst mehr Liebe zu geben, ist für manche *die* wesentliche Möglichkeit, sich zukünftig mehr zu verwirklichen und tiefere Beziehungen zu haben. «Also, mir hat diese Meditation gezeigt, daß mein Problem nicht eigentlich das Sterben, sondern das Leben ist», sagt eine Frau. «Ich bin froh darüber, daß ich jetzt heimgehen werde und daß ich Freunden jetzt etwas Liebes sagen kann. Mir ist klargeworden, daß ich ihnen ohne diese Vorstellung meines Sterbens diese Liebe nicht geben würde. Ich glaube, meine Schwierigkeit liegt in diesem Unerledigten, das ich mit mir herumtrage: daß ich eigentlich Liebe geben möchte.» Und eine andere Frau schreibt: «Als ich mein bisheriges Leben durchdachte, stellte ich mit Schrecken und mit Traurigkeit fest: Ich habe in meinem Leben viel zuwenig gelebt. Und als ich mir vorstellte, was ich zukünftig anders machen würde, war meine einzige Antwort: mehr zu lieben, andere und mich selbst.»

Das Ende der Meditation: Rückkehr und Rückblick

Zurückkommen

Was empfinden Menschen, die das eigene Sterben in der Vorstellung intensiv erlebten, wenn sie in die Wirklichkeit zurückkehren und sich bewußt werden, daß ihr Leben weitergeht?

«Ich bin jetzt hier in das Leben zurückgegangen mit dem Gefühl: Alles, was ich empfinden darf, ist ein Geschenk.» Die meisten erlebten die Rückkehr mit intensiver Freude auf das Leben. «Als ich wieder die Augen öffnete, war ich ruhig und gelöst. Ich war froh, daß ich wieder hier auf der Erde war. Ich möchte das Leben noch leben, soviel erfahren und erleben, mich an Kleinigkeiten erfreuen und ganz einfach glücklich sein, daß ich existiere, daß es mich und die anderen, die Erde gibt. Ich freue mich auf das Leben. Ich habe es noch vor mir und möchte es intensiv genießen können.» – «Ich bin jetzt hier in das Leben wieder zurückgegangen mit dem Gefühl: Alles, was ich empfinden darf, ist ein Geschenk», sagt eine Frau. «Das nehme ich auch gerne an. Trotzdem bin ich bereit zu sterben, mit einem Gefühl von Freude und Dankbarkeit.»

«Das Schwierige für mich war das Zurückkommen.» Einige spürten beim Zurückkommen in das Leben eine starke innere Belastung. Sie hatten das Sterben eher als Befreiung von einem Leben erfahren, das für sie eine Last mit vielen Ängsten und Sorgen war. Klaus, 32, sagt im Nachgespräch: «Das Schwierige für mich war das Zurückkommen.» Helfer: «Was war es, was Ihnen so schwerfiel?» Klaus: «Es ist einfach zu sagen: Hier im Leben

sind die größeren Anforderungen und Belastungen. Für mich wäre es einfacher wegzugehen.»

Ein siebenundvierzigjähriger Arzt fühlte sich in seinem vorgestellten Tod sehr geborgen. Aber dieses Gefühl wird durch die Rückkehr aus der Meditation unterbrochen: «Plötzlich stand ich wieder auf der Erde. Darüber war ich nicht glücklich. Das Atmen, das Gehen, das Sein an sich fielen mir unheimlich schwer. Das Leben war wie mit Bleiklötzen beladen. Die umgebende Luft war wie zäher Brei, durch den ich gehen mußte. Ich hatte anfangs den Wunsch, daß doch diese beschwerliche verbleibende Lebenszeit nicht lang ausgedehnt werden möchte. Ich erinnerte mich sehnsüchtig an die eben erlebte Geborgenheit. Aber dann fühlte ich es als einen Auftrag, dieses beschwerliche Sein fortzuführen. Und nach meiner Entscheidung für dieses verbleibende Leben ging es deutlich leichter.»

Ich habe mich gefragt: Tritt der Wunsch, nicht in das Leben zurückzukommen, eher bei denen auf, die häufiger an einen Freitod dachten oder schon versucht haben, ihr Leben zu beenden? Wird dieser Wunsch vielleicht durch die Meditation verstärkt? Das Gegenteil scheint der Fall zu sein. Mehrere Personen, die uns von früheren Selbsttötungsversuchen berichteten, erfuhren in der Sterbemeditation einen für sie überraschenden und beglückenden Willen zu leben. Vielleicht waren sie durch das *erlaubte* Loslassen ihres Lebens in der Meditation offener geworden, auch ihren Wunsch nach Leben zu spüren. Eine Frau hatte vor einiger Zeit versucht, ihr Leben zu beenden. Für sie war die Sterbemeditation von besonderer Bedeutung: «Ich habe in der Meditation alles losgelassen. Und ich kam dann an einen Punkt, da zog mich etwas zurück. Damals, als ich mir das Leben nehmen wollte, wollte ich gar nicht wieder zurück. Aber heute war es so, daß *ich* gesagt habe: *Ich möchte* wieder zurück. Ich spürte, daß da eine Menge Lebensenergie in mir ist und auch weiter in mir bleiben wird.»

Rückschau auf die Erfahrungen in der Meditation

Was denken Menschen über ihre Erfahrungen während der Sterbemeditation? Wie erleben sie nachträglich die Konfrontation mit dem eigenen Sterben? Was bedeutete ihnen die Auseinandersetzung mit dem bisherigen Leben?

85 Prozent von 240 Teilnehmern sagten vier Wochen später in einem Nachbefragungsbogen aus, daß ihnen die Meditation gut oder sehr gut getan habe. 91 Prozent sahen sie als wertvolle und förderliche Erfahrung an und würden sie weiterempfehlen. In den Untersuchungsbefunden ergab sich ferner: Die Meditation hatte bei vielen zu einer wesentlichen Verminderung ihrer Angst vor dem Sterben geführt.

Die Hauptauswirkungen erlebten die meisten jedoch in einer bedeutsamen Hilfe für ihr *Leben*. «Es war eine ganz enorme Erfahrung, so eine Art Reinigung. Ich hatte das Gefühl, als wäre ich neu geboren.» – «Es war schön für mich zu erfahren, daß das Befassen mit dem eigenen Sterben ein Sich-Befassen mit dem Leben ist.»

Ich möchte nun auf einige Einzelheiten der Meditationserfahrungen eingehen, die von Teilnehmern als sehr wesentlich bezeichnet wurden.

«Ich habe auf diesem Wege mein Inneres besser kennengelernt», schreibt eine Frau, 36, und fährt fort: «Ich habe das Gefühl, jetzt mehr über mich zu wissen als vorher. Die Sterbemeditation hat mich meinem persönlichen, meinem inneren Ich nähergebracht.»

Der Rückblick auf das Leben zeigte vielen, daß sie ihr Seelisches vernachlässigt hatten; sie verspürten den Wunsch, dies zu ändern. «Ich bin überzeugt, wenn ich besser zu mir ‹ja› sagen kann, daß ich dann auch besser ‹ja› zu meinem eigenen Tod sagen kann. Dieser Rückblick hat mich bestärkt, in dieser Richtung an mir zu arbeiten, mich mehr anzunehmen und mehr zu mir zu stehen. Der Rückblick zeigt mir, wie wichtig es für mich ist, mich mehr zu akzeptieren, in mir selber mehr Ruhe und Frieden zu erhalten und dadurch Anerkennung durch mich selbst. Dann werde ich auch offener für andere sein und nicht ständig Zuwendung von außen erwarten.»

Einem Mann, 32, wird bewußt, daß es bedeutsam für ihn ist, sich nicht von anderen bestimmen zu lassen: «Ich will mein Leben vermehrt aus den Händen der anderen in meine eigenen Hände nehmen. Und wenn ich irgendwelche Umstände nicht ändern kann, muß ich eben suchen, mich selbst zu ändern.»

Sich nicht an Einzelheiten des Alltags zu klammern war für manche von großer Bedeutung: «Ich spürte sehr stark, daß ich dieses Mich-Loslassen auch im Leben möchte, nicht erst im Tod. Wenn ich soweit komme, daß ich die anderen loslassen kann und sie mich loslassen, so können wir alle mehr zu uns selber kommen, mehr für uns tun und so auch mehr füreinander sein.» Loslassen bedeutet für sie, den Menschen und sich selbst Freiheit zu geben und so bewußter leben zu können. Ein Mann: «Meine Erkenntnis beim Rückblick auf das Leben ist: Loslassen! Nicht festbeißen! Schmerzliches und auch Beglückendes nicht so wichtig nehmen. Die eigentliche Freude ist leise, still, leicht und licht; ich kann sie sonst leicht überhören.»

Andere Bedeutungen sehen. Durch die Begegnung mit dem Sterben und die Auseinandersetzung mit dem bisherigen Leben bekommen die vergangenen Erfahrungen einen anderen Wert und helfen dem einzelnen in seinem zukünftigen Leben: «Ich glaube, daß mir diese Sterbemeditation hilft, meine restlichen Tage klarer zu sehen, Spreu vom Weizen zu trennen, mit anderen Maßstäben zu messen, mir Zeit zu nehmen für die Stille und meine religiöse Entwicklung zu intensivieren.» – «Als ich auf mein Leben zurückblickte, da habe ich die Erfahrung gemacht, daß viele Sachen in meinem Leben einen ganz anderen Stellenwert bekamen. Positive Begegnungen oder schöne Erlebnisse wurden verstärkt. Und andererseits war auch Wehmut in mir, daß Sachen, die schiefgelaufen sind, so gelaufen sind. Was mich am Schluß sehr glücklich gemacht hat, war die Erfahrung: Der Weg, auf dem ich mich befinde, ist für mich richtig.»

Die intensive Vorstellung des eigenen Todes und der Rückblick auf das Leben führen offensichtlich dazu, daß sich Einstellungen, Haltungen und das Bewußtsein von Menschen ändern. Ähnliches ergab sich auch in den Untersuchungen des amerikanischen Psychologen Kenneth Ring (13): Menschen, die durch Unfall oder Krankheit in die Nähe des Todes gekommen waren, berichteten, daß diese Erfahrung zu positiven Veränderungen in ihrem Leben führte.

«Ich habe gemerkt, daß ich ‹loslassen› kann, und es hat mir nichts ausgemacht zu sterben.» Die Meditation brachte für viele nicht nur mehr Offenheit und Hilfe für das Leben. Auch ihre Einstellung zum Tod änderte sich; er verlor in ihrem Erleben an Bedrohlichkeit. Die Verringerung der Ängste vor dem Sterben wird als befreiend empfunden. «Ich bin zu der Erkenntnis gekommen, daß es sehr schön sein kann, wenn ich sagen darf: Es ist jetzt soweit», sagt die Schwesternschülerin Katrin. «Ich fühle mich ganz ruhig und total glücklich in dem Gedanken: Ich kann jetzt sterben. Ich bin zufrieden mit meinem bisherigen Leben.»

Viele Teilnehmer erfüllt diese Erfahrung mit Erstaunen. «Ich habe keine Angst vor dem Sterben. Ich staune, daß ich diese Worte so sagen kann; aber es stimmt einfach.» Manche Leser mögen dieser angstfreien Erfahrung gegenüber skeptisch sein. Dabei war die Vorstellung des Todes sehr intensiv und konkret, und viele hatten das Gefühl, tatsächlich zu sterben. Es gibt Hinweise darauf, daß das Sterben und der Tod auch in der Realität ähnlich angstfrei erlebt werden können. So gaben zum Beispiel die meisten Personen mit Todesnähe-Erlebnissen in Kenneth Rings und Michael Saboms Untersuchungen an, daß sie vor dem Ende des Lebens keine Angst hätten (13, 18).

Wie aber läßt sich dann die Tatsache erklären, daß Menschen in vielen Kulturen seit Jahrtausenden große Angst vor dem Sterben haben? Die Gründe scheinen mir vor allem in der oft mit der Vorstellung des Todes verbundenen Angst vor körperlichen Schmerzen, vor den Qualen der Krankheit zu liegen. Hinzu kommt, daß Sterben oft auch als Strafe angesehen und daß den Menschen in manchen Religionen Ängste vor der Zeit nach dem körperlichen Tod eingeflößt wurden und werden. Schließlich kommt die schmerzvolle Trennung von Menschen, Aktivitäten, Besitztümern und Zielen hinzu.

Sind Menschen jedoch entspannt, sei es in der Sterbemeditation oder in der realen Situation, und brauchen sie keine großen körperlichen Schmerzen zu erdulden, dann fällt eine wichtige Ursache der Angst fort. Weiterhin vermindert sich die Angst, wenn Menschen sich vorher mit dem Tod auseinandergesetzt haben, wenn sie weitgehend bewußt lebten und ihr Leben annehmen konnten. Ist dies alles gegeben, dann scheint es möglich zu sein, daß Sterben ohne Angst erfahren werden kann. So empfinden auch Menschen, die im Meditieren geübt und somit eher gewohnt sind, loszulassen und offen zu sein für andere Bewußtseinszustände, erheblich weniger Angst vor dem Sterben (3, 35).

Die Auswirkungen der Meditationserfahrungen auf das tägliche Leben

Was änderte sich bei den Menschen, die an der Sterbemeditation teilnahmen, in den nachfolgenden Monaten? Was konnten sie von dem, was sie als Fehler, als Schwächen erkannt hatten, in ihrem Alltag verändern? Welche Wünsche konnten sie verwirklichen? Drei Monate nach der Meditation baten wir 173 Teilnehmer, einen Untersuchungsfragebogen auszufüllen (9).

Die erste allgemeine Frage lautete: «Hat sich seit der Meditation in Ihrem / Deinem konkreten Alltag etwas verändert?» Die Teilnehmer schilderten hier in freier Form, ob und was sich in ihrem Alltag gewandelt hatte. 69 Prozent der Teilnehmer berichteten über Änderungen in ihrem Leben. Alle bewerteten diese Veränderungen positiv.

Ferner gaben 71 Prozent an, daß sich ihre Bereitschaft, etwas in ihrem Leben zu verändern, verstärkt habe. Viele schrieben, daß sie noch Wochen und Monate danach über ihre Erfahrungen in der Sterbemeditation nachdenken mußten. Durch Gespräche mit anderen vertieften sich ihre Erfahrungen.

Ich möchte zunächst die Antworten einiger Teilnehmer im ganzen wiedergeben. Danach wende ich mich einzelnen Bereichen zu, in denen sich die Teilnehmer veränderten.

«Die Meditation hat mein Leben sehr verändert», schreibt eine Frau. «Auch die Menschen, die mir nahestehen, haben es bemerkt. Die Veränderung betrifft meine Person und das Zusammensein mit anderen Menschen, die mir wichtig sind. Unmittelbar nach der Meditation hörte ich wieder verstärkt auf mich und meine Interessen. Ich setze mich nun viel stärker mit meinem

jetzigen Tun auseinander. Ich versuche auch verstärkt, auf meine Intuition zu hören und nicht alles durch den Kopf zu steuern. Dies bringt Handlungen hervor, die mich zum Teil erstaunen und die auf andere so wirken, daß ich offener bin. Durch dieses Zulassen bin ich auch bereiter und offener geworden, mehr über mich zu erfahren und mich auch manchmal einfach so anzunehmen, wie ich bin. Durch die Meditation ist auch ein Wunsch in mir ganz stark geworden: mehr Einklang in mir zu finden, so wie ich ihn während der Meditation erlebte – diese Ruhe in mir zu erleben, frei von Angst. Das Loslassen übe ich jetzt und stelle meine Grenzen fest, denn oft ist meine sogenannte Verlustangst noch sehr stark. Ich bin dankbar für die Erfahrung und versuche, die Möglichkeiten zu nutzen, die mir durch die Meditation aufgezeigt wurden.»

Bei einem Mann führte die Sterbemeditation zu schmerzhaften, aber von ihm als wichtig und positiv eingeschätzten Erkenntnissen: «Da das Erlebnis der Sterbemeditation in mein fünfzigstes Lebensjahr gefallen ist, hat es eine ohnehin vorhandene Unruhe verstärkt. Es ist für mich schmerzlich, mir bewußt zu werden, wie viele Jahre des bisherigen Lebens nicht von mir gelebt wurden. Was ich verpaßt habe, kann nicht durch die materiellen Erfolge und durch Erfolge im Beruf kompensiert werden. Durch meine mangelnde Fähigkeit zur menschlichen Zuwendung habe ich Nähe, Wärme und Liebe nicht erlebt, obwohl ich sie immer erhofft und ersehnt habe. Seit der Sterbemeditation beginnt sich dies zu ändern. Ich glaube, nachholen zu müssen, obwohl mir klar ist, daß ein Nachholen nicht möglich ist. Es bleibt mir nur ein Neubeginn. Der ist schwierig und heikel, aber auch aufregend und schön.»

Der Bericht des zweiundfünfzigjährigen Martin, Vater von drei Kindern und seit zwei Jahren an Krebs erkrankt, zeigt sehr komplexe Änderungen: «Die Sterbemeditation ist für mich ein weiterer sehr wichtiger Schritt gewesen», schreibt er, «ein Schritt auf dem Weg zu einem bewußteren und intensiveren Leben, auf dem ich schon seit zwei Jahren bin. Auf diesem Weg verändert sich folgendes in mir: Ich bemühe mich, für meine Seele zu sorgen, indem ich Gefühle und Ängste besser wahrzunehmen und zuzulassen suche und keine Scheu mehr habe, mit anderen offen darüber zu sprechen. Ich nehme mir noch mehr Zeit für Liebe und Zuwendung, auch für Beziehungen außerhalb von Ehe und Familie, und kann mich mit meiner Frau darüber offen austauschen. Ich kann mich besser annehmen, auch meine Unzulänglichkeiten. Ich gehe besser mit mir um, lasse mehr zu, höre mehr auf meinen Körper und versuche, besser für ihn zu sorgen, durch vegetarische Kost, durch Bewegung in frischer Luft, durch Schwimmen und Sauna, durch mehr Schlaf und weniger Stress. Ich lebe mehr im Jetzt; ich bin zufriedener. Und ich bin offener für die Erfahrungen anderer. Das Leben erscheint mir kostbarer und sinnvoller. Es fällt mir leichter, Wesentliches vom Unwesentlichen zu unterscheiden und mich von dem Unwesentlichen zu trennen.»

«Es war eine fundamentale Lebenserfahrung, diese Sterbemeditation», sagt die vierunddreißigjährige Lehrerin Marianne. «Ich habe Leben anders verstehen gelernt, und ich ahne, wie kostbar die noch verbleibende Zeit für mich ist, wie lang oder kurz auch immer. Ich versuche, jeden Tag so einzurichten, daß er mir lebenswert erscheint.»

Im folgenden möchte ich einzelne Änderungen darstellen, die die Teilnehmer in den drei Monaten nach der Meditation bei sich wahrnahmen.

Größere Bewußtheit, andere Werte und mehr Gelassenheit

«Ich glaube, daß ich bewußter, intensiver lebe», schreibt eine Frau. «Heute nehme ich viel deutlicher und intensiver wahr, auch meinen Körper. Manchmal glaube ich, meine Umgebung das erste Mal richtig wahrzunehmen. Ich bin durch diese Meditation sensibler geworden, wacher für das, was in mir ist, und für das, was mich umgibt. Ich lerne, immer besser auf mich zu hören, und versuche, so zu leben, wie es für mich stimmt.»

Viele nannten eine größere Bewußtheit und Wachheit für die Gegenwart als bedeutsame Änderung, zu der die Konfrontation mit dem Sterben bei ihnen geführt hatte. «Ich suche bewußter zu leben, den Augenblick zu genießen, weniger am Gestern zu hängen und mir auch weniger Sorgen um die Zukunft zu machen. Dennoch lasse ich mich nicht gehen; ich bin verantwortungsbewußt. Aber ich verpasse nicht mehr die Gegenwart vor lauter Gestern und Morgen. Ich bin ruhiger geworden in meinem Inneren, habe mehr Sicherheit und Vertrauen. Ich probiere jetzt, noch mehr offene Ohren und Augen zu haben für meine Mitmenschen. Dabei setze ich auch durch, für mich selbst Zeit zu haben.»

Für eine einundvierzigjährige Angestellte, die nach geschiedener Ehe mit ihren zwei Kindern allein lebt, war die Sterbemeditation eine hilfreiche Erfahrung, in ihrem Alltag bewußter und ruhiger zu leben: «Ich bin sehr dankbar, daß ich jetzt noch die Möglichkeit habe, bewußter zu leben, zu sehen, was für mich wichtig ist, und nicht einfach die Tage über mich rollen zu lassen. Und wenn ich mich wieder zu allzu vielen Terminen hinreißen lasse, dann mache ich mir klar, daß ich das alles ja nur flüchtig erleben kann, weil es zuviel und zu schnell aufeinander folgt. So lebe ich mehr im Jetzt und erlebe jeden Tag bewußter. Es ist aber eine Entwicklung, die vor drei oder vier Jahren begann, und die Sterbemeditation war ein Teil davon, allerdings ein sehr wichtiger. Sie war mir auch dabei behilflich, die Vergangenheit anzunehmen, ohne zu hadern, mit mir und mit den Umständen, und auch den Schmerz mehr anzunehmen.» Dann schreibt sie, was ihr geholfen hat: «Ich kann es als mein Leben annehmen und als einen Weg des Lernens sehen. Ich habe erfahren, daß ich die Möglichkeit habe, mich zu ändern, mich zu entwickeln, und daß ich dazu auch noch Zeit habe.»

So erfuhren viele, daß die Beschäftigung mit Sterben und Tod und das Akzeptieren ihrer Endlichkeit nicht zu einer Abwendung vom Leben, sondern zu einem intensiveren Erleben der Gegenwart, zu einem volleren Gewahrwerden ihrer selbst und ihrer Lebenssituation und zu dem Wunsch führte, vieles in ihrem Leben zu ändern.

«Ich habe jetzt das Bedürfnis, mehr Zeit aufzuwenden, um in mich hineinzuhorchen und in mir zentriert zu sein. Seit der Sterbemeditation verspüre ich wieder solche Ansätze von einem tiefen Zufriedenheitsgefühl.» Durch die Sterbemeditation sahen viele Teilnehmer ihre Möglichkeiten deutlicher, mehr von innen und weniger von außen gelenkt zu leben und in sich selbst mehr Geborgenheit zu finden. Eine Frau: «Ich habe inneren Frieden gefunden. Gewiß gibt es noch Rückfälle. Aber ich weiß, daß ich ihn wiederfinden kann, durch Schweigen und Annehmen meines Alleinseins. Das gibt mir Sicherheit für meinen Weg. Ich übe das Loslassen der Menschen und der Dinge. Ich habe Geborgenheit in mir gefunden. Es gelingt mir öfter als früher, in beengenden Situationen gelassener zu sein. Ich habe nicht mehr das Gefühl, daß ich im Leben etwas verpasse.»

«Mich hat in den vergangenen Monaten immer wieder intensiv die Frage beschäftigt, was mir überhaupt wichtig ist», sagt ein Student. Die Konfrontation mit der Endlichkeit und der Rückblick auf das Leben führten oft dazu, daß die Teilnehmer Wichtiges von Unwichtigem eher trennen konnten, daß sie deutlicher wahrnahmen, was für sie wesentlich ist. Sie sahen ihr Leben mit wacheren Augen. Ein Mann, 35: «Ich fing nach der Sterbemeditation an zu weinen, weil ich mich in meinem Leben über so viele Dinge geärgert habe und soviel Zeit damit vertan habe. Daß ich vielen Dingen so verhaftet war, sie so wichtig genommen habe und mein eigenes Leben zu wenig wichtig. Seit der Sterbemeditation sehe ich die Umwelt und mich distanzierter, oder besser gesagt, gelassener. Ich kann vieles mehr loslassen, vieles berührt mich nicht so sehr; ich sehe es in anderen Bedeutungen. Manchmal frage ich mich direkt: Wird es dir auch noch wichtig sein, wenn du einmal Abschied vom Leben nimmst und im Sterben bist und daran zurückdenkst? Die Meditationserfahrung hat mir klargemacht, daß ich mich ändern muß.» Die Meditation half ihm und anderen, das eigene Leben umfassender zu sehen und dadurch mehr Gelassenheit zu gewinnen.

Manche Teilnehmer verstehen nach der Meditation ihr Leben mehr als eine Möglichkeit, seelisch zu reifen. Das bedeutet für sie, daß sie Unangenehmes im Leben nicht mehr so stark ablehnen, sondern Schwierigkeiten als Herausforderung zur persönlichen Reifung ansehen. Andere Teilnehmer erfuhren durch die Meditation eine Bestätigung und Vertiefung ihrer religiösen Einstellung und wurden angeregt, mehr nach dem Sinn ihres Lebens zu suchen.

«Ich kann das Leben eher annehmen und bin bereiter zu leben», sagt eine Frau, 30. «Ich denke seit der Sterbemeditation nicht mehr so schnell an Selbstmord. Das habe ich früher des öfteren versucht. Ich gebe nicht gleich auf; und wenn ich in meinem Alltag zu sehr aufgehe und merke, es geht bergab, dann finde ich schneller zur Gelassenheit zurück, wenn ich mich frage: Was ist *jetzt*? Das ist etwas ganz Praktisches, um bewußter in der Gegenwart zu leben und um besser mit mir klarzukommen.»

Es hat mich erstaunt, wie viele Teilnehmer berichteten, daß sie in den folgenden Wochen und Monaten lernten, mit sich selbst besser umzugehen – wahrscheinlich eine Folge von größerer Bewußtheit und innerer Geborgenheit. «Am konkretesten verändert hat sich meine Einstellung zum Kinderwunsch», sagt die dreißigjährige Gabriele. «Seit der Meditation kann ich nun gelassener damit umgehen, daß ich keine Kinder mehr werde bekommen können. Ich kann es jetzt annehmen.»

Eine Ärztin: «Ich kann jetzt aushalten, was mich umgibt, und vor allem: Ich kann mich selbst aushalten. Auch im Beruf bin ich ruhiger geworden. Ich brauche anderen nicht mehr mein ‹Medizinwissen› überzustülpen. Ich kann vieles zulassen. Das bemerkten auch meine Mitmenschen. ‹Die Hast, die Unruhe ist von dir weg›, hieß es. Und dabei habe ich weder die Welt, die Scheidung von meinem Mann, die Zukunft und die Ungewißheit verändert. Das ist alles so geblieben.»

Auch in «Kleinigkeiten» des Alltags ergaben sich bei vielen Änderungen. «Ich stelle fest, daß ich vieles im Alltag nicht mehr so wichtig nehme, materielle Sachen oder Streitigkeiten mit Mitarbeitern», sagt ein Geschäftsführer. «Ich bin gelassener geworden. Ich stehe weniger unter Erfolgszwang. Für mich ist sehr wichtig, daß ich meine Tätigkeit nicht mehr so verbissen wahrnehme. Ich habe nicht mehr so ein starkes Sicherheitsbedürfnis. Ich bin einfach ruhiger und zufriedener geworden. Ich denke, ich möchte meditieren lernen. Ich würde dann noch besser zu mir kommen können. Manchmal spüre ich ganz neue Energien.»

Auch Karen bemerkte, daß sie anders mit sich umging. Sie nahm sich mehr Zeit für sich selbst und genoß den Einklang mit sich und der Natur: «Ich fühlte in diesen Sommerferien sehr stark die Veränderung. Ich erwachte früher, stand früher auf, begann den Tag sehr bewußt, draußen unter freiem Himmel, in engem Kontakt mit der Natur. Ich suchte oft die Einsamkeit und unternahm viel alleine. Ich genoß die Sonne, das Schwimmen im Fluß und das Liegen auf den warmen Steinen auf intensivere Art als sonst. Noch nie war mir die Natur im Sommer so nahe wie jetzt. Ich hatte auch viel mehr innere Freiheit, auf meine eigene Stimme und auf meine Gefühle zu hören und Dinge zu tun, die nicht als angepaßt gelten. Ich gab auch meiner Familie dadurch mehr Freiraum. Meine neue Bewußtheit hängt mit meinem Nachdenken über meinen Tod zusammen. Ich habe auch vermehrt das Bedürfnis nach Ehrlichkeit bei mir und bei anderen. Ich verstehe zum Beispiel ganz bewußt, Dinge, die ich mir vornehme, auch durchzuführen und nicht immer einen Vorwand zu finden dafür, was ich nicht tun möchte.»

Doch gelang es nicht allen Teilnehmern, mehr in sich zentriert den Alltag zu leben. «Während ich jetzt meine Erfahrungen seit der Meditation überdenke und aufschreibe, werde ich sehr traurig, weil ich sehe, wie wenig ich verwirklicht habe, daß ich so viele Möglichkeiten jeden Tag unterlasse. Ich versuche, aus meinem Alltagstrott auszubrechen, aber es gleicht Gewaltanläufen, die viel Kraft erfordern, die manchmal gelingen und manchmal wieder aufgegeben werden. Ich falle hundertmal um und stehe wieder auf. Im täglichen Leben fällt es mir schwer, gut zu mir zu sein. Ich zerfleische mich fast in dem Bemühen, aus meiner Situation herauszukommen, und sinke dann erschöpft zusammen. Ich weiß auch einiges, um mir helfen zu können. Aber ich habe mich nicht gern genug, als daß ich viel für mich mache.»

Etwas weiter auf dem Weg, sich selbst anzunehmen, sich ein

besserer Partner zu werden, ist eine dreißigjährige Psychologin: «Seit den Monaten der Sterbemeditation beschimpfe ich mich manchmal noch sehr stark. Aber oft kann ich es auch schon lassen, und hin und wieder fühle ich mich wohler mit mir. Der Schmerz, den ich über mich selbst empfinde, ist noch da; aber ich hoffe, ihn in meiner kommenden Lebenszeit bewältigen zu können.»

So bemühen sich Menschen, sich mehr anzunehmen und mehr ihren inneren Bedürfnissen entsprechend zu leben.

Hinwendung zu anderen

«Ich bin seitdem toleranter und liebe nicht mehr so besitzergreifend.» Menschen, die sanfter und sorgsamer mit sich umgehen, kommen oft auch in eine bessere Beziehung zu ihren Mitmenschen. Sie gehen mit ihren Partnern und Angehörigen mehr in der Weise um, wie sie sich selbst behandeln. Sie können den anderen mehr in seiner Eigenständigkeit achten. Für viele Teilnehmer ergab sich mehr Nähe und mehr Liebe. Der Wunsch, von dem anderen Besitz zu ergreifen, ihn festzuhalten, verminderte sich.

Einer Frau gelingt es besser, schwierige Situationen mit ihrem Partner zu bereinigen: «Ich habe begonnen, bewußter zu leben. Das bedeutet auch: Wenn zwischen meinem Mann und mir eine Disharmonie herrscht, so stelle ich mir dann oft vor, ich müßte am nächsten Tag sterben und würde meine Familie mit ‹unerledigten Geschäften› verlassen. Dies hilft mir sehr, meinem Partner wieder näherzukommen.»

Eine Lehrerin, 41, erfuhr eine intensive Wandlung in ihrer Partnerschaft: «Die Sterbemeditation fiel bei mir in eine starke Ehekrise. Ich hatte Angst, mein Mann würde mich und die vier Kinder verlassen. Während der Meditation erlebte ich nun, wie mein Mann voller Schuldgefühle und unglücklich an meinem Sterbetett war. Ich war danach froh, nicht wirklich sterben zu müssen. Ich wußte sicher: *So* will ich ihn nicht verlassen. Wir müssen das bereinigen. Heute sind unsere Probleme nicht alle beseitigt, aber angegangen. Unsere Ehe ist reicher als je zuvor; wir bleiben zusammen. Ich glaube, durch den Umgang mit dem Tod, gegen den ich mich zuvor wehrte, bekam ich einen anderen Maßstab. Die Proportionen haben sich verschoben. Ich bin seitdem toleranter und liebe nicht mehr so besitzergreifend.»

Manche Teilnehmer bemühten sich um intensivere Beziehungen außerhalb von Partnerschaft und Familie. «Während der Meditation ist mir klargeworden, daß die Begegnung mit Menschen das Wichtigste in meinem Leben ist. Ich habe vermehrt über meine Beziehungen zu Menschen nachgedacht und diese bewußter gepflegt.» – «Ich habe begonnen, neue soziale Kontakte zu suchen, solche mit mehr ‹Tiefgang›. Ich bin daran, mir einen anderen Freundeskreis aufzubauen, in dem ich vermehrt über meine Gefühle, meine Ängste und meine Sehnsüchte sprechen kann.»

Mit Tod und Sterben offener und angstfreier umgehen

«Je mehr ich mich mit Sterben und Tod auseinandersetze und darüber rede, desto mehr verliert alles seinen Schrecken.» Sehr stark wirkte sich die Meditation auf die Einstellung zum Sterben aus. Fast die Hälfte der Teilnehmer erlebte eine deutliche Verminderung der Ängste vor Sterben und Tod. Offensichtlich ist die Sterbemeditation eine hilfreiche Möglichkeit, sich mit diesem Bereich vertraut zu machen, der sonst als sehr belastend erlebt und darum meist gemieden wird.

«Ich habe mich immer gefürchtet vor der Gewalttätigkeit und auch der Plötzlichkeit des Todes. Daß ich in der Meditation das Sterben in Ruhe anschauen konnte, das war für mich etwas sehr Besonderes und Hilfreiches.» – «Ich habe gemerkt, daß Sterben schön sein kann. Mich selber sterben zu sehen hätte mich bis zu dieser Meditationserfahrung immer sehr erschreckt. Aber ich ‹starb› sehr zufrieden und ruhig.»

65 Prozent der Teilnehmer konnten mit dem Tod auch positive Gefühle verbinden. Viele erfuhren ihn als Veränderung ihres Be-

wußtseins, als sanften Übergang in etwas Neues und Ungewisses, als ein Geschehen, das sie ohne Angst, ja manchmal als Erlösung erleben konnten. «Mir ist klargeworden, daß der Tod etwas Schönes sein kann, besonders wenn die Schmerzen und das Leid unerträglich geworden sind, weil er einen dann davon befreit und erlöst. Ich empfand den Tod als etwas unheimlich Befreiendes.» – 38 Prozent machten ferner die Erfahrung, «daß der Tod nicht das Ende meines Seins ist».

Den Wandel von der «Angst vor dem Sterben» hin zum «Annehmen des Sterbens» beschreibt ein fünfundvierzigjähriger Lehrer: «Mit meinen Ängsten vor Krankheit, Sterben und Tod konnte ich bislang sehr schwer umgehen. Ich hatte auch Angst vor dieser Angst. Und ich spürte, wie die Ängste meinen Alltag beeinflußten und lähmten. Es war für mich so wichtig, daß ich in der Meditation meinen Ängsten begegnen und sie annehmen konnte. Ich habe erlebt, wie ich zunehmend ruhiger und gelöster wurde. Heute kann ich Leben von Krankheit und Tod nicht mehr trennen. Sie sind in mir zu einer Einheit geworden. Wenn früher das Gespräch auf Krankheit und Sterben kam, hat sich mein Magen immer zusammengezogen, und ich habe versucht, mich solchen Gesprächen zu entziehen. Jetzt spreche ich meist furchtlos und sehr ruhig mit anderen Menschen über Krankheit und Tod, über Sterben und über die Ängste anderer Menschen. Neulich erfuhr ich, daß ein befreundeter Kollege krebskrank sei und bald sterben würde. Ich erlebte mich dabei ganz ruhig, spürte nicht meinen Magen oder das Pochen im Hals und konnte Anteil nehmen und nachfragen. Dies macht mich glücklich, weil ich mich harmonischer und mehr eins mit mir fühle. Je mehr ich mich mit Sterben und Tod auseinandersetze und darüber rede, desto mehr verliert alles seinen Schrecken. Ich versuche, Sterben und Tod in meinen Alltag hineinzunehmen, nicht mehr wie bisher diese Bereiche an irgendein fernes Ende zu setzen.»

Die verstärkte weitere Auseinandersetzung mit Sterben und Tod, die 63 Prozent der Teilnehmer angaben, trug zur weiteren Verminderung ihrer Ängste bei. «Vorher hatte ich sehr viel Angst: Bloß nicht vom Tod reden! Jetzt habe ich die Angst verloren. Ich kann jetzt mit jedem darüber reden. Manchem meiner

Bekannten macht es vielleicht angst, wenn ich jetzt mit ihnen über den Tod rede.»

Gleichzeitig führt diese Auseinandersetzung zu einer positiveren Einstellung zum Leben. So ergibt sich für den Außenstehenden etwas scheinbar Widersprüchliches: Menschen, die zufriedener mit ihrem Leben sind und gern weiterleben möchten, sind eher bereit zu sterben. «Ich empfinde den Tod als einen Höhepunkt im Leben, gleichzustellen mit unserer Geburt. Ich bemitleide Menschen nicht mehr, die sterben, und ich habe keine Angst mehr vor meinem Tod seit dieser Zeit. Aber ich wünsche noch nicht zu sterben, weil ich noch soviel an mir zu arbeiten habe. Zugleich bemühe ich mich, den Tod, wenn er jetzt käme, zu bejahen.»

«Ich habe keine Angst mehr vor den Schmerzen, Behinderungen und Verzichten, die vor meinem Sterben sind.» 42 Prozent der Teilnehmer gaben ab, daß sie zu einer angstfreieren Einstellung gegenüber einem langen Krankenlager und Siechtum gelangt seien. «Ich glaube, daß ich jetzt mit schwerer Krankheit besser umgehen könnte. Ich hätte jetzt das Gefühl, wenn es noch härter kommt mit meiner Krankheit, daß ich dann auf jeden Fall nicht mehr so wütend dagegen angehen würde. Ich würde sie akzeptieren. Ich muß es ja auch akzeptieren», schreibt ein Mann, der seit vier Jahren an Krebs erkrankt ist. Von einigen Teilnehmern wissen wir, daß sie diese akzeptierte Einstellung auch nach dem realen Eintreten einer schweren Erkrankung beibehalten konnten. Die fünfunddreißigjährige Krankenschwester Corinne, die seit einem Jahr von starken Schmerzen und Lähmungen in den Beinen beeinträchtigt ist, muß sich auf die Wahrscheinlichkeit einer fortschreitenden Erkrankung einstellen: «Ich habe keine Angst mehr vor Schmerzen, Behinderungen und Verzichten, die vor meinem Sterben sind. Ich kann jetzt das viel besser annehmen und akzeptieren. Ich kann auch immer besser auf Tätigkeiten, die mir ‹die Welt bedeuteten›, verzichten, zum Beispiel auf mein geliebtes Bergsteigen. Es ist schwer für mich, aber es geht immer besser; und es tut mir gut, das zu spüren.» Bei dieser positiveren Einstellung gegenüber der Erkrankung kann sie zu-

gleich liebevoller für sich sorgen: «Ich besinne mich bewußt, was für mich wesentlich und wichtig ist. Ich bin auch viel entspannter, seitdem ich durch das Begegnungsseminar mehr Selbstvertrauen habe. Ich höre auf mich, auf meine Körpersignale und nehme mehr Rücksicht auf mich; ich bin lieb zu mir.»

Diese akzeptierende Haltung gegenüber einem längeren Krankenlager gaben 42 Prozent der Teilnehmer in der Befragung an. Die Zeit der schweren Krankheit und des nahen Sterbens wird auch als Chance für eine persönliche Entwicklung und für eine Vertiefung wichtiger Beziehungen gesehen.

Konkrete Wünsche für das eigene Sterben. Viele Teilnehmer konnten nach der Meditation genauer angeben, wie sie sich die Umstände ihres eigenen Sterbens vorstellen. Als «Sterbende» hatten sie in der Meditation erfahren, was für sie in dieser letzten Phase ihres Lebens hilfreich sein würde.

Viele wünschten sich, daß man sie nicht mit übermäßiger Trauer oder mit Vorwürfen belasten sollte. Katrin, eine Schwesternschülerin: «Beim Sterben selbst möchte ich keine Gespräche mehr. Vielleicht möchte ich einen lieben Menschen, der den Mut hat, mich bis zum Ende zu begleiten, ohne viele Worte zu machen. Wenn er nicht den Mut oder die Kraft hat, dann würde ich auf seine Nähe verzichten, weil ich glaube, daß ich im Geiste mit ihm verbunden bleiben kann, wenn wir beide offen sind für echte Liebe.» Andere wünschten sich «Menschen, die mich berühren, streicheln würden». – «Ich habe mit meinen engsten Freunden über mein mögliches Sterben gesprochen und ihnen auch mitgeteilt, daß ich ihre Nähe brauchen könnte. Ich versuche, meine Erfahrungen und Erlebnisse mit Sterben und Tod auch anderen mitzuteilen.»

Ein Psychologe, 33: «Ich möchte im Sterben Ruhe, Entspannung, Frieden. Und ich möchte mein Sterben genauso bewußt erleben, wie ich es während der Meditation fühlte. Ich wünsche mir, beim Sterben Menschen bei mir zu haben, die mir bedeutsam sind, meine Frau und, wenn sie älter sind, meine Kinder. Schön wäre es, wenn meine Frau mir die Hand hielte und die Phase des Sterbens aushalten kann. Von Ärzten und anderen möchte ich möglichst nicht gestört sein. Wenn möglich, möchte ich noch einmal mit meiner Frau mein Leben, wichtige Stationen durchgehen, sie anschauen und – ohne viele Worte – das Empfinden haben: Wir verstehen uns, sind uns nahe, haben die Zeit, die uns gemeinsam geschenkt war, genutzt und können gut und bewußt Abschied nehmen.»

Ein häufig genannter Grund dafür, daß sich die Teilnehmer über ihre Wünsche und Vorstellungen für ihr eigenes Sterben klarer wurden, ist ihre Erfahrung in der Meditation, daß sie dem Sterben nicht hilflos ausgeliefert waren. 60 Prozent sagten, daß sich ihr Gefühl der Hilflosigkeit vermindert habe. «Ich empfand das Sterben als einen sehr aktiven Vorgang. Was mich beeindruckte: Es liegt nicht an der Medizin oder den Ärzten, mir zu sagen, wann ich tot sein werde. *Ich* wußte, daß ich sterbe. Ich hatte den Eindruck, daß ich irgendwie dabei etwas mitzusagen hatte; daß ich ein Stück unabhängig von der Medizin war und da mitbestimmen konnte. Das machte mir sehr viel Mut.»

Dies halte ich für sehr wesentlich: Menschen fühlen sich in der Sterbezeit nicht passiv dem Geschehen ausgeliefert.

Auch die Krankenschwester Rosemarie äußert klare Wünsche für das eigene Sterben: «Für mich hat sich jetzt der Wunsch verstärkt, zu Hause zu sterben. Ich sehe, daß man im Spital wenig Zeit für Sterbende hat und daß man für ihre Vorbereitung aufs Sterben nicht beiträgt, weil soviel zu tun ist. Darum ist mein großer Wunsch, zu Hause sterben zu dürfen, in Ruhe, ohne daß da noch alles getan wird, um das Leben etwas zu verlängern.»

Ich hoffe, daß immer mehr Menschen konkrete Vorstellungen über ihr eigenes Sterben entwickeln und öffentlich zum Ausdruck bringen. So können diese Wünsche mehr berücksichtigt werden, etwa durch die Gründung von Hospizen, Lebensstätten für Sterbende.

«Das Nachdenken über mein Sterben und Tod bringt mich meinem Leben und auch mir selbst näher.» Zum Schluß dieses Abschnitts möchte ich einen Mann zu Wort kommen lassen. Sein

Erleben veranschaulicht noch einmal den Wandel von der Angst bis zum Annehmen des Todes, den viele als Befreiung für ihr Leben erfahren: «Bei Todesfällen in meiner Umgebung schob ich die Trauer weg mit der Begründung: ‹Wir werden uns im Jenseits doch wiedertreffen.› Ich war nicht offen für meine Unsicherheit und Furcht vor dem eigenen Tod. Erst allmählich wurde mir klar, daß es auch um mich selbst ging. Nachdem ich dann lange in ständiger Angst gelebt hatte, konnte ich nach der Sterbemeditation anfangen, mein Leben als endlich anzuerkennen. Daraus ergab sich mit einemmal auch ein ganz neues Verhältnis zur Kostbarkeit meines Lebens, zur Kostbarkeit des Lebens meiner Tochter und zu jeglichem Leben überhaupt. Ich sah es von nun an als Geschenk, als die große Möglichkeit meiner Existenz, mit der ich nun für mich und andere so befriedigend und kreativ wie möglich umgehen wollte. Das hat für mich den Wert einer ganz großen Befreiung.»

Sterbende besser begleiten können

«Ich kann jetzt mit meinen älter werdenden Eltern eher über ihren Tod sprechen.» Viele Teilnehmer berichteten, daß sie jetzt Gesprächen über den einmal eintretenden Tod ihrer Eltern nicht mehr ausweichen. «Eine Äußerung meiner Mutter, was auf ihrer Todesanzeige stehen könnte, konnte ich mir anhören, ohne zu erschrecken oder zu beschwichtigen, wie ich das früher immer getan habe.» Ein Geschäftsführer weicht Krankenbesuchen bei sterbenden Mitarbeitern nicht mehr aus: «In drei Situationen, in denen ich mit krebskranken Kollegen im Endstadium zusammenkam, konnte ich sehr viel freier, ohne Furcht mit ihnen sprechen. Ich kann jetzt das Verhalten von Sterbenden besser verstehen, es ist mir verständlicher.»

Viele Teilnehmer konnten auch anderen helfen, besser mit dem Tod von Angehörigen umzugehen. Eine Lehrerin berichet: «Die Sterbemeditation hat mir sehr geholfen, einer Schülerin beim Tod ihres Vaters besser beistehen zu können. Ich führe jetzt auch öfters Gespräche mit meinen Schülern in der Klasse über

Sterben und Tod.» Eine Frau, 43: «Dank der Sterbemeditation konnte ich meine Kinder sehr gut auf den Tod meiner Mutter vorbereiten, so daß wir alle sie wirklich gehen lassen konnten.»

Trotz ihrer eigenen gewandelten Haltung zu Sterben und Tod konnten die Teilnehmer die andersartigen Einstellungen von Mitmenschen respektieren. «Ich weiß, daß ich meine positive Haltung nicht einfach auf andere übertragen kann», sagt Eckehard. «Ich habe seit der Meditation ein besseres Verständnis für Mitmenschen, die gegen Krankheit oder Tod kämpfen. Ich bin mir bewußter geworden, daß jeder Mensch seinen Tod auf seine Art erlebt.»

«All dies hat mir sehr geholfen, meine Mutter in ihrem Sterben vor zwei Monaten zu begleiten.» Menschen, die sich auf ihr eigenes Sterben vorbereitet haben, sind bessere Begleiter und Partner für Sterbende. Sie können Angehörige eher loslassen, empfinden selber weniger Ängste und Schmerzen und können angemessener helfen. «Die Meditation und der anschließende Erfahrungsaustausch halfen mir sehr zu sehen, daß ich Möglichkeiten habe, meinen Tod zu gestalten», sagt Erich. «Sie ließen mich die freundliche Seite des Todes ahnen. Und ich lernte, die Wichtigkeit des Loslassens zu sehen. All dies hat mir sehr geholfen, meine Mutter in ihrem Sterben vor zwei Monaten zu begleiten, mit ihr zu reden, zu schweigen, zu sein. Es war mir auch möglich, tiefere Gespräche mit anderen Menschen, auch mit meinen Geschwistern, zu führen.»

Eine Frau, 43, machte bei der Begleitung ihrer sterbenden Mutter folgende Erfahrung: «Die Meditation im letzten Jahr hat mir beim Tod meiner Mutter sehr stark geholfen. Ich habe gelernt, mich darauf vorzubereiten. Ich konnte vorher nicht gut mit ihr über ihren Tod sprechen. Ich blockte immer mit dem Hinweis ab, daß sie nicht schon jetzt alles aufgeben solle, man werde dann ja sehen. Nach der Sterbemeditation konnte ich ihre Gedanken an den Tod und die Gespräche gut ertragen. Ich habe sie dann auch wirklich gehen lassen können. Ich war glücklich und erleichtert, als sie es geschafft hatte. Vorher hatte ich immer das Gefühl, sie verlasse mich. Heute spüre ich sie sehr nahe, ich denke, sie ist in mir. Ich hab mein Leben lang soviel von ihr bekommen, daß ich sie einfach bei mir habe.»

Zwischen der Auseinandersetzung mit dem eigenen Tod und der Begleitung anderer Menschen beim Sterben besteht eine Wechselbeziehung: Je mehr wir uns mit unserem Tod konfrontiert haben, um so angstfreier und hilfreicher werden wir für Sterbende sein. Und durch die Begleitung Sterbender werden wir wieder angeregt, uns noch intensiver mit unserem Sterben und zugleich mit unserem Leben auseinanderzusetzen.

«Die Sterbemeditation hat sich vor allem bei meinem Beruf im Spital ausgewirkt.» Ärzte, Schwestern und Pfleger in Krankenhäusern, Pflege- und Altersheimen erlebten sich nach der Sterbemeditation als hilfreicher im Umgang mit Sterbenden, konnten sie angemessener betreuen und begleiten. In der Sterbemeditation waren sie selber «Betroffene» gewesen. Sie «starben», wenn auch nur in der Vorstellung, und lernten so das Sterben gleichsam von der Innenseite kennen. Dadurch wurden sie einfühlsamer für die seelische Wirklichkeit der Schwerkranken und Sterbenden.

«Die Sterbemeditation hat sich vor allem in meinem Beruf im Spital ausgewirkt», sagt eine Krankenschwester. «Wenn ich jetzt bei einem sterbenden Patienten bin, überlege ich mir, wie es *ihm* geht, wie *er* das Sterben empfindet, ob *er* bereit ist zu sterben.» Die einundzwanzigjährige Schwesternschülerin Ina fühlt sich nach der Meditation sicherer im Umgang mit sterbenden Patienten: «Ich hab nicht mehr solche Angst, mich den Sterbenden gegenüber falsch zu verhalten. Ich habe das Gefühl bekommen, der Sterbende spürt, ob er allein sein will oder ob er jemand bei sich haben will. Dieses Gefühl teilt er mit, zum Beispiel streckt er die Hand aus. Für mich ist das ein Zeichen, daß er nicht gern allein sein möchte. Ich glaube, daß ich mit meinem Einfühlungsvermögen fähiger bin, richtiger zu handeln.»

Die Krankenschwester Maria: «Ich begegne jetzt schwerkranken und sterbenden Menschen viel natürlicher, viel herzlicher. Ich wage auch, ehrlicher zu sein. Im Alltag im Krankenhaus spüre ich, daß mir die Erinnerungen an die Meditation Kraft beim Sterben der Kranken spenden. Der Tod, das heißt der Kranke in der Sterbestunde ist für mich nicht mehr voller Angst; besonders bei älteren und von Schmerzen geplagten Menschen sehe ich es nicht mehr als ein Sterbenmüssen, sondern oft als ein Sterbendürfen.» Und einige Wochen später schreibt sie: «Für mich war nach dieser Meditation eines wieder sehr klar: Ich darf dem kranken Menschen gegenüber meine Unsicherheit zugeben, ich darf es zulassen, nicht unbedingt Helfer zu sein, sondern Gefährte. Als solcher möchte ich auch einmal begleitet werden.»

Lehrerinnen und Unterrichtsschwestern, die junge Menschen in der Krankenpflege ausbilden, konnten ihren Schülern nach der Sterbemeditation viel bessere Möglichkeiten bieten, sich mit dem eigenen Sterben und dem ihrer Patienten auseinanderzusetzen. Sie tragen so zur Verbreitung eines humaneren, angstfreieren Umgangs mit Sterbenden bei. «Schon seit einiger Zeit spürte ich meine Unfähigkeit in den Kursen, das Problem Tod und Sterben zu behandeln. Ich spürte meine Unfähigkeit, mich den Schülern darüber mitzuteilen und Gefühle zu äußern. Nach der Sterbemeditation lernte ich, in mich hineinzuhören und nicht die Schüler mit Fragen zu bestürmen. Ich lernte zu warten. So wurde es in der Klasse eine Begegnung mit Sterben und Tod, und ich konnte ihnen jetzt etwas mitgeben für ihren Alltag am Krankenbett. Ich befasse mich jetzt auch mehr mit dem Sterben als früher; ich habe öfter das Bedürfnis, mit Sterbenden zusammenzusein, weil dies bei mir zu einer Bereicherung führt.» Auch Irene, Lehrerin für Krankenpflege, kann ihren Schülerinnen den Umgang mit Sterben und Tod anders vermitteln: «Seitdem ich die Meditation über *mein* Sterben und *meinen* Tod erfuhr, spreche ich weniger distanziert darüber. Ich spüre, daß da etwas Erlebtes und Eigenes mitschwingt. Es geht mir auch so, daß ich den Schülerinnen dadurch näher bin. Wir verstehen uns besser.»

Die Unterrichtsschwester Julia setzt sich mehr für die seelischen Bedürfnisse der Patienten ein: «In Diskussionen mit Ärzten sage ich jetzt meine Auffassung. Ich sehe zum Beispiel bei alten achtzigjährigen Patienten das normale Sterben mit

Schmerzlinderung und liebevoller Betreuung als einzig sinnvolle Behandlungsweise an, die großen, nichts bringenden Operationen sind keine Alternative. Manchmal muß ich feststellen, daß wir Schwestern eine andere Berufsethik haben als die Ärzte. Ich suche mich für die Patienten einzusetzen, um zu erreichen, daß keine Untersuchungen mehr ‹für die Wissenschaft› verordnet werden, die für die Patienten aber unnötig sind. Diese Befunde sind manchen Ärzten manchmal wichtiger als die Gefühle der Patienten.»

So kann die Teilnahme beruflicher Helfer an der Sterbemeditation wesentlich zu einem würdevollen, ehrlichen und sanften Sterben in Krankenhäusern und Heimen beitragen.

Wie würden Menschen in einem «neuen Leben» anders leben?

In der Befragung drei Monate nach der Sterbemeditation wurde den Teilnehmern auch folgende Frage gestellt: «Stell dir vor, du hättest die Möglichkeit, dein Leben noch einmal zu beginnen: Was würdest du verändern?» Bei der Beantwortung dieser Frage hatten sie die Möglichkeit, Fehler, die sie erkannt hatten, in ihrem «zukünftigen Leben» zu berücksichtigen. Ich denke, die Antworten können dem Leser Anregungen geben, sich mit seinem Leben auseinanderzusetzen, seinen Lebensstil, seine Werte und Ziele zu klären.

Der innere Weg zu sich selbst und anderen. Viele wünschten, sie hätten sich dem Weg zu sich selbst und zu engeren zwischenmenschlichen Beziehungen schon früher und nachdrücklicher zugewendet. Die meisten sahen ihr Leben überwiegend als ein seelisches Reifen, ein persönliches Lernen an. Ihre Wünsche erinnern mich sehr stark an das Bild, das Carl Rogers von einer entwickelten, reifen Persönlichkeit beschrieben hat (14).

Die Krankenschwester Ingelore: «Bei einem Neubeginn meines Lebens würde ich mich bemühen, schon von Jugend auf meine Bedürfnisse besser zu verstehen und zu hinterfragen, mein Leben bewußter zu leben und zu gestalten – auch Wege zu gehen, die nicht mit Ruhm und Auszeichnung gesegnet sind. Ich möchte die Verantwortung für mein Leben nicht bei anderen suchen, sondern mich selbst erforschen. Ich möchte auch meine Gefühle so ausdrücken und so damit umgehen, daß ich andere damit nicht erdrücke. Lebensabschnitte, die ich nicht verstehe oder die mir negativ erscheinen, möchte ich als zu mir gehörig anerkennen und verarbeiten. Ich möchte in einer Umgebung leben, die ich mitgestalten kann und in der die Menschen sich gegenseitig akzeptieren ohne Vorurteile und ohne das Gefühl, den anderen ständig erziehen zu müssen. Mein Ziel wäre, mich selbst mit meinem Ich zu erfahren und mehr zu entwickeln und dadurch für andere so offen zu sein, daß ich nicht nur darüber spreche, sondern es auch lebe.»

Wahrscheinlich ist vieles von dem, worum sich Menschen angestrengt bemühen, wofür manche hart arbeiten, wonach sie streben, wenig wichtig, wenn wir unser Leben unter dem Gesichtspunkt der Endlichkeit betrachten. Vieles sehen wir in anderer Bedeutung, wenn wir uns – wie in der Rückschau während der Meditation – fragen: «Was macht wirklich unser Leben wertvoll? Was war wirklich wichtig für mich?»

Als ich die Äußerungen der Teilnehmer las und zusammenstellte, wurde mir bewußt, daß die Ziele vieler Pädagogen und Politiker ganz anders sind als diejenigen, die Menschen aus der Warte des Todes für sich als wirklich wichtig ansehen. Wo werden in unserer Erziehung größere Bewußtheit, klärende Selbstauseinandersetzung gefördert?

Eine Lehrerin, 46, faßt ihre Ziele so zusammen: «Ich würde einfacher leben und mithelfen, uns zu ernähren. Ich würde viel früher das Verhältnis zum Nächsten klären und pflegen und Liebe und Toleranz zwischen uns wachsen lassen. Ich würde vom Tod ganz natürlich denken und reden und ihm seinen Platz im Leben geben. Konkurrenz und Leistung würde ich mehr ausschalten, höchstens in Spiel und Sport hätten sie noch einen Platz. So würde ich leben: einfacher und bescheidener, daß meine Kreativität frei würde. Ich würde malen oder schreiben.

Ich würde das Leben viel mehr genießen und weniger abhängig sein vom Urteil anderer und mich nicht so sehr über die Zukunft sorgen.»

«Ich möchte früher schon bewußt leben, mich früher als Person ernst nehmen und alles, was mich umgibt.» Viele wünschten, sich selbst früher zu entwickeln, ihre seelischen Möglichkeiten mehr zu verwirklichen und bewußter zu leben. So schreibt ein Mann, der seit vier Jahren an Krebs erkrankt ist: «Ich würde die Stationen meines Lebens gern alle noch einmal erleben, ohne Einschränkung, mit allen negativen Erfahrungen. Ich möchte sie jedoch erleben als einer, der von frühester Jugend an seine Gefühle zuläßt, der sich und andere besser versteht, der aufrichtig zu sich und anderen ist, der offen ist für alles ringsherum, der nicht kneift, der zulassen und loslassen kann, der nicht ängstlich, sondern viel mutiger ist; der weniger eifersüchtig ist, der die Verschiedenartigkeit von Menschen und ihre Aggressionen aushält.»

Eine Frau macht die Erfahrung, daß äußere Stationen und Situationen oft gar nicht so wichtig sind, sondern vielmehr unsere inneren Einstellungen und Haltungen, mit denen wir ihnen begegnen: «An den äußeren Gegebenheiten meines Lebens möchte ich eigentlich kaum etwas ändern. Ich möchte nur bewußter mein Leben leben, das heißt, nicht fast zwanzig Jahre lang ‹schlafen›. Und ich möchte mich mehr mit dem Tod auseinandersetzen und versuchen, mich bewußter darauf vorzubereiten.» Unter «Bewußter leben» verstehen die meisten, dem eigenen Erleben mehr Beachtung zu schenken, «mehr in der Gegenwart, im Jetzt zu leben, anstatt im Vergangenen zu verweilen oder mich vom Zukünftigen vereinnahmen zu lassen», mehr Gewicht auf das «Sein» als auf das «Machen» zu legen, sich selbst und anderen mehr Liebe zu geben und mehr Freude zu bereiten.

Oft äußerten die Teilnehmer auch den Wunsch, ihre Gefühle zukünftig mehr zu beachten. Ein Manager: «Ich möchte viel, viel mehr Gefühle zulassen, ich möchte Gefühle zeigen und Gefühle mit anderen Menschen um mich herum austauschen.» Auch das führt zu einem bewußteren Erleben.

Eine Frau möchte ändern, was sie bisher an größerer Bewußtheit hindert: «Ich würde mir mehr Stille gönnen. Ich wüßte, daß es nicht Faulheit ist, wenn man nicht dauernd arbeitet und erst total erschöpft nachts ins Bett sinkt. Ich würde mich nicht erst mit fünfzig Jahren mit dem Begriff Lebensqualität befassen.»

Um bewußter zu leben, möchten manche mehr Gelassenheit erlangen: «Ich möchte nur wirklich Wichtiges wichtig nehmen. In Kleinigkeiten möchte ich großzügiger sein und nicht wegen allem gleich in die Luft gehen. Ich möchte auch meine Arbeit mehr loslassen können, ohne daß sie deshalb schlechter würde. Ich möchte das Leben etwas leichter und dadurch intensiver leben. Und ich würde noch viel mehr bei meinen Entscheidungen fragen: Wie würde ich es tun, wenn ich morgen sterben würde?!»

«Ich würde, wenn dies möglich wäre, mehr selber laufen als mitlaufen.» Viele strebten für ein neues Leben an, sich weniger nach den Erwartungen anderer auszurichten, sich mehr von innen bestimmen zu lassen: «Ich würde versuchen, mich weniger stark durch andere Leute beeinflussen zu lassen, sondern stärker das zu tun, was ich für richtig ansehe; nicht andauernd daran denken, was wohl andere Menschen denken und sagen.» Viele äußerten, daß sie sich seit ihrer Jugend selbst daran gehindert hätten, intensiver und freier zu leben.

Für den Weg zu einer größeren seelischen Selbständigkeit sieht es die fünfunddreißigjährige Krankenschwester Corinne als bedeutsam an, echter zu werden: «Ich würde versuchen, so früh wie möglich mir und anderen gegenüber offener und ehrlicher zu sein, mehr auf meine Gefühle zu hören, keine ‹Fassade› vorzutäuschen, nicht mehr anders sein zu wollen, als ich bin. Ich möchte in einem neuen Leben mehr ich selbst sein und nicht die Person, die ich glaube, anderen und mir selbst gegenüber sein zu müssen. Das würde heißen, daß ich schon früh – und nicht erst mit fünfunddreißig Jahren – mein Selbst entdecken würde, meine Stärken und Schwächen kennen- und akzeptieren lernen würde und dadurch mehr Selbstvertrauen hätte.» Und sie fügt hinzu: «Ich bin jetzt auf dem Weg dahin.»

«Ich würde viel mehr und liebevoller auf andere Menschen eingehen. Und ich würde versuchen, schon früh in meinem Leben zu lernen, zu echteren und tieferen Beziehungen zu Menschen zu kommen. Ich möchte mir mehr Zeit für menschliche Beziehungen nehmen.» – «Ich möchte früher lernen, mich in die Lage anderer Menschen zu versetzen und daraus mehr Mitgefühl zu gewinnen.»

Viele spüren, daß sie sich selbst in ihrer Persönlichkeit wandeln müssen, um zu besseren menschlichen Beziehungen zu kommen. «Ich möchte versuchen, ‹ein besserer Mensch› zu sein», sagt eine Frau. «Ich möchte mehr Liebe üben, geduldiger sein, positiver, verständnisvoller, ausgeglichener, weniger egozentrisch. Ich möchte mehr Nachsicht walten lassen, andere weniger kritisieren und anderen mehr Chancen einräumen, eine positive Wirkung zu haben.»

Häufig wird der Wunsch nach einer intensiveren, ehrlicheren Beziehung zu den Eltern und Geschwistern genannt. «Ich würde meinem Vater sagen», schreibt ein Mann, «daß ich ihn gern habe, so wie er ist, mit all seinen Fehlern und Mängeln, bevor er stirbt. Was ich in einem anderen Leben ändern würde, wäre auch die Beziehung zu meiner Mutter. Ich habe leider einen sehr schlechten Kontakt zu ihr.» Eine Frau: «In der Beziehung zu meinen Geschwistern möchte ich eher etwas Ungerechtes schweigsam auf mich nehmen, als aufbrausend und ungerecht zu sein und es damit zu erwidern. Ich möchte weniger aggressiv sein. Auch gegenüber meinen Schulkameradinnen möchte ich freundlicher, aber auch offener sein.»

Margit möchte mit ihren Kindern und ihrem Mann anders zusammenleben: «Meine Kinder würde ich anders aufziehen; sie vor allem herumtragen, lange stillen und ohne Erziehungsbücher handeln, mehr nach ihren Bedürfnissen und meinem Instinkt. Ich würde nach der Heirat nicht mehr den Beruf aufgeben und nur Hausfrau sein, sondern halbtags arbeiten, wie mein Mann auch. So wären die Kinder nicht so voll und ganz nur von mir abhängig. Ich würde gerne in meinem eigenen Heim in einer Gemeinschaft von Menschen leben, wo die Kinder miteinander spielen könnten und mehrere Bezugspersonen hätten.»

«Ich mußte einfach diese Erfahrung machen, um zu lernen und zum Wesentlichen zu kommen.» In die Wünsche für ein neues geändertes Leben ging vieles ein, was die Teilnehmer in ihrem Leben an Schmerz, Nachteilen und Fehlern erfahren hatten. In der Vergangenheit hatte sie dies oft sehr belastet; manches – zum Beispiel der Verlust eines Lebenspartners – war in ihrem jetzigen Leben nicht mehr änderbar.

Was mich erstaunte, war, daß sich kaum jemand mit Bitterkeit über das Leben äußerte und über die Menschen, die ihm in ungünstiger Weise begegnet waren. Im Gegenteil: Trotz vieler schmerzlicher Erfahrungen äußerten einige, daß sie in einem neuen Leben kaum anders leben möchten. «Ich habe viele Tiefen durchlebt», schreibt eine Frau, «aber ich bin mit meinem Leben zufrieden. Es ist mir immer wieder die Kraft zuteil geworden, die ich brauchte. Ich möchte nichts verändern.»

Viele sahen Schwierigkeiten, Krisen und Tiefen ihres Lebens weitgehend als notwendig und hilfreich für ihre persönliche Entwicklung, für ihr seelisches Wachstum an. «Ich mußte wohl durch viele Krisen hindurch; im nachhinein bin ich daran gewachsen, habe Erkenntnisse gesammelt. Ohne Leid oder Schwierigkeiten hätte bei mir kein Fortschritt stattgefunden.» – «Ich möchte dieses Leben lieber nicht noch einmal leben. Trotzdem sehe ich mein Leben als sinnvoll an, als Reifung. Ich war unfähig, früher wesentlich zu werden. Ich wurde es nur durch das Leid und die Schwierigkeiten.» – «Wahrscheinlich brauchte ich diese vielen Jahre und die teilweise schmerzhaften Erfahrungen und auch das Leid, das ich anderen zufügte, um zu dieser Entwicklung zu kommen.»

Diese Menschen nehmen ihre zum Teil leidvollen Erfahrungen an und betrachten sie als wichtig für ihre persönliche Entwicklung. «Gerade die Tiefpunkte haben mir am meisten gezeigt, wie es um mich steht; das hat sich dann nachher positiv ausgewirkt. Ich möchte keinen missen. Die Fehler, die ich bis jetzt in meinem Leben gemacht habe, brauchte ich wohl, um daraus zu lernen.»

Abschließend möchte ich eine Frau mit ihrem Rückblick auf ihr Leben und mit ihrer Antwort auf die Frage, wie sie in einem neuen Leben anders leben möchte, zu Wort kommen lassen: «Als ich in der Rückschau mir mein Leben anschaute, sah ich vieles, was ich bedauerte, was falsch war, was ich in einem neuen Leben ändern würde. Der erste Gedanke war, mich viel früher auf diesen inneren Weg zu machen. Das ist sehr wichtig. Das zweite war, mich nicht mit so vielen Sachen zu belasten. Ich sah meine vielen Bücher, meine viele Kleidung und was ich früher alles gesammelt habe; ich habe sehr viel Zeit damit verbracht. Ach ja, und dann waren noch meine Beziehungen zu Partnern. Ich hab da viel zu viele Illusionen gehabt, so sehr viel Kraft und Zeit, mich selbst hineingegeben. Als ich dann aber noch mal überlegte: Wie würdest du es denn das nächste Mal anders machen?, da kam mir der Gedanke: Vielleicht gar nicht soviel anders. Ich mußte einfach diese Erfahrung machen, um zu lernen und zum Wesentlichen zu kommen.»

Nachwort

Fast zwei Jahre habe ich an diesem Buch gearbeitet, so intensiv wie selten zuvor in meinem Leben.

Die seelischen Erlebnisse, die ich gesammelt und zusammengestellt habe, sind persönliche Erfahrungen von Menschen. Ich danke ihnen sehr für ihr Vertrauen und ihre hilfreiche Mitarbeit. Ich habe mich ihnen nahe gefühlt, ihre Erlebnisse haben mich sehr berührt und bereichert. Sie haben meine Haltung dem Sterben, aber auch dem Leben gegenüber geändert. «Wenn du auf den Tod blickst, so kannst du nicht mehr der bleiben, der du warst.» Die Bedeutung dieses Ausspruchs ist mir bei der Arbeit an dem Buch sehr deutlich geworden.

Zugleich sind die persönlichen Erfahrungen, die hier geschildert wurden, allgemeine Erfahrungen: Der Tod kommt auf jeden von uns zu.

Ich habe die Menschen in diesem Buch direkt zu Wort kommen lassen; ich bin gleichsam nur ihr Sprecher. Der Leser kann sich mit ihren Erfahrungen auseinandersetzen und so einen für ihn befriedigenden Weg finden, Sterben und Tod als einen Teil des Lebens anzunehmen und dadurch bewußter und intensiver zu leben.

Dieses Buch wurde nur möglich durch die intensive Hilfe anderer. Michaela Berndt-Jeschke, Angelika Rau, Regina Skibowski und Wendula Walther führten in einfühlsamer, anteilnehmender Weise die Gespräche mit fast zweihundert Angehörigen und medizinischen Helfern über ihre Erlebnisse bei der Begleitung Sterbender. Marlis Lohmann und Elke Herms-Bohnhoff waren wesentlich an der Durchführung der Sterbemeditation beteiligt, an der insgesamt etwa vierhundert Personen teilnahmen.

Die Zusammenstellung der Erfahrungen von so vielen Menschen wurde mir nur möglich durch die engagierte Arbeit von Erika Bednarczyk und Gertrud Wriede, die die verschiedenen Manuskriptfassungen mit großer Sorgfalt schrieben. Meiner Tochter Dr. Daniela Tausch und Frau Helga Müller bin ich zu großem Dank verpflichtet für die vielen hilfreichen Beratungen und für das mehrmalige Durchsehen des Manuskripts. Mein Lektor Jens Petersen hat mich in den vergangenen zwei Jahren mit seinem Wohlwollen und seiner Anteilnahme ermutigt. Er trug viel zur besseren Verständlichkeit und Kürzung des Manuskripts bei.

Ich möchte dieses Buch abschließen mit den Erfahrungen, die eine Frau durch ihre Zuwendung zu Sterben und Tod machte: «Es war eine fundamentale Lebenserfahrung für mich. Ich habe Leben anders verstehen gelernt und habe meine Möglichkeiten, sinnvoll und erfüllt zu leben, erweitern können. Es hat mich motiviert, mehr über das eigene Leben nachzudenken, über den Sinn meines Lebens. Ich ahne, wie kostbar die noch verbleibende Zeit für mich ist, wie lang oder kurz auch immer. Ich versuche, jeden Tag so einzurichten, daß er mir lebenswert erscheint. Ich habe erfahren, daß das Befassen mit dem Sterben ein Sich-Befassen mit dem Leben ist.»

Reinhard Tausch

Literatur

[1] Bedell, Susanna; Delbanco, Thomas: Choices about cardiopulmonary resuscitation in the hospital. New England Journal of Medicine, 1984, 310, 1089–1093.

[2] Berndt-Jeschke, Michaela: Erfahrungen von Angehörigen im Umgang mit Sterbenden. Eine empirische Untersuchung. Diplomarbeit, Universität Hamburg, Fachbereich Psychologie, 1984.

[3] Garfield, Charles A.: Consciousness alteration and fear of death. Journal Transpersonal Psychology, 1975, 5, 147–175.

[4] Gillson, Malca: Die letzten Tage des Lebens. Beobachtung in einem menschenfreundlichen Krankenhaus. Deutsche Bearbeitung Lutz Mahlerwein, Fernsehen NDR III, 18. 11. 1983.

[5] Herms-Bohnhoff, Elke: Unmittelbare Auswirkungen einer geleiteten Meditation über Sterben und Tod. Eine empirische Untersuchung. Diplomarbeit, Universität Hamburg, Fachbereich Psychologie, 1984.

[6] Klaschik, Eberhard; Ott, Gabriele: Schmerzbekämpfung als palliative Maßnahme. In: Zielinski, H. R. (Hg.), Prüfsteine medizinischer Ethik IV. AMEG, Grevenbroich 1983.

[7] Kübler-Ross, Elisabeth: Was können wir noch tun? Kreuz, Stuttgart 1978.

[8] Kübler-Ross, Elisabeth: Leben bis wir Abschied nehmen. Kreuz, Stuttgart 1979.

[9] Lohmann, Marlis; Tausch, Anne-Marie; Langer, Inghard; Tausch, Reinhard: Die Vorstellung des eigenen Sterbens im entspannten Zustand und personenzentrierte Gespräche. Zeitschrift für Personenzentrierte Psychologie und Psychotherapie, 1987, 6, 59–71.

[10] Moody, Raymond A.: Leben nach dem Tod. Rowohlt, Reinbek 1977.

[11] Oye, Robert K.; Chapiro, Martin F.: Reporting results from chemotherapy trials. Journal American Medical Association, 1984, 252, 2722–2755.

[12] Rau, Angelika: Hilfreiches und belastendes Erleben beim Tod von Angehörigen. Eine empirische Untersuchung. Diplomarbeit, Universität Hamburg, Fachbereich Psychologie, 1984.

[13] Ring, Kenneth: Life at death. William Morrow, New York 1982.

[14] Rogers, Carl R.: Entwicklung der Persönlichkeit. Klett, Stuttgart 1973.

[15] Rogers, Carl R.: Therapeut und Klient. Kindler, München 1973.

[16] Rogers, Carl R.; Rosenberg, Rachel L.: Die Person als Mittelpunkt der Wirklichkeit. Klett-Cotta, Stuttgart 1980.

[17] Rogers, Carl R.: Die klientenzentrierte Gesprächspsychotherapie. Fischer, Frankfurt 1983.
[18] Sabom, Michael B.: Erinnerung an den Tod. Eine medizinische Untersuchung. Goldmann, München 1983.
[19] Selye, Hans: Streß – mein Leben. Fischer, Frankfurt 1984.
[20] Simonton, Carl; Matthews Simonton, Stephanie; Creighton, James: Wieder gesund werden. Rowohlt, Reinbek 1982.
[21] Skibowski, Regina: Berufliche Helfer im Umgang mit sterbenden Patienten. Eine empirische Untersuchung. Diplomarbeit, Fachbereich Psychologie, 1984.
[22] St. Christopher's Hospice, Annual Report and Year Book. 1983–1984, London.
[23] Sterbeklinik für Kinder. Der Spiegel, 3.12.1984, Nr. 49, S. 249.
[24] Tausch, Anne-Marie: Gespräche gegen die Angst. Rowohlt, Reinbek 1981.
[25] Tausch, Anne-Marie: Krebskrank und nicht entmutigt. Redaktion Constantin Pauli. Fernsehsendung ARD, 21.10.1982; NDR III, 9.8.1983.
[26] Tausch, Anne-Marie: Wohin mit der Angst? Bayerisches Fernsehen III, 31.10.1982. – Veröffentlicht in: Ulrich Hommes, Gespräche vor der Fernsehkamera. Herder, Freiburg 1983, 15–25.
[27] Tausch, Anne-Marie: Wenn ich gehen muß, will ich gehen dürfen. Radio DRS II, Studio Basel, 2.12.1982.
[28] Tausch, Anne-Marie: Im Gespräch. Redaktion und Interview Johanna Müller. Rundfunk NDR I, 21.6.1983 und 25.8.1983. – Veröffentlicht in: Zeitschrift für Sozialpsychologie und Gruppendynamik, 1984, Heft 2, 4–20. Ferner in: Zeitschrift für Personenzentrierte Psychologie und Psychotherapie, 1983, 2, 405–409.
[29] Tausch, Reinhard; Tausch, Anne-Marie: Erziehungspsychologie. 10. Aufl., Hogrefe, Göttingen 1991.
[30] Tausch, Reinhard; Tausch, Anne-Marie: Gesprächspsychotherapie. 9. Aufl., Hogrefe, Göttingen 1990.
[31] Tausch, Reinhard; Tausch, Anne-Marie: Wege zu uns. Rowohlt, Reinbek 1983.
[32] Ullmann, Liv: Wandlungen. Knaur, München 1984.
[33] Walther, Wendula: Erfahrungen medizinischer Helfer mit sterbenden Patienten. Eine empirische Untersuchung. Diplomarbeit, Universität Hamburg, Fachbereich Psychologie, 1984.
[34] Wentzel, Kenneth B.: Hospice means hope. Charles River, Boston 1981.
[35] White, John: A practical guide to death and dying. Quest, Wheaton/Il., 1980.

Hilfreiche Informationen

Hospize

Hospize sind Stätten des Lebens für Sterbende. In England gibt es über hundert, in den USA mehr als tausend. Bei den Hospizen steht die Fürsorge für das seelische Leben der Sterbenden und eine angemessene Schmerztherapie im Vordergrund.

Folgende Vereinigungen fördern die Hospiz-Bewegung und die Einrichtung von Hospizen:

Bundesarbeitsgemeinschaft Hospiz
Am Weiherhof 23
52382 Niederzier
Tel. 02428/802937
Fax 02428/802892

Deutsche Gesellschaft für
Palliativmedizin e.V.
Von-Hompesch-Straße 1
53123 Bonn
Tel. 0228-6481361
Fax 0228-6481851

Deutsche Hospiz-Stiftung
Hohle Eiche 29
44229 Dirrmund
Tel. 0231-7380730
Fax 0231-7380731

Omega – Mit dem Sterben leben (e.V.)
Dickamp Str. 12
45879 Gelsenkirchen
Tel. 0209/913 2813
Fax 0209/913 2833

Deutscher Kinderhospizverein
Bahnhofstr. 7
57462 Olpe
Tel. 02761/969555

Internationale Gesellschaft
für Sterbebegleitung und
Lebensbeistand (IGSL)
Postfach 1408
55384 Bingen/Rhein
Tel. 06721/10318
Fax 06721/10381

Österreich

Dachverband der Initiativen
für Sterbebegleitung
Lainzerstr. 138
A-1130 Wien
Tel. 0043-1-8039868

Angemessene Schmerzbehandlung

Ein Sterben in Ruhe und Würde wird wesentlich erleichtert durch eine wirksame moderne Schmerztherapie. Leider ist sie manchmal noch wenig verbreitet; so erleiden Sterbende, etwa Tumorpatienten, unnötige Schmerzen. Durch regelmäßige Gaben von Morphin in Kombination mit anderen Schmerzmitteln, verordnet durch den betreuenden Arzt, ist auch zu Hause eine angemessene Schmerzbehandlung möglich.

Es existiert hierzu eine sehr gute Informationsbroschüre:
Prof. Dr. med. Klaschik und F. Nank: «Medikamentöse Schmerzbehandlung bei Tumorpatienten», ein Leitfaden für Patienten und Angehörige.

Die Broschüre ist kostenlos erhältlich bei:

Firma Mundipharma,
Postfach 1350
65533 Limburg
Tel. 06431/7010

Patientenverfügung

Stark einschränkende belastende medizinische Behandlungen, die unseren Tod lediglich hinauszögern, können wir durch eine schriftliche Willenserklärung verhindern. Ärzte und Angehörige sind so über unsere Wünsche informiert, etwa auch, wenn wir bei einem schweren Unfall bewußtlos sind. Die Patientenverfügung können wir bei dem Hausarzt und Angehörigen hinterlegen; auch eine Beifügung in den Personalausweis ist möglich.

Vorgedruckte Erklärungen mit Anweisungen sind bei verschiedenen Hospizvereinigungen (Adressen siehe oben) erhältlich, z. B. auch bei:

Stuttgarter Hospizdienst
Stafflenbergstraße 22
70184 Stuttgart
Tel. 0711/2374153

Sach- und Personenverzeichnis